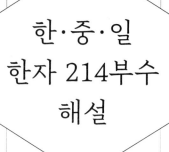

한·중·일
한자 214부수
해설

韓·中·日漢字214部首解說

日 | 아쯔찌 데쯔찌(阿辻哲次)
中 | 왕핑(王平)
韓 | 이경원(李景遠)　　　　공저

《한·중·일 한자 214부수 해설》 서문

　한자는 창제되고 전파된 이후 오랜 기간 아시아에서 광범위하게 사용되었으며 현재까지도 한국·중국·일본·베트남 등 한자문화권에서 어문 소통의 주된 도구와 보조도구로서 그 역할을 충실히 수행하고 있다.

　한자는 한자문화권의 공동 자원이자 재산이다. 2011년 봄, 한·중·일 한자학자들이 부산 해운대에서 한자연구의 현재와 미래에 대하여 의견을 나누게 되었다. 그 자리에서 경성대학교 한자연구소장인 하영삼교수의 제의로 《한·중·일 214부수 해설》을 공동집필하기로 하였다. 10여년이 지나 마침내 이 보잘것없는 책을 한·중·일 세 가지 언어로 독자 여러분께 보여드릴 수 있게 되었다.

　한자는 글자의 외형에서 뜻이 드러나는 표의문자로, 한자의 형체구조에 따라 같은 표의 부분을 취하여 부류별로 나누고, 그 매 부류의 대표인 우두머리 글자를 부수라고 한다. 부수는 한자의 가장 기본적인 구성요소이다. 부수는 다른 부수나 부건과 조합되어 수많은 한자를 만들고, 한자의 편방으로 사용되어 해당 한자의 의미 또는 소리를 나타내는 기능도 있다. 부수는 자전이나 사전에서 글자나 어휘를 수록하는 근거가 되는 한 편 또 그것을 검색하는 길잡이 역할을 하기도 한다.

한자부수는 중국의 동한(東漢)시대 허신(許愼)이 창안한 것으로, 허신은 9,353자를 형체의 다름에 따라 540부수에 각각 귀속시켜 중국 최초의 소전(小篆) 자전인 《說文解字(설문해자)》를 편찬하였다. 《설문》의 540부수가 출현한 이래로 해서(楷書) 통행 시대를 맞이하면서 부수 수량과 목록에도 점차 변화가 일어나게 되었다. 중국 진대(晉代) 여침(呂忱)의 《자림(字林)》에서는 540부로 《설문》부수 체계를 그대로 계승하였는데, 해서가 본격적으로 사용되기 시작한 남조(南朝)시대 고야왕(顧野王)의 《玉篇(옥편)》에서는 원래 《설문》의 11부수를 삭제하고 새로 13부를 추가하여 542부로 미미한 변화가 있었다. 그 후 당대(唐代) 당현종(唐玄宗)의 《開元文字音義(개원문자음의)》에서는 320부, 장삼(張參)의 《五經文字(오경문자)》에서는 160부, 요대(遼代) 행균(行均)의 《龍龕手鑑(용감수감)》에서는 242부, 명대(明代) 매응조(梅膺祚)의 《字彙(자휘)》에서는 214부로 점차 간략화되었다. 그 후 명대(明代) 장자열(張子烈)의 《正字通(정자통)》과 청대(淸代) 장옥서(張玉書), 진정경(陳廷敬) 등이 편찬한 《康熙字典(강희자전)》에서는 《자휘》의 부수 체계를 그대로 계승하였다. 《강희자전》은 《자휘》의 214부수 체계를 그대로 본뜬 것이지만, 그 절대적인 권위로 인하여 마치 214부수 체계를 정립한 것으로 대접을 받기도 한다. 214부수 체계는 현재 CJK Unicode(한·중·일 통합 한자)사업에서 표준으로 활용되고 있다.

현재 한국과 대만 등지에서는 214부를 그대로 사용하고, 일본에서는 신자체에서 匸部(혜부)를 匚部(방부)에 병합하여 213부수가 되었으며, 중국 대륙에서는 214부에 기초하여 자형이 비슷한 부수를 정리하여 201부수를 국가 표준으로 정하였다.

이 책은 한·중·일 등 한자문화권에서 사용하는 214부수를 다루었다. 매 부수마다 그 자형의 변화·구성과 자의 변화 및 소속 한자에 대한 해석을 진행하였다.

'자형 변화'에서는 해당 부수자의 형체 변화 과정의 각종 글자체 즉 갑골문(甲骨文)·금문(金文)·전국문자(戰國文字)·소전(小篆)·예서(隸書)·해서(楷書)를 차례로 열거하여, 시대에 추이에 따른 자형 변화를 제시하였다. '자형 분석'에서는 해당 부수의 고문자 단계의 자형구조와 묘사한 바를 고석하였다. '자의 변화'에서는 해당 부수의 본의와 인신의를 시대에 추이에 따라 비교 분석하였다. '소속 한자 해석'에서는 해당 부수로 조합된 한자의 의미상 변화와 발전 즉 해당 한자의 의미 파생과 확대 등에 대하여 설명하였다.

끝으로 한·중·일 세 나라 학자의 합작품인 이 책을 통해 한자 부수에 대한 이해가 한층 더 제고되기를 진심으로 바란다.

한양대학교

이경원

《韩·中·日汉字214部首解说》序言

汉字从古代中国的中原，传播到朝鲜、日本、越南等国家。汉字超越了中国漫长悠久的历史，广被于东亚，用文字连结了中国与周边国家的文化。所以，中韩日越被称为东亚汉字文化圈。汉字属于东亚汉字文化圈共同的资源和财富。正是因了汉字的缘分，2013年3月上旬，在一个春风骀荡的下午，韩国汉字研究所所长河永三教授邀请韩中日汉字研究学者，聚集于釜山美丽的海云台海边，共同商谈汉字文化圈汉字研究之现状与前景。借着美酒给与的灵感和主人的热情款待，《韩·中·日汉字214部首解说》由此酝酿并诞生。经过近两年的努力，我们终于把这本小书以韩中日三种语言的形式呈现给大家。

汉字是表意体系的文字。根据汉字的形体结构，取其相同的表意部分归类，每类称为一部，每部的第一个字就叫作部首。部首是学习汉字的基础，因为汉字中的大部分部首都是独立的汉字，不仅如此，重要的是部首和部首可以组成许多汉字，它们在汉字中或表音或表义，总会给我们许多帮助记忆汉字的资讯。部首还是编纂汉语字典、辞书

的依据, 部首检字法是使用汉语工具书的基本方法。汉字部首由中国东汉时期的经学家许慎发明。许慎把9353个汉字按形体的不同, 归入540部首, 并编着了中国第一部篆书字典《说文解字》。许慎创立的540个汉字部首, 对后世字典、辞书的编纂具有深远的影响。自《说文解字》540部首产生以后, 历代字典、辞书部首的数目和内容都有变化。南朝梁顾野王编写的中国第一部楷书字典《玉篇》, 增部首为542部。明代梅膺祚的《字汇》则将部首简化为214部。其后, 清代张玉书、陈廷敬等编纂的《康熙字典》为214部。《康熙字典》为214部首对韩国日本影响很大。其中有213 (匸xì字部, 日本不用) 个部首属于韩中日通用。

　　本书选用了韩中日汉字通用部首213个, 另加韩中通用的匸 (xì) 字部, 凡214部。并对每个部首进行了字形演变、字形分析、字义演变三个方面的分析, 最后以该部首组字释例结束。"字形演变"列出了该部首在汉字形体演变过程中写法。现在我们使用的部首很多是古以有之的, 但是, 古代的写法和现在有着很大的差别。因为汉字部首的形体是随着社会的实际应用而不断发展演变的。比如: 甲骨文、金文、古陶文、简牍、篆书、隶书、楷书。"字形分析"侧重解释该部首在古文字阶段的构形理据的解释。"字义分析"侧重于分析某部首的本义和常用引申义。"部首组字释例"利用该部首组字举例, 以便理解和记忆。希望读者喜欢这本跨国际的合作产品。

上海交通大学

王平

《韓・中・日漢字214部首解説》序言

　　漢字は古代中国の中原地方から朝鮮半島や日本、それにベトナム
などの国々に伝わった。それは中国の悠久の歴史を越えて東アジアに
広がり、文字によって中国と周辺の国々の文化を結びつけた。それゆ
え中国・韓国・日本は「東アジア漢字文化圏」と呼ばれる。漢字は東ア
ジア漢字文化圏共通の資源と財産である。そしてまさにこの機縁によ
って、2013年3月上旬の春風うららかな日の午後、韓国漢字文化研究
所の河永三教授が中国と日本の漢字研究者を釜山の風光明媚な海雲
台に招いて、漢字文化圏における研究の現状と前途について、ともに
語り合う機会をもつこととなった。このときの美酒と相互の啓発を借
り、さらに主催者の情熱的な接待をうけて、この『韓・中・日漢字214部
首解説』が作られることとなった。2年あまりの努力を経て、ここにこ
の小著を3カ国語によって読者に提供するしだいである。
　　漢字は表意文字の体系をもつ文字であり、字形の構造にもとづい
て表意部分を帰納してそれぞれを部とし、各部の最初の漢字を部首

字とする。大多数の部首字は独立した漢字であるから、部首字は漢字を学習するための基礎であり、さらに重要なことに、部首と部首を組みあわせれば多くの漢字を作ることができる。それらは漢字のなかで表音あるいは表意の機能を有しており、我々が漢字を記憶するときの重要なよりどころとなる。部首はさらに漢語の字典や辞典を編纂する際のよりどころともなるし、漢字関係の工具書における検索の基本的方法でもある。部首法は後漢の経学者である許慎の発明にかかり、許慎は9353の異なった漢字を540からなる部首に収めて、中国最初の篆書字典『説文解字』を撰述した。許慎が創始した540部首は後世の字書や辞典にきわめて大きな影響を与えた。『説文解字』の540部首は歴代の字典や辞典において改良され、編目や内容が変化した。南朝・梁の顧野王が作った最初の楷書字典『玉篇』では部を増やして542としたが、明代の梅膺祚『字彙』では簡略化して214となった。その後、清代の張玉書と陳廷敬が編纂した『康熙字典』も214部首となっている。『康熙字典』の214部は韓国や日本にも大きな影響を与え、うちの213部(日本では匸を事実上使わなくなっている)は3カ国共通の部首である。

　本書は韓中日共通の213部首をとりあげ、さらに韓国と中国で用いる匸も加えた214部について、それぞれの部首字について字形の移り変わりと分析、それに字義の移り変わりについて記述し、最後に当該部首の字例を掲げた。「字形演変」の部分には当該部首の字形内での書き方の変遷を述べた。いまの我々が使っている部首の多くは昔から

あるものだが、書き方が大きく変わっている。それは部首の形態が社会の現実的な使われ方によって、甲骨文や金文、古陶文、簡牘資料、篆書、隷書、楷書などと変化してきたためである。「字形分析」の項目では当該部首の古代文字における構造を理解することに重点をおいた。「字義分析」では各部首字の本義と引伸義を分析することに重点をおいた。「部首組字釈例」では、その部首を使っている漢字の例をあげて、記憶と理解に便利なようにはからった。読者がこの国際的な著述を受け入れてくれることを切望する。

京都大学

阿辻哲次

일러두기

一. 이 책은 한·중·일 세 가지 언어로 작성되었으나, 각국의 한자 사용 상황이 다름으로 인하여 내용이 완전히 일치하지는 않는다.

二. 본문에서 사용한 부수 자형은 기본적으로 갑골문(甲骨文) → 금문(金文) → 소전(小篆) → 예서(隷書) → 해서(楷書)이지만, 경우에 따라 생략된 자형도 있고, 갑골문과 금문이 없는 경우에 전국문자(戰國文字)를 제시한 것도 있다.

三. 중국어 부분의 글자체는 간화자를 사용하였다.

四. 본문에 사용된 동한(東漢) 허신(許愼)의 《說文解字(설문해자)》는 《설문》으로 약칭하였다.

목 차

부수	훈독	중국 명칭		일본 명칭
		정식 명칭	속칭(俗称)	
1획				
一	한일	一字部(yīzìbù)	橫(héng)	いち
丨	뚫을곤	丨字部(gǔn)	竖(shù)	たてぼう
丶	점주	丶字部(zhǔ)	点(diǎn)	てん
丿	삐침별(삐침)	丿字部(piě)	撇(piě)	のかんむり
乙	새을	乙字部(yǐ)	折(zhé)	おつにょう
亅	갈고리궐	亅字部(jué)	竖钩(shùgōu)	はねぼう
2획				
二	두이	二字部(èr)	二字头(èrzìtóu)	に
亠	돼지해머리두 (돼지해머리)	亠字部(tóu)	玄字头(xuanzìtóu)	なべぶた
人 [亻]	사람인 [사람인변]	人字部(rén)	单人旁儿(dānrénpángr) 单立人儿(dānlìrénr)	にんべん ひと
儿	사람인 (어진사람인발)	儿字部(rén/ér)	儿字底(rén/érzìdǐ)	にんにょう
入	들입	入字部(rù)	人字头(rénzìtóu)	いりがしら
八	여덟팔	八字部(bā)	八字头(bāzìtóu)	はちがしら
冂	먼데경(멀경몸)	冂字部(jiōng)	同字框儿(tóngzìkuāngr)	けいがまえ
冖	덮을멱(민갓머리)	冖字部(mì)	秃宝盖儿(tūbǎogàir)	わかんむり

冫	얼음빙(이수변)	冫字部(bīng)	两点水儿(liǎngdiǎnshuǐr)	にすい
几	안석궤	几字部(jǐ)	几字底(jǐzìdǐ)	きにょう
凵	입벌릴감(위튼입구)	凵字部(kǎn)	画字框(huàzìkuāng)	かんにょう
刀 [刂]	칼도 [선칼도방]	刀字部(dāo)	立刀旁儿(lìdāopángr) 立刀儿(lìdāor)	りっとう かたな
力	힘력	力字部(lì)	力字旁(lìzìpáng)	ちから
勹	쌀포(쌀포몸)	勹字部(bāo)	包字头儿(bāozìtóur)	つつみがまえ
匕	비수비	匕字部(bǐ)	匕字旁儿(bǐzìpángr)	さじ
匚	상자방(터진입구몸)	匚字部(fāng)	三框(sānkuāng)	はこがまえ
匸	감출혜(터진에운담)	匸字部(xì)	右框(yòukuāng)	かくしがまえ
十	열십	十字部(shí)	十字头(shízìtóu)	じゅう
卜	점복	卜字部(bǔ)	卜字边(bǔzìbiān)	ぼく
卩 [巳]	병부절방 [병부절]	卩字部(jié)	单耳旁儿(dān'ěrpángr) 单耳刀儿(dān'ěrdāor)	ふしづくり
厂	기슭엄(민엄호)	厂字部(hǎn/ chǎng)	厂字旁(hǎn[chǎng]zìpáng)	がんだれ
厶	사사로울사 (마늘모)	厶字部(sī)	私字儿(sīzìr)	む
又	또우	又字部(yòu)	又字旁(yòuzìpáng)	また
3획				
口	입구	口字部(kǒu)	口字旁(kǒuzìpáng)	くちへん

口	에워쌀위(큰입구몸)	口字部(wéi)	方框儿(fāngkuàngr)	くにがまえ
土	흙토	土字部(tǔ)	提土旁儿(títǔpángr) 剔土旁儿(tītǔpángr)	つちへん
士	선비사	士字部(shì)	士字头(shìzìtóu)	さむらい
夂	뒤져올치	夂字部(zhǐ)	折文儿(zhéwénr)	のぶん
夊	천천히걸을쇠(발)	夊字部(suī)	夊字旁(suīzìpáng)	すいにょう
夕	저녁석	夕字部(xī)	夕字旁(xīzìpáng)	ゆうべ
大	큰대	大字部(dà)	大字头(dàzìtóu)	だい
女	여자녀	女字部(nǚ)	女字旁(nǚzìpáng)	おんなへん
子	아들자	子字部(zǐ)	子字旁儿(zǐzìpángr)	こどもへん
宀	집면(갓머리)	宀字部(mián)	宝盖儿(bǎogàir)	うかんむり
寸	마디촌	寸字部(cùn)	寸字边(cùnzìbiān)	すんづくり
小	작을소	小字部(xiǎo)	小字头(xiǎozìtóu)	しょう
尢	절름발이왕	尢字部(yóu)	尢字旁儿(yóuzìpángr)	だいのまげあし
尸	주검시	尸字部(shī)	尸字头(shīzìtóu)	しかばね
屮	싹날철(풀철)	屮字部(chè)	屮字旁(chēzìpáng)	てつ
山	뫼(메)산	山字部(shān)	山字旁(shānzìpáng)	やまへん
巛	내천(개미허리)	巛字部(chuān)	三拐儿(sānguǎir)	かわ

工	장인공	工字部(gōng)	工字旁(gōngzìpáng)	こう
己	몸기	己字部(jǐ)	己字旁(jǐzìpáng)	おのれ
巾	수건건	巾字部(jīn)	巾字旁(jīnzìpáng)	はば
干	방패간	干字部(gān)	干字旁(gànzìpáng)	かん
幺	작을요	幺字部(yāo)	幺字旁(yāozìpáng)	よう
广	집엄(엄호)	广字部(guǎng)	广字旁儿(guǎngzìpángr)	まだれ
廴	길게걸을인 (민책받침)	廴字部(yǐn)	建之旁儿(jiànzhīpángr)	えんにょう
廾	두손으로받들공 (스물입발)	廾字部(gǒng)	弄字底儿(nòngzìdǐr)	にじゅうあし
弋	주살익	弋字部(yì)	弋字边(yìzìbiān)	しきがまえ
弓	활궁	弓字部(gōng)	弓字旁(gōngzìpáng)	ゆみへん
彑 [彐]	돼지머리계 [가로터진왈]	彐字部(jì)	横山儿(héngshānr)	けいがしら
彡	터럭삼	彡字部(shān)	三撇儿(sānpiěr)	さんづくり
彳	조금걸을척 (두인변)	彳字部(chì)	双人旁儿(shuāngrénpángr) 双(立)人旁儿 (shuānglìrénpángr)	ぎょうにんべん
4획				
心 [忄]	마음심 [심방변]	心字部(xīn)	竖心旁儿(shùxīnpángr) 竖心儿(shùxīnr)	りっしんべん
戈	창과	戈字部(gē)	戈字边(gēzìbiān)	ほこ
戶	지게(외짝문)호	戶字部(hù)	戶字头(hùzìtóu)	と

手[扌]	손수 [재방변]	手字部(shǒu)	提手旁儿(tíshǒupángr) 剔手旁儿(tīshǒupángr)	てへん
支	가를(버틸)지	支字部(zhī)	支字旁(zhīzìpáng)	しにょう
攴[攵]	칠복 [등글월문방]	攴字部(pū)	反文旁儿(fǎnwénpángr) 反文儿(fǎnwénr)	ぼくにょう
文	글월문	文字部(wén)	文字头(wénzìtóu)	ぶん
斗	말두	斗字部(dǒu)	斗字边(dǒuzìbiān)	とます
斤	도끼근	斤字部(jīn)	斤字边(jīnzìbiān)	おのづくり
方	모방	方字部(fāng)	方字旁(fāngzìpáng)	かたへん
无	목멜기(이미기방)	无字部(wú)	无字旁(wúzìpáng)	むにょう
日	날일	日字部(rì)	日字旁(rìzìpáng)	ひへん
曰	가로왈	曰字部(yuē)	曰字旁(yuēzìpáng)	ひらび
月	달월	月字部(yuè)	月字旁(yuèzìpáng)	つきへん
木	나무목	木字部(mù)	木字旁儿(mùzìpángr)	きへん
欠	하품흠(방)	欠字部(qiàn)	欠字边(qiànzìbiān)	あくび
止	발(그칠)지	止字部(zhǐ)	止字旁(zhǐzìpáng)	とめる
歹	부서진뼈알 (죽을사변)	歹字部(dǎi)	歹字旁(dǎizìpáng)	かばねへん
殳	창수(갖은등글월문)	殳字部(shū)	殳字边(shūzìbiān)	るまた
毋	말무	毋字部(wú)	毋字旁(wúzìpáng)	なかれ

比	견줄비	比字部(bǐ)	比字头(bǐzìtóu)	ならびひ
毛	털모	毛字部(máo)	毛字旁(máozìpáng)	け
氏	성씨(각시)씨	氏字部(shì)	氏字旁(shìzìpáng)	うじ
气	기운기(엄)	气字部(qì)	气字头(qìzìtóu)	きがまえ
水 [氵]	물수 [삼수변]	水字部(shuǐ)	三点水儿(sāndiǎnshuǐr)	さんずいへん
火 [灬]	불화 [불화발/연화발]	火字部(huǒ)	火字旁儿(huǒzìpángr) 四点儿(sìdiǎnr)	ひへん れんが
爪 [爫]	손톱조(머리)	爪字部(zhǎo)	爪字旁(zhǎozìpáng)	つめ
父	아비부	父字部(fù)	父字头(fùzìtóu)	ちち
爻	점괘효	爻字部(yáo)	爻字旁(yáozìpáng)	こう
爿	장수장변	爿字部(jiàng)	将字旁儿(jiàngzìpángr)	しょうへん
片	조각편	片字部(piàn)	片字旁(piànzìpáng)	かた
牙	어금니아	牙字部(yá)	牙字旁(yázìpáng)	きば
牛 [牜]	소우 [소우변]	牛字部(niú)	牛字旁儿(niúzìpángr) 剔牛儿(tīniúr)	うしへん
犬 [犭]	개견 [개사슴록변]	犬字部(quǎn)	反犬旁儿(fǎnquǎnpángr) 犬犹儿(quǎnyóur)	いぬ
5획				
玄	검을현	玄字部(xuán)	玄字旁儿(xuánzìpángr)	げん
玉 [王]	구슬옥 [구슬옥변/임금왕]	玉字部(yù)	斜玉旁儿(xiéyùpángr) 王字旁儿(wángzìpángr)	たまへん

17

瓜	오이과	瓜字部(guā)	瓜字旁(guāzìpáng)	うり
瓦	기와와	瓦字部(wǎ)	瓦字旁(wǎzìpáng)	かわら
甘	달감	甘字部(gān)	甘字旁(gānzìpáng)	あまい
生	날생	生字部(shēng)	生字旁(shēngzìpáng)	うまれる
用	쓸용	用字部(yòng)	用字旁(yòngzìpáng)	もちいる
田	밭전	田字部(tián)	田字旁(tiánzìpáng)	たへん
疋	발소	疋字部(shū)	疋字底(shūzìdǐ)	ひき
疒	병들녁(병질엄)	疒字部(nè)	病字旁儿(bìngzìpángr) 病旁儿(bìngpángr)	やまいだれ
癶	등질발(필발머리)	癶字部(bō)	登字头儿(dēngzìtóur)	はつがしら
白	흰백	白字部(bái)	白字旁(báizìpáng)	しろ
皮	가죽피	皮字部(pí)	皮字边(pízìbiān)	かわ
皿	그릇명(발)	皿字部(mǐn)	皿字底儿(mǐnzìdǐr) 皿墩儿(mǐndūnr)	さら
目	눈목	目字部(mù)	目字旁(mùzìpáng)	めへん
矛	창모	矛字部(máo)	矛字旁(máozìpáng)	ほこ
矢	화살시	矢字部(shǐ)	矢字旁(shǐzìpáng)	や
石	돌석	石字部(shí)	石字旁(shízìpáng)	いしへん
示 [礻]	보일시 [보일시변]	示字部(shì)	示字旁儿(shìzìpángr) 示补儿(shìbǔr)	しめすへん

内	(짐승)발자국유	内字部(róu)		じゅうのあし
禾	벼화	禾字部(hé)	禾木旁儿(hémùpángr)	のぎへん
穴	구멍혈	穴字部(xué)	穴宝盖(xuébǎogài)	あなかんむり
立	설립	立字部(lì)	立字旁(lìzìpáng)	たつ
6획				
竹	대(대나무)죽	竹字部(zhú)	竹字头儿(zhúzìtóur)	たけがんむり
米	쌀미	米字部(mǐ)	米字旁儿(mǐzìpángr)	こめへん
糸	가는실사(실사)	糸字部(mì)	绞丝旁儿(jiǎosīpángr) 乱绞丝儿(luànjiǎosīr)	いとへん
缶	장군부	缶字部(fǒu)	缶字旁(fǒuzìpáng)	ほとぎ
网	그물망	网字部(wǎng)	四字头儿(sìzìtóur)	あみがしら
羊	양양	羊字部(yáng)	羊字旁(yángzìpáng)	ひつじへん
羽	깃우	羽字部(yǔ)	羽字旁(yǔzìpáng)	はねへん
老 [耂]	늙은이(늙을)로 [늙을로엄]	老字部(lǎo)	老字头(lǎozìtóu)	おいがしら
而	말이을이	而字部(ér)	而字旁(érzìpáng)	しかして
耒	쟁기뢰	耒字部(lěi)	耒字旁(lěizìpáng)	すきへん
耳	귀이	耳字部(ěr)	耳字旁(ěrzìpáng)	みみへん
聿	붓율	聿字部(yù)	聿字旁(yùzìpáng)	ふでづくり

肉 [月]	고기육 [육달월]	肉字部(ròu)	肉字旁(ròuzìpáng)	にく/ にくづき
臣	신하신	臣字部(chén)	臣字旁(chénzìpáng)	しん
自	스스로자	自字部(zì)	自字头(zìzìtou)	みずから
至	이를지	至字部(zhì)	至字旁(zhìzìpáng)	いたる
臼	절구구	臼字部(jiù)	臼字旁(jiùzìpáng)	うす
舌	혀설	舌字部(shé)	舌字旁(shézìpáng)	した
舛	어그러질천	舛字部(chuǎn)		まいあし
舟	배주	舟字部(zhōu)	舟字旁(zhōuzìpáng)	ふねへん
艮	어긋날(괘이름)간	艮字部(gèn)	艮字边(gěnzibian)	うしとら
色	빛색	色字部(sè)	色字旁(sèzìpáng)	いろ
艸 [艹]	풀초 [초두머리]	艸字部(cǎo)	草字头儿(cǎozìtóur) 草头儿(cǎotóur)	くさがんむり
虍	호피무늬호 (범호엄)	虍字部(hū)	虎字头儿(hǔzìtóur)	とらかんむり
虫	벌레훼(충)	虫字部 (huǐ/chóng)	虫字旁(huǐ[chóng]páng)	むしへん
血	피혈	血字部(xiě)	血字旁(xiězìpáng)	ち
行	갈행	行字部(háng)		ぎょうがまえ
衣 [衤]	옷의 [옷의변]	衣字部(yī)	衣字旁儿(yīzìpángr) 衣补儿(yībǔr)	ころもへん
襾	덮을아	襾字部(yà)		にし

	7획			
見	볼견	見字部(jiàn)	见字旁(jiànzìpáng)	みる
角	뿔각	角字部(jiǎo)	角字旁(jiǎozìpáng)	つの
言	말씀언	言字部(yán)	言字旁(yánzìpáng)	ごんべん
谷	골곡	谷字部(gǔ)	谷字旁(gǔzìpáng)	たに
豆	콩두	豆字部(dòu)	豆字旁(dòuzìpáng)	まめ
豕	돼지시	豕字部(shǐ)	豕字旁(shǐzìpáng)	いのこ
豸	발없는벌레치 (갖은돼지시변)	豸字部(zhì)	豸字旁(zhìzìpáng)	むじなへん
貝	조개패	貝字部(bèi)	贝字旁(bèizìpáng)	かいへん
赤	붉을적	赤字部(chì)	赤字旁(chìzìpáng)	あか
走	달릴주	走字部(zǒu)	走之旁(zǒuzhīpáng)	そうにょう
足	발족	足字部(zú)	足字旁儿(zúzìpángr)	あしへん
身	몸신	身字部(shēn)	身字旁(shēnzìpáng)	み
車	수레거(차)	车字部(chē)	车子旁(chēzìpáng)	くるまへん
辛	매울신	辛字部(xīn)	辛字旁(xīnzìpáng)	からい
辰	별진(신)	辰字部(chén)	辰字旁(chénzìpáng)	たつ
辵 [辶]	쉬엄쉬엄갈착 (갖은책받침) [책받침]	辵字部(chuò)	走之儿(zǒuzhīr)	しんにょう

邑 [阝]	고을읍 [우부방]	邑字部(yì)	邑字旁(yìzìpáng)	おおざと
酉	닭유	酉字部(yǒu)	酉字旁(yǒuzìpáng)	ひよみのとり
釆	분별할변	釆字部(cǎi)	釆字旁(cǎizìpáng)	のごめへん
里	마을리	里字部(lǐ)	里字旁(lǐzìpáng)	さと

8획				
金	쇠금	金字部(jīn)	金字旁儿(jīnzìpángr)	かねへん
長 [镸]	길장 [길장변]	長字部(cháng)	长字旁(chángzìpáng)	ながい
門	문문	門字部(mén)	门字框(ménzìkuāng)	もんがまえ
阜 [阝]	언덕부 [좌부변]	阜字部(fù)	双耳旁(左)(shuāng'ěrpáng) (zuǒ)	こざとへん
隶	미칠이(대)	隶字部(lì[dài])	隶字旁(lì[dài]zìpáng)	れいづくり
隹	새추	隹字部(zhuī)	隹字旁(zhuīzìpáng)	ふるとり
雨	비우	雨字部(yǔ)	雨字头(yǔzìtóu)	あまかんむり
青	푸를청	青字部(qīng)	青字旁(qīngzìpáng)	あお
非	아닐비	非字部(fēi)	非字旁(fēizìpáng)	あらず

9획				
面	낯면	面字部(miàn)	面字旁(miànzìpáng)	めん
革	가죽혁	革字部(gé)	革字旁(gézìpáng)	なめしがわ

韋	다룸가죽(가죽)위	韋字部(wéi)	韦字旁(wěizìpáng)	あし
韭	부추구	韭字部(jiǔ)	韭字旁(jiǔzìpáng)	にら
音	소리음	音字部(yīn)	音字旁(yīnzìpáng)	おと
頁	머리혈	頁字部(yè/xié)	页字边(yè[xié]zìbiān)	おおがい
風	바람풍	風字部(fēng)	风字旁(fēngzìpáng)	かぜがまえ
飛	날비	飛字部(fēi)	飞字旁(fēizìpáng)	とぶ
食	먹을식	食字部(shí)	食字旁儿(shízìpángr)	しょくへん
首	머리수	首字部(shǒu)	首字旁(shǒuzìpáng)	くびへん
香	향기향	香字部(xiāng)	香字旁(xiāngzìpáng)	かおり

10획				
馬	말마	馬字部(mǎ)	马字旁(mǎzìpáng)	うま
骨	뼈골	骨字部(gǔ)	骨字旁(gǔzìpáng)	ほね
高	높을고	高字部(gāo)	高字旁(gāozìpáng)	たかい
髟	머리털 드리워질표 (터럭발엄)	髟字部(biāo)	鬓字头(bìnzìtóu)	かみがしら
鬥	싸울투	鬥字部(dòu)	门字框(ménzìkuang)	たたかいがまえ
鬯	울창주창	鬯字部(chàng)		ちょう
鬲	솥력	鬲字部(gé)	鬲字旁(gézìpáng)	かくへん

23

鬼	귀신귀	鬼字部(guǐ)	鬼字旁(guǐzìpáng)	おに
		11획		
魚	물고기어	魚字部(yú)	鱼字旁(yúzìpáng)	さかなへん
鳥	새조	鳥字部(niǎo)	鸟字旁(niǎozìpáng)	とり
鹵	소금(밭)로	鹵字部(lǔ)	卤字旁(lǔ zìpáng)	しお
鹿	사슴록	鹿字部(lù)	鹿字头(lùzìtóu)	しか
麥	보리맥	麥字部(mài)	麦字旁(màizìpáng)	むぎ
麻	삼마	麻字部(má)	麻字头(mázìtóu)	あさ
		12획		
黃	누를황	黃字部(huáng)	黄字旁(huángzìpáng)	き
黍	기장서	黍字部(shǔ)	黍字旁(shǔzìpáng)	きび
黑	검을흑	黑字部(hēi)	黑字旁(hēizìpáng)	くろ
黹	바느질할치	黹字部 (zhǐ)		ふつへん
		13획		
黽	맹꽁이맹	黽字部(měng)	黾字旁(miǎnzìpáng)	べん
鼎	솥정	鼎字部(dǐng)	鼎字旁(dǐngzìpáng)	かなえ
鼓	북고	鼓字部(gǔ)	鼓字旁(gǔzìpáng)	つづみ

| 鼠 | 쥐서 | 鼠字部(shǔ) | 鼠字旁(shǔzìpáng) | ねずみ |

14획

| 鼻 | 코비 | 鼻字部(bí) | 鼻字旁(bízìpáng) | はな |
| 齊 | 가지런할제 | 齊字部(qí) | 齐字旁(qízìpáng) | せい |

15획

| 齒 | 이치 | 齒字部(chǐ) | 齿字旁(chǐzìpáng) | は |

16획

| 龍 | 용룡 | 龍字部(lóng) | 龙字旁(lóngzìpáng) | りゅう |
| 龜 | 거북귀 | 龜字部(guī) | 龟字旁(guīzìpáng) | かめ |

17획

| 龠 | 피리약 | 龠字部(yuè) | 龠字旁(yuèzìpáng) | やくのふえ |

1획

一 丨 丶 丿 乙 亅

一 [한 일]

자형 변화

갑골문	금문	소전	예서	해서

자형 분석

"一(한 일)"은 지사자로 숫자 '1'을 나타낸다.

자의 변화

"一"은 가장 작은 정수이다. 현대 중국어의 '一个(yígè: 한 개)', '一下(yíxià: 한 번)', '一毛不拔(일모불발: 하나의 털조차도 뽑지 않는다. 매우 인색한 것을 나타냄)'과 같이 최소의 수를 나타내며, 나아가 '一样(yíyàng: 같다)', '一直(yìzhí: 줄곧)', '一起(yìqǐ: 함께)', '专一(zhuānyī: 전념)', '表里如一(biǎolǐrúyī: 표리일체)'처럼 '서로 같다', '둘이 아니다', '순수하다'는 뜻도 나타낸다. 그 밖에도 '统一(통일)', '混一(혼일: 섞어 한데 합친다)'과 같이 '어느 부분을 합하여 전체를 이루는 것'을 나타내기도 하고, 또 '一触即溃(일촉즉발)', '一下子(yíxiàzi: 갑자기)'처럼 '잠시', '짧은 시간'의 뜻을 나타내기도 하며, '一地水(yídìshuǐ: 온 천지의 물)', '一头汗(yìtóuhàn: 온 머리를 흠뻑 적신 땀)'과 같이 '모두', '전부'의 뜻을 나타낸다. 또 '番茄一名西红柿(토마토[番茄]는 일명[一名] 서양 홍시[西红柿]라고 함)', '一本作×(다른 판본[一本]에서는 ×[교정 부호]라고 함)'과 같이 '별도의', '다른'이라는 의미도 나타낸다.

소속 한자 해석

한자의 부수와 필획으로서 "一"는 숫자 '1'의 의미와는 관계없고, '下(아래 하)', '上(윗 상)', '七(일곱 칠)'과 같이 한자의 위쪽이나 아래쪽 혹은 중간에 위치한다. "一"은 한자에서 단지 부수로서의 부호 기능을 하며 실제적인 의미를 갖는 것은 아니다. 예를 들어 '上', '下'는 모두 지사자로, 그중 "一"이 나타내는 위치가 위에 있는지 아래에 있는지에 의해 상하의 의미를 나타낸다. '丈(어른 장)' 자의 "一"은 단지 부호에 불과하며 부수로 쓰였다.

一 [yī]部

字形分析

"一"是指事字。表示数字为一。

字义发展

"一"为最小的正整数。用以表示最少的数量，如"一个"、"一下"、"一毛不拔"，引申表示相同的、没有两样的、纯粹的，如"一样"、"一直"、"一起"、"专一"、"表里如一"；又表示部分合为整体，如"统一"、"混一"；又表示时间上的初次、短暂，如"一触即溃"、"看一看"、"一下子"；又表示全都、满是，如"一地水"、"一头汗"；又表示另外的、别的，如"番茄一名西红柿"、"一本作×"。

部首组字例释

作为汉字部首和笔形，"一"的意义已和表数量的"一"无关。"一"可位于汉字的上部、下部或者中间，如"下"、"上"、"七"。"一"在汉字中一般只起部首符号作用，不一定有实际意义。例如"上"、"下"都是指事字。其中"一"表示位置的界线，在上或在下的一短横分别表示上、下的意思。"丈"中的"一"则仅仅是一个符号，作为这个字的部首。

一 [いち]

字形分析
「一」は指事文字で、数字の「一」を表す。

字義発展
「一」は最小の正の整数で、「一個」「一度」「一本の毛さえも抜かない（とてもけちであること）」というように最小の数を表し、さらに「一様に」とか「一緒に」というように「同じ」の意、「専一」とか「表裏一体」というように「混じりけがない」意をも表す。ほかにも「統一」とか「混一」（まぜて一つにする）というように「ある部分を全体に組みこむこと」、「一触即発」とか「鎧袖一触」というように「ちょっと、短い時間に」の意、「一天にわかにかきくもる」とか「あたり一面の洪水」というように「すべて・全部」の意、さらには「トマト、一名西洋ナス」というように「別の・ほかの」という意味をも表す。

部首組字例釈
漢字の部首や筆画としての「一」は、数字「一」の意味とは関係がなく、《一》は「下」「上」「七」のように文字の上部や下部あるいは真ん中に配置される。この場合《一》は単に部首としての示す働きをするだけで、実際の意味をもたない。「上」「下」は指事文字であり、《一》が配置される位置がもう一つの短い線より上にあるか下にあるかによって、上部あるいは下部という意味が示される。また「丈」の中にある《一》は、部首として使われている単なる記号にすぎない。

| [뚫을 곤]

자형 변화

소전	예서	해서

자형 분석

" | (뚫을 곤)"은 지사자로 상하를 관통하다는 뜻이다.

자의 변화

『설문해자』에 의하면 " | "의 본의는 상하를 관통하는 것이나, 고대 문헌에는 그 용례가 보이지 않는다. 이것은 단지 한자의 부수와 필획을 나타내는데, 중국에서는 '竪(shù)'라고 하고, 한국에서는 '뚫을 곤'이라고 한다.

소속 한자 해석

부수로서 " ㅣ "은 일반적으로 '中(가운데 중)'과 같이 한자의 한가운데를 관통한다. '中'은 지사자로, 고대 문자 '中'의 한가운데에 있는 ' ㅣ '은 깃대 모양을 본뜬 것으로 위아래에 깃발과 댕기를 붙이고 깃대가 어떤 장소의 한가운데에 서 있는 데서 유래한 것이다. 본의는 '중심'이며, 또 일정한 범위 안에서 한쪽으로 치우치지 않는 위치를 가리킨다.

｜[gǔn]部

字形分析

"｜"是指事字。表示上下贯通的意思。

字义发展

据《说文解字》，"｜"的本义为上下贯通，但在古籍中未见其用例，只用作汉字部首和笔形，称"竖"。

部首组字例释

作为部首，"｜"通常贯穿于汉字中部，如"中"、"个"。"中"是指事字。古文字"中"中间的"｜"像旗杆之形，上下有旌旗和飘带，旗杆正中竖立。本义为中心，指一定范围内不偏不倚的位置。

｜[たてぼう]

字形分析

《｜》は指事文字で、上下を貫通する意味を表す。

字義発展

『説文解字』によれば、《｜》の本義は上下を貫通することであるが、しかし文献にはその用例がなく、ただ漢字の部首と筆画を示すだけである。部首名としては中国では「竪」、日本では「ぼう」または「たてぼう」と呼ぶ。

部首組字例釈

部首として《｜》は、「中」に見られるように漢字の真ん中を貫く。「中」は指事文字で、古代文字の「中」の真ん中にある《｜》は旗竿の形をかたどっている。上下に吹き流しと旗をつけて、旗竿が真ん中にあることから、「中央にある」意を表す。本義は「中心」で、また一定の範囲の中で位置的にかたよっていないことを表す。

丶 [점 주]

자형 변화

갑골문	금문	소전	예서	해서

자형 분석

"丶(점 주)"는 지사자로 문장을 끊어 읽는 부호를 나타낸다.

자의 변화

"丶"는 원래 고대 중국인이 책을 읽을 때에 문장을 끊어 읽는 데에 사용하는 부호였다. 『설문해자』 "丶"부에서 "'丶'는 끊거나 그치는 곳이 있으면 '丶'로 표시한다"고 하였다. 또 "丶"가 '主'의 옛 글자라고 하는 학자도 있다. "丶"는 중국어에서 단독으로 사용되지 않고 한자의 부수로만 쓰인다. 한자 필획의 하나로 중국에서는 '点(diǎn)'이라 부르고, 한국에서는 '점'이라고 한다.

소속 한자 해석

부수로서의 " 丶 "는 '主(주인 주)'나 '凡(무릇 범)'과 같이 한자의 위쪽이나 안쪽에 위치한다. '主'는 상형자로, 고문자에서는 불을 붙인 횃불의 형태를 본뜬 것이다. '主'의 의미는 '주인', '소유주', '군주'처럼 권력이나 재산을 소유한 사람 또는 수뇌를 나타낸다. 그로부터 '주요', '주력'과 같이 '가장 중요한', '가장 기본적인'이라는 의미가 파생되었다. 또 '주의', '주권'과 같이 사물에 대한 관점과 결정권을 가리키기도 한다.

丶 [zhǔ]部

字形分析

"丶"是指事字。表示断句的符号。

字义发展

"丶"本是中国古人读书时,用于断句的符号。《说文·丶部》:"丶,有所绝止,丶而识之也。"也有人认为"丶"是"主"的古字。"丶"在汉语中一般不作为文字单独使用,只用作汉字部首。作为汉字笔形之一,称"点"。

部首组字例释

作为部首,"丶"位于汉字上部或内部,如"主"、"凡"。例如"主"是象形字,古文字像点燃的火把。"主"的常用义为权力或财物的所有者,或一方的首脑,如"主人"、"物主"、"君主"。引申为最重要、最基本的事物,如"主要"、"主力"。又指对事物的看法和决定权,如"主意"、"主权"。

丶 [てん]

字形分析

《丶》は指事文字で、文章の句読を示す符号を表す。

字義発展

《丶》はもともと古代中国人が書物を読む時に使った句読点であった。『説文解字』《丶部》には「丶は絶止するところあらば、丶してこれを識す」とある。また《丶》を「主」の古字とする説もある。《丶》は中国語の文章中では単独で使われることがなく、部首や筆画として使われるだけである。中国の部首名は「点」、日本では「てん」と呼ぶ。

部首組字例釈

「主」や「凡」に見られるように部首としての《丶》は漢字の上部に配置される。「主」はたいまつ（またはろうそく）に点火する形をかたどった象形文字で、「主人」や「君主」のように権力や財産を所有するものを表し、そこから「主要」や「主力」のように「もっとも重要な」とか「基本的な」という意味を表す。

丿 [삐침 별]

자형 변화

소전	예서	해서

자형 분석

"丿(삐침 별)"은 지사자로 오른쪽에서 왼쪽으로 도는 동작을 나타
낸다.

자의 변화

"丿"의 본의는 오른쪽에서 왼쪽 아래로 비스듬히 삐쳐나간다는
것이다. "丿"은 전래 문헌 중 문자로서 단독으로 사용된 예는 없
고, 한자의 부수나 필획으로만 사용되었으며, 부수 명칭으로 중
국에서는 '撇(piě)'라 부르고, 한국에서는 '삐침'이라고 한다.

소속 한자 해석

'乏(가난할 핍)', '久(오랠 구)'처럼 부수로서의 "丿"은 한자의 왼쪽 또는 위쪽에 위치한다. '乏'의 본의는 '貧乏(pínfá: 가난하다)', '乏味(fáwèi: 무미건조하다)'처럼 '결핍되다'라는 뜻을 나타내며, 또 '困乏(kùnfá: 피로하다)', '疲乏(pífá: 피곤하다)'처럼 '피로하여 졸리다'라는 뜻을 나타낸다. '久'는 '長久(장구: 장구하다)', '久遠(구원: 오래되다)'과 같이 긴 시간을 나타낸다.

丿[piě]部

字形分析

"丿"是指事字。表示自右而曲于左的一种动作。

字义发展

"丿"本义表示自右而曲于左的动作。"丿"在传世古籍中不作为文字单独使用, 只用作汉字部首和汉字笔形, 称"撇"。

部首组字例释

作为部首, "丿"位于汉字的左侧或上部, 如"乏"、"久"。例如"乏"本义为缺少, 如"贫乏"、"乏味"; 又表困倦, 如"困乏"、"疲乏"。"久"表示时间长, 如"长久"、"久远"。

丿 [のかんむり]

字形分析

《丿》は指事文字で、右から左に曲がるという動作を表す。

字義発展

《丿》の本義は「右から左に曲がる」動作を表す。《丿》が文献中で単独で使われることはなく、部首や筆画として使われるだけである。中国の部首名は「撇」、日本では「の」と呼ぶ。

部首組字例釈

「乏」や「久」のように、部首としての《丿》は漢字の左あるいは上部に配置される。「乏」は「貧乏」や「窮乏」のように「とぼし・すくない」意を表し、また「飢乏」や「困乏」のように「力を使い果たして疲れきったさま」を表す。「久」は「長久」「久遠」のように「長い時間」を表す。

乙 [새 을]

자형 변화

갑골문	금문	소전	예서	해서

자형 분석

"乙(새 을)"은 상형자로, 갑골 문자에서는 식물이 구부러지면서
성장해 가는 모양을 본뜨고 있다.

자의 변화

"乙"의 이 상용되는 의미는 '天干(천간)'의 두 번째로 '甲(첫째 천간
갑)'의 다음이며 '地支(지지)'와 조합되는데, 고대에 '乙酉(을유) 四
月(4월)', '五月(5월) 乙丑(을축)' 등처럼 연월일의 기록에 이용하였
다. 그리고 '甲'의 다음이라는 의미로부터 '제2' 혹은 '버금가다'
라는 의미가 파생되었다. 예를 들면 '중국어능력시험(HSK)'에서
'甲級(갑급)'은 최상의 등급이며 '乙級(을급)'은 그 다음이다. 교사
가 학생의 성적을 평가할 때도 자주 '갑, 을, 병, 정'의 4등급으로
우열을 나타낸다. 또한 그 의미가 파생되어 '갑 쪽, 을 쪽', '을(B)
형 간염' 등처럼 부문을 분류하는 데 사용되며, 그중에 한쪽, 한
종류를 가리킨다.

소속 한자 해석

'乞(빌 걸)', '乳(젖 유)'처럼 부수로서의 "乙"은 통상 한자의 아래나 오른쪽에 위치한다. '乞'은 '乞求(걸구)', '乞丐(걸개)'처럼 '남에게 간청하고 구걸하는 것'을 나타낸다. '乾(하늘 건)'은 『주역(周易)』의 괘명(卦名)으로 팔괘의 하나이며 전통적인 관념에서는 '하늘, 군주, 태양' 등을 가리키고 '坤(땅 곤)'과 서로 대를 이룬다.

乙 [yǐ]部

字形分析

"乙"是象形字。甲骨文字形像植物弯曲生长的样子。

字义发展

"乙"的常用义为天干的第二位,位于"甲"之后,与地支相配,古代用以记年、月、日。例如"乙酉四月"、"五月乙丑"等。由次于"甲"之义,又引申出第二、次一等之义,如普通话考试(HSK)中的等级"甲级"为最好,"乙级"则次之。教师在评定学生成绩的时候,也往往用甲、乙、丙、丁四个等级表示优劣。引申用以分门别类,指代其中一方、一类。如"甲方乙方"、"乙型肝炎"等。

部首组字例释

作为部首,"乙"通常位于汉字的下部和右侧,如"乞"、"乳"。"乞"义为向人求告讨要,如"乞求"、"乞丐"。"乾"为《易》卦名,为八卦之一,在传统观念中代指天、君、阳等,与"坤"义相对。

乙 [おつにょう]

字形分析

《乙》は象形文字で、甲骨文字では植物の茎が曲がりながら伸びてゆく形をかたどっている。

字義発展

《乙》の常用義は「十干」で「甲」に続く第2位で、「地」に配当される。古代では「乙酉四月」とか「五月乙丑」というように、その字を年月日など時間の記録に用いた。また「甲」に続くことから「第二」あるいは「トップの次」という意味を表した。たとえば中国語レベル試験(HSK)では「甲級」は最上であり、「乙級」がそれに続く。学校の教師が学生を評価する時にもしばしば「甲、乙、丙、丁」の4ランクで優劣を表すことがある。そこからさらに意味がひろがって、「甲方乙方」とか「乙型肝炎」というように部門や領域の分類に使われることもある。

部首組字例釈

「乞」や「乳」のように、部首としての《乙》はふつう文字の下か右側に配置される。「乞」は「乞求」や「乞盟」(敵に仲直りをもとめること)のように「相手に何かをもとめること」を表し、「乾」は『周易』の卦名の一つで、伝統的な解釈では「坤」と対比されて「天・君主・陽」などの意味を象徴する。

亅[갈고리 궐]

자형 변화

| 갑골문 | 소전 | 예서 | 해서 |

자형 분석

"亅(갈고리 궐)"은 상형문자로 고문자는 끝이 구부러진 갈고리의
형태를 본뜬 것이다.

자의 변화

"亅"의 본의는 갈고리이다. 중국어에서는 "亅"의 자형과 그 의미
가 단독으로 사용되지 않고 한자의 부수나 필획의 하나로만 쓰인
다. 중국에서는 '竖钩(shùgōu)'라 칭하고, 한국에서는 '갈고리 궐'
이라고 한다.

소속 한자 해석

'了(마칠 료)', '事(일 사)'처럼 부수로서의 "亅"은 한자의 중심에 위치한다. "亅"은 부수로서 단지 부호의 역할만 할 뿐 의미를 갖지 않는다. '事'의 본의는, 『한비자(韓非子)』「오두편(五蠹篇)」에 '無功而受事, 無爵而顯榮(공 없이도 관직을 받고 벼슬 없이도 영화를 누린다)'의 '事'처럼 '관직'이며, 의미가 파생되어 '직책, 직권, 책임'을 나타내고, 다시 '직업, 변고, 상황' 등 많은 의미를 나타내게 되었다. '予(나 여)'는 '予取予求(여취여구: 내 마음대로 요구하다)'처럼 '나'를 의미하며, '賜予(사여)', '賦予(부여)'처럼 '주다'를 의미하기도 한다.

亅 [jué]部

字形分析

"亅"是象形字。古文字形像一个弯弯的钩子。

字义发展

"亅"的本义为钩子。"亅"和其意义在汉语中不单独使用, 只用作汉字部首。又作为汉字笔形之一, 称"竖钩"。

部首组字例释

作为部首, "亅"位于汉字的中间, 如"了"、"事"。"亅"作为部首只起符号标记作用, 无实际意义。例如"事"字, 本义为官职, 如《韩非子·五蠹》: "无功而受事, 无爵而显荣", 引申为职守、职权、责任, 再引申为职业、变故、东西、情况等多种意义。"予"为"我"的意思, 如"予取予求"; 又为"给与"的意思, 如"赐予"、"赋予"。

亅 [はねぼう]

日

字形分析

《亅》は象形文字で、先が曲がったカギの形をかたどっている。

字義発展

《亅》の本義はカギであるが、《亅》という字形やカギの意味が中国語の文章の中で単独で使われることはなく、ただ部首や筆画として使われるだけである。部首名として中国では「竪鉤」といい、日本では「はねぼう」または「かぎ」と呼ぶ。

部首組字例釈

「了」や「事」のように《亅》は部首として漢字の中心に位置するが、《亅》は部首としての役割しかもたず、実際の意味はない。「事」の本義は「官職」で、『韓非子』「五蠹篇」に「功無くして事を受け、爵無くして栄を顕かにす」とある。そこから意味がひろがって「職掌・職権・責任」などの意味を表し、さらに「職業、状況」など多くの意味を表すようになった。「予」は、「予一人」という時には「われ・私」という意味であり、「賦予」「賜予」のときには「あたえる」という意味である。

二
十

人
儿
入
八

冂
冖
冫
几
凵
刀
十

力
勹
匕
匚
匸

卜
卩
厂
厶
又

二 [두 이]

자형 변화

二	二	二	二	二
갑골문	금문	소전	예서	해서

자형 분석

"二(두 이)"는 지사자로, 고문자에서는 2개의 횡선으로 표시되며, 원시적인 기수 부호이다.

자의 변화

"二"의 본의는 '1 더하기 1은 2'처럼 '1에 1을 더한 합'이다. 거기에서 파생되어 '二心(이심: 두 마음)', '忠貞不二(충정불이: 충성스럽다)', '三心二意(삼심이의: 우유부단하다)'처럼 '한결같지 않다', '충실하지 않다'는 의미를 나타낸다. 또 '二'는 '二把手(èrbǎshǒu: 이인자)', '二当家(èrdāngjiā: 둘째 주인)' 등처럼 서수사로 쓰여 배열이나 순서 등을 나타낸다. 폄의어(부정 또는 혐오의 의미가 내포된 낱말)로서 '二百五(èrbǎiwǔ: 바보)', '二混子(èrhùnzi: 건달)', '二把刀(èrbǎdāo: 풋내기)' 등처럼 '어리석다, 경솔하다, 순수하지 않다, 문외한이다'라는 의미를 나타낸다.

소속 한자 해석

부수로서 "二"의 위치는 어떤 때는 '些(적을 사)'처럼 한자의 아래에 위치하며, 어떤 때는 '五(다섯 오)', '亞(버금 아)', '互(서로 호)', '亘(뻗칠 긍)'처럼 위아래로 나뉘어 위치하는 등 비교적 자유롭다.

二 [èr]部

字形分析

"二"为指事字。古文字用两横表示, 是原始记数符号。

字义发展

"二"的本义为一加一的和。例如"一加一等于二"。引申为不专一、不忠诚之义, 如"二心"、"忠贞不二"、"三心二意"。"二"又用作序数词, 表示排列、次序, 例如"二把手"、"二当家"等。引申为贬义词, 指傻气、莽撞、不地道、不在行的人, 如"二百五"、"二混子"、"二把刀"。

部首组字例释

作为部首, "二"的位置比较灵活。有的位于汉字的上、下部, 如"些"; 有时被上下分离, 如"五"、"亚"、"互"、"亘"。

二 [に]

字形分析

《二》は指事文字であり、古代文字では二本の横線で表示される。原始的な記数の符号である。

字義発展

《二》の本義は「一足す一は二」というように、一と一を足した和で、そこから意味が広がって、「二心（ふたごころ）」とか「三心二意（優柔不断）」というように「忠実でない」とか「専一でない」という意味を表す。また「二」は「二番手」とか「二等賞」というように序数詞として、配列や順序などが「二番目である」という意味も表す。

部首組字例釈

部首としての《二》の配置される場所は一定しておらず、「亏」や「些」では漢字の上下に配され、「五」「亜」「互」「亘」などでは上下にわけて配置される。

ㅗ [돼지해머리 두]

자형 변화

소전	예서	해서

자형 분석

"ㅗ(돼지해머리 두)"는 예서에서 처음으로 나타난다.

자의 변화

"ㅗ"는 부수로만 사용되는 글자로, 중국어에서는 'tóu', 한국어
에서는 '두'라고 읽는다. 중국어에서는 단독으로 사용되지 않고
어떠한 의미도 나타내지 않는다.

소속 한자 해석

부수로서의 "亠"는 '亡(망할 망)', '亥(돼지 해)'처럼 한자의 위쪽에 위치한다. '亡'은 '入(들 입)'과 'ㄴ(숨을 은)'으로 이루어진 회의자 '仏(도망갈 망)'의 이체자로, 그중 '入'은 '人(사람)'을, 'ㄴ(숨을 은)'은 '은신처'를 나타낸다. 따라서 이 둘이 합쳐져 '도망', '망명'과 같이 '도주하다', '숨다'라는 뜻을 나타낸다. 또한 파생되어 '亡羊補牢(망양보뢰: 소 잃고 외양간 고치다)', '名存实亡(míngcún shíwáng: 유명무실하다)'과 같이 '잃다'라는 뜻을 나타내거나, '家破人亡(jiāpò rénwáng: 패가망신하다)', '未亡人(미망인)'과 같이 '사망'의 뜻을 나타내기도 한다.

亠 [tóu]部

字形分析

"亠"最早见于隶书。

字义发展

"亠"是汉字部首专用字，读作"tóu"，在汉语中不作为汉字单独使用，也不承担任何意义。

部首组字例释

作为部首，"亠"位于汉字的上部，如"亡"、"亥"。"亡"是从入从乚的会意字"亾"的异体字，其中"入"表示人，"乚(yǐn)"表隐蔽之处，合起来表示逃走、藏匿，如"逃亡"、"亡命"。引申表示失去，如"亡羊补牢"、"名存实亡"，或者指死亡，如"家破人亡"、"未亡人"。

亠 [なべぶた]

字形分析

《亠》は隷書から見ることができる(それ以前の書体には登場しない)。

字義発展

《亠》は部首だけに使われる字で、中国語では"tóu"、日本語ではトウと読む。単独で使われることはなく、またいかなる意味を表すこともない。

部首組字例釈

部首としての《亠》は、「亡」や「亥」のように漢字の上部に位置する。「亡」は《入》と《乚》からなる会意文字「凵」の異体字で、《入》は「はいる」、《乚》(yǐn)は「かくれる場所」を表し、二つの文字の意味を組みあわせて、「逃亡」「亡命」のように「逃走する・かくれる」意を表す。また引いて「未亡人」のように「死去」の意を表す。日本語の部首名は「なべぶた」または「けいさんかんむり」と呼ぶ。

人 [사람 인]

자형 변화

| 갑골문 | 금문 | 소전 | 예서 | 해서 |

자형 분석

"人(사람 인)"은 상형자이다. 고문자에서는 서 있는 사람의 옆모습을 본뜬 것으로 사람의 팔과 다리를 부각시켜 묘사하였다.

자의 변화

"人"의 본의는 '男人(nán·ren, 남자)', '人員(인원)'과 같이 도구를 사용하여 노동을 행하며 또 언어를 사용하여 사유 활동을 하는 고등 동물을 가리킨다. 또 '待人接物(대인접물: 남과 접촉하여 사귐)', '人云亦云(rényúnyìyún: 남이 말하는 대로 따라 말하다)'과 같이 '타인', '다른 사람'을 의미하거나 '丢人现眼(diūrénxiànyǎn: 남에게 망신을 당하다)'과 같이 '인격', '명예'를 나타내기도 한다.

소속 한자 해석

부수로서 '人'은 때로 한자의 왼쪽에 위치하여 '休(쉴 휴)', '代(대신할 대)'처럼 "亻"으로 표기하고 '인 변'이라고 부른다. 때로는 '今(이제 금)', '倉(곳집 창)'과 같이 위에 위치하며 "人" 또는 "人"으로 쓴다. "人"부의 한자는 대부분이 인간과 관계가 있는데, 예를 들어 '人'과 '二'로 이루어진 '仁(어질 인)'은 두 사람으로 인간관계가 친밀하다는 것을 나타낸다. 또 '代(대신할 대)'의 본의는 '바뀌다', '교대하다'인데, '時代(시대)', '朝代(조대)'처럼 '代'는 '이것을 다른 것으로 바꾸다' 혹은 '뒤의 것으로 앞의 것을 잇다'라는 의미를 나타낸다.

人 [rén] 部

字形分析

"人"是象形字。古文字形像一个侧身站立的人，突出了人的臂和腿。

字义发展

"人"本义指能制造和使用工具进行劳动，并能用语言进行思维的高等动物。如"男人"、"人员"。引申指他人、别人，如"待人接物"、"人云亦云"。或指人格、名誉，如"丢人现眼"。

部首组字例释

作为部首，"人"有时位于汉字的左侧，写作"亻"，俗称"单人旁"，如"休"、"代"；有时位于汉字的上部或下部，写作"人"或"入"，如"今"、"仓"。人部的字大多与人有关，例如"仁"字由"人"和"二"构成，以两个"人"表示人际关系的亲密、慈爱。"代"的本义是更替、替代，凡是用此换彼，或以后者续前者者，都可以称为"代"，如"时代"、"朝代"、"两代人"。

人 [にんべん・ひと]

字形分析

《人》は人間が立っている姿を横から見た象形文字で、古代文字の字形では腕と足が目立つように描かれている。

字義発展

《人》の本義は「職人」や「人員」のように、道具を活用して労働をおこない、また言語を使用して思惟活動をおこなう高等動物のことである。また「対人関係」とか「対人保障」のように「他人・別人」の意味や、「人品」「人権」のように「人間としての尊厳・名誉」の意味に使われることもある。

部首組字例釈

部首としての《人》は、「休」や「代」のように漢字の左側に配置されることがあり、その時は《亻》と書いて、「にんべん」と呼ぶ。また「今」や「倉」では上に配置され、その時は《𠆢》と書く。《人》部の漢字はほとんどが人間と関係があって、たとえば「仁」は《人》と《二》からできていて、「二人の人間の関係が親密である」ことを表す。また「代」の本義は「交代する・替わる」ことで、そこから「あるもので別のものに取り替える」、あるいは「後のものが前のものを継ぐ」ことを表し、「時代」「漢代」というように使う。

儿 [사람 인]

자형 변화

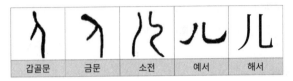

갑골문	금문	소전	예서	해서

자형 분석

"儿(사람 인)"은 상형자로, 갑골문과 금문에서는 "人(사람 인)"과 같다. 소전은 구부러진 다리 모습을 형상화 하였다.

자의 변화

"儿(사람 인)"은 부수로만 쓰이며, 《說文》에서 "仁人也。古文奇字人也(어진 사람이다. 人자의 고문 이체자형이다)"라고 하였다. 이에 한국에서는 "어진 사람 인"으로 풀이하고, 부수 이름을 "어진 사람인발"이라고 한다. 중국에서는 "兒(아이 아)"의 간화자로 사용된다.

소속 한자 해석

부수로서 "儿"는 대부분 '兄(맏 형)', '允(진실로 윤)'과 같이 한자의 아래쪽에 위치하며 사람과 관련된 의미를 나타내는 것이 많다. 예를 들어 '兄'은 부모가 같은 남성 중 연령이 자기보다 위인 사람을 가리키므로 '兄長(형장)'이라 부르기도 한다.

儿 [rén/ér]部

字形分析

"儿"是象形字,古文字形像一个张口的婴儿。

字义发展

"儿"的本义是指婴儿、小孩,例如"小儿"、"儿戏";有时又专指男孩,如"儿子"、"儿女亲家";引申指称晚辈或年轻人,如"男儿"、"健儿";又借用作汉语儿化音词尾,如"小孩儿"、"慢慢儿"、"快点儿"、"墨水儿"。

部首组字例释

作为部首,"儿"多位于汉字的下部,如"兄"、"允"。儿部字的意义多与人有关。如"兄",是指同父母中男性里年龄比自己大的,故也称为"兄长"。

儿 [にんにょう]

字形分析

《儿》の旧字体《兒》は大きく口をあけた子どもをかたどった象形文字である。

字義発展

《兒》の本義は「小児」「児戯」というように「こども」のことであり、また「児女（息子と娘）」というように「男の子」という意味、また「男児」「健児」というように「若者」という意味で使われることもある。また現代の中国語では「小孩儿」「慢慢儿」「墨水儿」のように名詞や副詞の接尾語に使われることもある。

部首組字例釈

部首としての《儿》は「兄」や「先」のように漢字の下部に配置され、「人」に関する意味を表すことが多い。たとえば「兄」は父母を同じくする男性のうちの自分より年上のものを指す。

入 [들 입]

자형 변화

갑골문	금문	소전	예서	해서

자형 분석

"入(들 입)"은 갑골 문자에서는 끝이 뾰족한 그릇을 본뜬 상형자이다.

자의 변화

'入'의 본의는 '入場(입장)', '進入(진입)'처럼 '밖에서 안으로 들어가다'인데, 의미가 확대되어 '收入(수입)', '入不敷出(rùbùfūchū: 수지가 맞지 않다)'처럼 '수익', '장부에 올리다'로 쓰이며, 또 '加入(가입)'처럼 '참가하다'라는 의미로 쓰이기도 한다.

소속 한자 해석

부수로서 "入"은 '全(온전할 전: 현재 중국에서는 "人"부에 속함)', '內 (안 내)'처럼 한자의 위쪽 혹은 중간에 위치한다. '內'의 본의는 '안쪽'이며 '內部(내부)', '內科(내과)'처럼 '外(바깥 외)'와 대비되 어 쓰인다. '全'은 '全面(전면)', '全力(전력)'과 같이 '완전하다', '완비하다'라는 뜻을 나타낸다.

入 [rù]部

字形分析

"入"是象形字。甲骨文字形像一个尖头器皿。

字义发展

"入"本义为由外到内、进入。如"入场"、"进入"。引申为收益、进账,如"收入"、"入不敷出"。又引申为参加,如"加入"、"入伙儿"。

部首组字例释

作为部首,"入"位于汉字的上部或中间,如"全"(现为人部)、"内"。"內"本义为里面,与"外"相对,如"内部"、"内科"。"全"指完美、齐备。如"全面"、"全才"、"全力以赴"。

入 [いりがしら]

字形分析

《入》は先のとがった皿をかたどった象形文字である。

字義発展

「入」の本義は、「入場」「進入」というように「外から内にはいる」ことで、そこから意味が広がって「収入」のように「利益を得る」こと、また「加入」のように「参加する」という意味に使われる。

部首組字例釈

部首としての《入》は「全」(いまは《人》部に所属) や「内」のように漢字の上部あるいは中間に配置される。「内」の本義は「内側」のことで、「外」と対比して「内部」「内科」というように使う。「全」は「全面的」「全力」というように「完全である」、「揃っている」ことを表す。

八 [여덟 팔]

자형 변화

| 갑골문 | 금문 | 소전 | 예서 | 해서 |

자형 분석

"八(여덟 팔)"은 지사자로, 고문자에서는 서로 등지고 있는 굽은 선으로 '나누다', '분별하다'를 나타내고 있다.

자의 변화

"八"의 본의는 '나누다', '분별하다'인데, 숫자로 가차되어 7과 9 사이의 양의 정수를 나타낸다.

소속 한자 해석

부수로서 "八"은 '公(공변될 공)'과 같이 한자의 위쪽에 놓이기도 하고, '兼(겸할 겸)'과 같이 ' ヽ '(하)'로 쓰기도 한다. 또 한자의 아래쪽에 놓여 '兵(군사 병)', '共(함께 공)'과 같이 "八"로 쓰기도 한다. "八"부의 한자는 '자르다', '나누다'와 관련이 있다. 예를 들어 '分(나눌 분)'의 위는 "八", 아래는 '刀(칼 도)'로 이루어져 '칼로 자르다'라는 의미를 나타내며, 뜻이 확대되어 '分離(분리)'처럼 '나누다'라는 뜻을 의미한다. 다만 대다수는 '共(함께 공)', '兵(군사 병)', '典(법 전)', '輿(수레 여)' 등처럼 '나누다'와 의미상 아무런 관계가 없으며, 아랫부분의 '八'은 "廾(두 손으로 받들 공)"이 변한 것이다.

八 [bā]部

字形分析

"八"是指事字，古文字用两条相背的弧线表示分开、分别的意思。

字义发展

"八"的本义是分开、分别。假借表示数字，是七和九之间的正整数。

部首组字例释

作为部首，"八"有时位于汉字的上部，如"公"，或写作"丷"，如"兼"。有时位于汉字的下部，写作"八"，如"兵"、"共"。八部的字有时和切分、分开有关。如"分"字上面是"八"，下面是"刀"，表示用刀分割的意思，引申指分别，例如"分离"。但多数与切分义无关，如"共"、"兵"、"典"、"舆"等字的底部都是从"廾"变化而来的。

八 [はちがしら]

字形分析

《八》は指事文字であり、古代文字では互いにそむきあった二本の線で「わかれる・離れる」意を表す。

字義発展

《八》の本義は「わかれる・離れる」ことで、借りて、7と9のあいだにある正の整数を表す。

部首組字例釈

部首としての《八》は「公」や「兮」のように漢字の上部に配置され、また現代では「兼」のように「ソ」と書かれることもある。また「兵」や「共」では漢字の下部に配置される。《八》部の漢字には「わかれる・離れる」意があり、たとえば「分」は《八》と《刀》で、「刀で切り分ける」ことから「分割」の意を表し、引いて「分離」のように「別々にわかれる」ことを意味する。ただし多くの漢字は「切り離す」意味とは無関係で、「共」「兵」「典」「輿」などの下部はいずれも《廾》が変化したものである。

冂 [먼데 경]

자형 변화

갑골문	금문	소전	예서	해서

자형 분석

"冂(먼데 경)"은 상형자로, 고문자는 문의 양쪽 기둥과 문에 빗장을 건 모습을 본뜬 것이다.

자의 변화

"冂"의 본의는 '도읍에서 멀리 떨어진 야외, 교외'인데, 『설문해자』 "冂"부에는 "'邑(도성 읍)'의 바깥쪽을 '郊(성밖 교)'라 하고, '郊'의 바깥쪽 '野(교외 야)'라 하며 '野'의 바깥쪽을 '林(야외 림)'이라 하고, '林'의 바깥쪽을 '冂'이라 하는데, 먼 곳을 형상화한 것이다"라고 나와 있다. 또 "冂"을 "扃(문빗장 경)"의 고자로 보는 학자도 있다. '楊樹達(양수달)'은 『積微居小学述林(적미거소학술림)』「釋冂(석경)」에서 "'冂'은 '扃(문빗장 경)'의 초문(初文)이다. '冂' 좌우의 2획은 문의 좌우 기둥을 본뜬 것이며, 가로획은 '門扃(문경: 문빗장)'의 형태를 본뜬 것이다. …… 무릇 '冂'은 상형자이며 '扃'은 형성자이다"라고 하였다. "冂"은 중국어에서 단독으로 사용되지 않고 부수로만 쓰인다.

한자 214부수 해설

소속 한자 해석

부수로서 "冂"은 '冋(들 경)', '再(다시 재)'처럼 항상 한자의 바깥 부분에 위치한다. '冋'은 본래 '창이 투명한 것'을 가리키는데 '밝다'라는 뜻으로 확대되어 쓰인다.

冂 [jiōng]部

字形分析

"冂"是象形字。古文字形左右两画像门左右两边的柱子，上面横画像门闩之形。

字义发展

"冂"本义为远离都邑的野外、郊区。《说文·冂部》："邑外谓之郊，郊外谓之野，野外谓之林，林外谓之冂；象远界也。"有人认为"冂"是"垧"的古字。杨树达《积微居小学述林·释冂》："冂乃垧之初文也。冂左右二画象门左右柱，横画象门垧之形……盖冂为象形字，垧则形声字也。""冂"在汉语中不单独使用，只用作部首。

部首组字例释

作为部首，"冂"经常位于汉字的外部，如"冏"、"再"。"冏"（读jiǒng），本指窗透明，引申为明亮。

冂 [けいがまえ]

字形分析

《冂》は左右二本の柱にかんぬきを通した形にかたどった象形文字である。

字義発展

《冂》の本義は「集落から遠く離れた野外の地」のことで、『説文解字』《冂》部に「邑外これを郊と謂い，郊外これを野と謂い、野外これを林と謂い、林外これを冂という、遠界に象るなり」とある。また《冂》は《扃》（かんぬき）の古字であるとする説もある。楊樹達『積微居小学述林』「釈門」に、「《冂》はすなわち《扃》の初文なり。《冂》左右の二画は門の左右の柱に象り、横画は門扃の形に象る……蓋し《冂》は象形字たり、《扃》は則ち形声字なり也」という。《冂》は単独で使われることがなく、ただ部首に使われるだけである。

部首組字例釈

部首としての《冂》は「冋」や「再」のように常に漢字の外側に配置される。「冋」（中国語ではjiǒng、日本語ではケイ）は「窓から光が射しこむ」ことで、そこから「明るい」意に使われる。

冖 [덮을 멱]

자형 변화

금문	소전	예서	해서

자형 분석

"冖(덮을 멱)"은 물건을 위에서 덮어 가리는 모습을 본뜬 상형자이다.

자의 변화

"冖"은 고대에는 '幎(덮을 멱)'과 같은 글자이었으며, 본의는 '물건을 가리기 위한 천'이다. 중국어에서는 단독으로 사용되지 않고 부수로만 쓰인다.

소속 한자 해석

부수로서의 "冖"은 한자의 위쪽에 위치하며 "冖"부의 글자는 대개 '冠(갓 관)', '冥(어두울 명)'과 같이 '덮는 것'과 관계가 있다. '冠'은 "冖"과 "元(으뜸 원, 사람의 머리)", "寸(마디 촌, 사람의 손)"으로 이루어진 회의자로, "寸(손으로)" + "元(사람의 머리에)" + "寸(손으로 덮어쓰는 것)"의 뜻을 나타내며, 그 본의는 머리에 덮어쓰는 '모자'이다. '冥'은 '덮어 가리다'라는 의미에서 확대되어 '어둡다'는 의미를 나타낸다.

冖 [mì]部

字形分析

"冖"是象形字，像蒙覆之形。

字义发展

"冖"字古代与"幂"字为同一个字。本义为盖东西用的巾布。在汉语中不单独使用，只用作部首。

部首组字例释

作为部首，"冖"位于汉字的上部。"冖"部的字多与覆盖相关，如"冠"、"冥"。"冠"字为会意字，从冖从元从寸，"冖"为蒙覆之义，"元"为人头，"寸"为人手，本义为帽子。"冥"，表示由"覆盖"引申出来的"幽暗"之义。

冖 [わかんむり]

字形分析

《冖》は何かの物を上から覆う形をかたどった象形文字である。

字義発展

《冖》は古くは「冪」と同じ字で、本義は「ものを覆うための布」である。ただ中国語の文章の中で単独で使われることはなく、部首として使われるだけである。

部首組字例釈

部首としての《冖》は漢字の上部に配置され、「冠」や「冪」のように「ものを覆う」ことと関係があることが多い。「冠」は《冖》と《元》と《寸》からなる会意文字で、《冖》は「おおう」、《元》は「人の頭」、《寸》は「人の手」で、全体として「帽子」の意を表す。「冥」は「覆う」ことを表し、引いて「ほの暗い」ことをいう。

仌(冫) [얼음 빙]

자형 변화

갑골문	금문	소전	예서	해서

자형 분석

"仌(얼음 빙)"은 상형자로, 고문자는 물이 얼어서 얼음이 된 뒤의
무늬를 본뜬 글자이다.

자의 변화

"仌"의 본의는 '얼음'인데, 부수 "冫(얼음 빙)"으로만 사용되고,
단독으로 글자를 이루지는 못한다.

소속 한자 해석

부수로서의 "冫"은 일반적으로 '凍(얼 동)', '凝(엉길 응)'과 같이 한자의 왼쪽에 "冫"으로 쓰는데, 중국어에서는 '两点水(liǎngdiǎn-shuǐ)', 한국어에서는 '이수변'이라고 부른다. 또 '寒(찰 한)'과 같이 한자의 아래쪽에 위치하기도 한다. "冫"부의 한자는 대개 '얼음' 혹은 '춥다'는 의미와 관계가 있으며, 애초의 자형이 "冫"으로 물이 어는 모습을 본뜬 상형자이며, 나중에 성부 겸 형부인 "冫(얼음 빙)"과 형부인 "水(물 수)"로 구성된 회의 겸 형성자가 되었다. '寒'은 "宀(집 면)", "冫(얼음 빙)", "茻(잡풀 우거질 망)"으로 이루어져, 사람이 집안에서 풀을 덮고 있지만 발 부분은 여전히 차가운 것을 나타낸다. 날씨가 계속 추워지면 얼음이 점점 두꺼워지는데 '冰冻三尺(bīngdòngsānchǐ: 3척이나 되는 얼음은 하루의 추위로 이루어지지 않는다)'는 말은 어떤 상황이 장시간에 걸쳐 형성되는 것을 말한다.

仌（冫）[bīng] 部

字形分析

"仌"是象形字，古文字形描摹的是水凝结成冰以后的纹理。

字义发展

"仌"的本义就是冰。在汉语中只用作部首"冫"，不单独成字。

部首组字例释

作为部首，"仌"通常位于汉字的左侧，写作"冫"，俗称"两点水"，如"冻"、"凝"；有时位于汉字下面，例如"寒"。冫部的字多与冰或寒冷等意义有关，"冰"字最初写作"仌"，像水凝结之形，"冰"是后起字。"寒"字由"宀"、"仌"、"茻（mǎng）"组成，字形像人在房屋之中，把自己包在很多草当中，但依然感觉很冷。天气持续寒冷，冰层就会越积越厚，所以"冰冻三尺，非一日之寒"，是说一种情况的形成，是经过长时间的积累、酝酿的。

仌（冫）[にすい]

字形分析

《仌》は水面が凍って氷の模様ができるさまを象った象形文字である。

字義発展

《仌》の本義は「こおり」であるが、《冫》が単独で使われることはなく、部首として使われるだけである。

部首組字例釈

部首としての《仌》は、「凍」や「凝」のように普通は漢字の左側に配置され、《冫》と書かれる。中国語では「両点水」、日本語では「にすい」と呼ぶ。また「寒」のように漢字の下部に配置されることもある。《仌》の漢字は基本的に「氷」あるいは「寒い」という意味と関係がある。「冰」ははじめ「仌」と書かれ、水が凝結する形をかたどっていた。「冰」あるいは「氷」は、その後起の字形である。「寒」は《宀》と《仌》と《茻》（mǎng, 草が集まっている形）とからできており、人が家屋の中にいて草にくるまっているがまだ寒いことを表す。寒冷な天候が続くと氷がだんだんと厚くなることから、「氷凍ること三尺なるは、一日の寒にあらず」という言い方で、ある状況が継続的に積み重なって形成されることをいう（日本語の「ローマは一日にしてならず」にあたる表現）。

几 [안석 궤]

자형 변화

| 갑골문 | 전국문자 | 소전 | 예서 | 해서 |

자형 분석

"几(안석 궤)"는 고문자에서 작은 책상의 모양을 본뜬 상형자이다.

자의 변화

"几"의 본의는 옛사람이 자리에 앉을 때 기대거나 물건을 두기 위한 앉은뱅이 책상을 가리킨다. 후대에 의자생활을 하게 되면서 오로지 기물을 두기 위한 가구를 가리키게 되었으며, '茶几(chájī: 찻상)', '條几(tiáojī: 긴 책상)' 등처럼 "几"의 다리도 그에 따라 길어지게 되었다.

소속 한자 해석

부수로서 "几"는 '凭(기댈 빙)', '凯(즐길 개)'처럼 한자의 아래쪽이나 오른쪽에 위치한다. "几"부의 한자는 '책상'과 관련이 있는데, 예를 들어 '凭'은 "任(맡길 임)"과 "几"로 이루어진 회의자로 '책상에 기대다'라는 의미를 나타내며, 본의는 '의지하다', '의거하다'이다. 후에 '凭借(píngjiè: 의지하다)', '任凭(rènpíng: (마음대로 하게) 내맡기다)'과 같이 '(세력 등에) 의지하다'라는 뜻으로 확대되었다.

几 [jǐ]部

字形分析

"几"是象形字, 古文字像几案之形。

字义发展

"几"的本义是指古人席地而坐时凭依或搁置物件的小矮桌。后来坐椅子, 便专指放置器物的家具, 几的腿也随之增高, 例如"茶几"、"条几"。

部首组字例释

作为部首, "几"位于汉字的右侧或下部, 如"凭"、"凯"。"几"部的字有的与几案义相关, 如会意字"凭", 从任从几, 表示靠在几上, 本义为倚靠、凭借。后来引申为倚仗之义, 如"凭借"、"任凭"。

几 [きにょう]

字形分析

《几》は小さな机をかたどった象形文字である。

字義発展

《几》の本義は、古代人が敷きものに座る時に体をもたせかけたり、ものをおくための小さな机(脇息)である。のち椅子に座るようになってからものを置くための家具となり、《几》の脚が長くなった。

部首組字例釈

部首としての《几》は、「凭」や「凱」のように漢字の右側か下部に配置される。《几》部の漢字は「つくえ」と関係があり、たとえば「凭」は《任》と《几》からなる会意文字で、「机によりかかる」ことから「頼る・依拠する」意を表す。

凵 [입 벌릴 감]

자형 변화

전국문자	소전	예서	해서

자형 분석

"凵(입 벌릴 감)"은 고문자에서 입을 벌린 모양을 본뜬 상형자이다.

자의 변화

"凵"의 본의는 '입을 벌리다'로, 이때의 중국어 발음은 'qiǎn'이 며, 한국어로는 '감'이라고 읽는다. 또한 "凵"은 물체의 한가운 데가 내려앉은 형태를 본뜬 것으로 '아래로 움푹 들어가다'라는 의미가 있으며, 이때의 중국어 발음은 'kǎn'. 한국어는 '감'이다. 나중에 'kǎn'으로 읽는 '凵'은 '坎(구덩이 감)'으로 쓰게 되었다. "凵"은 단독으로 사용되지 않고 부수로서만 쓰인다.

소속 한자 해석

"凵"은 '函(함 함)'과 같이 항상 한자의 아래쪽에 위치하며 그 안쪽에 다른 구성요소를 담고 있다. "凵"부의 한자는 대개 '아래로 움푹 들어가다'라는 의미와 관련이 있는데, 예를 들어 '凶(흉할 흉)'은 지사자로 "凵"은 '함정'과 같고 "乂"은 사람을 빠지게 하는 '위험한 장소'임을 나타낸다. 본의는 '吉凶未卜(jíxiōngwèibǔ: 길과 흉을 예측하기 어렵다)', '逢凶化吉(féngxiōnghuàjí: 화를 만나 복이 되게 하다)'처럼 '불길하다'는 뜻이다. 또 '凶惡(흉악)', '凶年(흉년)', '凶信(흉신: 불길한 소식)'과 같이 '위험한 것', '슬픈 일'을 가리키는 것으로 확대되어 쓰이기도 한다. '函'의 본의는 '혀'이며, 혀는 입속에 들어 있는 것에서 '函'이 '劍函(검함: 칼집)', '書函(서함: 책상자)'과 같이 물건을 넣는 상자나 케이스를 가리키고 '信函(신함: 서신)'과 같이 봉투 등 안에 넣는 물품을 가리키기도 한다.

凵 [kǎn]部

字形分析

"凵"是象形字, 古文字像张口之形。

字义发展

"凵"本义为张口, 此时读音为qiǎn。字形像物体中间下陷之形, 故有下陷之义, 此时读音为kǎn。后来读为kǎn的"凵"字写作"坎"字。汉语中"凵"字不单独使用, 只用作部首。

部首组字例释

作为部首, "凵"字经常位于汉字底部, 将汉字的其他结构单位包含在内, 如"凶"、"函"。"凵"部的字多与下陷之义相关, 如"凶"字是指事字, "凵"犹如陷坑, "㐅"指明这是陷人的凶险之处。本义为不吉利, 如"吉凶未卜"、"逢凶化吉"。引申指险恶、悲痛的事情, 如"凶恶"、"凶年"、"凶信"。"函"字本义为舌, 由于舌含在口中, 于是"函"字指可以盛放物品的盒子、套子, 如"剑函"、"书函"。亦指放在套子等里面的物品, 如"信函"。

凵 [かんにょう]

字形分析

《凵》は大きく口を開けているさまをかたどった象形文字である。

字義発展

《凵》の本義は「大きく口を開ける」で、この時は《qiǎn》（日本語ではケン）と読む。何かの物体の真ん中に穴が空いている形で、そこから「穴に落ちる」という意味があり、その時の発音は《kǎn》（日本語ではカン）で、のち《kǎn》と読む《凵》を「坎」と書くようになった。《凵》が単独で使われることはなく、ただ部首として使われるだけである。

部首組字例釈

部首としての《凵》は「凶」や「函」のように、常に漢字の下部に配置され、他の漢字の要素を内部に含む。《凵》部の漢字には「穴に落ちる」という意味に関連することが多く、たとえば「凶」は指事文字で、《凵》は「穴に落ちる」こと、《メ》はそこが人を穴に落とす危険な場所であることを示している。本義は「不吉」であり、それで「吉凶未卜」（吉と出るか凶と出るか）とか、「逢凶化吉」（禍を転じて福となす）というように使い、また引いて「凶悪」や「凶年」のように「危険であること・よくないこと」を表す。「函」の本義は「舌」で、舌が口の中に含まれていることから、「函」が物を入れる箱や袋という意味を表す。

刀 [칼 도]

자형 변화

갑골문	금문	소전	예서	해서

자형 분석

"刀(칼 도)"는 고문자에서 위에는 칼자루, 아래에는 칼의 몸체가 있는 칼의 형상을 본뜬 상형자이다.

자의 변화

"刀"는 칼로 베어 죽이거나 절단하는 공구 또는 병기를 의미한다. 선사 시대에는 돌칼이 사용되었지만, 후에는 청동이나 철, 강철 등 다른 재질의 칼로 발전하였다. "刀"는 전국 시대의 '도형화폐(刀形貨幣)'나 현대의 스포츠 기자재인 스케이트 날 등 칼 모양의 기물도 의미한다. 현대 중국어에서는 종이를 세는 양사로도 쓰여 통상 '종이 100장'을 '一刀(yì dāo)'라고 한다. 한문에서는 동사로도 쓰여 '자르다', '깎다'의 뜻을 가진다.

소속 한자 해석

부수로서 "刀"는 '利(날카로울 리)', '刻(새길 각)'과 같이 통상 한자의 오른쪽에 위치하고, 대부분 " 刂" 형태로 쓰며, 중국에서는 '立刀旁(lìdāopáng)', 한국에서는 '칼도방'이라고 부른다. 또 '切(끊을 절)'과 같이 "刀"로도 쓰며, '剪(자를 전)', '劈(쪼갤 벽)'과 같이 한자의 아래에 위치할 때에도 "刀" 형태로 쓴다. "刀"부의 한자는 대부분 '칼' 혹은 '새기다' 등과 관계가 있다. 예를 들어 '利(날카로울 리)'는 "刀"와 "禾"로 이루어진 회의자로, 칼로 곡물을 베어내는 것에서 '예리하다'는 뜻을 나타내며, '鋒利(fēnglì: 예리하다)', '利刀(이도: 날이 날카롭고 썩 잘 드는 칼)'처럼 쓰인다. '切'은 "刀"와 "七"로 이루어진 형성자로, 의미는 '칼로 물건을 자르다'이다.

刀 [dāo]部

字形分析

"刀"是象形字，古文字像一把刀的形状：上面是刀柄，下面是刀体。

字义发展

刀是以刃砍杀、切割的工具或兵器。史前时期已有石刀，后发展出青铜、铁、钢等不同材质的刀。引申指刀形的器物，如战国时代的刀形币、现代体育器材冰刀等。近代又用作表示纸张的量词，通常一百张为一刀。古汉语中也用作动词，有砍、削之义。

部首组字例释

作为部首，"刀"通常位于汉字的右侧，大多写作"刂"，俗称"立刀旁"，如"利"、"刻"；有时写作"刀"，如"切"；位于汉字下面时写作"刀"，如"剪"、"劈"。刀部的字大都与刀或刻划等意义有关。如"利"是会意字，从刀从禾，用以刀断禾之形表示刀剑锋利之义，如"锋利"、"利刃"。"切"是形声字，从刀七声，意思是用刀分割物品。

刀 [はねぼう・かたな]

字形分析

《刀》は上に束、下に刀身がある古代の刀をかたどった象形文字である。

字義発展

刀は人を斬殺したり肉体を切断したりする兵器である。非常に古い時代には石刀が使われたが、のちには青銅や鉄、鋼鉄などさまざまな金属から刀が作られた。《刀》はまた戦国時代の刀型貨幣など、刀の形状をした道具をも意味する。近代にはまた紙を数える量詞としても使われ、100枚を「一刀」と呼ぶ。古代漢語の中では動詞としても使われ、「切る」とか「削る」意を表す。

部首組字例釈

部首としての《刀》は「利」や「刻」のように、漢字の右側に配置され、多くの場合《刂》と書かれる。それを中国では「立刀旁」、日本では「りっとう」と呼ぶ。また「切」では《刀》とも書かれ、さらに「剪」や「劈」のように漢字の下部に配置される時にも《刀》と書かれる。《刀》部の漢字のほとんどは「かたな」あるいは「切り刻む」ことと関係があり、たとえば「利」は《刀》と《禾》（穀物）からなる会意字で、鎌で穀物を刈り取ることから、「鋭利」とか「利刃」のように「するどい」意を表す。「切」は《刀》と音符《七》からなる形声字で、「刀でもものを切る」ことを表す。

力 [힘 력]

자형 변화

갑골문	금문	소전	예서	해서

자형 분석

"力(힘 력)"은 고문자에서 고대에 논밭을 가는데 사용하던 농기구인 '쟁기'의 형태를 본뜬 상형자이다.

자의 변화

'쟁기'로 논을 경작하려면 힘이 필요했으므로 "力"은 기본적으로 체력이나 기력을 의미했고 나아가 '視力(시력)', '能力(능력)', '生産力(생산력)'과 같이 모든 사물의 효능을 가리키게 되었다.

소속 한자 해석

부수로서 "力"은 '功(공 공)', '努(힘쓸 노)'처럼 한자의 오른쪽 또는 아래쪽에 위치하여 "力"으로 쓰인다. "力"부의 한자는 대개 '힘', '역량'과 관계가 있는데, 예를 들어 '勞(일할 로)'는 힘을 내고생하는 것이고, '動(움직일 동)'은 힘을 빌려 물체의 정지 상태를 바꾸는 것이며, '助(도울 조)'는 힘을 내 서로 돕는 것이고, '劣(못할 렬)'의 본의는 힘이 적고 약한 것으로 '떨어지다'라는 의미를 나타내기도 한다.

力 [li]部

字形分析

"力"是象形字, 古文字像耒的形状, 耒是古代用于耕田的农具。

字义发展

用耒耕种须用力气, 所以"力"的基本义是体力、气力, 引申指一切事物的效能, 例如"视力"、"能力"、"生产力"。

部首组字例释

作为部首, "力"通常位于汉字的右侧或下部, 写作"力", 例如"功"、"努"。力部的字多与力气和力量有关。如"劳"是出力而辛苦。"动"是借助力量而改变物体的静止状态。"助"是出力相帮。"劣"本义为力小而弱, 引申为低下。

力 [ちから]

字形分析

《力》は農機具の「耒（すき）」の形をかたどった象形文字で、「耒」は田んぼを耕す道具である。

字義発展

「耒」で田を耕すには力が必要であり、そこから《力》が体力や気力を意味するようになり、さらに「視力」や「能力」「生産力」というように、あらゆるものの能力を意味するようになった。

部首組字例釈

部首としての《力》は「功」や「努」のように漢字の右側または下部に配置され、《力》と書かれる。《力》部の漢字は「ちから」あるいは「力量」と関係があり、たとえば「労」は力を出して苦労すること、「動」は他からの力を借りて物の静止状態を変えること、「助」は力を出して手伝うこと、「劣」の本義は力が小さくて弱いこと、引いて「さがる・おとる」ことを意味する。

勹 [쌀 포]

자형 변화

勹	勹	勹	勹	勹
갑골문	금문	소전	예서	해서

자형 분석

"勹(쌀 포)"는 고문자에서 사람의 몸이 구부러진 모습을 본뜬 상형
자이다.

자의 변화

"勹"의 본의는 '감싸다'인데, "勹"는 부수로만 쓰이고 단독으로
글자를 이루지는 않는다.

소속 한자 해석

부수로서 "勹"는 '包(쌀 포)', '勾(굽을 구)'처럼 통상 한자의 위쪽에서 오른쪽으로 걸쳐서 위치한다. "勹"부의 한자는 대개 '감싸다', '둥글다'라는 뜻과 관계가 있다. '包'의 본의는 '싸다'로 '包裝(포장)', '包括(포괄)' 등처럼 물건을 안에 감싸는 것인데 '挎包(kuàbāo: 멜빵 가방)', '邮包(yóubāo: 우편 소포)'처럼 명사로서 '물건을 싸는 용품' 또는 '싸맨 물건'을 가리키기도 한다.

勹 [bāo]部

字形分析

"勹"是象形字, 古文字像人体弯曲之形。

字义发展

"勹"的本义为包裹。"勹"在汉语中只用作部首, 不单独成字。

部首组字例释

作为部首, "勹"通常位于汉字的上右侧, 例如"包"、"勾"。勹部的字多与包裹、圆转等意义有关。"包"字的本义是包裹, 即把东西裹挟在内, 如:"包装"、"包括"、"承包", 亦作名词, 指包东西的用品或所包裹的东西, 如"挎包"、"邮包"。

勹 [つつみがまえ]

字形分析

《勹》は人の身体が曲がっているさまをかたどった象形文字である。

字義発展

《勹》の本義は「つつむ」ことだが、《勹》が単独で使われることはなく、部首として使われるだけである。

部首組字例釈

部首としての《勹》は、「包」や「勾」のように漢字の上右側に配置される。《勹》部の漢字は「つつむ」あるいは「まるい」ことと関係がある。「包」の本義は「物をつつむ」ことで、それで「包装」「包括」などという。また「書包」（カバン）や「郵包」（郵便小包）のように、名詞として「ものを包むもの」、また「包まれたもの」をいう。

匕 [비수 비]

자형 변화

갑골문	금문	소전	예서	해서

자형 분석

"匕(비수 비)"는 고문자에서 밥주걱의 형태를 본뜬 상형자이다.

자의 변화

"匕"의 본의는 고대에 음식을 푸는 도구로, 지금의 '국자, 주걱'을 말한다. 또 단검이나 단도 등의 머리 부분의 형태가 주걱과 닮아 있어서, "匕"로 단검이나 단도, 즉 '匕首(비수)'를 나타내게 되었다.

소속 한자 해석

부수로서의 "匕"는 '旨(맛있을 지)', '匙(숟가락 시)'처럼 한자의 위쪽 또는 오른쪽 위쪽에 위치한다. "匕"부의 한자는 대개 '주걱'이나 '음식의 맛'과 관련이 있는데, '匙'는 '국자', '숟가락'을, '旨'는 '甘旨(감지: 맛이 좋은 음식)', '旨酒(지주: 맛이 좋은 술)'처럼 '맛있다'라는 뜻을 가진다.

匕 [bǐ]部

字形分析

"匕"是象形字。古文字像饭勺之形。

字义发展

"匕"的本义指古代舀取食物的用具，即今天的勺子。由于短剑、短刀等头部的形状与勺子相似，"匕"亦用来表示短剑、短刀，即"匕首"。

部首组字例释

作为部首，"匕"位于汉字的上部或右上侧，如"旨"、"匙"。"匕"部的字多与勺子或饭食味道之义相关，如"匙"即勺子，如"汤匙"。"旨"的意思是美味，如"甘旨"、"旨酒"。

匕 [さじ]

字形分析

《匕》はじゃもじの形をかたどった象形文字である。

字義発展

《匕》の本義は食物をすくい取る古代の道具、いまの「勺子」(しゃもじ、スプーン) である。また短剣や短刀の頭部の形がしゃもじに似ていることから「匕首」のように、短剣や短刀を表すようになった。

部首組字例釈

部首としての《匕》は、「旨」や「匙」のように漢字の上部または右上に配置される。《匕》部の漢字は「しゃもじ」または「料理の味」に関係するものが多く、「匙」はしゃもじやスプーン、「旨」は「甘旨」や「旨酒」のように「味がよい」ことをいう。

匚 [상자 방]

자형 변화

| 갑골문 | 금문 | 소전 | 예서 | 해서 |

자형 분석

"匚(상자 방)"은 고문자에서는 물건을 넣기 위한 용구를 본뜬 상형
자이다.

자의 변화

"匚"은 본래 물건을 넣기 위한 네모난 도구를 가리키며, 현대 중
국어에서는 부수로만 쓰이고 단독으로는 쓰이지 않는다.

소속 한자 해석

부수로서 "匸"부의 한자는 대개 '匡(광주리 광)', '匣(갑 갑)'과 같이 '상자'나 '갑' 등의 기물과 관계가 있다. '匡'은 "匸"과 "王(임금 왕)"으로 이루어진 형성자로, 본래 물건을 넣기 위한 네모진 대나무 광주리를 가리키며, 물건을 넣고 나서 자주 그 저장물을 가지런히 놓기 쉽게 정리하므로 '匡'은 나아가 '바로잡다', '고치다' 등의 의미를 갖게 되었다. 또 '匣(갑 갑)'은 "匸"과 "甲"으로 이루어진 형성자로, 뚜껑이 있는 소형의 물품 보관용 상자를 말한다.

匚 [fāng]部

字形分析

"匚"是象形字, 古文字形像盛放物品的器具。

字义发展

"匚"本指一种盛放物品的方形器具。"匚"在现代汉语中只用作部首, 不单独成字。

部首组字例释

作为部首, 匚部的字多和箱子、盒子等器物有关, 例如"匡"、"匣"。"匡"是形声字, 从匚王声, 本指盛东西的方形竹器, 将东西放进去, 往往要对储物进行整理, 使之整齐易放, 所以"匡"引申出纠正、匡正等意义。"匣"也是形声字, 从匚甲声, 是一种小型有盖子的储物器。

匚 [はこがまえ]

字形分析

《匚》はものを入れるための箱をかたどった象形文字である。

字義発展

《匚》はものを入れるための四角い道具であるが、《匚》が単独で使われることはなく、部首を表すだけである。

部首組字例釈

《匚》部の漢字は「匡」や「匣」のように「はこ」と関係するものが多い。「匡」は《匚》と音符《王》からなる形声文字で、ものを入れるための四角い容器を表す。箱にものを入れてからあとも、しばしばその保存のためにきちんと整理して取り出しやすくするので、そこから「匡」には「正す・きちんと整える」という意味ができた。また「匣」は《匚》と音符《甲》からなる形声文字で、フタがついている小型の箱をいう。

匸 [감출 혜]

자형 변화

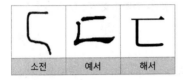

소전	예서	해서

자형 분석

"匸(감출 혜)"는 고문자에서는 뚜껑으로 광주리를 덮은 형태를 본
뜬 회의자이다.

자의 변화

"匸"의 본의는 '숨기다'이다. "匸"는 중국어에서 단독으로 사용
되지 않고 한자의 부수로만 쓰인다.

소속 한자 해석

부수로서 "匚"부가 구성하는 한자는 '医(의원 의)', '匹(필 필)' 등처럼 모두 절반 정도 감싼 구조이다. '医'는 『國語(국어)』 「齊語(제어)」에 "兵不解医(병사는 동개를 풀지 않는다)"라 한 것과 같이 본래 '활과 화살을 넣어 두는 동개'를 가리키는데, 현재 중국에서는 '醫'의 간체자로 사용되어 '의사'처럼 병을 고치는 사람을 의미하고, 나아가 '療醫(의료)', '保醫(의보, 의료보험)'처럼 병을 치료하는 것을 가리킨다. '匹'에는 '匹配(pǐpèi: 배필로 맺어지다)'처럼 '잘 어울리다', '맞먹다'라는 의미가 있다. 또 '匹夫(필부)'처럼 '단독'의 의미가 있는데 '수행하며 시중드는 사람없이 혼자 알아서 살아가는 평민'을 가리킨다. 양사로 차용하여 '布匹(포필)', '馬匹(마필)'과 같이 옷감이나 가축을 세는 단위로도 쓰인다.

匚 [xì]部

字形分析

"匚"是会意字。古文字像用盖子盖住筐子之形。

字义发展

"匚"本义为掩藏。"匚"和它的意义在汉语中不单独使用,只用作汉字部首。

部首组字例释

作为部首,"匚"部组成的汉字都是半包围结构,如"医"、"匹"等。"医"本来指用来盛弓矢的器皿,如《国语·齐语》"兵不解医"。后来成为"醫"字的简体字,指治病的人,如"医生"。引申指治病,例如"医疗"、"医保"。"匹"有相配、相当的意思,例如"匹配"。又有单独的意义,如"匹夫",指无人跟随侍奉的普通百姓。假借作量词,用作布帛或牲畜的计量单位,如"布匹"、"马匹"。

匚 [かくしがまえ]

字形分析

《匚》はフタと箱の形からなる会意文字である。

字義発展

《匚》の本義は「かくす」ことである。《匚》は現在の漢語では単独で使われることがなく、部首を表すだけである。

部首組字例釈

部首としての《匚》を使う漢字は、「医」や「匹」のように半分だけ包みこんでいる構造をもっている。「医」の本義は「矢をいれる袋」（うつぼ）で、『国語』「斉語」に「兵は医を解かず」（兵士は弓袋を離さない）とある。のち「醫」の簡体字として使われるようになって、「医者」や「医療」のように病気を治す人を意味する。「匹」には「たぐい・つれあい」あるいは「ならぶ・あたる」という意味があり、また「単独」という意味もあって、「匹夫」は「おつきの者がいない一般庶民」という意味である。また馬や布などを数える量詞としても使われる。

十 [열 십]

자형 변화

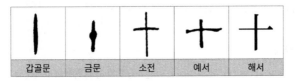

갑골문	금문	소전	예서	해서

자형 분석

"十(열 십)"은 지사자로, 고문자는 결승으로 수를 기록한 것을 묘사한 것이다. 하나의 점은 결승이 매듭 하나를 대표하며 10을 나타낸다. 나중에 점이 횡선으로 변화하였다.

자의 변화

"十"의 본의는 9 더하기 1의 합이다. 사람에게 10개의 손가락이 있으므로 인류는 십진법을 채용하였고, 그래서 "十"에는 '十全十美(shíquán shíměi: 완벽하다)', '十相具足(shíxiāngjùzú: 용모가 최고로 아름답다)'처럼 '완전하다', '가득 차다'라는 의미가 있다.

소속 한자 해석

부수로서 "十"은 한자의 왼쪽, 위쪽, 아래쪽, 오른쪽에 위치한다. "十"부의 한자는 대개 '많다', '원만하다'라는 의미와 관계가 있다. 예를 들어 '古(옛 고)'는 "十"과 "口"로 이루어진 회의자로, 많은 사람의 입을 통해 전해내려 온다는 것에서 '고대', '고인'과 같이 '오래되다', '이전'이라는 의미를 나타낸다. '協(협력할 협)'은 "十"과 "劦(힘 합할 협)"으로 이루어졌는데, "十"은 '많음'을 나타내고 "劦"은 '동작'을 나타내어 '協調(협조)', '協作(협작)'과 같이 많은 사람이 힘을 합쳐서 함께 협력하는 것을 나타낸다. '卓(높을 탁)'의 본의는 '높다'인데, 뜻이 확대되어 '卓越(탁월)', '卓然(탁연)'과 같이 '우월하다', '뛰어나다'라는 뜻을 가진다.

十 [shí]部

字形分析

"十"是指事字，古文字描摹的是结绳记数之象，用一个点代表一个结，表示十，后来一点变成了一横。

字义发展

"十"的本义是九加一之和。人有十指，故人类都采用十进位制，因此"十"有"全"、"满"的意思，如"十全十美"、"十恶不赦"。

部首组字例释

作为部首，"十"位于汉字的左侧、上部、下部或右侧。十部字多与众多、圆满等义有关。如"古"是会意字，从十从口，以众口相传表示久远、以前之义，如"古代"、"古人"。"協"由"十"和"劦"组成。"十"，表示众多，"劦"表示动作，以众人同力动作表示共同合作之义，如"协调"、"协作"。"卓"本义为高，引申为超拔、优异之义，如"卓越"、"卓然"。

十 [じゅう]

字形分析

《十》は指事文字で、古代に使われた結縄で数を記すときには縄の結び目一つで10を表したのが、後世に一本の横線に変化した。

字義発展

《十》の本義は、9と1の和である。人には十本の指があるので、人類は広く十進法を採用し、それで「十」には「すべて」とか「満ちている」という意味がある。

部首組字例釈

部首としての《十》は漢字の左側にも上部にも、さらに下部にも配置される。《十》部の漢字は「たくさん」とか「円満である」という意味と関係があるものが多く、たとえば「古」は《十》と《口》からなる会意文字で、多くの口で伝えることから、「古代」とか「古人」というように、昔とか以前という意味を表す。「協」は《十》と《劦》（人が力をあわせる）とからなり、多くの人が力をあわせていっしょに仕事をすることを表す。「卓」の本義は「高い」ということで、そこから「卓越」とか「卓然」というように「優越している・飛び抜けている」という意味に使う。

卜 [점 복]

자형 변화

卜	卜	卜	卜	卜
갑골문	금문	소전	예서	해서

자형 분석

"卜(점 복)"은 고문자에서는 거북의 등딱지를 불로 구운 후 나타난 균열의 형태를 본뜬 상형자이다.

자의 변화

"卜"은 애초에 갑골(甲骨) 위의 갈라진 문양으로 길흉을 예측한 것을 가리켰는데, 나중에 "卜"의 범위가 확대되어 길흉을 예측하는 점대를 뽑아서 짐을 치거나, 괘를 바닥에 던져 점을 치는 각종 미신적인 활동을 모두 "卜"이라고 하였다. 점의 목적은 길흉을 예지하는 것이므로 "卜"은 나아가 '헤아리다', '추측하다'라는 의미를 갖게 되었다. 예를 들어 '生死未卜(shēngsǐ wèibǔ: 생사를 점치지 못한다)'은 '삶과 죽음을 예측하기 어렵다'는 것을 의미한다. 또한 의미가 확대되어 '선택하다'의 뜻을 나타내는데, 예를 들어 '卜居(복거)'는 '살 곳을 선택하다'라는 의미이다.

소속 한자 해석

부수로서의 "卜"은 '貞(곧을 정)'과 같이 통상 한자의 위쪽에 위치하여 "⼘"으로 쓴다. 또 '外(바깥 외)'처럼 한자의 오른쪽에 위치하기도 한다. "卜"부의 한자는 대개 길흉 등을 점치는 의미와 관계가 있다. 예를 들어 '卦(걸 괘)'는 고대인이 자연 현상과 인간 관계의 변화를 상징화한 점술의 부호이다. '八卦(팔괘)'는 『주역(周易)』안의 8종의 기본 도형인데 '天(하늘 천), 地(땅 지), 雷(우레 뢰), 風(바람 풍), 水(물 수), 火(불 화), 山(뫼 산), 澤(못 택)'의 자연 현상을 상징한다. '貞'은 '점치다', '점을 쳐서 길흉화복을 알아보다'라는 뜻이다.

卜 [bǔ]部

字形分析

"卜"是象形字, 古文字像龟甲被烧灼后出现的裂纹形状。

字义发展

"卜"最早是指以甲骨上的裂纹预测吉凶。后来"卜"的范围扩大, 凡预测吉凶的各种迷信活动都可以称"卜", 例如求签打卦等。占卜的目的是为了预知吉凶, 所以"卜"字引申为预料、推测等义, 例如"生死未卜"是指生死难以预料; 还引申指选择, 例如"卜居"是指选择居住的地方。

部首组字例释

作为部首, "卜"通常位于汉字的上部, 写作"⼘", 例如"贞"; 有时位于汉字的右侧, 例如"外"。卜部的字多与占卜吉凶等意义有关。如"卦"是古代象征自然现象和人事变化的一套占卜符号, "八卦"就是《周易》中的八种基本图形, 象征天、地、雷、风、水、火、山、泽八种自然现象。"贞"指占卜、卜问。

卜 [ぼく]

字形分析

《卜》は古代におこなわれた占いで、亀の甲羅に入ったひびの形をかたどった象形文字である。

字義発展

《卜》はもともと亀の甲羅やウシの骨に入ったヒビの形で、のちに範囲が拡大して、吉凶を予測するためにおこなわれたおみくじや八卦のような迷信的な占いもすべて「卜」と呼んだ。占卜の目的は吉凶を予知することであり、それで「卜」に「おしはかる・推測する」という意味ができた。「生死いまだ卜せず」とは「生きるか死ぬかわからない」ことであり、さらに意味が広がって「選択する」という意味ができた。「居を卜う」といえば「住むところを選ぶ」という意味である。

部首組字例釈

部首としての《卜》は「貞」のように通常は漢字の上部に置かれ、《卜》と書かれる。また「外」のように漢字の右側に書かれることもある。《卜》部の漢字は「吉凶を卜う」ことと関係があり、たとえば「卦」は古代人が自然現象や人間社会を象徴させた占卜の符号である。「八卦」は『周易』の中の8種の基本図形であり、天・地・雷・風・水・火・山・沢を象徴する。「貞」は「卜問・占卜する」の意である。

卩 [병부 절] 韓

자형 변화

갑골문	소전	예서	해서

자형 분석

" 卩(병부 절)"은 상형자로, 고문자는 두 개의 물건이 서로 합쳐진 것을 본뜬 것이다.

자의 변화

" 卩"은 고대의 사자 등이 신분 증명에 사용한 증거물로 『설문해자』 " 卩"부에는 "' 卩'은 '瑞信(서신)'이다. '邦國(방국)'을 지키는 사람은 '玉 卩(옥절)'을 사용하고, 도시와 시골을 지키는 사람은 '角 卩(각절)'을 사용하고, '山邦(산방)'에 근무하는 사람은 '虎 卩(호절)'을 사용하고, '土邦(토방)'의 사람은 '人 卩(인절)'을 사용하고, '澤邦(택방)'의 사람은 '龍 卩(용절)'을 사용하고, '門關(문관)'의 사람은 '符 卩(부절)'을 사용하고, '貨賄(화회)'에는 '璽 卩(새절)'을 사용하고, '道路(도로)'에는 '旌 卩(정절)'을 사용한다. 서로 합한 형상을 본뜬 것이니 대략 " 卩"의 종류는 모두 " 卩"을 따른다"라고 되어 있다. 현재는 단독으로 사용되지 않고 한자의 부수로만 쓰인다.

소속 한자 해석

부수로서의 " 卩"은 '印(도장 인)', '却(물리칠 각)'과 같이 항상 한자의 오른쪽에 위치하며 " 卩"로 쓰인다. "印"은 회의자로 왼쪽의 "爪(손톱 조)"는 사람의 손을 나타내고, 오른쪽의 " 卩"은 사절이 징표로 삼던 물건을 나타낸다. 고대의 "印"은 바로 현대의 도장으로 물건 위에 찍어 표시를 남기는 것인데 이로부터 확대되어 '물체에 남기는 흔적'을 의미한다. 예를 들어 손으로 흔적을 남기는 것을 "手印(수인)"이라 하고, 외면의 사물이 뇌리에 반영되어 남기는 형상을 '印象(인상)'이라고 하며, 또 잉크나 염료의 종류로 문자나 그림을 종이, 옷감, 접시 등의 위에 남기는 것을 '印刷(인쇄)'라고 한다.

卩 [jié]部

字形分析

"卩"是象形字。古文字像两物相合之形。

字义发展

"卩"指古代使者等用于证明身份的信物。《说文·卩部》:"卩,瑞信也。守邦国者用玉卩,守都鄙者用角卩,使山邦者用虎卩,土邦者用人卩,泽邦者用龙卩,门关者用符卩,货贿用玺卩,道路用旌卩。象相合之形。凡卩之属皆从卩。"在现代汉语中已经不再单独使用,只用作汉字部首。

部首组字例释

作为部首,"卩"经常位于汉字的右侧,写作"卩",如"印"、"却"。"印"字是会意字,左边为"爪"表示人手,右边的"卩"表示符节一类的器物,古代的"印"就是现今的图章。印章加盖到物体上面就会留下印记,由此引申为物体留下的痕迹,如手的印记为"手印",外界事物反映在脑中留下的形象为"印象",而用油墨、染料之类把文字或图画留在纸、布、器皿等材料上,则是"印刷"。

卩 [ふしづくり]

字形分析

《卩》は二つのものが合わさるさまをかたどった象形文字である。

字義発展

《卩》は古代の使者が携えた身分証明の道具であり、『説文解字』《卩》部には「卩は瑞信なり。邦国を守る者は玉卩を用い、都鄙を守る者は角卩を用い、山邦に使いする者は虎卩を用い、土邦の者は人卩を用い、沢邦なる者は龍卩を用い、門関なる者は符卩を用い、貨賄には璽卩を用い、道路には旌卩を用う。相い合はさる形に象る。凡そ卩の属は皆な卩に従う」とある。現代の漢語では単独で使われることがなく、部首として使われるだけである。

部首組字例釈

部首としての《卩》は「印」や「却」のように常に漢字の右側に配置され、《卩》と書かれる。「印」は会意文字で、左側の《爪》は人の手を表し、右側の《卩》は使節が持つ道具を表す。古代の「印」は現代の印鑑であり、印鑑はものの上から押しつけてものに印をつけることから、引いて「ものの上に痕跡を残すこと」をいう。外面の事物が脳の中に反映されることを「印象」といい、またインクや染料のたぐいで文字や絵を紙や布、あるいは皿などの上に残すことを「印刷」という。

厂 [기슭 엄]

자형 변화

갑골문	금문	소전	예서	해서

자형 분석

"厂(기슭 엄)"은 상형자이며, 고문자는 벼랑의 형태를 본뜬 것으로, 그 본의는 벽이 없거나 또는 벽이 한 면밖에 없는 가옥이라는 설이 있다.

자의 변화

부수로서의 "厂"은 'hǎn'으로 읽는다. 현대 중국어에서 '厂 (chǎng)'은 '廠(공장 창)'의 간체자로, 부수로서의 "厂"과는 다른 글자이다. "厂(hǎn)"은 현대 중국어에서 단지 부수로만 사용되며, 단독으로 글자를 이루지는 못한다.

소속 한자 해석

부수로서의 "厂"은 '原(근원 원)'과 같이 통상 한자의 왼쪽에 위쪽으로 걸쳐서 위치하며 "厂"부의 한자는 '가옥'과 관련이 있다. '厢(행랑 상)'은 사람이 거주할 수 있는 곳을 가리키며, 특히 안채 양측의 가옥을 가리켜 '東西厢房(dōngxī xiāngfáng: 동쪽과 서쪽 곁채)'이라고 하며, 나아가 '兩厢(liǎngxiāng: 양쪽)'과 같이 '양쪽'을 가리킨다. 또한 '车厢(chēxiāng: 객실)', '包厢(bāoxiāng: 특별석, 룸)'과 같이 방처럼 사람을 수용할 수 있는 장소를 의미하기도 한다. '厅(tīng: 홀)'은 '客厅(kètīng: 응접실)'과 같이 모임 또는 손님 접대용 큰 홀을 의미하며, '厦(큰 집 하)'는 '廣厦(광하)', '高樓大厦(고루대하)'처럼 '큰 건물'을 의미한다.

厂 [hǎn]部

字形分析

"厂"是象形字, 古文字像山崖之形, 有人认为其本义是没有墙壁或只有一面墙壁的房屋。

字义发展

部首"厂"读作"hǎn", 现代汉语中读作"chǎng"的"厂"字, 是"廠"的简化字, 和用作部首的"厂"不是同一个字。"厂"(hǎn)在现代汉语中只用作部首, 不单独成字。

部首组字例释

作为部首, "厂"通常位于汉字的左上侧, 如"原"、"厩"。厂部的字与房屋有关。"厢"是指供人居住的地方, 特指在正房前面东西两旁的房屋, 叫"东西厢房", 引申指两边, 如"两厢"; 又引申指像房屋一样可以容人的地方, 如"车厢"、"包厢"。"厅"是指聚会或招待客人用的大房间, 例如"客厅"、"办公厅"。"厦"是高大的屋子, 如"广厦"、"高楼大厦"。

厂 [がんだれ]

字形分析

《厂》は山の崖の形をかたどった象形文字である。また一説に、壁が一方しかない家屋の象形ともいう。

字義発展

部首としての《厂》は《hǎn》と読む。現代漢語で「廠」の簡体字として使われる「厂」《chǎng》とは別の漢字である。《厂》(hǎn) は現代では使われることがなく、ただ部首にだけ使われる。

部首組字例釈

部首としての《厂》は「原」や「厩」のように通常は漢字の左上に配置され、「家屋」という意味と関係をもつ。「厢」は人が居住できるところで、特に母家の両側に張り出された家屋を指し、引いて「両側」という意味に用いる。また「車廂」(車両) のように人が入れる場所をも意味する。「厅」は来客をもてなせるホールを意味し、「厦」は「広厦」や「高楼大厦」のように「大きな建物」という意味を表す。

厶 [사사로울 사]

자형 변화

금문	소전	예서	해서

자형 분석

"厶(사사로울 사)"는 자기를 둘러싸고 있는 모습을 본뜬 상형자이다.

자의 변화

허신은 『설문해자』에서 한비자(韓非子)의 "厶"에 관한 해석을
빌려 "자기의 이익만 꾀하는 것을 '厶'라 한다"라고 하였는데,
즉 "厶"는 개인 또는 자신의 일로, 이 의미는 현대 중국어에서는
'私'라고 쓴다. "厶"는 현대 중국어에서 부수로만 쓰이고 단독으
로 사용되지 않는다.

소속 한자 해석

부수로서 "厶"는 통상 한자의 위쪽 또는 아래쪽에 위치하는데, 현대의 사전에 수록된 "厶"부의 한자는 "厶"의 본의와 관련 있는 것이 매우 적다. '私'는 "禾"부에, '公(공변될 공)'은 "八(여덟 팔)" 부에 귀속되었지만, 이 두 자는 모두 "厶"의 본의와 밀접한 관계가 있다. '公'은 '私'의 의미와 상반되며, 본래 '사사로움이 없다'는 의미를 나타낸다. 나아가 '大公無私(대공무사)', '公而忘私(공이망사, gōngérwàngsī: 공을 위해 사사로움을 잊다)', '公正无私(공정무사)'처럼 '공개하다'라는 의미를 나타낸다. 그러나 '私'에는 '窃窃私语(qièqièsīyǔ: 속삭이는 말)', '走私(zǒusī: 밀수하다)'처럼 '비공개', '비밀' 또는 '비합법'이라는 의미가 있다.

厶 [sī]部

字形分析

"厶"是象形字，像缠绕之形。

字义发展

许慎在《说文解字》中借用韩非子对"厶"的解释，将"厶"释为"自营为厶"，即"厶"是个人的、自己的事情，这个意义在现代汉语中写作"私"。"厶"在现代汉语中只用作部首，不单独成字。

部首组字例释

作为部首，"厶"通常位于汉字的上部或下部。不过当代辞书里所收的厶部字，已经很少有与"厶"的本义有关的汉字了。"私"字归入禾部，"公"字归入八部。但这两个字，都与"厶"的本义有着密切的关系。"公"与"私"的意义相反，本指无私，引申为公开等意义，如"大公无私"、"公而忘私"、"公正无私"。而"私"则有不公开、秘密而又不合法等意义，如"窃窃私语"、"走私"。

ム[む]

字形分析

《ム》は、まとわりつく形をかたどった象形文字である。

字義発展

許慎は『説文解字』の中で韓非子の《ム》に関する解釈を引用して《ム》を「自ら営むをムとなす」という。すなわち《ム》は個人または自分に関することで、この意味のときには現代漢語では「私」と書く。《ム》は現代の漢語では単独で使われることがなく、ただ部首として使われるだけである。

部首組字例釈

部首としての《ム》は通常は漢字の上部または下部に配置されるが、現代の辞書で《ム》部に収録される漢字には、「ム」の本義と関係があるものが非常に少なくなっている。たとえば「私」は《禾》部に、「公」は《八》部に入っているが、この2字はいずれも《ム》の本義と深く関わっている。「公」は「私」と正反対の意味で、「公正無私」とか「公明正大」というように「個人的な感情がない」ことをいい、引いて「公開する」という意味に用いるが、それに対して「私」には「非公開」とか「秘密」、あるいは「非合法」という意味があって、「私語」とか「走私」（密輸）というように使う。

又 [또 우]

자형 변화

갑골문	금문	소전	예서	해서

자형 분석

"又(오른손 우)"는 상형자로, 고문자는 오른손의 모습을 본뜬 것이다.

자의 변화

"又"의 본의는 '오른손'이다. 후에 '오른손'의 의미를 나타낼 때는 '右(오른쪽 우)'로 쓰게 되었다. "又"는 부사로도 차용되는데 "又一个(yòu yí gè: 또 하나)", "又是他(yòu shì tā: 또 그 사람이다)"처럼 동작 행위의 중복 혹은 계속을 나타낸다.

소속 한자 해석

부수로서의 "又"는 '支(가를 지)'처럼 한자의 아래쪽에 놓이기도 하고 '取(취할 취)'처럼 오른쪽에 놓이기도 한다. "又"부의 한자는 대개 '손' 혹은 '손동작'과 관련이 있다. 예를 들어 '反(되돌릴 반)'은 "厂(기슭 엄)"과 "又"로 이루어진 회의자인데, "厂"은 산의 벼랑을 나타내므로 "厂"과 "又"를 함께 사용하여 손으로 벼랑을 오르는 것을 나타낸다. 뜻이 확대되어 '뒤집다'라는 의미를 나타내며 '正(바를 정)'과 상대되는 개념을 가리킨다. '取'의 본의는 고대의 전쟁에서 적을 죽인 후 귀를 잘라 공을 기록한 것을 가리키며 "耳(귀 이)"와 "又(오른손 우)"로 이루어져 있다.

又 [yòu]部

字形分析

"又"是象形字, 古文字像右手的形状。

字义发展

"又"本义为"右手"。表示"右手"的意义后来写作"右", "又"被借作副词, 表示动作行为的重复或继续, 例如"又一个"、"又是他"。

部首组字例释

作为部首, "又"有时位于汉字的下部或上部, 例如"支"; 有时位于汉字的左侧或右侧, 例如"欢"、"取"。又部的字多与手或手的动作有关。如"反"是个会意字, 从厂从又, "厂"在此表示山崖, "厂"和"又"放在一起, 表示的意思是用手攀登山崖, 引申为翻转的意义, 与"正"相对。"取"的本义是指古代作战时杀敌割耳以记功, 故从耳从又。

又 [また]

字形分析

《又》は右手の形をかたどった象形文字である。

字義発展

《又》の本義は「右手」で、のちに「右手」の意味を表すときには「右」と書くようになった。また借りて副詞にも使われ、行為が重複あるいは継続しておこなわれることを表す。

部首組字例釈

部首としての《又》は「支」のように漢字の下部に配置されることもあれば、「取」のように右側に配置されることもある。《又》部の漢字は「手」あるいは「手の動作」に関する意味を表すことが多く、たとえば「反」は《厂》と《又》からなる会意文字で、《厂》は山の崖を表しており、手を使って崖を登ることから、「身体をひるがえす」ことを表し、引いて「正」と反対の概念を表す。「取」の本義は古代の戦争では殺した敵の耳を切り取って戦功を示したので、それで《耳》と《又》からできている。

又 彳

廾

弋

弓

彑

彡

口　夕　小　工
口　大　尢　己
土　女　尸　巾
士　子　屮　干
夊　宀　山　幺
夂　寸　巛　广

口 [입 구]

자형 변화

ㅂ	ㅂ	ㅂ	口	口
갑골문	금문	소전	예서	해서

자형 분석

"口(입 구)"는 상형자로, 고문자는 사람의 입 모양을 본뜬 것이다.

자의 변화

본의는 사람의 '입'이며, 뜻이 확대되어 '人口(인구)'처럼 사람의 수를 나타내고, 또 '出口(출구)', '入口(입구)' 등처럼 '드나드는 장소'도 나타낸다.

소속 한자 해석

부수로서 "口"는 '吟(읊을 음)', '吃(말 더듬을 흘)'과 같이 통상 한자의 왼쪽에 위치하나, 때로는 '吳(나라 이름 오)', '另(다를 령)'과 같이 위쪽에 놓이기도 한다. 아울러 '台(별 태)', '召(부를 소)'처럼 아래쪽에 놓이기도 하고, '可(옳을 가)', '哀(슬플 애)'처럼 한가운데에 놓이기도 한다. "口"부의 한자는 대개 '입으로 하는 동작'과 관련된 것이 많아 '叫(부르짖을 규)', '告(알릴 고)', '問(물을 문)' 등은 모두 입으로 하는 동작이며, '啊(사랑할 아)', '吧(아이 다툴 파)', '嗎(꾸짖을 마)' 등은 모두 입과 관련 있는 중국어의 어기 조사이다. 또한 음식물의 섭취를 나타내는 '喝(hē: 마시다)', '吃(chī: 먹다)' 등도 "口"를 구성요소로 한다.

口 [kǒu]部

字形分析

"口"是象形字, 古文字像人口之形。

字义发展

本义是指人的嘴巴。由此引申为指称人的数量的量词, 例如"三口之家"。又引申泛指进出的关口, 例如"出口"、"入口"等。

部首组字例释

作为部首, "口"通常位于汉字的左侧, 如"吧"、"吃"; 有时位于汉字的上部, 如"吴"、"另"; 有时位于下部, 如"台"、"召"; 有时位于中间, 如"可"、"哀"。口部的字多与口的动作有关, 例如"叫"、"告"、"问"等, 都是用口发出的动作; "啊"、"吧"、"吗"等, 都是与口有关的语气词。表示饮用、食用的"喝"、"吃"等字中也都有"口"。

口 [くちへん]

字形分析

《口》は人の口をかたどった象形文字である。

字義発展

本義は人の口であり、そこから意味が広がって「人口」のように人の数を表し、また「出口」「入口」のように「人やものが出入りする場所」をも表す。

部首組字例釈

部首としての《口》は「味」や「喫」のように通常は漢字の左側に配置されることが多いが、ときには「呉」や「只」のように上部に置かれることもある。さらに「台」や「召」のように下部に置かれることもあるし、「可」や「哀」のように真ん中に置かれることもある。《口》部の漢字は「くち」または「くちでおこなう動作」に関係するものが多く、「叫」「告」「問」などはいずれも口でおこなう動作であり、また「啊」「吧」「吗」などはいずれも口に関係する、現代中国語の語気助詞である。また飲食に関係する「喝」や「喫」などにも《口》がついている。

囗 [에워쌀 위]

자형 변화

| 갑골문 | 금문 | 소전 | 예서 | 해서 |

자형 분석

"囗(에워쌀 위)"는 상형자로, 고문자는 어떤 것을 둘러싼 형태를 본뜬 것이다.

자의 변화

"囗"의 본의는 주위에서 어떤 물건을 에워싸고 가로막는 것이다.

소속 한자 해석

부수로서 "囗"는 통상 한자의 바깥쪽에 위치하는데, 한국어에서는 '에워쌀 위'라고 부른다. "囗"부의 한자는 대개 '둘러싸다'라는 뜻과 관련 있다. '圍(둘레 위)'는 "囗"와 "韋(다룸가죽 위)"로 이루어진 형성자로 '둘러싸다'라는 뜻을 나타내는데, 예를 들어 '圍攻(wéigōng: 포위 공격하다)', '圍墻(wéiqiáng: 빙 둘러싼 담)' 등처럼 쓰인다. 또 '範圍(범위)', '腰圍(요위: 허리둘레)' 등처럼 주위의 길이를 나타내는 데 쓰이기도 한다. '囚(가둘 수)'는 "人(사람 인)"이 "囗" 안에 들어가 있는 것을 나타내는 회의자로, '囚犯(qiúfàn: 죄수)'과 같이 구금된 사람을 나타내며 또한 '囚禁(qiújìn: 수감하다)'과 같이 동사로도 쓰인다. '困(괴로울 곤)'도 "木(나무 목)"이 "囗" 안에 있는 것을 나타낸 회의자로, '困境(곤경)', '困窮(곤궁)'과 같이 '곤란, 괴로움, 벗어날 수 없는 환경'에 처해 있음을 의미한다.

囗 [wéi]部

字形分析

"囗"是象形字, 古文字像回环之形。

字义发展

"囗"的本义是从四周将某物拦挡起来。

部首组字例释

作为部首, "囗"通常位于汉字的外围, 写作"囗", 俗称"国字框"。囗部的字多与包围等意义有关。"围"是形声字, 从囗韦声, 意思是环绕, 例如"围攻"、"突围"、"围巾"、"围墙"; 还可以用来指四周或周围的长度, 例如"范围"、"腰围"。"囚"是会意字, 从人在囗中, 指被拘禁的人, 例如"囚犯"; 亦作动词, 如"囚禁"。"困"也是会意字, 从木在囗中, 指处于艰难痛苦或无法摆脱的环境中, 如"困扰"、"困境"、"困窘"。

囗 [くにがまえ]

字形分析

《囗》はものの周囲をめぐる形をかたどった象形文字である。

字義発展

《囗》の本義はものの周囲を囲んでとじこめることである。

部首組字例釈

部首としての《囗》は通常は漢字の外側に配置され、日本語では「く
にがまえ」または「はこがまえ」と呼ぶ。《囗》部の漢字は「とり囲む」
ことと関係するものが多く、「圍」(今の日本では「囲」と書く)は《囗》と音
符《韋》とからなる形声文字で、「取り囲む」意を表し、さらにまた周
囲の長さを表すことから「範囲」や「腰囲」(ウエスト)というように使う。
「囚」は《人》が《囗》の中に入っていることを表す会意文字で、「囚
人」のように「捕らわれている人」を表す。「困」も《木》が《囗》の中に
ある形の会意文字で、「困乏」や「困惑」のように、「苦しみや難儀から
逃れる方法がない」ことを意味する。

土 [흙 토]

자형 변화

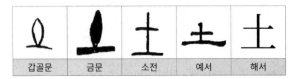

| 갑골문 | 금문 | 소전 | 예서 | 해서 |

자형 분석

"土(흙 토)"는 상형자로, 고문자의 구조로 보면 특정한 의미를 가진 '흙'이다. 바로 토지신의 모습을 형상화한 것이다.

자의 변화

갑골 문자의 "土"는 바로 '社(토지신 사)' 자이며, 이를 통해 중국인이 토지신에 제사 지내는 풍습은 은상(殷商) 시대부터 이미 존재했던 것으로 추정된다. 중화 민족은 농경 생활을 해 왔으므로 토지를 중시하여 토지신을 모셔왔다. "土"는 '皇天后土(황천후토: 하늘의 신과 땅의 신)'처럼 '땅'을 가리키고, 또 '安土重遷(안토중천: 오랫동안 살아온 고향을 쉽사리 떠나려 하지 않다)'과 같이 '고향'도 의미한다. 나아가 '鄕土(향토)', '土人(토인)'과 같이 '지방적인 것'을 의미하기도 하며 '土氣(tǔqì: 촌티)', '土頭土腦(tǔtóutǔnǎo: 시대에 뒤떨어지다)'처럼 '洋(yáng: 근대적인)'과 상대적으로 낙후된 기풍을 나타내기도 한다.

소속 한자 해석

부수로서 "土"는 '地(땅 지)', '坡(고개 파)', '堂(집 당)', '坐(앉을 좌)'처럼 통상 한자의 왼쪽이나 아래쪽에 위치한다. '堂'은 본래 높고 큰 가옥을 의미하는데, 중국의 전통 건축에서는 흙과 나무를 사용하므로 '堂'은 "土"를 구성요소로 한다. '坡'는 경사진 언덕을 가리키며, '疆(지경 강)'은 땅의 경계를 말한다.

土 [tǔ]部

字形分析

"土"是象形字, 从古文字的构形来看, 古人描摹的是一种特定意义的"土"——被竖立起来的土块, 即社神(土地神)的形象。

字义发展

在甲骨文中, "土"就是"社"字, 由此可以推断, 中国人祭祀土地神的习俗在殷商时期就已经存在了。中华民族以农耕为生, 故重视土地, 敬奉土神。"土"指土地, 如"皇天后土"。又指家乡, 如"安土重迁"。引申指"地方性", 如"乡土"、"土人"。又引申为与"洋"相对的落后习气, 如"土气"、"土头土脑"。

部首组字例释

作为部首, "土"通常位于汉字的左侧或下部。如"地"、"坡"、"堂"、"坐"。"堂"本来是指高大的房子, 中国传统建筑以土木为材料, 所以"堂"从土。"坡"指倾斜的地面。"疆"指土地的边界。

土 [つちへん]

字形分析

《土》は、古代文字の構造から考えれば、土地神を祭るための土盛りの形をかたどった象形文字であると考えられる。

字義発展

甲骨文の《土》は土地神を祭った「社」であると考えられ、そこから考えれば、中国人が土地の神を祭る風習は殷商時代からすでに存在したと思われる。中華民俗は農耕を主とするから土地を重視し、土地の神を敬ってきた。「土」は土地のことで、またふるさとをも意味し、さらに「地方」という意味も表した。また「洋」（外国から伝来した）と対比して「土着」あるいは「遅れている」という意味も表す。

部首組字例釈

部首としての《土》は「地」や「坡」、あるいは「堂」や「坐」のように、通常は漢字の左側か下部に配置される。「堂」は広大な家屋を意味し、中国の伝統的な建築では土と木材を使って建てられるので、それで「堂」に《土》がついている。「坡」は傾斜のある「さか」のこと、「疆」は土地の辺境をいう。

士 [선비 사]

자형 변화

금문	소전	예서	해서

형 분석

"士(선비 사)"는 '一(한 일)'과 '十(열 십)'으로 이루어진 회의자로, 일을 능숙하게 잘하여 '一'에서 시작하여 '十'으로 마무리 짓는 것을 말한다.

자의 변화

"士"는 본래 상고 시대 귀족의 한 등급으로 후에 남성에 대한 통칭으로 사용되었으며, '國士(국사)', '烈士(열사)', '壯士(장사)'처럼 찬미하는 의미가 있다. 현대에도 '戰士(전사)', '女士(여사)'처럼 경칭으로 쓰인다. 또 '博士(박사)', '會計士(회계사)', '技士(기사)' 등처럼 어떤 전문 영역 종사자를 의미하기도 한다.

소속 한자 해석

부수로서 "土"의 위치는 비교적 자유로워 '壺(병 호)', '壽(목숨 수)'처럼 한자의 위쪽에, '壻(사위 서)'처럼 왼쪽에, '壯(씩씩할 장)'과 같이 오른쪽에 위치하기도 한다.

士 [shì]部

字形分析

"士"是会意字。由"一"和"十"组成。指善于做事情,从一开始,到十结束。

字义发展

"士"本为上古时代贵族的一个等级,后来用作对男子的泛称,有褒美之义,如"国士"、"烈士"、"壮士"。现代亦用作敬称,如"战士"、"女士"。也用来指称某些专职人员,如"护士"、"博士"、"斗牛士"。或用作对某类人的专称,如"嬉皮士"、"雅皮士"。

部首组字例释

作为部首,"士"的位置比较灵活,可以位于汉字的上部,如"壶";可以在汉字的左侧,如"壻",即"婿"的异体字;也可以在汉字的右侧,如"壮"。

士 [さむらい]

字形分析

《士》は《一》と《十》からなる会意文字で、物事を上手に処理するためには一からはじめて十で完成することをいう。

字義発展

《士》はもともと上古の時代における貴族の一階級で、のちに広く男性を意味するようになった。「士」には褒め称える意味があるので、「国士」や「烈士」、「壮士」などという。現代でも「戦士」や「女士」など、同じように敬称として使われる。また「看護士」「博士」「弁護士」など特定の専門領域に従事する人も意味する。

部首組字例釈

部首としての《士》の位置はかなり自由で、「声」や「壺」のように漢字の上部に来ることもあるし、「壻」のように左側や「壮」のように右側に来ることもある。

夂 [뒤져 올 치]

자형 변화

| 소전 | 예서 | 해서 |

자형 분석

"夂(뒤져 올 치)"는 상형자이다. "夂"의 고문자는 걷고 있는 사람을 본뜬 것으로 움직이는 두 다리를 부각시킨 것이다.

자의 변화

"夂"의 본의는 사람이 뒤에서 걸어오는 것을 가리킨다. 현대 중국어에서 "夂"는 단독으로 쓰이지 않고 한자의 부수로만 쓰인다.

소속 한자 해석

부수로서 "夂"는 '冬(겨울 동)'과 같이 통상 한자의 위쪽에 위치하나, 때로는 '夏(여름 하)', '処(처할 처)'처럼 아래나 왼쪽에 놓이기도 한다. '冬'은 "夂"와 "仌('冰[얼음 빙]'의 고자)"으로 이루어진 회의자로, 가을이 끝나고 이미 추운 계절에 들어간 것을 말한다. '夏'도 회의자로 '小篆(소전)'의 자형 분석에 의하면 '夏'는 "頁(머리 혈)", "臼(절구 구)", "夂"로 이루어짐으로써 머리(頁)와 양손(臼)과 두 다리(夂)가 합쳐져 '크고 훌륭한 사람'이라는 의미를 나타낸다.

夂 [zhǐ]部

中

字形分析

"夂"是象形字，古文字像一个行走的人，突出运动着的两条腿形。

字义发展

"夂"的本义是指人从后面走来。在现代汉语中"夂"和其意义已不单独使用，只用作汉字部首。

部首组字例释

作为部首，"夂"通常位于汉字的上部，例如"冬"；有时位于汉字的下部或左侧，例如"夏"、"处"。"冬"是会意字，从夂从仌（冰之古字），表示秋季终了，已进入寒冷季节。"夏"是会意字，据小篆字形分析，"夏"从页、从臼、从夂，页表示人头，臼表示两手，夂表示两腿，合起来表示一个高大完整的人。

夂 [のぶん]

字形分析

《夂》は人が歩いているさまを二本の脚を強調して描いた象形文字である。

字義発展

《夂》の本義は人が後方から歩いてくることであるが、現在の漢語では《夂》を単独で使うことはなく、部首を表すだけである。

部首組字例釈

部首としての《夂》は「冬」のように通常は漢字の上部に配置されるが、ときには「夏」や「処」のように下や左側に置かれることもある。「冬」は《夂》と《仌》(「氷の古字)からなる会意文字で、秋が終わって寒い季節に入ったことをいう。「夏」も会意文字で、小篆の字形を分析すれば「夏」は《頁》(人間のあたま)と《臼》(両手)と《夂》からなり、頭と両手と脚から「大きくて立派な人」という意味を表す。

夊 [천천히 걸을 쇠]

자형 변화

소전	예서	해서

자형 분석

"夊(천천히 걸을 쇠)"는 『설문해자』에 "사람의 두 정강이가 이어진 것을 본뜬 것이다"라고 나오는데 사람의 양 다리 사이가 묶여 있어 느릿느릿 걷는 것을 본뜬 상형자라고 여겨진다.

자의 변화

고대에는 '綏(느릴 수)'와 같은 글자였고, '綏綏(수수)'는 '천천히 걷는 모습'을 말한다.

소속 한자 해석

부수로서 "夊"는 '夋(천천히 걷는 모양 준)', '夏(여름 하)'처럼 한자의 아래쪽에 위치한다. "夊"부의 한자 중 어떤 것은 '느리게 걷는 모습'과 관련이 있는데, 예를 들어 '夋'은 걸음이 느릿한 것을 의미한다.

夂 [suī]部

字形分析

"夂"依《说文》应为象形字："象人两胫有所躧也。"意即像人的两腿间有所羁绊，故行走迟缓。

字义发展

古同"绥"，"绥绥"为慢慢行走的样子。

部首组字例释

作为部首，"夂"位于汉字下部，如"夆"、"夏"。"夂"部字有的与慢走貌有关，例如"夆"，表示行走迟缓的样子。

夊 [すいにょう]

字形分析

《夊》は『説文解字』に「人の両脛躡(つなぐ)ところあり」とあるのによれば、人の両足がなにかに縛られていて歩くのが遅いさまをかたどった象形文字であると思われる。

字義発展

古くは「綏」と同字で、「綏綏」は歩くのが遅いさまをいう。

部首組字例釈

部首としての《夊》は「夌」や「夏」のように漢字の下部に配置される。《夊》部の漢字には「歩くのが遅い」という意味があり、「夌」はゆっくり歩くさまを意味する。

夕 [저녁 석]

韓

자형 변화

갑골문	금문	소전	예서	해서

자형 분석

"夕(저녁 석)"은 상형자로, 고문자는 '月(달 월)'과 같은 자형으로 초승달의 모습을 본뜬 것이다.

자의 변화

"夕"의 본의는 '날이 저묾', '저녁 무렵'으로 '夕陽(석양)', '朝夕 (조석)'과 같이 쓰인다. 고대에는 '서쪽', '저녁에 임금이나 부모님을 뵙다' 등의 의미로도 사용되었지만, 이러한 의미는 현재 사용되지 않는다.

소속 한자 해석

부수로서 "夕"의 위치는 비교적 자유로워 '多(많을 다)', '夢(꿈 몽)', '外(바깥 외)', '夜(밤 야)'처럼 한자의 상하좌우에 다 위치한다. "夕"부의 한자는 대개 '밤'과 관련이 있는데, '夙(일찍 숙)'은 '夙興夜寐(숙흥야매: 새벽에 일찍 일어나고 밤 늦게 잔다)'처럼 이른 아침이나 미명의 시각을 나타내며, 나아가 '夙願(숙원)'과 같이 '일찍부터', '오래 전부터'라는 의미를 나타낸다.

夕 [xī]部

字形分析

"夕"是象形字。古文字和"月"同形, 像一弯弦月的形状。

字义发展

"夕"的本义为日暮, 傍晚, 如"夕阳"、"朝夕"。古代又引申出西方、傍晚时拜见君主或父母等意义, 这些意义今已不用。

部首组字例释

作为部首, "夕"的位置比较灵活, 可以位于汉字的上下左右。如"多"、"夤"、"梦"、"外"、"夜"。"夕"部的字多与夜晚义有关。如"夙", 本指天尚早, 夜未明, 如"夙兴夜寐"; 引申指早期的、旧有的, 如"夙愿"。

夕 [ゆうべ]

字形分析

《夕》は三日月が空にかかるさまをかたどった象形文字で、古代文字では「月」と同形である。

字義発展

《夕》の本義は「日暮れ時・夕方」で、「夕陽」や「朝夕」というように使う。古代ではまた「西の方角」あるいは「夕暮れに両親や君主に会う」という意味に使われるが、これらの意味は現在では用いられない。

部首組字例釈

部首としての《夕》の位置は比較的自由で、「夢」「外」「夜」のように上下左右に配置される。《夕》部の漢字は「夜」に関係するものが多く、「夙」は早朝あるいは未明の時刻を表し、引いて「夙願」(宿願)のように「早くから」とか「ずっと前から」という意味を表す。

大 [큰 대]

자형 변화

갑골문	금문	소전	예서	해서

자형 분석

"大(큰 대)"는 상형자로, 고문자는 양팔을 크게 벌린 사람의 정면 모습을 본뜬 것이다.

자의 변화

"大"는 팔과 다리를 크게 벌리고 있는 모습으로 '작지 않다'는 뜻이며, 일반적 또는 비교 대상을 넘어 선다는 것이다. 아울러 구체적인 체적, 면적, 수량에서 추상적인 역량, 규모, 정도 등으로 의미가 확대되어 쓰이기도 한다.

소속 한자 해석

부수로서 "大"는 '奕(클 혁)'과 같이 한자의 아래쪽에 '奔(달릴 분)', '套(덮개 투)'처럼 위쪽에 놓이기도 하고, '夷(오랑캐 이)'처럼 가운데에 위치하기도 한다. "大"부의 한자는 대개 사람이나 사람이 일과 관련이 있다. 예를 들어 '夫(지아비 부)'는 "大"와 "一"로 이루어져 있는데, "大"는 서 있는 사람의 모습이고 그 위에 "一"은 머리에 비녀를 꽂고 있는 모습을 나타낸다. 고대 중국에서는 남자가 성년이 되면 '冠禮(관례)'를 행하였는데, 그 후에 상투를 틀기 때문에 "一"을 더하여 비녀를 꽂은 것을 표시하였고 성년 남자를 의미하였다. 뒤에 '夫妻(부처)'처럼 기혼의 남성을 가리키게 되었다. '天(하늘 천)'의 고문자는 아래는 "大", 위는 사람의 머리이며 소전(小篆)에서는 그것이 "一"로 바뀌었는데, 본래는 사람의 머리를 나타내고 있으며 나아가 '天地(천지)'처럼 하늘 또는 높은 곳에 있는 사물을 의미했다. 또한 '天氣(천기)'처럼 기후, 계절 등의 뜻도 나타낸다.

大 [dà] 部

字形分析

"大"是象形字，古文字像伸开双臂的正面人形。

字义发展

"大"以人张开四肢之形表示不小的意思，指超过一般或比较的对象。由具体的体积、面积、数量引申到抽象的力量、规模、程度等方面。

部首组字例释

作为部首，"大"有时位于汉字的下部，如"奂"、"奕"；有时位于汉字的上面，如"奔"、"套"，或在中间，例如"夹"、"夷"。大部的字多与人类或人事有关。例如"夫"由"大"和"一"构成，"大"像站着的人形，上面的"一"表示头发上插一根簪(zān)。在中国古代，男子成年时要行"冠礼"，之后要束发，故加"一"做标记，合起来的意思是成年男子，如"一夫授田百亩"；后引申指已经结婚的男子，如"夫妻"。"天"古文字下面是大，上面是人头，小篆变成一横，本义指人头；引申指天空或位于高处的事物，如"天地"、"天桥"；又引申指气候、季节、日子，例如"天气"、"冬天"、"今天"。

大 [だい]

字形分析

《大》は人が大きく手足を広げているさまをかたどった象形文字である。

字義発展

《大》は大きく手足を広げていることから「小さくない」ことを表し、引いて具体的な体積や数量、規模、程度などが普通のものよりも大きいことを表す。

部首組字例釈

部首としての《大》は「奕」のように漢字の下部に配置されることもあるし、「奔」「套」のように上部に配置されることも、また「夷」のように中間に配置されることもある。《大》部の漢字は人間に関する意味を表すことが多く、「夫」は《大》と《一》からなり、人の正面形である《大》の上に《一》を加えて、かんざしを挿している形を表す。古代中国では男子が成年に達したときに「冠礼」(元服) の儀式をおこない、その後は髪をたばねたことを《一》で表した。のちに「夫妻」のように既婚の男性を意味した。「天」の古代文字は《大》の上に頭を大きく描いている。小篆ではそれが《一》に変わったが、本来は人の頭を表しており、引いて「天地」のように「空」あるいは「高いところ」を意味した。また引いて気候や季節の意に用いられ、「天気」とか「冬天」(ふゆ) というように使う。

女 [여자 녀]

자형 변화

갑골문	금문	소전	예서	해서

자형 분석

"女(여자 녀)"는 상형자로, 고문자는 손을 앞으로 모은 채 무릎 꿇고 있는 여성의 모습을 본뜬 것이다.

자의 변화

"女"의 본의는 '여성', '여자'로 '男(사내 남)'과 상대되는 개념이다.

소속 한자 해석

부수로서 "女"는 '好(좋을 호)', '妹(누이 매)'처럼 통상 한자의 왼쪽에 위치하며, 때로는 '妝(꾸밀 장)'과 같이 오른쪽에 놓이거나 '妻(아내 처)', '委(맡길 위)'처럼 아래쪽에 위치하기도 한다. "女"부의한자는 대개 여성과 관련된 것이 많은데, 예를 들어 '姓(성 성)'은 '姓氏(성씨)', '姜姓(강성)', '姬姓'처럼 원래 여성 족장으로 이루어지는 모계 사회 가족의 표지이다. '安(편안할 안)'은 "女"와 "宀(집면)"으로 이루어진 것으로, 집안에 여성이 있는 모양인데 '平安(평안)', '安寧(안녕)'과 같이 평온과 안정을 의미한다.

女 [nǚ]部

字形分析

"女"是象形字, 古文字像一个敛手跪着的女人的形象。

字义发展

"女"的本义是女性、女人, 与"男"相对。

部首组字例释

作为部首, "女"通常位于汉字的左侧, 如"好"、"妹"; 有时位于右侧, 如"妆"; 有时位于下部, 如"妻"、"委"。女部的字多和女性有关。例如"姓", 原是以女性族长为血缘集团的家族标志, 如"姓氏"、"姜姓"、"姬姓"。"安"字由"女"和"宀"(房子)组成, 家中有女人, 代表了平静与稳定, 如"平安"、"安宁"。

女 [おんなへん]

字形分析

《女》は女性が手を前に組みあわせて、跪いている形をかたどった象形文字である。

字義発展

《女》の本義は「女性・おんな」で、「男」と対比をなす。

部首組字例釈

部首としての《女》は「好」や「妹」のように通常は漢字の左側に配置されるが、なかには「妝」のように右側に置かれたり、「妻」や「委」のように下部に配置されたりする。《女》部の漢字は女性と関係するものが多くたとえば「姓」は「姜」や「姫」のようにもともと女性を族長とする血縁集団の家族標識であった。「安」は《女》と《宀》（家屋）からなる会意文字で、女性が家の中にいることから、平穏で「平安」「安寧」であることを表す。

子 [아들 자]

자형 변화

갑골문	금문	소전	예서	해서

자형 분석

"子(아들 자)"는 상형자로, 고문자는 젖먹이 아기가 강보에 싸여 있는 모습을 본뜬 것이다.

자의 변화

"子"의 본의는 젖먹이를 뜻한다. 어미의 젖을 먹는 아이는 아직 어리기에 '어리다', '작다' 등의 의미를 나타낸다. 또 젖먹이는 혈연의 전승자이므로 "子"에는 '종자(種子)', '난자(卵子)' 등의 의미가 있다.

소속 한자 해석

부수로서 "子"는 '孫(손자 손)', '仔(자세할 자)'처럼 통상 한자의 왼쪽이나 오른쪽에 위치하며, 때로는 '孟(맏 맹)', '孕(아이 밸 잉)'과 같이 한자 위나 아래에 위치하기도 한다. "子"부의 한자는 '아이' 혹은 '출산'과 관련된 것이 많다. 예를 들어 '字(글자 자)'는 "宀(집 면)"과 "子"로 이루어져 있는데 본의는 집에서 아이를 낳는 것이며, 아이를 낳아 혈연을 전승하는 것은 마치 문자가 문명과 문화를 전승하는 것과 같으므로 '字'는 '文字(문자)', '字體(자체)'처럼 언어를 기록하는 부호의 의미로 쓰인다. '孫'은 "子"와 "系(이을 계)"로 이루어진 회의자이며, '系'는 혈연의 연속을 나타내므로 '孫'의 본의는 '아들의 아들'을 의미한다.

子 [zǐ]部

字形分析

"子"是象形字, 古文字像婴儿在襁褓中之形。

字义发展

"子"的本义指婴儿, 因为婴儿是小辈, 所以"子"引申为幼小、不大等意义。前者例如"子猪"、"子鸡"之"子", 后者例如"石子"、"棋子"之"子"。婴儿是血缘的传递者, 因此, "子"又有了种子、卵子等意义, 前者例如"瓜子"之"子", 后者例如"鱼子"之"子"。

部首组字例释

作为部首, "子"通常位于汉字的左侧或右侧, 例如"孙"、"仔"; 有时位于汉字的上部或下部, 例如"孟"、"孕"。子部的字多与孩子或生育等意义有关系。例如"字", 由"宀"和"子"组成, 本义为生孩子, 孩子承继血脉, 正如文字传承文明和文化一样, 所以"字"又用来指记录语言的符号, 如"文字"、"字体"。"孙"是会意字, 繁体字由"子"和"系"组成, "系"表示血缘的延续, 所以孙的本义是指儿子的儿子。

子 [こどもへん]

字形分析

《子》は子どもがむつきにくるまれているさまをかたどった象形文字である。

字義発展

《子》の本義は嬰児であり、嬰児が小さいことから《子》が「幼い」「年少である」という意味をもち、また嬰児が血縁を伝承する者であることから、《子》に「種子・たまご」という意味がある。

部首組字例釈

部首としての《子》は「孫」や「仔」のように、通常は漢字の左か右に配置されるが、ときには「孟」や「孕」のように漢字の上や下に置かれることもある。《子》部の漢字は「子ども」あるいは「出産」に関係するものが多く、たとえば《字》は《宀》(屋根)と《子》からなる会意文字で、本来は「子どもを産む」ことをいう。子どもを産んで血縁を伝承することは文字が分明と文化を伝承するのと同じことだから、それで《字》が言語を記録する符号の意味に使われる。《孫》は《子》と《系》(つながる)とからなる会意文字で、「子どもの子ども」を意味する。

宀 [집 면]

자형 변화

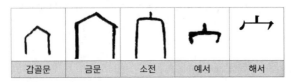

| 갑골문 | 금문 | 소전 | 예서 | 해서 |

자형 분석

"宀(집 면)"은 가옥의 형태를 본뜬 상형자이다.

자의 변화

현대 중국어에서 "宀"은 부수로만 쓰이고 단독으로는 사용되지 않는다.

소속 한자 해석

부수로서 "宀"은 항상 한자의 위쪽에 위치하며 중국에서는 '宝盖头(bǎogàitóu)', 한국에서는 '갓머리'라고 부른다. "宀"부의 한자는 대개 '가옥' 혹은 '거주'와 관련이 있다. 예를 들어 '家(집 가)'는 가정을 가리키는데, "宀"과 "豕(돼지 시)"가 조합되어 "宀"은 '집'을, "豕"는 '돼지'를 의미하므로 '家'는 "宀"과 "豕"가 표의부호가 되어 '집'이라는 개념을 나타내게 된 것이다. '宮(집 궁)'의 본의는 일반적으로 '집'을 가리키는데, 후대에 전적으로 제왕이 거주하는 곳을 의미하게 되었다. '官(벼슬 관)'은 원래 관공서를 가리키며 후에 '관료, 공무원'을 의미하게 되었다.

宀 [mián]部

字形分析

"宀"是象形字，古文字像房屋之形。

字义发展

在现代汉语中，"宀"只用作部首，不单独成字。

部首组字例释

作为部首，"宀"总是位于汉字的上部，俗称"宝盖头"。宀部的字多和房屋或居住有关。如"家"指家庭，由"宀"和"豕"组成，"宀"表示房屋，"豕"则是一头猪，所以"家"以"宀"和"豕"作为表意符号用来表达家这个概念。"宫"，本义泛指房屋，后专指帝王所居住的地方。"官"，本指官舍，后又指官职、官员。

宀 [うかんむり]

字形分析

《宀》は家屋の形をかたどった象形文字である。

字義発展

現在の漢語の中では《宀》を単独で使うことはなく、部首だけに使われる。

部首組字例釈

部首としての《宀》はつねに漢字の上部に配置され、「宝蓋頭」（日本語で《うかんむり》）という）。《宀》部の漢字は「家屋」あるいは「居住」と関係をもつものが多く、「家」は《宀》と《豕》（ブタ）とからなる会意文字で、《豕》は祭りで供えられる犠牲の動物を表している。《宮》の本義はひろく「部屋」を指し、のち帝王が居住する家屋を意味するようになった。《官》はもともと役所のことで、のちに官僚・役人を意味するようになった。

寸 [마디 촌]

자형 변화

전국문자	소전	예서	해서

자형 분석

"寸(마디 촌)"은 지사자로, 고문자는 사람의 팔에서 손목으로부터 1촌이 되는 지점을 강조하고 있다.

자의 변화

"寸"의 본의는 '寸口(촌구)', 즉 팔에서 손목으로부터 1촌의 위치를 나타내며 거기에서 맥박을 측정할 수 있으므로 '寸口'는 한의에서 진맥할 때 짚는 혈이다. 또 뜻이 확대되어 길이의 단위를 나타내게 되었다.

소속 한자 해석

부수로서 "寸"은 '尋(찾을 심)', '射(쏠 사)'처럼 통상 한자의 아래나 오른쪽에 위치한다. "寸"부의 한자는 대개 '손' 또는 '손으로 하는 동작'과 관련이 있다. 예를 들어 '尋'은 고대 길이의 단위(1尋은 8尺[척])를 나타내며, 가차하여 '묻다'라는 뜻으로 쓰인다. '導(이끌 도)'는 '引導(인도)'처럼 '끌다', '인솔하다'의 뜻을 나타낸다. '射'는 회의자로 "弓(활 궁)"과 "寸"으로 이루어졌다. 금문의 자형으로 본다면 활에 화살을 먹이고 손으로 당겨 발사하려고 하는 것을 본뜬 것으로, 본의는 활을 쏘는 것이다.

寸 [cùn]部

字形分析

"寸"是指事字，古文字强调了"寸"在人的手臂上一寸的位置。

字义发展

"寸"的本义是"寸口"，即手臂上距离掌根一寸的位置。由于可以触摸到脉搏，故"寸口"是中医切脉常取的穴位。又引申指长度单位。

部首组字例释

作为部首，"寸"通常位于汉字的下部或右侧，例如"寻"、"射"。寸部字多与手或手的动作有关。如"寻"是古代的长度单位（一寻等于八尺），借为寻找之义。"导"是指引或带领，如"引导"、"导向"。"射"是会意字，从弓从寸，从金文字形看，像箭在弓上，以寸(手)发出之形，本义是放箭。

寸 [すんづくり]

字形分析

《寸》は指事文字で、古代文字では人の腕で手首から1寸のところを強調している。

字義発展

《寸》の本義は「寸口」、すなわち手首から1寸のところにある部位で、そこで脈を測ることができることから、「寸口」は漢方医学で脈を調べるツボとされる。また引いて長さの単位に使われる。

部首組字例釈

部首としての《寸》は「尋」や「射」のように、通常は漢字の下か右側に配置される。《寸》部の漢字は「手」または「手でおこなう動作」と関係があり、「尋」は古代での長さの単位(日本語では「ひろ」といい、八尺にあたる)を表し、借りて「たずねる」意に用いる。「導」は「指導」や「導入」のように「ひきいる」の意、「射」は金文の字形では《弓》と《寸》からなる会意文字で、矢を弓につがえて発しようとすることを表し、本義は手で弓矢を放つことである。

小 [작을 소]

자형 변화

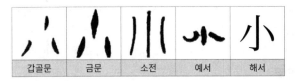

갑골문	금문	소전	예서	해서

자형 분석

"小(작을 소)"는 회의자로, 고문자는 모래알을 이용하여 작다는 뜻을 나타내었다.

자의 변화

"小"의 본의는 '크지 않다'이며 '小河(xiǎohé: 시냇물)', '小雨(xiǎoyǔ: 가랑비)', '小孩(xiǎohái: 어린이)', '小事(xiǎoshì: 하찮은 일)'처럼 구체적인 것부터 추상적인 사물에 이르기까지 모두 '小'로 나타낼 수 있다.

소속 한자 해석

부수로서 "小"는 '尖(뾰족할 첨)', '尘(塵[티끌 진]의 간체자)'과 같이 통상 한자의 위쪽에 위치한다. "小"부의 한자는 대개 '크지 않다', '미세하다' 등의 의미와 관련이 있다. '尘'은 "土"와 "小"로 이루어진 회의자로, '尘埃(chén'āi)'처럼 미세한 '티끌'을 의미한다. '尖'은 '刀尖(도첨)'과 같이 물체의 끝이 매우 가늘고 날카로운 것을 나타낸다.

小 [xiǎo]部

字形分析

"小"是会意字，古文字以沙粒表达"小"的意思。

字义发展

"小"本义为不大，由具体到抽象事物，都可以用"小"表示。如"小河"、"小雨"、"小孩"、"小事"、"小住"。

部首组字例释

作为部首，"小"通常位于汉字的上部，如"尖"、"尘"。小部的字多与不大、微末等意义有关。例如"尘"是会意字，从土从小，指体积微小的尘土，如"灰尘"、"尘埃"。"尖"指物体末端因极细小而锐利，如"刀尖"、"浪尖"。

小 [しょう]

字形分析

《小》は小さな砂粒が集まった形からなる会意文字である。

字義発展

《小》の本義は「大きくない」ことで、「小川」「小雨」「小孩」(こども)というように、具体的なものから抽象的なものまですべて「小」で表すことができる。

部首組字例釈

部首としての《小》は「尘」(「塵」の簡体字) や「尖」のように、通常は漢字の上部に配置される。《小》部の漢字は「大きくない」あるいは「微細である」ことと関係があり、「塵」の簡体字である「尘」は《土》と《小》からなる会意文字で、「灰尘(塵)」や「尘(塵)埃」のように非常に小さな「ちり」の意を表す。「尖」はものの先端がとがっていてきわめて小さいことを表す。

尢 [절름발이 왕]

자형 변화

갑골문	금문	소전	예서	해서

자형 분석

"尢(절름발이 왕)"은 '尤(더욱 우)'의 본자로 상형자이다. 고문자는 식물의 줄기가 구부러지면서 생장하여 장애를 받는 모습을 본뜬 것으로 '특이하다', '일반적이지 않다'는 뜻을 나타낸다.

자의 변화

"尤"의 본의는 '특이하다', '두드러지다'의 의미로 '尤異(yóuyì: 뛰어나다)', '尤其(yóuqí: 더욱이)'처럼 쓰인다. 일반적이지 않은 것으로 좋은 면이든 나쁜 면이든 '尤物(우물: 빼어난 사물이나 사람)'이나 '尤詬(우구: 죄과와 치욕)'처럼 조어된다. 또 동사로 쓰여 '怨天尤人(원천우인: 하늘을 원망하고 다른 사람을 비난하다)'과 같이 '원망하다', '책망하다'라는 뜻을 나타낸다.

소속 한자 해석

부수로서 "尢"은 '就(이룰 취)'처럼 한자의 오른쪽에 올 수도 있는데, 이때는 "尤"로 쓴다. 또 '尷(껄끄러울 감)', '尬(절름발이 개)'처럼 한자의 왼쪽에서 아래쪽으로 걸쳐져 있기도 한다. "尢"부의 한자는 '돌출하다', '기묘하다'라는 뜻과 관계된 것이 많다. 예를 들어 '就'는 "京(서울 경)"과 "尤"로 이루어져 본의는 '높은 곳으로 향하다'이며, 뜻이 확대되어 '就業(취업)', '就學(취학)' 등처럼 '나아가다', '가까워지다'는 뜻을 나타낸다. '尷尬(gāngà: 입장이 곤란하다)'는 '處境尷尬(chǔjìnggāngà: 괴로운 입장에 놓이다)'처럼 '처지가 난처하다', '부자연스럽다'는 의미를 나타낸다.

尤 [wāng]部

字形分析

"尤"即"尢"的本字, 是象形字。古文字像植物屈曲生长而受到阻碍的样子, 表示特异、不一般之义。

字义发展

"尤"的本义为特异、突出, 如"尤异"、"尤其"。不一般可好可坏, 好者如"尤物", 坏者如"尤垢"。用作动词, 表示怨恨、责怪义, 如"怨天尤人"。

部首组字例释

作为部首, "尤"可位于汉字的右侧, 写作"尤", 如"就"; 也可位于汉字的左下侧, 如"尴"、"尬"。"尤"部的字含义多与突出、奇特之义相关, 如"就"字从京从尤, 本义为到高处去, 引申表示走向、靠近之义, 如"高就"、"就位"、"就读"、"就业"。"尴尬"形容处境困窘、不自然, 如"处境尴尬"。

尢 [だいのまげあし]

字形分析

《尢》は「尤」の本字で、植物の茎が曲がりながら生長し、やがてなにかにぶつかってそれ以上伸びられなくなるさまをかたどった象形文字で、「特異である」また「普通でない」意を表す。

字義発展

《尤》の本義は「特異である」また「突出している」ことで、そこから「尤異」とか「尤其」というように使う。よい面あるいは悪い面で飛び抜けているものを「尤」といい、また動詞として「恨む」とか「とがめる」意に用いる。「怨天尤人」は「天を恨み、人をとがめる」こと、引いて「自分のことは棚に上げて、すべてを他人や周囲のせいにする」ことをいう。

部首組字例釈

部首としての《尢》は漢字の右側に配置されるときには「就」のように《尤》と書かれ、また「尷」や「尬」のように漢字の左下に配置されることもある。《尢》部の漢字は「突出している」あるいは「変わっている」ことに関係することが多く、たとえば「就」は《京》と《尤》からなり、本義は「高いところに向かう」こと、引いて「就職」や「就寝」のように「出向く・近づく」意を表す。「尷尬」は「具合がわるい、きまりがわるい」形容で、「処境尷尬」は「苦しい立場に置かれる」ことをいう。

尸 [주검 시]

韓

자형 변화

갑골문	금문	소전	예서	해서

자형 분석

"尸(주검 시)"는 상형자로, 고문자는 무릎을 구부리고 쪼그려 앉은 모습을 본 뜬 것이다.

자의 변화

"尸"의 본의는 '쪼그려 앉다'인데, '신령을 대신하여 제사를 받는 사람'으로, 또 '시체'로 뜻이 확대되었다. 선진시대 문헌에서는 주로 '夷(이민족 이)'로 차용되었다.

소속 한자 해석

부수로서 "尸"는 통상 한자의 왼쪽 위쪽에 위치한다. "尸"부의 한자는 인체와 관련된 것이 많은데, 예를 들어 '尾(꼬리 미)'의 본의는 동물의 꼬리를 나타내며 뜻이 확대되어 사물의 끝부분을 가리키게 되었다. "尸"부의 한자는 또 '거주'와 관계가 있는데, '居(있을 거)'는 '群居(qúnjū: 무리를 지어 살다)', '民居(mínjū: 민가)'처럼 '사람이 거주하거나 거주하는 장소'를 나타내며 '屋(집 옥)'은 '房屋(fángwū: 가옥)'처럼 사람이 거주하는 건축물을 의미한다.

尸 [shī]部

字形分析

"尸"是象形字，古文字象人箕踞之形。

字义发展

"尸"的本义为箕踞，后用为祭祀时代表神灵接受享祭者，又引申为尸体。先秦典籍多用为"夷"的假借。

部首组字例释

作为部首，"尸"通常位于汉字的左上侧。尸部的字多与人体意义有关。例如"尾"字的本义是指动物的尾巴，引申指事物的末端部分，如"尾声"、"尾数"。尸部的字还与居住有关，例如"居"指人居住或居住的地方，如"群居"、"民居"。"屋"指人居住的建筑物，如"房屋"、"屋檐"。

尸 [しかばね]

字形分析

《尸》は人が身をかがめて膝を曲げている形にかたどった象形文字で、出土文献での用例から考えれば《尸》は《夷》の初期の字形と考えられる。

字義発展

《夷》は古代の中原(中国中央部)を統治した者が周辺の少数民族を呼んだ蔑称であり、《夷(尸)》は人が身をかがめて膝を曲げている形であって、実際には中原の統治者に対して屈服している人を意味している。

部首組字例釈

部首としての《尸》は漢字の左上に配置される。《尸》部の漢字は人体に関係することが多く、たとえば「尾」の本義は動物のしっぽで、そこから「末尾」の意味に用いられる。《尸》部の漢字はまた「居住」とも関係があって、「居」は「民居」のように「人間がくらす場所」の意に用いられる。「屋」は人が暮らす建造物を意味し、そこから「家屋」というように使われる。

屮 [싹날 철]

자형 변화

갑골문	금문	소전	예서	해서

자형 분석

"屮(싹날 철)"은 상형자로, 고문자는 초목이 막 싹튼 모습을 본떴다.

자의 변화

"屮"의 본의는 갓 싹이 튼 초목으로 '草(풀 초)'의 고자이다.

소속 한자 해석

부수로서 "屮"은 '屯(진 칠 둔)'과 같이 한자의 아래쪽에 위치할 때는 "屯"으로 쓴다. "屮"부의 한자는 대개 초목과 관련이 있는데 '屯'은 "屮"와 "一"로 이루어진 회의자이다. "屮"는 초목을 나타내고 "一"은 대지를 나타내는데 이 둘을 합쳐 초목이 싹틀 때의 힘든 상황을 뜻하며 그 본의는 '고난'이다. 어려운 일은 사람들이 힘을 모으고 많은 노력을 기울여야 완성할 수 있으므로 '屯'은 '모으다'라는 의미를 가진다. 또한 명사로 쓰여 마을을 의미하는데, 이는 마을에 대부분의 사람들이 모여 살기 때문이다.

屮 [chè]部

字形分析

"屮"是象形字。古文字像草木刚长出来的样子。

字义发展

"屮"的本义为草木刚长出来, 即"草"的古字。

部首组字例释

作为部首, "屮"位于汉字的下部, 写作"屯", 如"屯"。"屮"部字的含义多与草木有关。如"屯"字是从屮从一的会意字。"屮"表示草木, "一"表示土地, 合起来表示草木初生之艰难, 本义为艰难。艰难之事需要人们积聚力量、付出很多努力才可完成, 由此"屯"有聚集之义, 如"屯聚"、"屯兵"。用作名词, 表示村庄之义, 这是因为村庄多是人口聚居的地方。

屮 [てつ]

字形分析

《屮》は草木が芽生えたばかりの形をかたどった象形文字である。

字義発展

《屮》の本義は芽生えたばかりの草木で、「草」の古字である。

部首組字例釈

部首としての《屮》は「屯」のように漢字の下部に配置され、《屮》と書かれる。《屮》部の漢字は草木に関係することが多く、「屯」は《屮》と《一》からなる会意文字で、《屮》は草木を表し、《一》は土地を表していて、両者をあわせて、草木が芽生えるときの厳しい状況を意味する。その本義は「艱難」である。「艱難」のことがらに対して人々は力を集め、努力をかたむけて完成することから、「屯」に「集める」という意味ができた。名詞としての「屯」は村落を意味するが、それは村落が人の集まったところであるからである。

山 [뫼 산]

자형 변화

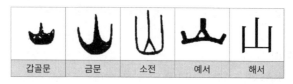

갑골문	금문	소전	예서	해서

자형 분석

"山(뫼 산)"은 상형자로, 고문자는 산봉우리가 나란히 우뚝 솟아 있는 형태를 본뜬 것이다.

자의 변화

"山"의 본의는 지면에서 흙이나 돌로 구성된 물질이 지면으로부터 높이 융기된 부분을 가리킨다.

소속 한자 해석

부수로서 "山"은 '峰(봉우리 봉)', '岐(갈림길 기)'처럼 통상 한자의 왼쪽에, 때로는 '岩(바위 암)', '崔(높을 최)'처럼 위쪽에, 혹은 '岔(갈림길 차)', '岳(큰 산 악)'과 같이 아래쪽에 위치한다. "山"부의 한자는 일반적으로 '산' 혹은 '산의 형태'와 관련이 있는데 '峰'은 '山峰(산봉)', '高峰(고봉)'과 같이 높고 뾰족한 산꼭대기를 가리키고 산봉우리와 같은 형태의 것 또는 최고의 장소로 뜻이 확대되었다. '岩'은 '岩石(암석)'과 같이 산벼랑 또는 지각을 구성하는 돌을 의미하며, '岳'은 높고 큰 산을 의미하는데 '五岳(오악)'은 중국의 5대 명산, 즉 동쪽의 '泰山(태산)', 남쪽의 '衡山(형산)', 서쪽의 '華山(화산)', 북쪽의 '恒山(항산)', 한가운데에 위치한 중악(中岳)인 '嵩山(숭산)'을 가리키며, 그중 '泰山'이 '五岳'의 으뜸이다. '岳'은 또 '岳父(악부, 장인)', '岳母(악모, 장모)'처럼 아내의 부모에 대한 존칭으로 쓰이기도 한다.

山 [shān]部

字形分析

"山"是象形字, 古文字像山峰并立之形。

字义发展

"山"的本义是指地面上由土石构成的高出地面的部分。

部首组字例释

作为部首, "山"通常位于汉字的左侧, 如"峰"、"岐"; 有时位于汉字的上部, 如"岩"、"崔"; 或位于下部, 如"岑"、"岳"。山部的字一般都与山岭或山的形状有关。例如"峰"是指高而尖的山头, 如"山峰"、"高峰"; 引申指形状像山峰的东西, 或最高处, 如"驼峰"、"登峰造极"。"岩"是指山崖或构成地壳的石头, 例如"岩石"、"岩洞"。"岳"是指高大的山, "五岳"是指中国的五大名山: 东岳泰山、南岳衡山、西岳华山、北岳恒山、中岳嵩山, 其中泰山为五岳之尊。"岳"还用来尊称妻方的父母, 如"岳父"、"岳母"。

山 [やまへん]

字形分析

《山》は山の峰が並びそびえている形をかたどった象形文字である。

字義発展

《山》の本義は、土や石でできた塊が地面から高く出ているところである。

部首組字例釈

部首としての《山》は「峰」や「岐」のように漢字の左側に置かれることもあれば、「岩」や「崔」のように上部に、あるいは「岔」や「岳」のように下部に置かれることもある。《山》部の漢字は「やま」あるいは「やまの形」などに関係することが多く、「峰」は「高くとがった頂上」のことで、引いて山の峰のような形のもの、あるいは最高のところを意味する。「岩」は山や崖を形作る石を意味し、「岳」は高くて大きな山を意味する。「五岳」は中国の五大名山で、東岳泰山、南岳衡山、西岳華山、北岳恒山、中岳嵩山を指し、なかでも泰山が五岳のトップとされる。「岳」はさらに妻の父母を意味し、「岳父」「岳母」というように使う。

巛 [내 천]

자형 변화

갑골문	금문	소전	예서	해서

자형 분석

"巛(내 천)"은 상형자로, '川'의 초기 자형이다. 고문자는 좌우에 언덕이 있고 그 사이에 하천이 흐르고 있는 정경을 본뜬 것이다.

자의 변화

"巛"의 본의는 '河川(하천)'과 같이 '강줄기, 강의 흐름'이며, '평지', '평원' 등으로 뜻이 확대되었다. 예를 들어 '一馬平川(일마평천, yīmǎ píngchuān)'은 '말이 질주할 수 있는 광활한 평원'을 형용한다.

소속 한자 해석

부수로서 "巛"은 '巢(집 소)', '巡(돌 순)'과 같이 한자의 위쪽이나 안쪽에 위치한다. "巛"부의 한자에는 '하천'과 관계된 것이 많은데, 예를 들어 "州(고을 주)"는 회의자로 고문자는 '하천 가운데 작은 육지'를 뜻하였으며, 이런 지역에 사람들이 집중 거주하면서 점점 '행정 구역'으로 사용되자, 본래의 의미를 강화하는 차원에서 "氵"를 부가하여 "洲"자를 만들어서 그 전용자로 쓰이게 되었다. 한편 '州'는 '州郡(주군)', '州縣(주현)'과 같이 고대의 행정 구역을 나타낸다.

巛 [chuān]部

字形分析

"巛"字是象形字。"巛"是"川"字的早期写法。古文字字形像左右为岸, 中间是河流之形。

字义发展

"巛"的本义为河流, 如"河川"、"川流不息"。引申表示平地、平原, 如"一马平川", 形容能够纵马疾驰的一片广阔平原。

部首组字例释

作为部首, "巛"多位于汉字上部, 如"巢", 不是上部, 就是内部"巛"部的字含义多与河流有关, 例如"州"字是会意字, 古文字像河流中间的陆地。本义为水中的陆地。后本义由"洲"字表示。"州"字则表示古代的一种行政区划, 如"州郡"、"州县"。

巛 [かわ]

字形分析

《巛》は左右両岸のあいだに水流が流れている形をかたどった象形文字で、《巛》は「川」の初期の字形である。

字義発展

《巛》の本義は「川の流れ」であり、引いて「平地」「平原」の意に用いる。「一馬平川」とは「(ウマが疾駆できるほどの) 見渡す限りの平野」のことである。

部首組字例釈

部首としての《巛》は「巣」や「巡」のように漢字の上部に配置されることが多い。《巛》部の漢字には「河川の流れ」に関係するものが多く、《州》は川の中にある陸地を表す会意文字で、本義は「水中にある陸地」のことだが、のちに「洲」で表されるようになった。いっぽう「州」の方は「州郡」や「州県」のように古代における行政区画を示すのに使われる。

工 [장인 공]

韓

자형 변화

| 갑골문 | 금문 | 소전 | 예서 | 해서 |

자형 분석

"工(장인 공)"은 '曲尺(곡척, 곱자)'의 모양을 본뜬 상형자이다.

자의 변화

"工"은 본래 목수가 사용하는 '곡척'을 의미하며 나아가 각종 기예에 종사하는 직공의 뜻이 파생되었다. 또 동사로 '뛰어나다', '정통하다' 등의 뜻도 나타낸다. 형용사로 '工巧(공교)'처럼 '정교하다', '정치(精緻)하다'의 뜻을 가지며, 뜻이 확대되어 일에 들인 노력과 시간을 가리키기도 한다.

소속 한자 해석

부수로서 "工"은 '巧(공교할 교)'처럼 통상 한자의 왼쪽에 때로는 '左(왼 좌)'처럼 아래쪽에 '巫(무당 무)'처럼 중앙에 위치하기도 한다. "工"부의 한자는 어떤 종류의 일에 뛰어나거나 그렇지 못한 것과 관련이 있다. '巧'는 "工"과 "丂(공교할 교)"로 이루어진 형성자로, '巧妙(교묘)'처럼 기술이 우수하거나 공예품이 정교한 것을 나타낸다. 또 '差(어긋날 차)'는 품질, 자질, 성적 등이 좋지 않은 것을 나타낸다.

工 [gōng]部

字形分析

"工"是象形字, 古文字像曲尺之形。

字义发展

"工"本指工匠用的曲尺, 引申指从事各种技艺的劳动者。如"百工"、"技工"。又引申作动词, 指擅长、精于等意思, 如"工于心计"。用作形容词, 有精巧、精致的意思, 如"工巧"。再引申指作事所费的精力和时间, 例如"工夫"。

部首组字例释

作为部首, "工"通常位于汉字的左侧, 如"巧"; 有时位于汉字的下部, 如"左"; 有时位于中央, 如"巫"。"工"部字多与擅长或不擅长做某种事等意义有关。"巧"是形声字, 从工丂声, 常用来指某人技艺高明或某物工艺精巧, 如"巧妙"。"差" 是指做得不好, 如"差劲"。

工 [こう]　　　　　　　　　　　　　　　　　　　　　　⬤日

字形分析
《工》は「曲尺」（かなじゃく）の形をかたどった象形文字である。

字義発展
《工》は大工が使う「曲尺」を意味し、引いて各種の技術を必要とする作業に従事する職人を意味する。また動詞として「たくみである」とか「精通している」という意味を表し、引いて「精巧である」「精致である」という意味を表す。さらにまた「工夫」（時間の意）というように、仕事にかかる労力や時間をも表す。

部首組字例釈
部首としての《工》は「巧」のように普通は漢字の左側に配置されるが、ときには「左」のように下部に置かれたり、「巫」のように中央に置かれたりする。《工》部の漢字はある種の業務に秀でていることを表すことが多く、「巧」は《工》と音符《丂》からなる形声文字で、「巧妙」のように技術が優れていること、あるいは工芸品が精巧であることを表す。また「差」はやり方が劣っていることを表す。

己 [몸 기]

자형 변화

갑골문	금문	소전	예서	해서

자형 분석

"己(몸 기)"는 상형자로, 갑골문은 구불구불한 새끼줄의 모양을
본뜬 것이다.

자의 변화

"己"의 본의는 '실마리'로, 물건을 묶는 데 사용하며, 후대의 '紀
(실마리 기)'에 해당한다. "己"의 의미는 '식별하다'인데, 가차하여
'天干(천간)'의 여섯 번째로 쓰이며, 또 가차하여 '自己(자기)', '知
己(지기)'처럼 '자신'을 지칭하는 말로도 쓰인다.

소속 한자 해석

부수로서 "己"는 때로 '巷(거리 항)', '卮(잔 치)'처럼 한자의 아래쪽에 위치한다. '卮'는 고대의 술잔류의 용기이며, '巷'은 '里巷(lǐxiàng: 항간, 작은길)', '小巷(xiǎoxiàng: 골목)'과 같이 도시의 골목을 의미한다.

己 [jǐ]部

字形分析

"己"是象形字。甲骨文描摹的是弯曲的绳子的形状。

字义发展

"己"的本义指丝的头绪，用以缠束丝，即后来的"纪"字。"己"字的意义为识别；假借为天干的第六位，又假借为自身之称，如"自己"、"知己"。

部首组字例释

作为部首，"己"有时位于汉字的下部，如"巷"、"卮"。"卮"是古代酒杯类的容器。"巷"为城市里的胡同，如"里巷"、"小巷"。

己 [おのれ]

字形分析

《己》は曲がりくねった縄の形をかたどった象形文字である。

字義発展

《己》の本義はものを縛るのに使うひもの端のことで、のちの「紀」に
あたる。「己」の意味は「識別する」ことで、借りて「十干」の第6位に
用い、また借りて「自己」「知己」のように「自分・おのれ」という意味
を表す。

部首組字例釈

部首としての《己》は「巷」や「卮」のように漢字の下部に配置される。
「卮」は古代の酒器であり、「巷」は街中の路地・横丁を意味する。

巾 [수건 건]

자형 변화

갑골문	금문	소전	예서	해서

자형 분석

"巾(수건 건)"은 상형자로, 고문자는 아래로 처진 천의 모양을 본 뜬 것이다.

자의 변화

"巾"의 본의는 물건을 닦는 직물이다.

소속 한자 해석

부수로서 "巾"은 '帆(돛 범)', '幅(폭 폭)'과 같이 한자의 왼쪽에, '帛(비단 백)'과 같이 아래쪽에 위치한다. 간혹 '帥(장수 수)'처럼 오른쪽에 놓이기도 한다. "巾"부의 한자는 대개 비단이나 삼 등의 직물과 관련된 것이 많은데, '幣(비단 폐)'의 본의는 견직물 즉 '비단'을 가리킨다. 항상 예물로 사용되었고 휴대가 편리하였으므로 상품과의 교환에 사용되는 일반적인 등가의 물품, 즉 '화폐'로 충당되었다. '幅'은 본래 견직물의 가로 폭을 의미했지만 이후 일반 사물의 가로 폭을 지칭하게 되었다. 또한 그림이나 옷감을 세는 양사로도 쓰이게 되었다.

巾 [jīn]部

字形分析

"巾"是象形字，古文字像一条下垂的毛巾之形。

字义发展

"巾"的本义是用于擦拭的纺织品。

部首组字例释

作为部首，"巾"有时位于汉字的左侧，如"帆"、"幅"，有时位于汉字的下部，例如"帘"、"帛"，偶尔位于汉字的右侧，例如"帅"。巾部的字多与丝麻布等各类织品有关。如"币"的本义指一种丝织品，常作为礼品，又因为便于携带而充当了商品交换的一般等价物，即货币。"幅"本指布帛等织物的宽度，泛指一般事物的宽度，例如"幅面"、"幅度"、"幅员"；又引申作量词，例如"一幅油画"、"一幅白布"。

巾 [はば]

字形分析

《巾》は布地が下に垂れ下がっている形をかたどった象形文字である。

字義発展

《巾》の本義はものをぬぐう「ふきん」である。

部首組字例釈

部首としての《巾》は「帆」や「幅」のように漢字の左側に配置され、また「帘」や「帛」のように下部に置かれることもある。まれには「帥」のように右側に置かれることもある。《巾》部の漢字は絹や麻などの織物に関係することが多く、「幣」はもともと絹織物の一種であった。それが儀式で使われる品物となり、携帯にも便利であることから、のちに商品との交換に使われる「貨幣」となった。「幅」はもともと絹織物の横幅を指し、のちに広く一般的なものの横幅を意味するようになった。それがさらに布を数える量詞として使われるようになった。

干 [방패 간]

자형 변화

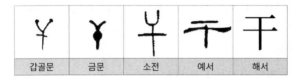

갑골문	금문	소전	예서	해서

자형 분석

"干(방패 간)"은 상형자로, 고문자는 가지가 갈라진 몽둥이 형태를 본뜬 것인데 고대인은 수렵 활동이나 전쟁에 이것을 사용하여 공격하거나 방어의 무기로 사용했다.

자의 변화

"干"의 본의는 방패이며, 나아가 '干涉(간섭)'과 '干扰(gānrǎo: 방해하다)'처럼 '저촉하다', '범하다'의 의미가 있다. '간섭'은 '관계되는 사물과 연계가 있음'을 의미하며, 이로부터 관계, 관련의 의미를 가진다. '干(gān)'은 '乾(하늘 건)'의 간체자로 '수분이 적다, 마르다'는 뜻도 나타낸다. '干(gān)'은 '幹'의 간체자로도 쓰이는데, 동사로 '하다', '일하다'를 의미하며, 명사로 사물의 주체 또는 중요한 부분을 나타낸다.

소속 한자 해석

부수로서 "干"은 때로 한자의 중간에 위치하는데, '平(평평할 평)'
은 '平坦(평탄)', '平面(평면)'과 같이 물체의 표면에 기복이 없는
것을 의미하고, '平等(평등)'과 같이 서로 동등함을 나타내며, 더
나아가 '平和(평화)', '平安(평안)'과 같이 '안정되다'라는 의미를
나타낸다.

干 [gān]部

字形分析

"干"是象形字。古文字像有桠杈的木棒之形。古人狩猎或作战之时多会用它作为进攻和防御的武器。

字义发展

"干"的本义为盾牌, 如"大动干戈"之"干"。引申有触犯、冒犯之义, 如"干涉"、"干扰"。干涉就意味着与所涉之事物有了联系, 由此"干"又有关涉、关联之义, 如"相干"、"干系"。"干"字还借以表示缺少水分之义, 如"干燥"、"干旱"。引申表示枯竭之义, 如"干枯"、"干净"。"干"还可以表示没有直接血缘关系的亲属, 如"干妈"、"干亲"。用作副词, 表示徒然、没有作用之义, 如"干着急"、"干瞪眼"。"干"字还读gàn。作动词, 表示做、劳动, 如"干活"、"干工作"; 用作名词, 表示事物的主体或重要部分, 如"树干"、"躯干"。用作形容词, 表示有才能、善于办事, 如"精干"、"干练"。

部首组字例释

作为部首, "干"部有时位于汉字的中间, 例如"平", 本义为物体表面无起伏, 如"平坦"、"平面"。引申指高低相等, 如"平等"、"平辈"。又引申指安稳、安定, 如"平和"、"平安"。

干 [かん]

字形分析

《干》は先がふたまたにわかれた木の棒の形をかたどった象形文字で、古代人は狩猟や戦争のときにこれを使って獲物を捕ったり武器として使用した。

字義発展

《干》の本義は「大いに干戈を動かす」というように盾のことで、引いて「干渉」のように「犯す・触れる」の意味に用いる。「干渉」は「自分と直接関係のないことにかかわる」ことを意味する。「干」はさらに「乾」の簡体字として「水分が少ない」意をも表し、中国語では「乾燥している」ことを「干燥」と書く。また現代中国語では「干」をgànと読んで、「する・おこなう」という意味の動詞に使うこともあり、さらに「幹」の簡体字として使い、「幹部」を「干部」と書く。

部首組字例釈

部首としての《干》は漢字の中間に配置され、「平」は「平坦」や「平面」のように物体の表面に起伏がないことを意味し、また「平等」のように「高さが等しい」ことも表す。また引いて「平和」や「平穏」のように「安定している」ことも表す。

幺 [작을 요]

韓

자형 변화

갑골문	금문	소전	예서	해서

자형 분석

"幺(작을 요)"는 형성자로, 가는 실을 본뜬 것이다.

자의 변화

본의는 '가는 비단실'로 "幺"부의 한자는 대개 '실', '가늘다'와 관계가 있으며, '幼(어릴 유)'자 그 예이다. 그 의미는 연령이 어리다는 것으로부터 다른 방면의 '작다', '미세하다'의 뜻으로 확대되었다. 양의 정수에서는 '1'이 가장 작으므로 "幺"로 '1'을 나타내며, 주로 구어체에서 사용하게 되었다. 예를 들어 '107선 국도(國道)'에서 '107'을 중국어로 '幺零七(107)'라고 하는데, 이는 '一(yī)'와 '七(qī)'의 청취상의 혼동을 방지하기 위한 것이다.

소속 한자 해석

부수로서의 "幺"는 '幻(변할 환)'과 같이 항상 한자의 왼쪽에 위치한다. 『설문해자』의 "幺"부에는 단지 '幼' 한 글자뿐인데, '幼'는 "幺"와 "力(힘 력)"으로 이루어진 회의자로 본의는 '어리다'이며 '幼稚(유치)', '幼兒園(유아원)'처럼 쓰인다.

幺 [yāo]部

字形分析

"幺"是象形字。古文字像细丝之形。

字义发展

本义为细小的丝线。"幺"部的字多与丝、细小有关。如"幼"。其意义由年龄的幼小又扩展为其他方面的小、细小。正整数"一"为最小, 故用"幺"表示"一", 多用于口语中, 如说"幺零七(107)国道", 是为了避免1和7的误听。兄弟排行, 晚生者最小, 故又用"幺"表示兄弟姊妹中最小的。如"幺叔"、"幺妹"。

部首组字例释

作为部首, "幺"常位于汉字的左侧, 如"幻"字。《说文》"幺"部中只有一个"幼"字。"幼"是会意字, 从幺(yāo), 从力, 本义是幼小。如"幼稚"、"幼儿园"、"年幼无知"。

幺 [よう]

字形分析

《幺》は細い絹糸をかたどった象形文字である。

字義発展

本義は「細い絹糸」のことで、《幺》部の漢字には「小さい・細い」ことと関係があるものが多い。「幼」は年齢が小さいことを表し、そこから「小さい・おさない」ことを表す。正の整数では「一」がもっとも小さく、そこから「幺」で「一」を表すようになった。口頭語ではたとえば「国道１０７線」のことを「幺零七(107)国道」というが、それは「1」(yi) と「7」(qi) の聞き違えをさけるためである。

部首組字例釈

部首としての《幺》は「幻」のように常に漢字の左側に配置される。『説文解字』の《幺》部にはただ「幼」一字があるだけで、「幼」は《幺》と《力》からなる会意文字で、本義は「幼少」で、「幼稚」、「幼児」のように用いる。

广 [집 엄]

자형 변화

소전	예서	해서

자형 분석

"广(집 엄)"은 상형자로, 고문자는 산의 벼랑에 붙여서 지은 집의
모습을 본뜬 것이다.

자의 변화

"广"은 중국어에서 'yǎn(한국어는 '엄')'이라고 읽고, 그 본의는
'넓은 집'을 가리킨다. 현대 중국어에서 'guǎng'으로 읽는 '广'은
'廣(넓을 광)'의 간체자로, 부수로서의 "广"과는 다른 한자이다.

소속 한자 해석

부수로서의 "广"은 '府(곳집 부)', '廊(복도 랑)'과 같이 통상 한자의 위에서 왼쪽으로 걸쳐 있다. "广"부의 한자는 대개 가옥의 종류나 구조와 관계가 있다. 예를 들어 '府'는 처음에 문서를 보관하는 곳이었는데, 후에 '都督府(도독부)', '總統府(총독부)'처럼 관리나 국가 원수가 거주하는 곳을 가리키게 되었다. 또한 '府'는 '都, 道, 府, 縣(도, 도, 부, 현)'과 같이 일급 행정 구역의 명칭으로도 쓰인다. 북송(北宋)의 개봉부(封開府)가 대표적이다. '庫(곳집 고)'는 원래 무기 보관고를 가리키는데, 후에 '倉庫(창고)'처럼 일반물품을 보관하는 곳도 가리키게 되었다. '廟(사당 묘)'는 '宗廟(종묘)', '家廟(가묘)'처럼 조상신을 제사 지내는 곳이며, 후에 '寺廟(사묘)', '孔廟(공묘)'처럼 '神佛(신불)'이나 '공자(孔子)'를 모시는 곳을 의미하게 되었다.

广 [yǎn]部

字形分析

"广"是象形字，古文字像依山崖建造的房屋之形。

字义发展

"广"读作yǎn，其本义指宽大的房屋。现代汉语中读音为guǎng的"广"字是"廣"的简体字，和用作部首的"广"字不是同一个字。

部首组字例释

作为部首，"广"通常位于汉字的左上侧，如"府"、"廊"。广部字多与房屋的种类或结构有关。例如"府"最早是指储藏文书的地方；引申指称官员或国家元首居住的地方，如"都督府"、"市政府"、"总统府"；"府"还是一级行政区划的名称，如"都、道、府、县"、"开封府"、"济南府"等。"库"字原本指储存武器的地方；引申泛指储存物品的地方，如"仓库"、"库房"。"庙"是上古时代祭祀祖先神祇的处所，如"宗庙"、"家庙"；后来引申指供奉神佛或名人的地方，如"寺庙"、"土地庙"、"孔庙"、"岳庙"。

广 [まだれ]

字形分析

《广》は山の崖によって家を作っている形にかたどった象形文字である。

字義発展

《广》はyǎn(日本語はゲン)と読み、「広い家」が本義である。現代中国語でguǎngと読む「广」は「廣」の簡体字であって、部首としての《广》とは別の漢字である。

部首組字例釈

部首としての《广》は「府」や「廊」のように通常は漢字の左上に配置される。《广》部の漢字は家屋の種類や構造に関係するものが多く、たとえば「府」はもともと文書を保管するところであったのが、やがて「総統府」や「政府」、「王府」のように官僚や王族が暮らす場所の意味になり、さらに「都道府県」というように一級の行政区画となった。「庫」はもともと武器保管庫の意味で、引いて「倉庫」や「書庫」のように物品を保管するところとして使われた。「廟」は「宗廟」のように先祖の位牌を祭るところであり、それがのちに「孔子廟」や「関帝廟」のように一般的な神を祭るところとして使われるようになった。

廴 [길게 걸을 인]

자형 변화

소전	예서	해서

자형 분석

"廴(길게 걸을 인)"은 회의자로, "辵(쉬엄쉬엄 갈 착)"으로 구성되어 있는데, 길을 한 걸음씩 걷는 모습을 나타낸 글자이다.

자의 변화

"廴"의 본의는 '길게 늘이다'이다. 활을 쏘려면 현을 길게 당길 필요가 있다는 것에서 "廴"은 '활을 쏘다'라는 뜻을 나타내게 되었으며, 후에 '引(끌 인)'이 이 뜻을 나타내게 된다. 중국어에서 상술한 두 가지 의미의 "廴"은 'yǐn'이라고 읽지만, 그 외에는 'yìn'이라고 읽으며 '연장하다'를 의미한다. 이 글자는 단독으로는 쓰이지 않고 한자의 부수로만 쓰인다.

소속 한자 해석

부수로서의 "廴"은 '建(세울 건)', '延(끌 연)'과 같이 한자의 왼쪽에서 아래쪽으로 걸쳐 있다. "廴"부의 한자는 '길다', '잡아당기다'라는 의미와 관련된 것이 많다. '延(끌 연)'의 본의는 '延長(연장)'처럼 '길게 늘이다'의 뜻으로 쓰인다. 나아가 '느리다', '미루다'의 의미를 나타내고 여기서 또 의미가 더욱 확대되어 '도입하다'의 의미도 나타내고, 타인에 대한 존경어로도 많이 쓰인다. '廻(돌 회)'는 '빙글빙글 돌다'라는 뜻이므로, 자연스럽게 '길다'는 의미를 띠게 된다.

廴 [yǐn]部

字形分析

"廴"是会意字。从彳,表示走路时一步接一步的样子。

字义发展

"廴"的本义为拉长。射箭要将弓弦拉长,因此"廴"字还表示开弓之义,后此义由"引"字表示。以上两种含义的"廴"字读音都为yǐn。此外,"廴"字还可读为yìn,表示延长之义。此字不单独使用,只充当汉字的部首。

部首组字例释

作为部首,"廴"位于汉字左下侧,如"建"、"延"。"廴"部的字含义多与长、引之义相关,如"延"字本义为拉长,如"延长";引申有缓慢、推迟之义,如"延缓"、"延迟"。进一步引申,"延"字还有引进之义,多用作对人的尊敬之辞,如"延请"、"延聘"。"廻"义为曲迂回环,自然有"长"之义。

廴 [えんにょう]

字形分析

《廴》は《彳》（みち）を一歩ずつ歩くさまを表す会意文字である。

字義発展

《廴》の本義は「延長する」ことである。弓を射るには弦を長く引く必要があり、そこから《廴》に「弓をひく」という意味ができた。この意味はのちに「引」で表されるようになる。以上の二種類の意味のときにはyǐnと読むが、そのほかにyìnと読んで「延長」の意味を表すこともある。《廴》は単独では使用されず、漢字の部首に使われるだけである。

部首組字例釈

部首としての《廴》は「建」や「延」のように漢字の左下側に配置される。《廴》部の漢字は「長い」または「延長する」という意味に関連することが多く、「延」は「長くする」ことで、そこから「ゆっくりする」あるいは「延期」のように「後ろにずらす」という意味ができた。さらに進んで「延」は「招く」ことの丁寧な言い方にも使われる。「廻」は「ぐるぐるとめぐる」意味で、そこにももちろん「長い」という意味がある。

廾 [두 손으로 받들 공]

자형 변화

갑골문	금문	소전	예서	해서

자형 분석

"廾(두 손으로 받들 공)"은 상형자로, 고문자는 양손을 마주 잡고 있는 모습을 본뜬 것이다.

자의 변화

본의는 양손으로 물건을 받쳐 들고 있는 것인데, 이 의미는 후기자(後起字)인 '拱(두 손 맞잡을 공)'이 나타내게 되었고, "廾"은 단지 한자의 부수로만 쓰이게 되었다.

소속 한자 해석

부수로서 "廾"은 '開(열 개)', '弄(희롱할 농)'과 같이 한자의 아래쪽에 위치한다. "廾"부의 한자는 주로 양손으로 행하는 동작과 관련이 있다. '開'는 회의자로, 고문자는 두 짝으로 된 문 안에서 두 손으로 빗장을 쥐고 있는 모습을 본떴는데 본의는 '열다', '풀다'이다. '弄'은 '장난하다', '가지고 놀다'라는 뜻에서 '하다'라는 뜻이 파생되었다.

廾 [gǒng]部

字形分析

"廾"是象形字。古文字像两手相拱之形。

字义发展

本义为两手捧物。后此义由"拱"字表示,"廾"字则只用作汉字部首。

部首组字例释

作为部首,"廾"位于汉字的下部,如"开"、"弄"。"廾"部的字含义多与两手的动作相关,如"开"。"开"是会意字。古文字像两扇门内双手持门闩之形,本义为打开、开启。如"开门"、"打开"。"弄"为玩耍、把玩之义,如"玩弄"、"弄臣",引申为干、做,如"弄不好"、"不好弄"。

廾 [にじゅうあし]

字形分析

《廾》は両手でものを捧げ持っている形にかたどった象形文字である。

字義発展

本義は両手でものを捧げ持つことで、この意味はのちに「拱」で表されるようになり、《廾》はただ部首だけに使われる。

部首組字例釈

部首としての《廾》は「開」や「弄」のように漢字の下部に配置される。《廾》部の漢字は両手でおこなう動作に関するものが多く、「開」は《开》と《門》からなる会意文字で、両手で門を開くことを表している。「弄」は《玉》と《廾》からなる会意文字で、「もてあそぶ・いじる」ことを表す。

弋 [주살 익]

자형 변화

갑골문	금문	소전	예서	해서

자형 분석

"弋(주살 익)"은 상형자로, 고문자는 하단이 뾰족한 말뚝의 형태를 본뜬 것이다.

자의 변화

본의는 작은 말뚝인데, 뒤에 본의는 '杙(말뚝 익)'자로 나타내었다. "弋"은 가차되어 끈으로 연결된 화살을 나타내고, 또 끈으로 묶은 화살을 사용하여 사냥하는 것을 가리키게 되었다. 후에 "弋"으로 새나 날짐승까지 나타내었다. "弋"은 '游(헤엄칠 유)'와 결합되어 '游弋(유익)'과 같은 단어를 이루며 수면을 떠다니는 것을 나타낸다.

소속 한자 해석

부수로서 "弋"은 '式(법 식)', '忒(변할 특)'과 같이 한자의 위쪽에서 오른쪽으로 걸쳐져 있다. "弋"부의 한자는 비교적 적고 주로 한자의 음을 나타내는 부호로 사용되어 발음을 나타내는 역할을 한다. '式'의 본의는 '법규', '규칙'이며 나아가 '樣式(양식)', '算式(산식: 계산하는 방법을 나타낸 것)', '程式(정식: 표준이 되는 방식)'과 같이 물체의 외형 또는 규격을 나타내거나 '開幕式(개막식)', '閱兵式(열병식)'의식의 과정을 나타낸다.

弋 [yì]部

字形分析

"弋"是象形字, 古文字像下端削尖的木桩之形。

字义发展

本义为小木桩。后本义由"杙"字表示, "弋"字则假借表示系有丝绳的箭, 又指用系有丝绳的箭射猎, 如"弋获"。后来"弋"字还可表示鸟类或禽类。"弋"字与"游"字组成词语"游弋", 表示在水面上游动。

部首组字例释

用作部首, "弋"位于汉字的右上侧, 如"式"、"忒"。"弋"部的字较少, 而"弋"字也多充当汉字的声符, 起着提示读音的作用。"式"字本义为法度、规矩。引申表示物体的外形或规格, 如"样式"、"算式"、"程式"。或表示一种仪程, 如"开幕式"、"阅兵式"。

弋 [しきがまえ]

字形分析

《弋》は下端がとがった杭の形をかたどった象形文字である。

字義発展

本義は小さな杭で、後には「杙」で表される。《弋》はここでは紐で繋がれた矢を表しており、紐で結んだ矢を狩猟に使うことから、のちに《弋》で鳥や獣を表す。「弋」はのち常に「遊」と結びついて、水面をただよう意味の「遊弋」に使われる。

部首組字例釈

部首としての《弋》は「式」や「忒」のように漢字の右上に配置されるが、《弋》部の漢字は少なく、多くは形声文字の音符として使われ、発音を表すにすぎない。「式」の本義は「規則・のり」であり、引いて「方式」のように「物体の外側あるいは規格を表し、また一定の次第を表し、「開幕式」「閲兵式」のように用いる。

弓 [활 궁]

자형 변화

갑골문	금문	소전	예서	해서

자형 분석

"弓(활 궁)"은 상형자로, 고문자는 활의 형태를 본뜬 것이다.

자의 변화

"弓"의 본의는 화살 또는 탄환을 쏘는 무기이며 나아가 형태나 역할이 활과 같은 도구를 나타내게 되었다.

소속 한자 해석

부수로서 "弓"은 '張(베풀 장)', '弩(쇠뇌 노)'처럼 통상 한자의 왼쪽 또는 아래쪽에 위치한다. "弓"부의 한자는 주로 활과 관련된 것이 많은데, '弧(활 호)', '弩(쇠뇌 노)'처럼 활의 종류나 '弦(시위 현)'처럼 활의 부분, '張', '弛(늦출 이)'처럼 활과 관련된 동작을 나타내는 것이 많다. '弧'는 "弓"과 소리를 나타내는 "瓜(오이 과)"로 이루어진 형성자로, 고대의 나무 활의 일종이었지만 후에 확대되어 '弧形(호형)'과 같이 포물선의 모양을 나타내게 되었다. '弦'은 왼쪽이 "弓" 오른쪽이 "玄"으로 이루어진 회의자로, 본래는 활의 현을 나타내는데 활의 줄 형태에서 소리를 발하는 악기를 '현악기'라고 한다.

弓 [gōng]部

字形分析

"弓"是象形字，古文字像弓的形状。

字义发展

"弓"的本义是指一种射箭或打弹丸的武器，引申指形状或作用像弓一样的器具。

部首组字例释

作为部首，"弓"通常位于汉字的左侧或下面，如"张"、"弩"。弓部的字多与弓有关，或用来表示弓的种类，例如"弧"、"弩"；或表示弓的部分，例如"弦"；或表示与弓相关的动作，例如"张"、"弛"。其中，"弧"字是形声字，从弓瓜声，是古代的一种木弓，引申指抛物线形状，即"弧形"。"弦"是会意字，左为"弓"，右为"玄"，本义指弓弦。用丝弦发声的乐器称"弦乐器"，形容话里有话为"弦外有音"。

弓 [ゆみへん]

字形分析

《弓》は弓の形をかたどった象形文字である。

字義発展

《弓》の本義は矢または石を打つ武器であり、引いて弓のような形のものを表す。

部首組字例釈

部首としての《弓》は「張」や「弩」のように通常は漢字の左側または下部に配置される。《弓》部の漢字は弓に関係するものが多く、また「弧」や「弩」のように弓の種類や部分を表したり、弓に関連するものを表すことが多い。「弧」は《弓》と音符《瓜》からなる形声文字で、古代の弓の一種だったが、のちに放物線の形を表す。「弦」は《弓》と《玄》からなる会意文字で、本来は弓の弦を表し、弓の弦から音を発する楽器を「弦楽器」という。

彑 [돼지머리 계]

자형 변화

| 소전 | 예서 | 해서 |

자형 분석

"彑(돼지머리 계)"는 상형자로, 고문자는 돼지머리를 본뜬 것이다.

자의 변화

『설문해자』의 "彑"부에 "'彑'는 돼지의 머리로 뾰족한 머리를 위로 치켜든 모습을 본뜬 것이다"라고 되어 있다.

소속 한자 해석

부수로서 "彑"는 '彘(돼지 체)', '彝(떳떳할 이)'처럼 통상 한자의 위쪽에 위치한다. '彘(zhì)'의 본의는 돼지이며 '狗彘不如(구체불여)'는 사람의 품행이 개나 돼지만큼도 못할 정도로 나쁜 것을 묘사한 것이다. '彝(yí)'는 본래 고대의 술을 담는 용기로 '彝器(이기)', '彝鼎(이정)'과 같이 고대의 종묘 제사에 사용된 제기를 가리킨다. 이외에 '彝族(이족)'은 중국 소수민족의 하나로 주로 운남, 귀주, 사천의 3개 성과 광서장족 자치구의 서북부에 분포한다.

彑 [jì]部

字形分析

"彑"是象形字。古文字像猪头之形。

字义发展

《说文·彑部》："彑，豕之头，象其鋭而上见也。"

部首组字例释

作为部首，"彑"通常位于汉字的上部，如"彘"、"彝"。"彘"(zhì)的本义即猪。"狗彘不如"，形容某人品行恶劣，连猪狗都不如。"彝"(yí)，本指古代盛酒的器具，亦泛指古代宗庙祭祀时常用的祭器。例如"彝器"、"彝鼎"、"彝尊"等。另有"彝族"，是中国少数民族之一。主要分布在云南、贵州、四川三省和广西壮族自治区的西北部。

彑 [けいがしら]

字形分析

《彑》はブタのあたまをかたどった象形文字である。

字義発展

『説文解字』《彑部》に「彑は豕の頭なり、其の鋭くして上に見えるに象どるなり」とある。

部首組字例釈

部首としての《彑》は「彘」や「彝」のように通常は漢字の上部に位置する。「彘」(zhì、日本語ではテイ)の本義はブタであり、「狗彘不如」は、人の品行がイヌやブタにもおよばないほどに悪いことのたとえ。「彝」は古代に使われた酒をいれるための道具で、引いて「彝器」や「彝鼎」のように広く古代の宗廟での祭祀に使われた青銅器を意味する。「彝族」は中国の少数民族の一つで、主に雲南・貴州・四川の3省と広西壮族自治区に分布している。

彡 [터럭 삼]

자형 변화

| 갑골문 | 금문 | 소전 | 예서 | 해서 |

자형 분석

"彡(터럭 삼)"은 (수염 등과 같은) 무늬의 모양이며, 현대 중국어에서
는 단독으로 사용되지 않고 부수로만 쓰인다.

소속 한자 해석

부수로서 "彡"은 '形(모양 형)', '彩(무늬 채)'처럼 통상 한자의 오른쪽에 위치하지만 때로는 '彦(선비 언)'과 같이 한자의 아래쪽에 놓이기도 한다. "彡"부의 한자는 주로 색채나 장식의 의미와 관련된 것이 많다. '彩'는 "彡"과 소리를 나타내는 "采(캘 채)"로 이루어진 형성자로, 본의는 화려한 수사를 갖춘 문장을 의미하며, 채색으로 뜻이 확대되었다. '五彩繽紛(wǔcǎi bīnfēn, 오채빈분)'은 색깔이 다채로워 매우 아름다운 것을 말한다. '彫(새길 조)'는 조각의 무늬를 의미하는데 후에 '雕(독수리 조)'로도 쓰게 되었다.

彡 [shān]部

字形分析

"彡"为花纹状, 在现代汉语中只用作部首, 不单独成字。

部首组字例释

作为部首, "彡"通常位于汉字的右侧, 如"形"、"彩"; 有时位于汉字的下侧, 例如"彦"。彡部的字多与色彩或修饰等意义有关系。如"彩"是形声字, 从彡采声, 本义是指文章富有文采, 引申指彩色, "五彩缤纷"是指色彩丰富多样, 非常美丽。"彫"指雕饰的花纹, 后来也写做"雕"。

彡 [さんづくり]

字形分析

《彡》は文様のさまをしめすが、現代の中国語では単独で使われず、ただ部首として使われるだけである。

部首組字例釈

部首としての《彡》は「形」や「彩」のように通常は漢字の右側に配置されるが、ときには「彦」のように下部に置かれることもある。《彡》部の漢字は色彩あるいは装飾の意味と関係することが多く、「彩」は《彡》と音符《采》からなる形声文字で、本来は修辞の整った美しい文章を意味し、引いて彩りが鮮やかであることをいう。「彫」は彫刻の文様を意味し、のち「雕」と書かれるようになった。

彳 [조금 걸을 척]

자형 변화

갑골문	금문	소전	예서	해서

자형 분석

"彳 (조금 걸을 척)"은 상형자로, 고문자는 도로의 형태를 본뜬 것이
며 "彳"의 본의는 '천천히 걷다'이다.

자의 변화

"彳"은 현대 중국어에서는 단독으로 사용되지 않고 한자의 부수
로만 쓰인다.

소속 한자 해석

부수로서 "彳"은 '徒(무리 도)', '徐(천천히 할 서)'처럼 통상 한자의 왼쪽에 위치하며, 중국에서는 '雙人旁(shuāngrénpáng)'이라 하고 한국에서는 '두인변'이라고 부른다. "彳"부의 한자는 주로 걷는 것, 사람의 행위, 도로 등과 관련된 것이 많은데, 예를 들어 '征(칠 정)'의 본의는 멀리 가거나 정벌하는 것으로 모두 도로를 지나가므로 "彳"을 사용한다. '得(얻을 득)'의 본의는 '얻다', '획득하다'로 '失(잃을 실)'의 반대어다. 고문자의 형태로 보면 '得'은 "彳", "貝(조개 패)", "手(손 수)"로 이루어져 있는데 고대에 "貝"는 화폐로 사용되었으므로 노상에서 조개를 줍는 것이 바로 재물을 얻는 것이다. '得'은 '획득하다'라는 의미에서 '不得已(부득이)'처럼 '~ 할 수 있다'로 의미가 확대되었다.

彳 [chì]部

字形分析

"彳"是象形字, 古文字像道路之形。"彳"的本义是慢步行走。

字义发展

"彳"在现代汉语中只用作部首, 不单独成字。

部首组字例释

作为部首, "彳"通常位于汉字的左侧, 俗称"双人旁", 如"徒"、"徐"。彳部的字多与行走、行为和道路等意义有关。例如"征"本义是远行或征伐, 都离不开道路, 故从彳。"得"字的本义是得到、获得, 与"失"的意思相对。从古文字字形来看, "得"由"彳"、"贝"、"手"构成, 古代的"贝"曾用作货币, 人在路上捡到贝也就是得到了钱财。"得"从有所获的意思, 又引申指能够、可以, 如"得以"、"不得已"。

彳 [ぎょうにんべん]

字形分析

《彳》は道路の形をかたどった象形文字で、《彳》の本義は「ゆっくり歩く」ことである。

字義発展

《彳》は現代中国語では単独で使われることがなく、漢字の部首として使われるだけである。

部首組字例釈

部首としての《彳》は「徒」や「徐」のように通常は漢字の左側に置かれ、「双人旁」(ぎょうにんべん) と呼ぶ。《彳》部の漢字は歩くこと、または道路、あるいは人の行為などに関係することが多く、たとえば「征」の本義は遠くまで軍を出して戦争することだが、戦争には道路を通って行くので《彳》がついている。「得」は「失」の対義語で、本義は手に入れる・獲得することだが、古代文字の字形では「得」は《彳》と《貝》と《手》からできており、古代での《貝》は貨幣として使われた。人が路上で貝を拾えば財産を得ることになる。「得」は「手に入れる」という意味から、引いて「可能である」という意味も表す。

水 火 爪 父 爻

爿 片 牙 牛 犬

心 文 曰 殳

戈 斗 月 毋

戶 斤 木 比

手 方 欠 毛

支 无 止 氏

攴 日 歹 气

心 [마음 심]

| 갑골문 | 금문 | 소전 | 예서 | 해서 |

자형 분석

"心(마음 심)"은 상형자로, 고문자에서 가운데는 사람의 심장을 본뜬 것이고 밖은 '포락(包絡: 심장을 둘러싼 엷은 막)'의 형태를 본뜬 것이다.

자의 변화

심장은 인체에서 가장 중요한 기관이며 또한 위치가 대략 인체의 중간에 있으므로 '心腹(심복)', '核心(핵심)'처럼 '가장 중요한 부분', '정중앙'을 의미한다.

소속 한자 해석

부수로서 "心"은 통상 '快(쾌할 쾌)', '情(뜻 정)'과 같이 한자의 왼쪽에 위치하고 "忄"과 같은 형태로 쓰는데 중국에서는 '竪心旁 (shùxīnpáng)'으로, 한국에서는 '심방변'으로 불린다. 때로는 '思 (생각할 사)', '想(생각할 상)', '忝(더럽힐 첨)', '慕(그리워할 모)'처럼 한자의 아래쪽에 위치하며 "心" 또는 "小"과 같은 형태로 쓴다. "心"부의 한자는 주로 인간의 사상 감정과 관련된 것이 많다. 고대 중국에서는 "心"을 사유 기관이라고 생각했으므로 '思想(사상)', '感情(감정)', '思慕(사모)' 등 사유와 정서를 나타내는 한자에는 모두 "心"이 붙어 있다.

心 [xīn]部

字形分析

"心"是象形字, 古文字形中间像人的心脏, 外面像心的包络。

字义发展

心脏是人体中最为重要的器官, 且位置大致在人体的中间部位, 由此产生出最重要、正中间的意思, 如"心腹"、"核心"、"靶心"。

部首组字例释

作为部首, "心"通常位于汉字的左侧, 写作"忄", 俗称"竖心旁", 如"快"、"情"; 有时位于汉字下部, 写作"心"或"小"如"思"、"想"、"忝"、"慕"。心部的字大多与人的思想情感有关。在中国古代, 人们认为"心"是思维器官, 所以, 像"思想"、"意念"、"感情"、"思慕"等表示思维和情绪意义的汉字中都有"心"。

心 [りっしんべん]

字形分析

《心》は中央にある心臓をつつんだ形をかたどった象形文字である。

字義発展

心臓は人体のなかでのもっとも重要な器官であり、また人体のほぼ中央にあるので、ここからこの漢字は「中心」とか「核心」というように、もっとも重要な部分という意味をもつ。

部首組字例釈

部首としての《心》は通常は「快」や「情」のように漢字の左側に置かれ、《忄》と書かれて「竪心旁」(日本語では「りっしんべん」)と呼ばれる。また「思」や「想」のように漢字の下部に配置されることもある(日本語では「したごころ」という)。《心》部の漢字は人間の思想や感情に関係することが多く、古代中国では《心》を思惟器官と考えたので、それで「思想」や「感情」「思慕」など思想や情緒を表す漢字にはすべて《心》がついている。

戈 [창 과]

韓

자형 변화

갑골문	금문	소전	예서	해서

자형 분석

"戈(창 과)"는 상형자로, 고문자는 긴 자루에 횡으로 날을 단 고대 병기의 형태를 본뜬 것이다.

자의 변화

"戈"의 본의는 병기의 일종인데 후에 널리 무기를 의미하게 되었다. 사자성어인 '反戈一击(fǎngē yījī)'은 창끝을 돌려 원래 자기 진영을 공격하는 것을 의미한다. 또한 "戈"는 전쟁을 의미하기도 하는데 성어인 '大动干戈(dàdòng gāngē)'는 대규모 전쟁을 일으키는 것을 가리키며 대대적으로 일을 벌리는 것을 비유하기도 한다.

소속 한자 해석

부수로서 "戈"는 '戰(싸울 전)'처럼 통상 한자의 오른쪽에 놓이거나, '戒(경계할 계)', '戎(되 융)'처럼 한자의 위에서 오른쪽으로 걸쳐 있기도 한다. "戈"부의 한자는 주로 병기나 전쟁과 관련된 것이 많다. 예를 들어 '戟(창 극)'은 고대 무기의 일종이며 '戰'은 '戰爭(전쟁)', '宣戰(선전)'과 같이 '작전', '전쟁'을 가리킨다. '戒'의 고문자는 양손으로 창(戈)을 들고 있는 모습을 본뜬 것으로 경계를 서는 모습을 나타내며 '방어하다'라는 의미를 나타낸다. '武(굳셀 무)'는 "止(발, 행동)"와 "戈"로 이루어진 회의자로, 무기를 가지고 훈련하거나 행군하는 것을 나타내며 '武將(무장)', '練武(연무)'처럼 '무력'의 의미를 나타낸다.

戈 [gē] 部

字形分析

"戈"是象形字, 古文字像长柄横刃的兵器之形。

字义发展

"戈"的本义是一种兵器, 后泛指武器, 成语"反戈一击"是说掉转武器对自己原来所属的阵营进行攻击。"戈"又引申指战事或战争, 成语"大动干戈"是指大规模地进行战争, 也比喻大张声势地行事。

部首组字例释

作为部首, "戈"通常位于汉字右侧, 如"战"、"戍"; 或位于汉字右上角, 如"戒"、"戎"。戈部的字多与兵器或战事有关。例如"戟"是古代的一种兵器, 如"刀枪剑戟"、"执戟郎"。"战"是指作战、打仗, 例如"战争"、"宣战"。"戒", 古文字象两手持戈形, 表示戒备, 引申指防备、警惕, 如"警戒"、"戒骄戒躁"。"武"是会意字, 从止从戈, 字形为执兵器操练或行军, 表示武力、威武之义, 如"武将"、"练武"。

戈 [ほこ]

字形分析

《戈》は長い柄に刃を横向けに取り付けた古代の武器の形をかたどった象形文字である。

字義発展

《戈》の本義は武器の一種で、のちに広く武器一般を意味するようになった。「戈を反して一撃する」といえば、武器を自分の陣営に向けて攻撃すること（裏切ることのたとえ）である。《戈》はまた戦争や争いごとを意味し、「大いに干戈を動かす」といえば、大規模に戦争をすることから、威勢よくものごとをおこなうことのたとえとしても使われる。

部首組字例釈

部首としての《戈》は「戦」のように通常は簡易の右側に置かれるが、時には「戒」や「戎」のように漢字の右上に置かれることもある。《戈》部の漢字は兵器あるいは戦争に関わることが多く、たとえば「戟」は古代の武器の一種である。「戦」は「たたかう・いくさをする」ことで「戦争」「宣戦」というように使う。「戒」の古代文字は両手で戈をもっている形にかたどり、警戒することから、引いて「防御する」ことを表す。「武」は《戈》と《止》からなる会意文字で、武器を手にして訓練したり行軍することから、「武将」や「練武」のように「武力」の意味を表す。

戶 [지게/외짝문 호]

자형 변화

갑골문	금문	소전	예서	해서

자형 분석

"戶(지게 호)"는 상형자로, 고문자는 외짝 문의 형태를 본뜬 것이다.

자의 변화

"戶"의 본의는 외짝 문인데, 일반적으로 '가문'이나 '집안'을 가리킨다.

소속 한자 해석

부수로서 "戶"는 '房(집 방)', '扉(문짝 비)'처럼 일반적으로 한자의 위쪽에서 왼쪽으로 걸쳐 있으며, 때로는 '所(바 소)'처럼 왼쪽에 위치하기도 한다. "戶"부의 한자는 주로 문이나 집과 관계된 것이 많은데, 예를 들어 '房'은 사람이 살 수 있는 건축물을 가리킨다. '扇(의장용 부채 선)'은 본래 제왕이 시찰할 때 해나 바람, 모래를 막아 주는 도구인데, 바로 집이 해와 바람을 막아 주는 이치와 같으며 '西漢(서한)' 이후부터는 더위를 피하고자 바람을 일으키는 도구를 의미하게 되었다.

戶 [hù]部

字形分析

"户"是象形字, 古文字像单扇门之形。

字义发展

"户"的本义是单扇门, 后泛指门户、门第。

部首组字例释

作为部首, "户"通常位于汉字的左上侧, 如"房"、"扉"; 有时位于左侧, 如"所"。户部的字多与门户有关。例如"房"是指住人的建筑物。"扇"本是帝王出巡时用来障日挡风避沙的事物, 就像房子可以用来障日挡风一样, 西汉以后才用作取凉的工具。

戸 [と]

字形分析

《戸》は片側扉の形をかたどった象形文字である。

字義発展

《戸》の本義は片側扉で、のちに広くドアを意味して使われる。

部首組字例釈

部首としての《戸》は、「房」や「扉」のように通常は漢字の左上に配置され、また「所」のように左側に配置されることもある。《戸》部の漢字は門戸と関係のあるものが多く、たとえば「房」は人が住むことができる建築物をいう。「扇」はもともと帝王が視察するときに太陽や砂埃を防いだものを指したが、それは建物が日光や砂埃をさえぎるのと似ているから《戸》がついているのであり、前漢からあとに涼をとる道具を意味するようになった。

手 [손 수]

자형 변화

| 금문 | 소전 | 예서 | 해서 |

자형 분석

"手(손 수)"는 상형자로 다섯 개의 손가락이 나뉘어 있는 모습을
본뜬 것이다.

자의 변화

인간이 각종 활동을 할 때 주로 손을 사용해 완수하는 것이 많으
므로, "手"는 '能手(능수)', '歌手(가수)'처럼 능력이나 직업과 관
련된 사람을 나타내는 데 쓰인다. 또 '亲手所为(qīnshǒusuǒwéi: 손
수[직접] 하다)'처럼 손으로 사람의 활동을 나타내기도 한다.

소속 한자 해석

부수로서 "手"는 '提(끌 제)'처럼 통상 한자의 왼쪽에 위치하고 "扌"와 같은 형태로 쓰며 한국어에서는 '재방변'이라고 부른다. 또 어떤 때는 '拳(주먹 권)', '拿(붙잡을 나)'처럼 한자의 아래쪽에 위치하기도 한다. "手"부의 한자는 주로 손 또는 손으로 하는 동작과 관련된 것이 많은데, 예를 들어 '掌(손바닥 장)'은 '手掌(수장)', '掌心(장심)'처럼 펼친 상태의 손을 가리킨다. '打(칠 타)'는 손으로 물건을 치는 것을 가리키며, 현대 중국어에서는 '打仗(dǎzhàng: 전쟁하다)', '打伞(dǎsǎn: 우산을 쓰다)', '打油(dǎyóu: 기름을 받아오다)', '打雷(dǎléi: 천둥이 울리다)'처럼 사람의 동작이나 자연계의 현상을 나타낸다.

手 [shǒu]部

字形分析

"手"是象形字, 古文字像五指分开之形。

字义发展

人类从事的各种活动, 多要靠手来完成, 于是"手"便被用于指称与人的能力、职业相关的各种人, 如"能手"、"帮手"、"歌手"、"水手"。并用"手"来表示人的活动, 如"亲手所为"、"一手包办"。

部首组字例释

作为部首, "手"通常位于汉字的左侧, 写作"扌", 俗称"提手旁", 如"提"、"报"; 有时位于汉字的下面, 写作"手", 如"拳"、"拿"。手部的字多和手或手的动作有关, 例如"掌", 指人的手心, 也指呈伸开状态的手, 如"手掌"、"掌心"。"打"指用手敲击, 如"打人"、"打猎", 引申泛指人的动作或自然界的现象, 如"打仗"、"打伞"、"打油"、"打听"、"打雷"。

手 [てへん]

字形分析

《手》は指が5本に分かれている手の象形文字である。

字義発展

人間が各種の活動に従事するときには手を使って成し遂げることが多く、そこから《手》が「歌手」や「選手」のように、さまざまな能力や職業に関係する人の意味に使われる。また「一手」というように《手》で人の活動を表すこともある。

部首組字例釈

部首としての《手》は「提」や「投」のように通常は漢字の左側に配置され、《扌》と書かれ、「てへん」と呼ぶ。また時には「拳」や「拿」のように漢字の下部に配置され、《手》と書かれることもある。《手》部の漢字は手あるいは手でする動作に関係するものが多く、「掌」は人間の手、あるいは手のひらを開いた「たなごころ」の意味に使われる。「打」は手でものを打つことである。また中国語で「打」は弘く一般的な動作や自然現象を意味し、「打傘」(かさをさす)や「打油」(給油する)、「打雷」(かみなりがなる)というように使う。

支 [가를 지]

支 韓

자형 변화

금문	전국문자	소전	예서	해서

자형 분석

"支(가를 지)"는 회의자로, 소전(小篆) 자형의 윗부분은 대나무(竹)의 절반이고 아래쪽은 손(又)인데, 손으로 대나무의 반을 잡고 있는 형태이다.

자의 변화

"支"의 본의는 가지를 제거한 대나무로, 수목의 가지를 의미하게 되었고, 후에 '枝(가지 지)'로 쓰게 되었다. 나뭇가지의 특징에서 '支流(지류)', '支脈(지맥)', '支出(지출)', '支撐(지탱)'처럼 '나뉘다', '분산하다', '지불하다', '지탱하다' 등의 의미가 파생되었다.

소속 한자 해석

부수로서 "支"는 '기울다'의미의 '攲'처럼 주로 한자의 오른쪽에 위하는 경우가 많다. "支"부에 소속된 한자는 현재에는 잘 쓰이지 않는 생소한 글자들이 많다.

支 [zhī]部

字形分析

"支"是会意字。小篆字形上面是"竹"的一半, 下面是手(又), 从手持半竹。

字义发展

"支"的本义为去枝的竹子。引申指树的枝条, 后来写作"枝"。根据枝条的特点, 引申为分叉、分散、付出、撑持等意义, 如"支流"、"支脉"、"支出"、"支撑"。

部首组字例释

作为部首, "支"多位于汉字的右侧, 例如"攲", 是倾斜的意思。支部字现多为生僻字。

支 [しにょう]

字形分析

《支》は《竹》の半分の形の下に《手(又)》を加えた会意文字である。

字義発展

《支》の本義は枝を取り去った竹のことで、引いて樹木の枝を意味し、のちに「枝」と書かれるようになった。枝の特徴から、引いて「分かれる・分散する」また「ささえる」などの意味に使われるようになった。

部首組字例釈

部首としての《支》は漢字の右側に置かれることが多く、「攲」は傾く意味である。《支》部の漢字には難しくて使われないものが多い。

攴 [칠 복]

자형 변화

갑골문	금문	소전	예서	해서

자형 분석

"攴(칠 복)"은 상형자로, 손에 막대기나 채찍을 들고 있는 모습을 본 뜬 것이다.

자의 변화

"攴"의 본의는 '손으로 물체를 치는 것'인데 현대 중국어에서는 단독으로 사용되지 않고 부수로만 쓰인다.

소속 한자 해석

부수로서의 "攵"은 '收(거둘 수)', '改(고칠 개)'처럼 한자의 오른쪽에 위치하여, "攵(칠복)"으로 자형이 바뀌며, 중국에서는 속칭 "反文旁"이라 하고, 한국에서는 "둥글월문변"이라 한다. "攵"부의 한자는 주로 치는 것이나 손동작과 관계가 있는데, 예를 들어 '敲(두드릴 고)'는 '치다', '때리다'라는 뜻이 있다. '教(가르칠 교)'는 '孝(효도 효)'와 "攵"으로 이루어졌는데 "孝"는 부모를 봉양하고 복종하며 효도를 다하는 것을 나타내고 "攵"은 고대의 교육에서 자주 체벌을 사용한 것을 의미하므로 '教化(교화)', '教養(교양)'과 같이 쓰인다. '牧(칠 목)'의 본의는 목축으로 "牛(소 우)"와 "攵"이 합쳐져 채찍질하며 방목하는 것을 나타낸다.

攴 [pū]部

字形分析

象形，篆体象以手持杖或执鞭。本义：轻轻地击打。

字义发展

"攴"的本义是指用手敲打物体。"攴"在现代汉语中只用作部首，不单独成字。

部首组字例释

作为部首，"攴"位于汉字的右侧，写作"攵"，俗称"反文"，如"收"、"改"。攴部的字多与敲击或手的动作有关系。例如"敲"有打、击等意义，如"敲打"、"敲鼓"、"敲门砖"。"教"字由"孝"和"攵"构成。"孝"的意思是尽心奉养和服从父母，在古代社会，教育往往伴随着强制或暴力手段，如"教化"、"教养"。"牧"字的本义是放牧牲畜，以"牛"和"攵"表示扬鞭放牧之义。

攴 [ぼくにょう]

字形分析

《攴》は《又》と音符《卜》からなる形声文字である。

字義発展

《攴》の本義は「手でものを打つこと」であるが、現代中国語では単独で使われず、ただ部首を示すだけである。

部首組字例釈

部首としての《攴》は「收」や「改」のように漢字の右側に置かれ、《攵》と書かれ、日本語では「ぼくにょう」と呼ぶ。《攴》部の漢字はたたくこと、あるいは手でおこなう動作と関係があり、たとえば「敲」はうつ・たたく意である。「教」は《孝》と《攵》からなり、《孝》は父母に孝養をつくすこと、古代の教育ではしばしば体罰をともなったので《攵》がついている。「牧」の本義は牧畜で《牛》をむち打つことを表す。

文 [글월 문]

韓

자형 변화

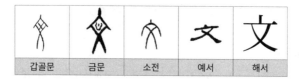

갑골문	금문	소전	예서	해서

자형 분석

"文(글월 문)"은 상형자로, 고문자는 똑바로 서 있는 사람의 가슴 부분에 교차된 무늬를 본뜬 것이다.

자의 변화

"文"의 본의는 몸에 새긴 문신인데, 후에 '무늬', '결'을 가리키게 되자, 본의는 또 '糸(가는실 멱)'을 더하여 '紋(문)'자로 나타내게 되었다. 문자는 그림의 무늬나 도화에 기원을 두고 있어 "文"이 문자를 의미하게 되었고 문자로 기록된 것을 '文章(문장)', '文獻(문헌)'이라고 부른다. "文"은 무늬에서 "文彩(문채)"라는 뜻이 파생되었는데 '文質彬彬(문질빈빈)'은 학식이 뛰어나면서 인격도 순박하다는 의미이다. 후에 범위가 한층 더 넓어져 '文化(문화)', '文物(문물)'과 같이 인류가 창조한 모든 성과를 나타내게 되었다.

또 '天文(천문)', '水文(수문)'과 같이 자연계의 현상을 가리키기도 한다. "文"은 '武(굳셀 무)'와 병립되어 '文武雙全(문무쌍전: 문무를 다 갖춤)'의 '文'은 비군사적인 지위나 활동을 나타내며, "文"은 또 '白'과 대립되어 고대의 문체를 '文言(문언)'이라고 하고, 현대의 문체를 '白話(백화)'라고 한다.

소속 한자 해석

부수로서 "文"은 '斌(빛날 빈)', '斑(얼룩 반)', '斐(오락가락할 비)'처럼 한자의 왼쪽, 중간, 아래쪽에 위치한다. "文"부의 한자는 주로 문양이나 문채와 관련된 것이 많은데, '斑'의 본의는 다양한 색채의 무늬나 반점으로 형용사로서 사용될 때는 주로 여러 가지 색채가 섞여 있는 것을 의미한다. '斐'의 본의는 오색이 서로 섞여 있다는 본의에서 문채를 나타내게 되어 '斐然成章(fěirán chéng-zhāng)'처럼 문장이 아름답다는 것을 의미한다.

文 [wén]部

字形分析

"文"是象形字。古文字像正立之人胸部有交错图纹之形。

字义发展

"文"的本义为纹身。引申指花纹、纹理,如"灿若文锦"之"文"。这一意义后来用"纹"字表示,由于文字起源于图纹图画,因此"文"亦指文字,而用文字记下来的东西称"文章"、"文献"。"文"由花纹义衍生出"文采"义,"文质彬彬"形容既有才华又朴实的样子。后指代范围进一步扩大,几乎可代表人类创造的一切劳动成果,如"文化"、"文物"。亦可指自然界的某些现象,如"天文"、"水文"。"文"与"武"并举而言,表示非军事的职位或活动,如"文职"、"文武双全"。"文"又可与"白"对举,古代文体称"文言",现代文体称"白话",如"不文不白"、"文白夹杂"。

部首组字例释

作为部首,"文"位于汉字的左侧、中间、上部或下部,如"斌"、"斋"、"斑"、"斐"。"文"部的字含义多与花纹、文采等相关,例如"斑"字本义为杂色的花纹或斑点。用作形容词时,多表示色彩驳杂、灿烂多彩之义,如"五彩斑斓"。"斐"字本义为五彩交错,引申指有文采的样子,如"斐然成章",谓文章富有文采。

文 [ぶん]

字形分析

《文》は立っている人の胸の部分にクロス形の模様があるさまをかたどった象形文字である。

字義発展

《文》の本義は入れ墨のことであり、引いて模様の意味に使われる。この意味はのちには「紋」で表されるようになった。文字の起源は図画紋様にあり、それで《文》が文字を表し、また文字で記録されたものを「文章」とか「文献」と呼ぶ。そこから《文采》(文才・文学的才能)とか「文質彬彬」(外見の美と実質がよく調和している)というように用いる。のちさらに範囲が広がって、人類が創造したすべての成果を「文化」とか「文物」と呼び、また自然界の現象を「天文」とか「水文」と呼ぶようになった。「文」は「武」と並立される概念で、非軍事的な地位や活動を「文官」とか「文武両道」というようになった。「文」はまた「白」とも並立され、古代の書き言葉を「文言」というのに対し、話し言葉を「白話」という。

部首組字例釈

部首としての《文》は「斌」や「斑」「斐」のように、漢字の左側に来ることもあれば中に、あるいは上部や下部に配置される。《文》部の漢字は紋様と関係することが多く、「斑」の本字はさまざまな色彩の模様や斑点のことで、形容詞として使われるときにはいろんな色彩がまじっていることを意味する。「斐」の本義は五色が混じり合っていることで、引いて文章がきらびやかであることをいう。

斗 [말 두]

| 갑골문 | 금문 | 소전 | 예서 | 해서 |

자형 분석

"斗(말 두)"는 상형자로, 고문자는 술을 담는 도구인 말의 형태를 본뜬 것이다.

자의 변화

본의는 고대의 주기(酒器)이며 또 곡물의 무게를 다는 기구로도 사용되었다. 형태가 말을 닮은 물건으로 뜻이 확대되었다. 북두칠성은 형태가 말을 닮았으므로 "斗"를 사용해 이 별자리를 나타내게 되었다. '气冲牛斗(qìchōngniúdǒu)'는 노기가 등등하거나 기세가 왕성한 것을 형용하며, '斗转星移(dǒuzhuǎnxīngyí: 별이 위치를 바꾸다)'는 시간이 변화한다는 의미이다. 후에 '鬥(싸울 투)'의 간체자로 '斗'를 사용하였기 때문에 '斗争(dòuzhēng, 투쟁)'처럼 "斗"자가 '鬥'의 함의를 담당하게 되었다.

소속 한자 해석

부수로서 "斗"는 '斟(술 따를 짐)', '料(되질할 료)'처럼 한자의 오른쪽에 위치한다. "斗"부의 한자는 주로 주기(酒器)나 양을 재는 도구와 관련된 것이 많다. '斟'은 "斗"와 음을 나타내는 "甚(심할심)"으로 이루어진 형성자로, 본의는 잔에 음료를 따르는 것이며 '斟酒(zhēnjiǔ: 술을 따르다)', '斟茶(zhēnchá: 차를 따르다)'처럼 쓰인다. 술이나 차를 따를 때 예의를 지키기 위해 술이나 차 등의 양을 고려하고 파악해야 하므로 '斟'에는 '살피다', '비교하다'의 뜻이 있으며, '斟酌(zhēnzhuó)'은 '자세히 헤아리고 적당한지를 가늠하다'라는 뜻으로 쓰인다.

斗 [dǒu]部

字形分析

"斗"是象形字。古文字像盛酒器具斗之形。

字义发展

本义为古代的一种酒器，也是一种称量粮食的器具，如"车载斗量"、"升斗小民"。引申指形状似斗的东西，如"熨斗"、"斗笠"。由于北斗七星形似斗形，由此人们亦用"斗"字表示这个星座，如"气冲牛斗"，形容怒气或气势旺盛，"斗转星移"，意谓时光流转。后由于表示搏斗之义的"鬥"字简化为"斗"，因而"斗"字还承担着表示"鬥"字的含义，如"打斗"、"斗争"。

部首组字例释

作为部首，"斗"位于汉字的右侧，如"斟"、"料"。"斗"部的字含义多与酒器、量器有关，如"斟"是从斗甚声的形声字，本义为往杯盏里倒饮料，如"斟酒"、"斟茶"。斟酒、斟茶为礼仪之道，故要对酒、茶等的量进行考虑、把握，因此"斟"字就有了考虑、比较之义，如"斟酌"，意思是仔细考虑，把握分寸。

斗 [とます]

字形分析

《斗》は酒や穀物をはかるひしゃくや枡の形をかたどった象形文字である。

字義発展

本義は酒に関する道具で、また穀物を量るのにも使われた。引いて、ひしゃくに似たものも表し、北斗七星は形がひしゃくに似ていることから「斗」を使って命名された。のち「闘」の簡体字として使われたため、《斗》に戦うという意味ができ、今の中国語では「闘争」を「斗争」と書く。

部首組字例釈

部首としての《斗》は「斟」や「料」のように漢字の右側に配置される。《斗》部の漢字は酒や穀物を量ることと関係があるものが多く、「斟」は《斗》と音符《甚》からなる形声文字で、盃やグラスに酒などを注ぐことを「斟酒」また「斟茶」という。酒や茶をつぐのにはマナーがあって、つねに酒や茶の量を考えておかねばならないことから、「斟」に「斟酌」というように「比較」あるいは「考慮する」という意味ができた。

斤 [도끼 근]

자형 변화

갑골문	금문	소전	예서	해서

자형 분석

"斤(도끼 근)"은 상형자로 고문자는 도끼의 형태를 본뜬 것이다.

자의 변화

"斤"의 본의는 '도끼'이며, 고대에 항상 '斧斤(부근)', '斤斧(근부)' 도끼를 나타내는 '斧(큰도끼 부)'부 '斤'을 연이어 칭하였고, 가차되어 '斤兩(근량)'처럼 무게의 단위에 사용되었다.

소속 한자 해석

부수로서의 "斤"은 '斷(끊을 단)', '斫(벨 작)'처럼 통상 한자의 오른쪽에 위치하며 때로는 '斧(도끼 부)'처럼 한자의 아래쪽에 위치하기도 한다. "斤"부의 한자는 주로 '베다' 등의 의미와 관련이 있다. 예를 들어 '斷'의 본의는 '물건을 절단하다', '분리하다'를 가리키며 나아가 '연속되지 않다'라는 의미로 뜻이 확대되었다. '斬(벨 참)'은 회의자로 "車"와 "斤"으로 이루어졌는데 고대 중국에 '車裂(거열)'이라는 형벌이 있었으므로 '斬'자 안에 "車"가 들어 있으며 "斤"은 사람을 죽이는 도구를 가리킨다.

斤 [jīn]部

字形分析

"斤"是象形字, 古文字像斧头之形。

字义发展

"斤"的本义是斧头, 故古代常"斧斤"、"斤斧"连称。假借为重量单位, 例如"斤两"、"斤斤计较"。

部首组字例释

作为部首, "斤"通常位于汉字的右侧, 如"断"、"斫"; 有时位于汉字下部, 例如"斧"。斤部的字多与砍伐等意义有关, 如"断", 本义指将物体截开、分离, 引申指不连续。如"砍断"、"断裂"。"斩"是会意字, 从车从斤, 在中国古代有"车裂"之刑, 所以"斩"字中有"车", "斤"则指表示杀人所用的工具, 这里指砍杀, 如"斩首"、"斩草除根"。

斤 [おのづくり]

字形分析

《斤》はおのの形をかたどった象形文字である。

字義発展

《斤》の本義はおのであり、借りて重さを表す単位に使われる。

部首組字例釈

部首としての《斤》は、「断」や「斫」のように通常は漢字の右側に配置され、ときに「斧」のように下部に配置されることもある。《斤》部の漢字はものを断ち切ることと関係がある。たとえば「断」はものを断ち切ることで、そこから「つながっていない」という意味を表す。「斬」は《斤》と《車》からなる会意文字で、古代中国には「車裂き」の刑罰があったことから、「斬」の中に《車》が含まれている。

方 [모 방]

韓

자형 변화

갑골문	금문	소전	예서	해서

자형 분석

"方(모 방)"은 상형자로 두 척의 배가 나란히 선 모습을 본뜬 것이다.

자의 변화

본의는 두 척의 배를 늘어놓은 배이다. '詩經'의 '漢廣'에 '江之永矣, 不可方思(강물이 길어 뗏목을 타고 갈 수가 없네)'라는 시구가 있다. 현대 중국어에서는 '方'의 본의로 사용되지 않고 단지 파생된 의미로서만 쓰인다. '方'은 명사로 쓰이고 4개의 각이 모두 90도인 사변형을 가리키며 또 '上方(상방)', '前方(전방)', '四面八方(사방팔방)'과 같이 공간 위치나 방향을 나타내게 되었다. '方'은 시간 부사로도 쓰여 '方今'과 같이 '바로'의 의미를 나타내며 또는 '겨우'라는 의미를 나타낸다.

소속 한자 해석

부수로서 "方"은 한자의 왼쪽에 위치하지만 현대의 자전에서 "方"부에 속한 글자는 "㫃(깃발이 나부끼는 모양 언: 깃대에 달린 천이나 종이로 된 부분을 나타냄)"부에서 유래한 것이 많으므로 "方"부의 한자에는 주로 기(旗) 등의 의미와 관련된 것이 많다. 예를 들어 '旗(기 기)'는 천이나 종이, 비단 등으로 만든 표지물이며, '施(베풀 시)'는 깃발이 바람에 나부끼는 모양이고, '旅'는 고문자에서 많은 사람이 기 아래에 서 있는 모습을 본뜬 것으로 군대의 편제를 나타낸다.

方 [fāng]部

字形分析

“方”是象形字，古文字像两只船并立之形。

字义发展

本义是指一种用两只船合并起来的船。如《诗经·汉广》：“江之永矣，不可方思”。在现代汉语中，“方”的本义已不再使用，只用其引申义。“方”用作名词，指四个角都是90度的四边形；引申指空间位置或方位，如“上方”、“前方”、“四面八方”。“方”字还可用作时间副词，表示正当、正在之义，如“方才”、“方今”；或才之义，如“方能够”。

部首组字例释

作为部首，“方”位于汉字的左侧。由于现代字典中的“方”部多从过去的“㫃”（表示旗帜的意义）部而来，所以方部的字多与旗帜等意义有关。例如“旗”，是用布、纸、绸或其他材料做成的标识物。“施”原为风吹旗帜摆动之貌。“旅”古文字像众人站在旗下，其义为军队的一级编制。

方 [かたへん]

字形分析

《方》は二艘の舟を並べた筏の形をかたどった象形文字である。

字義発展

本義は二艘の舟を並べた筏のことで、『詩経』の「漢広」に「江の永き
は、方(いかだ) すべからず」とある。現代の中国では「方」をその意味
に使うことはなく、ただ派生義だけを用いる。名詞としては4つの角が
すべて90度である四辺形のこと、また引いて「上方」「前方」のように
空間や方向を表す。また副詞として「ちょうど」とか「まさに」、あるいは
「はじめて・やっと」という意味を表す。

部首組字例釈

部首としての《方》は漢字の左側に配置されるが、現代の辞書におけ
る《方》部はかつての《㫃》(旗のふきながしの意) 部に由来するから、
《方》部の漢字には旗に関係するものが多い。たとえば「旗」は布や
紙などで作った「はた」のこと、「旆」とは「はたがなびくさま」、「旅」
は多くの人が旗の下にいる形で、古代の軍隊の編成単位を表す。

旡 [목멜 기]

자형 변화

갑골문	소전	예서	해서

자형 분석

"旡(목멜 기)"는 상형자로 『說文解字(설문해자)』에 '歓食气屰不得息(음식을 먹고 마신 후 기가 역류하여 멈추지 않는 것)'으로 나와 있는데, 트림하는 것을 본뜬 글자이다.

자의 변화

"旡"의 본의는 '트림'이다. 『康熙字典(강희자전)』에서 이 부수의 자형을 "无"로 한 것은 잘못된 것이다.

소속 한자 해석

"旡"부에 속하는 글자로 현대 중국어 중의 상용자는 '旣(이미 기)' 자 한 글자밖에 없다. '旣'의 자형은 사람이 식기의 옆에서 얼굴을 돌리고 있는 모습으로 이미 식사를 끝마친 것을 나타내는데 동작이며 '旣得權'처럼 동작이나 일이 완료된 것을 의미한다.

旡 [旡]部

字形分析

"旡"是象形字，《说文》解释为"歓食气屰不得息。"也就是打嗝。

字义发展

"旡"的本义是打嗝儿。《康熙字典》该部作"无"，误。

部首组字例释

作为部首，"旡"的部属字在现代汉语中的常用字只有一个，即"既"。"既"的字形为人在食器旁回过头去，表示已吃过，用以表示动作或事情完成之义，如"既成事实"、"既得利益"。"既"用作连词，常与"然"连用作"既然"，表示对已成事实的认定。

旡 [むにょう]

字形分析

《旡》は、『説文解字』に「飲食して気逆し、息するを得ず」とあり、ゲップがでるさまをかたどった象形文字である。

字義発展

《旡》の本義はゲップのことである。『康熙字典』の部首が《无》とするのは誤りである。

部首組字例釈

部首としての《旡》部に属する現代漢語での常用字は「既」しかない。「既」は食器の前にひざまずいた人が食器から反対側に顔を背けている形で、すでに食事を済ませたことを表し、そこから「既成事実」とか「既得権益」というように、事柄がすでに終了したことを意味する。

日 [날 일]

자형 변화

갑골문	금문	소전	예서	해서

자형 분석

"日"은 상형자로, 고문자는 태양의 형태를 본뜬 것으로 윤곽은 둥근 태양을, 횡선 또는 점은 태양의 빛을 본뜨고 있다.

자의 변화

"日"의 본의는 '태양'을 가리키며 '밤'과 대비되는 '낮'을 나타내게 되었으며, 또 시간을 계산하는 단위로 사용되어 '日新月異 (rìxīnyuèyì: 나날이 새로워지다)'처럼 '24시간'을 나타내게 되었다.

소속 한자 해석

부수로서 "日"은 '晴(갤 청)', '旦(새벽 조)', '春(봄 춘)'과 같이 한자의 왼쪽이나 위쪽 혹은 아래쪽에 위치한다. "日"부의 한자는 주로 태양, 시간과 관련된 것이 많으며, 예를 들어 '時(때 시)'는 모든 사물이 끊임없이 발전 변화하며 경과하는 과정, 즉 '시간'의 뜻을 나타낸다. '旦'는 '이른 아침', 즉 태양이 뜨는 시간으로 '晚(저물 만)'의 반의어로, 또 '早熟(조숙)', '早婚(조혼)'처럼 예정된 시간보다 '빠르다'는 뜻을 나타내게 되었다. '春'은 사계절의 처음으로 만물이 소생하는 시기로 옛날 사람들은 그것을 '陽(양기 양)'에 속하는 것으로 인식했으므로 "日"을 구성요소로 하였다.

日 [rì]部

字形分析

"日"是象形字, 古文字像太阳之形; 轮廓像圆形的太阳, 一横或一点表示太阳的光。

字义发展

"日"的本义是指太阳, 引申指白天, 与"夜"相对, 如"日盼夜想"; 又引申为计算时间的单位, 指12个时辰或24小时, 如"日新月异"。

部首组字例释

作为部首, "日"通常位于汉字的左侧、上部或下部, 如"晴"、"早"、"春"。日部字多与太阳、时间等意义有关。例如"时"指一切事物不断发展变化所经历的过程, 即时间。"早"本指早晨, 即太阳升起的时候, 与"晚"相对, 如"早出晚归"。引申指先于预定时间, 如"早熟"、"早婚"。"春"为四季之首, 万物复苏之时, 古人认为属阳, 故从"日"。

日 [ひへん]

字形分析

《日》は太陽の形をかたどった象形文字で、丸い輪郭は太陽を、横線または点は太陽の光をかたどっている。

字義発展

《日》の本義は太陽で、引いて昼間を表し、「夜」と対比される。また引いて時間を計算する単位に使われ、「日新月歩」のように２４時間を表す。

部首組字例釈

部首としての《日》は「晴」「早」「春」のように漢字の左側や上部、あるいは下部に配置される。《日》部の漢字は太陽あるいは時間に関係するものが多く、たとえば「時」はすべての事物がたえず発展変化するときに経る過程、すなわち「時間」の意を表す。「早」は早朝すなわち太陽が昇る時間を意味し、「晩」と対比され、引いて「早熟」や「早婚」のように一般的な時間的状況よりも「はやい」ことを意味する。「春」は四季のはじめで、万物が復活する時期であり、古代人はそれを「陽」と認識したので《日》がついている。

曰 [가로 왈]

자형 변화

갑골문	금문	소전	예서	해서

자형 분석

"曰(가로 왈)"은 지사자로, 고문자의 자형은 아래는 입의 형태이고 위의 작은 횡선은 목소리를 나타낸다.

자의 변화

"曰"의 본의는 이야기하는 것이며, 한문이나 성어에서는 항상 '子曰(자왈: 선생님이 말씀하시기를)', '王曰(왕왈: 임금님이 가라사대)' 등처럼 쓰인다. 그 본의는 현재까지도 쓰여 글자의 뜻에 변화가 없다.

소속 한자 해석

부수로서 "曰"은 '最(가장 최)', '曾(일찍 증)'과 같이 한자의 위나 아래에 놓이기도 하고, 혹은 '曲(굽을 곡)', '曳(끌 예)', '更(다시 갱)'과 같이 한자의 중간에 위치하기도 한다. 한자의 변화와 부수 분류 원칙의 변화로 인해 "曰"부 한자의 뜻은 '曰'의 본의와는 이미 관련이 없게 되었다.

曰 [yuē]部

字形分析

"曰"是指事字。古文字字形下部像口形, 上部的短横表示声气。

字义发展

"曰"的本义为说话, 常用于文言或成语, 如"子曰"、"王曰"、"美其名曰"。其本义保留至今, 词义没有发生变化。

部首组字例释

作为部首, "曰"位于汉字的上面或下面, 如"最"、"曾"; 或贯于文字之中, 如"曲"、"曳"、"更"。由于文字的演化和部首设立原则的改变, "曰"部字的意义和"曰"的本义已无甚关联。

曰 [ひらび]

字形分析

《曰》は口の形の上に声が出ていることを表す横線をおいた指事文字である。

字義発展

《曰》の本義は話をすることであり、古文や成語ではつねに「子曰く」「王曰く」などと用いる。その本義は現在にいたるまでも変化していない。

部首組字例釈

部首としての《曰》は「最」や「曾」のように漢字の上か下に配置され、あるいは「曲」、「曳」、「更」のように漢字の中に置かれることもある。字形の変化や部首を建てる原則の変化によって、《曰》部の漢字は「曰」の本義とはすでに関係なくなっている。

月 [달 월]

韓

자형 변화

갑골문	금문	소전	예서	해서

자형 분석

"月(달 월)"은 상형자로, 고문자는 상현달이나 하현달의 형태를 본뜬 것이다.

자의 변화

본의는 달을 가리키며, 후에 확대되어 시간의 단위를 나타내게 되었는데, 달의 차고 이지러지는 주기인 30일 정도를 가리킨다.

소속 한자 해석

부수로서 "月"은 "朓(그믐달 조)", "朔(초하루 삭)"처럼 한자의 왼쪽이나 오른쪽에 위치한다. "月"부의 한자는 주로 '朝(아침 조)', '朗(밝을 랑)', '明(밝을 명)'과 같이 빛과 관계가 있다. 한자가 예서체로 변화된 후에는 "月"과 "肉(月, 고기 육)"의 형태가 혼동되어, "肉(月)"부의 한자가 "月"부에 섞여 들어왔으므로 "月"부의 어떤 글자는 '腰(허리 요)', '肝(간 간)', '腸(창자 장)', '胃(위장 위)', '脊(등마루 척)', '背(등 배)' 등처럼 인체와 관련된 것이 있는데, 그중의 "月"과 "⺼(쓰개 모)"는 모두 "肉"이 변화한 것이다. 그러므로 한자 학습 시 "月(달월과 육달월)"부 한자의 의미를 구별할 줄 알아야 한다.

月 [yuè]部

字形分析

"月"是象形字，古文字像上弦月或下弦月之形。

字义发展

本义是指"月亮"，后又引申指时间单位，即月亮圆缺变化的一个周期，三十天左右。

部首组字例释

作为部首，"月"有时位于汉字的左侧，有时于汉字的下部。月部的字多与光明有关，如"朝"、"朗"、"明"。汉字经过隶变后，"月"和"肉"字形相混，部分"肉"部字掺入"月"部，所以月部有的字又与人体有关，例如"腰"、"肝"、"肠"、"胃"、"脊"、"背"等，其中的"月"和"冃"都是"肉"的变体。因此，在学习汉字时，我们要对"月"部字进行意义上的区分。

月 [つきへん]

字形分析

《月》は上弦または下弦の月の形をかたどった象形文字である。

字義発展

本義は天体としての月のことで、後に引いて時間の単位に使われる。月の満ち欠けの周期はだいたい30日である。

部首組字例釈

部首としての《月》は漢字の左側に配置され、時には漢字の下部に配置される。《月》部の漢字は「朝」「朗」「明」のように「ひかり」と関係がある。隷書からのちには漢字の形が変わって、《月》と《肉》の形が混同されて、もともと《肉》部だった漢字の一部が《月》部にまぎれこんだ。それで《月》部の中には「腰」や「肝」「腸」「胃」「脊」「背」のように人体に関係するものが入っている。これらの中の《月》と《冃》はどちらも《肉》が変化したものだから、漢字を学ぶ際には《月》部の漢字について意味をしっかり区別しなければならない。

木 [나무 목]

자형 변화

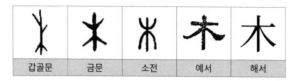

갑골문	금문	소전	예서	해서

자형 분석

"木(나무 목)"은 상형자로, 고문자는 나무의 모습을 본뜬 것인데, 위는 '가지', 중간은 '줄기', 아래는 '뿌리'이다.

자의 변화

"木"의 본의는 '나무'이며, 또 '木器(목기)'처럼 '목재'를 가리키게 되었다. 목재는 두껍고, 무겁고, 질박하고, 단열이 되는 등의 특징이 있으므로, 또 '木訥(목눌)'과 같이 '굼뜨다', '감각이 둔하다'라는 의미를 나타내게 되었다.

소속 한자 해석

부수로서 "木"은 '朴(후박나무 박)', '杖(지팡이 장)'처럼 통상 한자의 왼쪽에 위치하며, 때로는 또 '杏(살구나무 행)', '査(사실할 사)'처럼 위쪽에, 때로는 '梨(배나무 리)', '呆(어리석을 태)'처럼 아래쪽에, 또 '本(근본 본)', '末(끝 말)'처럼 정중앙에 위치하기도 한다. "木" 부의 한자는 주로 나무와 관련된 것이 많은데, 어떤 것은 '松(소나무 송)', '桃(복숭아나무 도)', '李(자두나무 리)'처럼 나무의 종류를 나타낸다. 또한 '桌(탁자 탁)', '柱(기둥 주)', '梳(빗 소)' 등 물건의 재질을 나타내기도 하고, 그 밖에 나무와 복잡하게 얽힌 것을 나타내기도 한다. 예를 들어 '村(마을 촌)'은 사람이 사는 곳에는 종종 나무를 심어 놓기 때문이며, '集(모일 집)'은 많은 새가 나무 위에 서식하는 모습에서 '모이다'라는 뜻을 나타낸다.

木 [mù]部

字形分析

"木"是象形字，古文字像树木之形：上为树枝，中为树干，下为树根。

字义发展

木的本义是指树木，如"独木不成林"。引申指木材、木料，如"木棍"、"木器"。木材有厚重、质朴、隔热等特点，故引申为迟钝、感觉不灵敏等意义，如"木讷"、"麻木不仁"。

部首组字例释

作为部首，"木"通常位于汉字的左侧，如"朴"、"杖"；有时位于汉字的上部，如"杏"、"查"；有的位于下部，如"梨"、"呆"；还有的位于正中，如"本"、"末"。木部的字多与树木有关，有的表示树木的种类，例如"松"、"桃"、"李"；有的表示物品的材质，例如"桌"、"柱"、"梳"；还有的则与树木关系较为复杂，例如"村"，凡人居住的地方，往往栽种树木。"集"，借群鸟栖息树上之形，表示聚合之义。

木 [きへん]

字形分析

《木》は樹木の形をかたどった象形文字で、上は枝、中は幹、下は根の部分である。

字義発展

《木》の本義は樹木であり、引いて「木材」の意味に使われる。木材は重く素朴なイメージがあることから、引いて「おろか」とか「感覚がにぶい」意味を表し、「木訥」というように使われる。

部首組字例釈

部首としての《木》は「朴」や「杖」のように通常は漢字の左側に置かれ、時にはまた「杏」や「査」のように上部に、あるいは「梨」や「呆」のように下部に、また「本」や「末」のように字形の中心に位置することもある。《木》部の漢字は樹木あるいは材木と関係するものが多く、また「松」や「桃」「李」(すもも) のように樹木の種類を表すものも多い。そのほかにも「桌」(つくえ) や「柱」「梳」(くし) など木材から加工されたものを表し、ほかにも樹木と少し複雑な関係にあることも表す。たとえば「村」は人が暮らす所には木を植えることが多く、「集」は多くの鳥が樹木の上にあつまっていることを表す。

欠 [하품 흠]

자형 변화

갑골문	금문	소전	예서	해서

자형 분석

"欠(하품 흠)"은 상형자로, 고문자는 사람이 하품하고 있는 모습을 본뜬 것이다.

자의 변화

"欠"의 본의는 입을 벌리고 하품하다는 뜻이다 인간의 호흡에는 숨을 들이 마시는 것과 내쉬는 것이 있는데 "欠"은 후자에 속한다. "欠"은 숨을 내쉬는 것만을 나타내고 들이 마시는 것을 뜻하지 않기 때문에 '부족하다', '결핍되다', '빚을 지다' 등의 의미를 나타내게 되었다.

소속 한자 해석

부수로서 "欠"은 '歌(노래 가)', '歡(기뻐할 환)'과 같이 통상 한자의 오른쪽에 위치한다. "欠"부의 한자는 주로 입으로 하는 동작과 관계가 있는데, '吹(불 취)'는 회의자로 "口(입 구)"와 "欠"으로 이루어져 입술을 오므려 힘껏 숨을 불어 내는 것을 '吹'라고 한다. 또 '吹噓(취허: 남이 잘한 것을 과장되게 칭찬하여 천거함)'처럼 '허풍을 떨다'라는 의미를 뜻하게 되었다. '欺(속일 기)'의 본의는 사람을 속이는 것이며 사람을 속이려면 말을 사용해야 하므로 "欠"이 붙어 있다. "欠", "口", "言(말씀 언)"부의 한자에는 의미가 공통되는 것이 많아 각 부수의 소속 글자는 서로 이체 관계에 있는 것도 있다. 예를 들면 "咏(읊을 영)"과 "詠(읊을 영)", "嘯(휘파람 소)"와 "歗(휘파람 소)", "訢(기뻐할 흔)"과 "欣(기뻐할 흔)" 등이 세 부수를 서로 통용하고 있는 이체 관계이다.

欠 [qiàn]部

字形分析

"欠"是象形字,古文字像人张口出气的形状。

字义发展

"欠"的本义指张口呵气,打呵欠。人的呼吸有吸进空气和呼出空气两种情况,"欠"属于后者。因为"欠"只表示呼出空气,而不表示吸入空气,引申为亏欠、缺少,如"欠缺"、"欠债"、"欠揍"。

部首组字例释

作为部首,"欠"通常位于汉字的右侧,例如"歌"、"欢"。欠部的字多与口的动作有关,例如"吹"是会意字,由"口"和"欠"组成,合拢嘴唇用力出气就叫做"吹",如"吹气"、"吹号";引申指说大话,如"吹嘘"、"吹牛"。"欺"本义是骗,骗要用语言,故从"欠"。"欠"、"口"、"言"三部的字意义多相通,有些是异体字关系。

欠 [あくび]

字形分析

《欠》は人があくびをしている形をかたどった象形文字である。

字義発展

《欠》の本義は口を大きくあけてあくびをすることである。人間の呼吸には息を吸い込む場合とはき出す場合があって、《欠》は後者のほうである。《欠》は息を吐き出すことを表すだけで、吸い込むことを表さないから、それで「不完全」「欠けている」という意味ができた。

部首組字例釈

部首としての《欠》は「歌」や「歓」のように通常は漢字の右側に配置される。《欠》部の漢字は口でおこなう動作に関係があって、「吹」は《口》と《欠》からなる会意文字で、唇をすぼめて息を吐き出すことを「吹」という。引いてまた「吹嘘」や「吹牛」のように「ほらをふく」という意味にも使われる。「欺」の本義は人をだますことで、人をだますにはことばを使うのでそれで《欠》がついている。《欠》、《口》、《言》部に入っている漢字には意味の共通するものが多く、中には異体字の関係にあるものもある。

止 [발 지]

자형 변화

| 갑골문 | 금문 | 소전 | 예서 | 해서 |

자형 분석

"止(발 지)"는 상형자로, 고문자는 사람의 발 모양을 본뜬 것이다.

자의 변화

"止"의 본의는 사람의 다리이나 그 의미가 "足(발 족)"으로 대치된 후 "止"는 단지 동사로 '멈추다', '제지하다', '저지하다'라는 뜻으로만 쓰이게 되었다.

소속 한자 해석

부수로서 "止"는 '步(걸음 보)', '歧(갈림길 기)', '歪(비뚤 왜)'처럼 한자의 위쪽이나 아래쪽 또는 왼쪽에 위치한다. "止"부는 주로 '걷다'와 관계가 있는데, 예를 들어 '步(걸음 보)'는 보행 시 두 다리 사이의 거리를 나타내거나 '步行(보행)'처럼 다리로 걷는 것을 나타낸다. '歧(갈림길 기)'의 본의는 '갈림길'이며, 또 '分歧'처럼 '일치하지 않다'라는 뜻을 나타내게 되었다. '分歧徘徊(fēnqí páihuái)'라는 성어는 갈림길에서 왔다 갔다 하는 것으로 주저하며 생각이 정해지지 않은 것을 가리킨다.

止 [zhǐ]部

字形分析

"止"是象形字, 古文字像人脚之形。

字义发展

本义是指人的脚。"止"的本义被"足"字取代后, "止"只用作动词, 表示停止、制止、阻止等意义。

部首组字例释

作为部首, "止"有时位于上部、下部或左侧, 如"步"、"歧"、"歪"。止部字多与行走等意义有关。例如"步"是指行走时两脚间的距离, 或表示用脚走; 例如"步行"。成语"安步当车", 形容轻松缓慢地行走。安: 安详, 不慌忙; 安步: 缓缓步行。以从容的步行代替乘车。"歧"的本义是岔道, 又引申为不一致, 例如"分歧"。成语"歧路徘徊"是指在岔道上走来走去, 比喻犹豫观望, 主意不定。

止 [とめる]

字形分析

《止》は人の足の形をかたどった象形文字である。

字義発展

《止》本義は人の足であったが、やがてその意味が《足》にとって変わられ、《止》はただ動詞として、止まる・制止する・停止する・阻止するというように使われるだけとなった。

部首組字例釈

部首としての《止》部は歩く・行くことと関係がある。たとえば「歩」は歩行時の二つの脚のあいだの距離を表し、また「歩行」というように歩くことを表す。「岐」の本義は「分かれ道」で、そこからまた「分岐」のように「一致しない」ことを表す。「岐路徘徊」とは分かれ道で行ったり来たりし、はっきりと意志が定まらないことをいう。

歹 [부서진 뼈 알]

자형 변화

갑골문	금문	소전	예서	해서

자형 분석

"歹(부서진 뼈 알)"은 상형자로, 고문자는 고기를 제거하고 남은 뼈의 형태를 본뜬 것이다.

자의 변화

"歹"은 본래 "歺"로 쓰였고, 본의는 고기를 제거한 뼈를 가리킨다.

소속 한자 해석

부수로서 "歹"은 '殆(위태할 태)', '歿(죽을 몰)'처럼 통상 한자의 왼쪽에 위치하며 "歺"자 형태로 쓴다. "歹"부의 한자는 주로 '死(죽을 사)', '殘(해칠 잔)'처럼 '사망하다', '온전하지 않다' 등과 관련 있다. '死'는 "人(사람 인)"과 "歹"로 이루어진 회의자로, 고대인은 영혼이 육체로부터 이탈되는 것을 죽음이라고 여겼다. '殘'은 불완전한 것을 말하며 '殉(따라 죽을 순)'은 '순장'을, '殤(일찍 죽을 상)'은 미성년이 사망 또는 전사하는 것을 가리킨다.

歹 [è]部

字形分析

"歹"是象形字，古文字像剔去肉后残留的骨头的形状。

字义发展

"歹"本写作"歺"，本义是指剔去肉后的残骨。

部首组字例释

作为部首，"歹"通常位于汉字的左侧，写作"歹"，如"殆"、"殁"。歹部的字多与残缺、死亡等意义有关，例如"死"、"残"。"死"是会意字，从人从歹，古人认为人死是灵魂脱离了肉体。"残"义为缺损、不完整。"殉"指陪葬。"殇"指未成年而死或战死。

歹 [かばねへん]

字形分析

《歹》は肉を取り去った骨の形をかたどった象形文字である。

字義発展

《歹》はもと《歺》と書かれ、本義は肉を取り去った骨のことである。

部首組字例釈

部首としての《歹》は「殆」や「殁」のように通常は漢字の左側に配置され、《歹》と書かれる。《歹》部の漢字には「死」や「残」のように肉体が損なわれる、あるいは死亡することに関係する漢字が多い。「死」は《人》と《歹》からなる会意文字で、古代人は霊魂が肉体から離れることを死と考えた。「残」は肉体の一部が欠けて不完全になること。「殉」は陪葬、「殤」は未成年が病死または戦死することである。

殳 [창 수]

자형 변화

| 갑골문 | 금문 | 소전 | 예서 | 해서 |

자형 분석

"殳(창 수)"는 상형자로, 고문자는 긴 자루가 있는 도구를 손에 쥐고 있는 모습을 본뜬 것이다.

자의 변화

"殳"의 본의는 모가 나고 칼날이 없는 병기를 가리킨다.

소속 한자 해석

부수로서 "殳"는 '段(구분 단)', '殷(성할 은)'과 같이 통상 한자의 오른쪽에 위치한다. "殳"부의 한자는 주로 무기로 공격하는 것과 관련이 있는데, 예를 들어 '段'의 본의는 망치로 치는 것으로 이 의미는 현대에서 '鍛(쇠 불릴 단)'으로 쓰여 '鍛造(단조)'처럼 조어가 된다. '毁(헐 훼)'는 손에 들고 있는 도구를 사용해서 토기를 부수는 모습이며 '毁壞(훼괴)'처럼 '파괴하다'라는 의미이다.

殳 [shū] 部

字形分析

"殳"是象形字，古文字像手持长柄器具之形。

字义发展

"殳"本义指一种有棱无刃的兵器。

部首组字例释

作为部首，"殳"通常位于汉字的右侧，如"段"、"殷"。殳部的字大多与持械击打义有关。例如"段"字本义为用锤击打，这个意义在现代汉语中写作"锻"，如"锻打"、"锻造"。"毁"字为以手持械击碎瓦器之形，义为破坏，如"毁坏"、"毁灭"。

殳 [るまた]

字形分析

《殳》は長い柄のある道具を手に持っている形にかたどった象形文字である。

字義発展

《殳》の本義は先端がとがった武器である。

部首組字例釈

部首としての《殳》は「段」や「殷」のように通常は漢字の右側に配置される。《殳》部の漢字の多くは武器で攻撃することと関係があり、たとえば「段」の本義は鉄塊で打つこと、この意味は現代中国語では「鍛」と書かれ、「鍛錬」「鍛造」などと使われる。「毀」は手にもった道具で土器を壊すことから、「毀損」「破毀」というように「こわす」意味に用いられる。

毋 [말 무]

자형 변화

전국문자	소전	예서	해서

자형 분석

"毋(말 무)"는 본래 "母(어미 모)"와 같은 글자로, 고문자에서는 젖가슴을 가진 사람의 모습으로 어머니를 나타냈다.

자의 변화

"母"는 자주 가차되어 부정을 나타냈으므로 "母"의 두 점을 한 획으로 고쳐 "毋"자로 만들었고, 전적으로 부정의 의미를 나타내는 한자로 쓰여 '~ 하지 마라' 또는 '~ 하지 않다'라는 뜻을 나타낸다.

소속 한자 해석

부수로서 "毋"부의 한자는 드문 편인데 '毌(꿰뚫을 관)'과 '毒(음란할 애)', '每(매양 매)'가 있다. 현대 중국어에서 상용되는 것은 '每' 뿐으로 '每'의 본의는 풀이 우거져 있는 모습인데, 현대 중국어의 '每(měi)'는 부사로 쓰여 '每月(měiyuè: 매월)', '每次(měicì: 매번)' 처럼 '각각', '매번'의 의미를 나타낸다.

毌 [wú]部

字形分析

"毌"字与本义为母亲的"母"字本为同一个字。古文字以有乳之人形像"母亲"之义。

字义发展

由于"母"字经常假借表示否定义，于是人们就将母字的两点改成一画，分化出"毋"字，专门用作表示否定意义的词语，表示禁止，相当于"别"、"不要"，如"稍安毋躁"、"宁缺毋滥"；或表示否定，相当于"不"，如"毋庸置疑"。

部首组字例释

作为部首，"毋"部的字比较少，有"毌"（guàn）、"毐"（ǎi）、"每"。现代汉语中常用的字是"每"。"每"的本义是草茂盛的样子，在现代汉语中，"每"用作副词，表示各个、逐个、历次。例如"每人"、"每次"、"每逢"。

毋 [なかれ]

字形分析

《毋》はもともと《母》と同字であり、古代文字では子どもに授乳する形で母親を表した。

字義発展

《母》はしばしば借りて否定詞に用いられることがあり、その時に《母》から二つの点を取り去って《毋》という形を作り出し、もっぱら否定の意味を表す専用の漢字を作った。

部首組字例釈

部首としての《毋》部の漢字は多くなく、「毌」(guàn、カン 貫の古字)と「毒」(ǎi)、「毎」があるくらいである。うち現代中国語で常用されるものは「毎」だけで、「毎」の本義は植物が茂っていることであるが、現代中国語では「毎日」「毎回」「毎次」というように「それぞれ・おのおの」という意味の副詞に用いる。

比 [견줄 비]

자형 변화

갑골문	금문	소전	예서	해서

자형 분석

"比(견줄 비)"는 회의자로, 고문자는 두 사람이 옆으로 나란히 서 있는 모습을 본뜬 것이다.

자의 변화

본의는 '나란히 서다', '병렬하다'에서 '도처에'라는 의미로 확대되었고 또 공간적으로 근접하고 있는 것에서 시간적으로 가까운 것을 나타내기도 한다. 또 병렬하다는 의미에서 비교하거나 기량을 겨루는 뜻으로까지 확대되었다.

소속 한자 해석

부수로서 "比"는 '毙(삼갈 비)'와 '毘(도울 비)'처럼 주로 한자의 위쪽이나 아래쪽에 위치하는데, "比"부의 한자는 매우 적으며 생소한 벽자가 많다.

比 [bǐ]部

字形分析

"比"是会意字，古文字像两人侧身并立之形。

字义发展

本义为并排、并列，如"比邻而居"、"比翼双飞"、"朋比为奸"，引申为到处，如"比比皆是"；又由空间的紧挨引申为时间相近，如"比年"、"比来"；由并列引申出比较、较量义，如"比上不足，比下有余"、"不比不知道，一比吓一跳。"

部首组字例释

作为部首，"比"字多位于汉字的上部或下部，如"毖"、"毘"。"比"部字很少，又多生僻字，一般用作声符，例如"毖"，本义为慎戒。如"惩前毖后"。

比 [ならびひ]

字形分析

《比》は二人の人が並んでいる形からなる会意文字である。

字義発展

本義は「ならぶ」「並列する」ことで、引いて「いずこも同様・いたるところ」という意味を表し、また空間的・時間的に近接していることを表す。また引いて、いくつかのものについて数量や質などを比べる意に用いる。

部首組字例釈

部首としての《比》は「毘」のように漢字の下部に配置されるが、《比》部の漢字にはめったに使われない難しい漢字が多い。

毛 [털 모]

자형 변화

전국문자	금문	소전	예서	해서

자형 분석

"毛(털 모)"는 상형자로, 고문자는 머리칼의 형태를 본뜬 것이다.

자의 변화

"毛"의 본의는 금수의 털이나 깃털이며, 머리칼과 비슷한 모양의 곡물이나 초목으로 뜻이 확대되었다. 예를 들어 '不毛之地(불모지지)'란 본래 농작물이 자라지 않는 황무지를 가리키는데, 몹시 가물거나 황량하고 척박한 토지를 묘사하게 되었다. "毛"는 사람의 수염을 나타내는데, 예를 들어 '嘴上無毛, 辦事不牢(zuǐshangwúmáo, bànshìbùláo)'란 '젊은(수염이 없는) 사람이 하는 일은 미덥지가 않다'는 의미를 나타낸다.

소속 한자 해석

부수로서 "毛"는 '毯(담요 담)'과 같이 주로 한자의 왼쪽에 오고, 또 '毿(털이 길 산)'과 같이 오른쪽에 오거나, '毫(터럭 호)'처럼 아래쪽에 오기도 한다. "毛"부의 한자는 주로 털과 관련된 것이 많은데, 예를 들어 '毯(담요 담)'은 짐승의 털로 짠 깔개를 가리키며 '毫'는 가늘고 길며 날카로워진 털을 가리킨다.

毛 [máo]部

字形分析

"毛"是象形字，古文字像毛发的形状。

字义发展

"毛"的本义指禽兽之类的毛发，例如"兽毛"、"羽毛"。引申指形状似毛发的谷物或草木，例如"不毛之地"本指不长庄稼的荒地，后多用来形容干旱、荒凉、贫瘠的地方。"毛"又引申指人的须发，例如"嘴上无毛，办事不牢"形容年轻人阅历浅，缺乏经验，做事情不可靠。

部首组字例释

作为部首，"毛"多位于汉字左侧，如"毡"、"毯"；或位于右侧，如"毪"；或位于下部，如"毫"。毛部的字多与皮毛等意义有关，例如"毯"是指用毛绒编织的垫子，如"毛毯"、"毯子"；"毫"是指细长而尖的毛，如"毫毛"、"丝毫"。

毛 [け]

字形分析

《毛》は毛髪の形をかたどった象形文字である。

字義発展

《毛》の本義は禽獣の獣毛や羽毛であり、引いて毛髪状の穀物や植物をいう。「不毛之地」とは農作物が育たない土地のこと、引いて旱魃などによって荒涼とした痩せた土地をいう。《毛》はまた引いて人の髪やひげを意味し、「嘴上無毛」とは経験の乏しい若者がすることは信用できないということ。

部首組字例釈

部首としての《毛》は「毡」や「毯」のように漢字の左側に配置され、また「毤」では右側に、「毫」では下部に配置される。《毛》部の漢字は皮毛と関係するものが多く、たとえば「毯」は獣毛を編んだ敷きものであり、「毫」は細長くとがった毛で、「わずか」という意味を表す。

氏 [성씨 씨]

韓

자형 변화

| 갑골문 | 금문 | 소전 | 예서 | 해서 |

자형 분석

"氏(각시 씨)"는 형성자로, 고문자는 통나무에 용 모양을 그린 토템의 형태를 본뜬 것이다.

자의 변화

본의는 조상을 같이 하는 일족의 칭호인데 전설 시대의 인물이나 국명은 '燧人氏(수인씨)', '伏羲氏(복희씨)'처럼 모두 "氏"로 불렸다. '姓(성 성)'은 "氏"의 근본이며 '氏'는 '姓'의 갈래이다. 하(夏), 상(商), 주(周)의 삼대에서는 '姓'과 '氏'가 따로 나뉘어 쓰였으며, 남자는 '氏'를 칭하고 여자는 '姓'을 칭했는데, '姓'으로 혼인 관계를 구별해 주고 '氏'로는 신분의 귀천을 분명히 했다. 전국 시대 이후에는 '姓'과 '氏'가 차츰 합쳐지면서 한(漢)대에 이르러서는 성(姓)으로 통칭하게 되었다.

소속 한자 해석

"氏"부의 한자는 매우 적으며 상용자는 단지 '氏(근본 저)', '民(백성 민)', '氓(백성 맹)' 3자뿐이다.

氏 [shì]部

字形分析

"氏"是象形字。古文字像一根木杆上面绘有龙蛇状图腾之形。

字义发展

本义为宗族的称号。远古传说中的人物、国名均系以氏，如"燧人氏"、"伏羲氏"。姓为氏之本，氏是姓的支系。夏、商、周三代，姓和氏分用，男子称氏，女子称姓，以姓别婚姻，以氏明贵贱。战国以后，姓、氏逐渐合一，至汉而统称为姓。

部首组字例释

作为部首，"氏"部的字很少，常见字只有"氏"、"民"、"氓"三字。

氏 [うじ]

字形分析

《氏》の古代文字は、丸太に龍の絵を描いたトーテムの形をかたどった象形文字である。

字義発展

本義は祖先を同じくする一族のことで、伝説時代の人物や国名は「燧人氏」や「伏羲氏」のようにすべて《氏》で呼ばれた。「姓」は「氏」のもとで、「氏」は「姓」から分かれたものである。夏、商、周の三代では姓と氏が別に用いられており、男は氏を称し、女は姓を称した。姓は血縁を示し、氏は身分の貴賤を明らかにした。戦国時代以後は姓と氏がしだいに同じになり、漢代になってからはすべて姓を称するようになった。

部首組字例釈

《氏》部の漢字は非常に少なく、常用字のなかでは「氏」、「民」、「氓」の三字があるだけである。

气 [기운 기]

자형 변화

갑골문	금문	소전	예서	해서
气	气	气	气	气

자형 분석

"气(기운 기)"는 상형자로, 고문자는 수증기가 피어오르는 모양을 본뜬 것이다.

자의 변화

"气"의 본의는 '수증기'이며, '空氣(공기)', '氣體(기체)'처럼 일정한 형태나 부피가 없이 자유롭게 유동하는 물체를 의미하게 되었다. 또 '氣候(기후)', '天氣(천기)'처럼 자연계의 온난과 한랭, 흐림과 맑음 등의 현상을 나타내게 되었으며, 또 '氣質(기질)', '氣概(기개)', '神氣(신기)'처럼 인간에게 내재하는 정신 또는 외면적인 풍모까지도 가리키게 되었다. 또 한의학 용어로 '氣虛(기허)', '氣功(기공)'처럼 한의학 용어로 인체에 내재된 기능까지 뜻하게 되었다.

소속 한자 해석

부수로서 "气"는 '氛(기운 분)'처럼 한자의 윗부분에서 오른쪽으로 걸쳐져 있다. "气"부의 한자는 주로 구름이나 기체와 관련된 것이 많은데, 현대 자전에 실린 대부분은 새로운 학문이 나온 뒤에 만들어진 한자가 많다. 예를 들면 '氛'은 분위기나 정세를 의미하고, '氫(수소 경)', '氧(산소 양)', '氦(헬륨 양)', '氬(아르곤 아)' 등은 모두 화학 원소를 나타낸다.

气 [qì]部

字形分析

"气"是象形字, 古文字像云气蒸腾上升的样子。

字义发展

"气"的本义为云气。后来则用以指没有一定的形状或体积, 能自由流动的物体, 如"空气"、"气体"; 引申指自然界的冷暖阴晴等现象, 如"气候"、"天气"; 又抽象指人的内在精神或外在风貌, 如"气质"、"气节"、"气概"、"神气"; 又为中医学的术语, 指人体蕴含的一种机能, 如"气虚"、"气血两亏"、"气功"。

部首组字例释

作为部首, "气"通常位于汉字的右上侧, 例如"氛"、"氧"、"氢"。气部的字多与云气或气体之义有关, 现代字典中大多为新学科产生后的后起字, 例如"氛"指氛围、情势, "氤氲"形容烟云弥漫之貌, "氢"、"氧"、"氦"、"氩"之类, 则都是化学元素。

气 [きがまえ]

字形分析

《气》は水蒸気が立ちのぼるさまをかたどった象形文字である。

字義発展

《气》の本義は水蒸気であり、のちには「空気」や「気体」のように、一定の形や体積をもたず自由に流れることができるものを意味するようになった。のち引いて「気候」や「天気」のように自然界の温暖寒冷などの現象を表し、また「気質」や「気概」のように人間に内在する精神的または外面的な様相を表現する。また漢方医学では体内に宿る機能の一種を表し、「気功」とか「気虚」のように用いる。

部首組字例釈

部首としての《气》は「気」や「氧」(酸素) のように漢字の右上に配置される。《气》部の漢字は天気や気体に関係するものが多いが、現代の辞書には新しい学問に使われる後起の漢字が多い。例えば「氛」は雰囲気や情勢を意味し、「氫」や「氧」「氦」「氩」などは元素記号を表す。

水 [물 수]

韓

자형 변화

| 갑골문 | 금문 | 소전 | 예서 | 해서 |

자형 분석

"水(물 수)"는 상형자로, 고문자는 물이 구비치는 곳에 물결이 있는 즉 물이 흐르는 형상을 본뜬 것으로, 물의 상형성을 잘 보존하고 있다.

자의 변화

"水"의 본의는 무색 무미의 투명한 액체이다. '河水(하수)', '江水(강수)', '漢水(한수)'처럼 고대에는 '하천'을 통칭하였다. 세월이 흐르면서 '水庫(shuǐkù: 저수지, 댐)', '淚水(누수)', '墨水(묵수)'처럼 모든 액체를 가리키게 되었다.

소속 한자 해석

부수로서 "水"는 통상 '淸(맑을 청)', '涉(건널 섭)'처럼 한자의 왼쪽에 놓여 "氵(물 수)" 모양으로 쓰며 중국에서는 '三點水(sāndiǎns-huǐ)', 한국에서는 '삼수변'으로 불린다. 때로는 '泉(샘 천)'처럼 한자의 아래쪽에 놓이기도 하는데, 이때는 "水"로 쓴다. "水"부의 한자는 주로 물과 관련된 것이 많은데, 예를 들어 '漢(한수 한)'은 본래 오로지 '漢水(한수: '漢江'이라고도 함)'를 '河(강 이름 하)'는 중국 상고시기에는 오로지 '황하'만을 가리켰다. '溝(봇도랑 구)', '渠(도랑 거)' 등은 물이 흐르는 수로를 의미하고, '激(물결 부딪쳐 흐를 격)', '涌(물 솟을 용)' 등은 물의 흐름을 나타내며, '淸(맑을 청)', '混(섞을 혼)', '淺(얕을 천)', '深(깊을 심)' 등은 물의 상태나 성질 등을 나타낸다.

水 [shuǐ]部

字形分析

"水"是象形字, 古文字的"水"始终保持着它的象形性: 弯曲有波纹, 像水流的形状。

字义发展

水的本义是一种无色、无味、透明的液体。古代为江河的通称, 如"河水"、"江水"、"汉水"。后泛指所有的液体, 如"水库"、"泪水"、"墨水"。近又发展出一些新义, 如走私货称"水货", 盖因从海上运来; 学问或能力不怎么样称为"有点儿水", 形容像兑水稀释了一样不是货真价实。

部首組字例释

作为部首, "水"通常位于汉字的左侧, 写作"氵", 俗称"三点水", 如"清"、"涉"; 有时位于汉字的下部, 写作"水", 如"泉"、"朵"。水部的字多与水有关, 例如"汉"字, 本专指汉水 (又叫汉江); "河"在中国上古专门指黄河; "沟"、"渠"等为水流的渠道; "激"、"涌"等表示水的流动; "清"、"混"、"浅"、"深"等表示水的状态、性质等等。

水 [さんずいへん]

字形分析

《水》は曲がりくねって流れる水流の形をかたどった象形文字である。

字義発展

《水》の本義は無色透明で無味の液体である。「河水」「江水」「漢水」のように、古代では河川の名称に使われた。のち「水庫」(ダム)「涙水」「墨水」(インク)のように広く液体一般を指す。

部首組字例釈

部首としての《水》は通常は「清」「渉」のように漢字の左側に置かれ、《氵》と書かれて「三点水」(サンズィヘン)と呼ばれる。また「泉」のように漢字の下部に置かれることもあり、その時は《水》と書かれる。《水》部の漢字は水に関係することが多く、たとえば「漢」はもともと漢水という川を指す文字だった。「河」は古代ではもっぱら黄河を指し、「溝」や「渠」は水が流れる水路を意味し、「激」や「涌」は水が流れるさま、「清」や「混」、「浅」、「深」などは水の状態や性質を表す。

火 [불 화]

갑골문	금문	소전	예서	해서

자형 분석

"火(불 화)"는 상형자로, 고문자는 불꽃이 타오르고 있는 형상을 본뜬 것이다.

자의 변화

"火"의 본의는 화염이며 불꽃이 붉은색이므로 "火"는 붉은색을 나타내기도 한다. 또 불은 열기이므로 한의학에서는 염증으로 생긴 병을 '上火(shànghuǒ, 화기)'라고 한다. 그 외에도 "火"는 맹렬한 기세가 있으므로 '火急(화급)'과 같이 '격렬하다' 또는 '긴급하다'라는 비유에 쓰인다.

소속 한자 해석

부수로서 "火"는 '燒(불사를 소)', '炕(마를 항)'처럼 한자의 왼쪽에 '災(재앙 재)', '灸(뜸 구)'처럼 한자의 아래쪽에 위치하며, 또 '烈(세찰 렬)', '燾(비출 도)'처럼 "灬(불 화)"로 쓰기도 한다. "火"부의 한자는 대부분 불, 열, 빛 등과 관계있는 것이 많은데, 예를 들어 '滅(불꺼질 멸)'의 간체자인 '灭'은 위는 "一", 아래는 "火"로 구성되어 불을 눌러 끄는 의미를 나타내는 현대의 회의자이다. '熱(더울 열)'은 온도가 높은 것으로, '冷(찰 랭)'과 대비를 이룬다. '灰(재 회)'의 본의는 물질이 연소된 뒤에 남는 분말 형태의 '재'를 나타낸다.

火 [huǒ]部

字形分析

"火"是象形字，古文字像火苗上窜之形。

字义发展

"火"的本义是火焰。由于火焰是红色的，所以"火"引申指红色，如"如火如荼"；火是热的，故中医把发炎引起的病症叫"上火"；另外，火还由于其猛烈的势头，而被用来比喻暴烈或紧急，如"火暴"、"火急"。

部首组字例释

作为部首，"火"有时位于汉字的左侧，如"烧"、"炕"；有时位于汉字的下部，如"灾"、"灸"，又写作"灬"，如"烈"、"煮"。火部的字大都与火、热或光等意义有关，例如"灭"，这是一个新造会意字，上"一"下"火"，表示把火压住并使之熄灭。"热"是指温度高，与"冷"相对。"灰"的本义是指"灰烬"，即物质燃烧后剩下的粉末状的东西。

火 [ひへん・れんが]

字形分析

《火》は炎が燃えさかっている形をかたどった象形文字である。

字義発展

《火》の本義は炎であり、炎が赤いことから《火》が赤いことを表す。また火が熱いことから、漢方医学ではのぼせることを「上火」という。そのほかにも《火》には猛烈な勢いがあることから、「火急」のように「激しい」とか「緊急」という意味を表す。

部首組字例釈

部首としての《火》は「焼」や「炕」のように漢字の左側に配置され、また時には「災」や「烈」のように漢字の下部に置かれ、《灬》と書かれる。《火》部の漢字は火、あるいは熱に関係するものが多く、たとえば「滅」の簡体字として近年に作られた「灭」は《一》と《火》からなり、燃えている火に蓋をして火を消すことを表す会意文字である。《熱》は温度が高いことを表し「冷」と対比をなす。「灰」の本義は物が燃焼したあとに残る粉末状の「灰」を表す。

爪 [손톱 조]

자형 변화

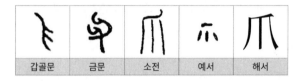

| 갑골문 | 금문 | 소전 | 예서 | 해서 |

자형 분석

"爪(손톱 조)"는 상형자로, 고문자는 손톱으로 물건을 잡으려고 하는 모습을 본뜬 것이다.

자의 변화

"爪"의 본의는 사람의 손톱이나 짐승의 발톱이다.

소속 한자 해석

부수로서 "爪"는 '爭(다툴 쟁)'처럼 한자의 위쪽에 위치할 때는 "爫"로 쓰는데, 중국에서는 '爪字頭(zhǎozìtóu)'라고 하며 한국에서는 '손톱조머리'라고 한다. 또 때로는 '爬(긁을 파)'처럼 한자의 왼쪽에 위치하기도 한다. "爪"부의 한자는 주로 '잡다'는 뜻과 관련있는데, 예를 들어 '采(캘 채)'는 "爪"와 "木(나무 목)"으로 이루어져 손으로 '采集(채집)'처럼 나뭇가지에서 과실을 따는 것을 나타낸다. '爬(긁을 파)'는 "爪"와 소리를 나타내는 "巴(땅 이름 파)"로 이루어져, '爬行(파행)'처럼 사지로 지면을 기어가는 것을 말한다.

爪 [zhǎo]部

字形分析

"爪"是象形字，古文字像手抓挠之形。

字义发展

"爪"本义为人手或鸟兽的爪子。部首组字例释 作为部首，"爪"有时位于汉字的上部，写作"爫"，俗称"爪字头"，例如"爭（争）"；有时位于汉字的左侧，写作"爪"，例如"爬"。爪部的字多与抓取等义有关。例如"采"字由"爪"和"木"组成，表示用手从树上摘取果实，如"采集"。"爬"字从"爪""巴"声，表示用四肢在地上匍匐行走，如"爬行"、"爬动"。

爪 [つめ]

字形分析

《爪》は爪でなにかをつかもうとする形をかたどった象形文字である。

字義発展

《爪》の本義は人や鳥獣のつめである。

部首組字例釈

部首としての《爪》は「爭」のように漢字の上部に置かれ、《爫》と書かれ、「爪字头」(つめかんむり)という。また「爬」のように漢字の左側に置かれることもある。《爪》部の漢字は「つかむ」ことと関係があり、たとえば「采」は《爪》と《木》からなり、枝に実っている果実を手でつかむことから、「采集」のように使う。「爬」は《爪》と音符《巴》からなり、「爬行」や「爬虫類」のように4本の手足で地面を這うことをいう。

父 [아비 부]

자형 변화

갑골문	금문	소전	예서	해서

자형 분석

"父(아비 부)"는 상형자로, 고문자는 손에 도끼를 쥐고 있는 모습을 본뜬 것이다.

자의 변화

"父"의 본의는 '도끼'이다. 상고(上古) 시대에 도끼는 생산과 전쟁의 중요한 도구이자 권력의 상징이었는데, 의미가 확대되어 한 항렬 높은 남자의 통칭으로 사용되었다. 후에 본의는 '斧(도끼 부)' 자로 나타내고, '父'는 오로지 가족 내에서의 직계 혈통으로의 한 항렬 높은 남자, 즉 '부친'을 나타내는 데 사용되었다. 남성에 대한 미칭으로도 사용되었는데 이때는 'fǔ(한국어는 '보')'라고 읽는다. 중국 고대 신화에서 해를 쫓은 '夸父(과보)', 공자를 '仲尼父(중니보)'라고 부르는 것이 그 예이며, 이 의미의 "父"는 (주나라의 현신인) '仲山甫'처럼 "甫(클 보)"로 쓰기도 하였다.

소속 한자 해석

부수로서 "父"는 '爸(아비 파)', '爺(아비 야)'처럼 한자의 위에 위치한다. "父"부의 한자는 부친 혹은 한 항렬 높은 남성에 대한 호칭에 많이 쓰인다. '爺(아비 야)'의 본의는 '부친'이었지만 지금은 '조부'를 의미하게 되었고, '老爺(lǎo·ye, 어르신)'처럼 연장자나 지위가 높은 남성에 대한 경칭으로도 사용되었다. 지위가 높은 남성에 대한 경칭으로 사용되기도 했다.

父 [fù]部

字形分析

"父"是象形字。古文字像手持斧之形。

字义发展

"父"的本义为斧子。上古时代,斧是重要的生产和作战工具,也是权力的象征,遂引申为对男性长辈的通称。后本义由"斧"字表示,"父"字专门用于称呼家庭中直系血统的上一代男性——即父亲。又引申为对男子的美称,读为fǔ,如神话中追日的"夸父",孔子被称为"仲尼父",这个意义的"父"又写作"甫",如"仲山甫"。

部首組字例释

作为部首,"父"位于汉字的上面,如"爸"、"爷"。"父"部的字多表示对于父亲或男性长辈的称呼,如"爸"、"爷"。其中"爷"字本义为父亲,现在则表祖父之义。"爷"字有时也指对长辈或旧时对有地位的男子的敬称,如"大爷"、"老爷"。

父 [ちち]

字形分析

《父》は手に斧を持っている形にかたどった象形文字である。

字义发展

《父》の本義は斧である。原始時代において斧は仕事をするための重要な生産道具であり、また権力の象徴であったので、のちに男性年長者の通称に使われた。のちその意味は「斧」という字で表され、「父」はもっぱら家族内での直系系統での一世代上の男性、すなわち父親を表すのに使われた。また男性に対する美称にも使われ、そのときには《fǔ》（日本語はホ）と読む。孔子を「仲尼父」と呼ぶのがその例であり、のちこの意味の《父》は《甫》と書かれるようになった。

部首組字例釈

部首としての《父》は「爸」や「爺」のように漢字の上に置かれる。《父》部の漢字は父親あるいは年配の男性に対する呼称に使われることが多い。「爺」の本義は父親だったが、今で父方の祖父を意味する。「爺」はかつてまた「老爺」のように高い地位をもつ男性に対する敬称に使われることもあった。

爻 [점괘 효]

자형 변화

| 갑골문 | 금문 | 소전 | 예서 | 해서 |

자형 분석

"爻(점괘 효)"는 상형자로, 고문자는 팔괘를 구성하는 길고[—] 짧
은[--] 횡선의 형태를 본뜬 것으로 '주역'에서 괘를 구성하는 기호
이다.

자의 변화

괘의 변화는 효의 변화에 의해서 정해지기 때문에 "爻"는 여러 가
지 요소가 뒤섞여 변동하는 의미를 나타낸다. "爻"부의 한자는 비
교적 적고 또 태반이 거의 사용되지 않는 생경한 글자이다.

소속 한자 해석

부수로서 "爻"는 단지 한자를 구성하는 요소로 주로 쓰이며 실제의 의미를 갖지는 않는다. 예를 들어 회의자 '爽(시원할 상)'은 일설에는 사람의 좌우 겨드랑 밑에 불이 있는 형태를 본뜬 것으로 '밝다'라는 뜻을 나타내는데, 뜻이 확대되어 '秋高氣爽(qiūgāo-qìshuǎng: 가을 하늘은 높고 날씨는 상쾌하다)'과 같이 '쾌적하다', '상쾌하다'는 의미를 나타낸다. 또 '分毫不爽(fēnháobùshuǎng: 조금도 틀리지 않다)'이나 '屢次爽约(lǚcìshuǎngyuē: 누차 약속을 저버리다)'처럼 '틀리다'와 '약속을 지키지 않다'는 의미로 차용되기도 한다.

爻 [yáo]部

字形分析

"爻"是象形字。古文字字形像组成八卦的长短横道, 即《周易》中组成卦的符号。

字义发展

由于卦的变化取决于爻的变化, 因此"爻"字表示交错变动之义。爻部的字比较少, 且大多为生僻字。

部首組字例释

作为部首, "爻"往往只用作组成汉字的符号, 而不具有实际的意义。如会意字"爽"字, 或说字形像人左右腋下有火之貌, 表示明亮之义。引申有舒适、畅快义, 如"秋高气爽"、"神清气爽"; 借以表示错误或违背信约之义, 如"分毫不爽"、"屡次爽约"。

爻 [こう]

字形分析

《爻》は八卦を構成する短い横線の形をかたどった象形文字で、『周易』で使われる記号の要素である。

字義発展

卦の変化は爻の変化によって決まるから、《爻》はいろんなものが入り交じって変動することを表す。《爻》部の漢字は少なく、またほとんど使われない難しいものが多い。

部首組字例釈

部首としての《爻》はただ漢字を構成する要素であることが多く、実際の意味をもたない。たとえば「爽」は一説では人の脇の下に火がある形を表す会意文字で「明るい」意を表し、引いて「秋高気爽」のように「快適である」「さわやかである」ことを表す。

爿 [장수장 변]

자형 변화

소전	예서	해서

자형 분석

"爿(나뭇조각 장)"은 상형자로, 고문자는 "木(나무 목)"의 가운데를 쪼갠 왼쪽 반의 형태를 본뜬 것이다.

자의 변화

본의는 나무를 쪼갠 나뭇조각인데, 후에 '一爿 水田(yīpánshuǐtián: 논 한 뙈기)'처럼 상점이나 논밭, 공장 등을 세는 양사로 사용되고 있다. 위 뜻으로 쓰일 때 "爿"은 'pán'으로 읽고 주로 방언에 쓰인다. 그 밖에 'qiáng'으로 읽기도 하는데, 이 뜻으로 쓰일 때 고문자는 세워 놓은 침대를 본뜬 것으로 '牀(평상 상)'(후에 간화되어 '床[상 상]'으로 쓰임)자의 초기 형태이다.

소속 한자 해석

부수로서 "爿"은 '壯(씩씩할 장)', '狀(형상 상)'처럼 한자의 왼쪽에 위치하며 간체자로는 '壮', '状'처럼 "丬"으로 쓴다. "爿"부의 한자는 주로 침대와 관련된 것이 다수지만, 대부분의 경우 '爿'자는 '壯', '狀'처럼 형성자의 음을 나타내는 부호로 쓰인다.

丬 [qiáng]部

字形分析

"丬"是象形字。古文字像"木"从中间劈开的左边一半之形。

字义发展

本义为劈木而成的木片。后引申作量词, 指商店、田地、工厂等, 如"一丬商店"、"一丬水田"。以上是"丬"字读为pán时的用法, 这些用法多出现于方言中。此外, "丬"字还可读为qiáng, 此时古文字字形像竖起来的床, 为"牀"(简化后写为"床")字的最初写法。

部首组字例释

作为部首, "丬"字位于汉字的左边, 写作"丬", 如"壮"、"状"。丬部的字含义多与床相关, 但更多时候"丬"字是作为提示汉字读音的声符来使用的, 如"壮"、"状"。

爿 [しょうへん]

字形分析

《爿》は《木》を左右に切り裂いたうちの左半分の形をかたどった象形文字である。

字義発展

本義は木を割ってできた木片で、のちに量詞として商店や田地、工場などを数えるのに使われる。このときの《爿》はpánと読み、主に方言に使われるが、他にもqiángという読みがあり、ベッドの象形文字で、のちに「牀」と書かれ、「床」と簡略化される。

部首組字例釈

部首としての《爿》は「壮」「状」のように漢字の左側に配置され、《丬》と書かれる。《爿》部の漢字にはベッドに関するものが多いが、多くの場合、「壮」「状」のように形声文字の音符として使われる。

片 [조각 편]

韓

자형 변화

갑골문	소전	예서	해서

자형 분석

"片(조각 편)"은 상형자로, 고문자는 쪼개진 나뭇조각의 형태를 본뜬 것이다.

자의 변화

"片"의 본의는 '나뭇조각'이며, 널리 '肉片(ròupiàn: 편육)', '唱片(chàngpiàn: 레코드)', '藥片(yàopiàn: 알약)', '卡片(kǎpiàn: 카드)'처럼 납작하고 얇은 것을 가리키게 되었다. 또 '片刻(piànkè: 잠깐, 잠시)', '片面(piànmiàn: 단편적이다)'처럼 '적다', '온전하지 않다'라는 뜻을 나타낸다. 또 '一片肉(yí piàn ròu: 고기 한 조각)', '兩片藥(liǎng piàn yào: 알약 두 개)', '一片好心(yí piàn hǎoxīn: 성의, 호의)'처럼 구체적 또는 추상적인 얇은 조각을 헤아리는 데 쓰인다.

소속 한자 해석

부수로서 "片"은 '版(널 판)', '牖(창 유)'처럼 한자의 왼쪽에 위치한다. "片"부의 한자는 주로 '조각 모양의 물건'과 관계있는데, '版'은 '片'과 발음을 나타내는 "反(되돌릴 반)"으로 이루어진 형성자로 본의는 '건축용 목판'이다. 고대 서사(書寫)용의 목간과 건축용의 목판은 외형이 서로 비슷해서, 그로 인해 '版'은 '간독'과 '서적'을 가리키게 되었다. '牌(패 패)'도 판 모양의 물건으로 윗면에 문자나 도형이 있는 '門牌(문패)'처럼 문자나 도형이 새겨진 징표를 가리키며, '盾牌(dùnpái: 방패)'처럼 방호 용구를 나타내거나 '麻將牌(májiàngpái: 마작)'처럼 오락용품을 나타내거나 '品牌(pǐnpái: 상표)', '名牌(míngpái: 유명 상표)'처럼 상표를 가리키기도 한다.

片 [piàn]部

字形分析

"片"是象形字。古文字像劈开的木片之形。

字义发展

"片"的本义为木片。泛指扁而薄的东西，如"肉片"、"唱片"、"药片"、"卡片"。又指少的、零星的，如"片刻"、"片面"、"分片包干"。引申做量词，用来指称具象或抽象的片状事物，如"一片肉"、"两片药"、"一片好心"、"片言只语"。

部首组字例释

作为部首，"片"位于汉字的左侧，如"版"、"牖"。"片"部的字多与片状物有关，如形声字"版"，从片反声，本义为供建筑用的木板。古时书写用的木简与建筑所用的木板外形相似，因此"版"字引申指简牍，亦指书籍。"牌"，指某种板状的物品，或指上面有文字或图形的凭证、标志，如"门牌"、"奖牌"；或为防护用具，如"盾牌"；或为娱乐用品，如"扑克牌"、"麻将牌"；或指商标，如"品牌"、"名牌"。

片 [かた]

字形分析

《片》は材木を左右に割った形にかたどった象形文字である。

字義発展

《片》の本義は木片であり、そこから「肉片」や「唱片」(レコード)、「卡片」(カード)のようにうすいものを意味する。また「片時」や「片面」のように「少ない・ばらばら」という意味を表す。引いて量詞に使われ、「一片肉」とか「片言只语」というように、ごく微細なものを表すのに用いられる。

部首組字例釈

部首としての《片》は「版」や「牖」のように漢字の左側に配置される。《片》部の漢字に「板状のもの」という意味に関係があって、「版」は《片》と発音を表す《反》とからなる形声文字で、本義は建築に用いる木板のことである。古代では文字の記録に使われた木簡と建築用の木板の形が似ていたことから、「版」が文字記録用の木簡とか書籍という意味に使われる。「牌」も板状のもので、上には何かの証明とか標識を書いたことから「門牌」というように使われる。「盾牌」は防護用具の盾で、「扑克牌」(トランプ)や「麻雀牌」は娯楽用品であり、「品牌」「名牌」はブランドのことである。

牙 [어금니 아]

자형 변화

금문	전국문자	소전	예서	해서

자형 분석

"牙(어금니 아)"는 상형자로, 고문자는 어금니가 위아래로 엇갈린 모습을 본뜬 상형자이다.

자의 변화

"牙"의 본의는 '어금니'를 지칭하였으나 치아(齒牙)처럼 일반적으로 '이'를 가리킨다. 또한 아기(牙旗: 끝을 상아로 장식한 깃대)처럼 상아(象牙)를 나타내기도 한다. 후에 첨아(檐牙: 처마)처럼 '이'를 닮은 물건을 가리키게 되었다.

소속 한자 해석

부수로서의 "牙"는 "弿(버틸 탱)"이나 "痕(齦[잇몸 은]의 이체자)"처럼 한자의 아래쪽이나 왼쪽에 위치한다. "牙"부의 한자는 그다지 많지 않고 대부분 생소한 벽자가 많아 지금은 거의 사용되지 않는다.

牙 [yá]部

字形分析

"牙"是象形字, 古文字像大牙上下交错之形。

字义发展

"牙"的本义为槽牙, 即臼齿。

部首组字例释

作为部首, "牙"位于汉字的左侧、上部或下部。牙部字不多, 且大都是生僻字, 现已不用。

牙 [きば]

字形分析

《牙》は大きな歯が上下に交錯している形をかたどった象形文字である。

字義発展

《牙》の本義は臼歯のことである。

部首組字例釈

部首としての《牙》は漢字の左側か上部、あるいは下部に配置されるが、《牙》部の漢字はあまり多くないし、難しい漢字が多くて今ではすでに使われなくなっている。

牛 [소 우]

자형 변화

갑골문	금문	소전	예서	해서

자형 분석

"牛(소 우)"는 상형자로, 고문자는 정면에서 소의 머리 형태를 본뜬 것이다. 위로 치솟은 소뿔의 특징을 부각시켰다.

자의 변화

"牛"는 '六畜(육축: 소, 말, 양, 돼지, 개, 닭)'의 하나로, 몸집이 커서 힘이 세고 길들이기가 쉬워서 부려먹기에 제격이다. 고대 중국에서 소는 농사짓는 데 쓰였을 뿐 아니라 가장 중요한 용도로 신에게 제사 지낼 때 제수용으로 쓰였다. 옛 사람은 소를 제수용품 중 상등품으로 여겼으며 소, 양, 돼지를 갖춘 제수용품을 '太牢(태뢰)'라고 하여 최고의 격식이었다. 소가 사용되지 않은 것은 '少牢(소뢰)'라고 한다.

소속 한자 해석

부수로서 "牛"는 '特(특별할 특)', '牧(칠 목)'처럼 통상 한자의 왼쪽에 위치하며 "牜(소우변 우)"로 쓴다. 중국에서는 '牛字旁 (niúzìpáng, 한국에서는 '소우변')'이라고 부른다. 또 '牽(끌 견)', '牢(우리 뇌)'처럼 한자의 아래쪽에 위치하기도 하는데, 그때는 "牛"로 쓴다. "牛"부의 한자는 주로 소나 가축과 관련된 것이 많은데 '特'은 "牛"와 소리를 나타내는 "寺(관청 시)"로 이루어졌고, 본래는 '숫소'를 의미하지만 형용사로 쓰여 '特別(특별)', '特務(특무)'처럼 '독특하다', '돌출되다'라는 의미를 나타낸다. '犢(송아지 독)'은 "牛"와 소리를 나타내는 "賣(瀆[도랑 둑]에서 氵가 생략된 것)"으로 이루어져 본의는 '송아지'를 의미한다.

牛 [niú]部

字形分析

"牛"是象形字, 古文字像正面的牛头之形, 并突出了两只牛角翘起的特征。

字义发展

"牛"是六畜之一, 体硕力大, 容易驯养, 可供役使。在中国古代, 牛除了用作耕作之外, 还有一个最重要的用途, 就是用作祭品祭祀神灵。古人认为牛是所有祭品中的上品, 具备牛羊豕三牲的祭品为"太牢", 是最高规格; 无牛则为"少牢"。牛因其体硕力大脾气犟的特点, 而被用以比喻人或事物带点儿傲气的强大、厉害, 如"你真够牛的!""这车真牛啊!"

部首组字例释

作为部首, "牛"通常位于汉字的左侧, 写作"牜", 俗称"牛字旁", 如"特"、"牧"; 位于汉字的下部时写作"牛", 如"牵"、"牢"。牛部的字多和牛或牲畜有关, "特"字从牛寺声, 本义是指雄性的牛, 用作形容词, 表示独特、突出的意思, 例如"特别"、"特务"。"犊"字从牛卖声, 本义指小牛, 如"初生牛犊不怕虎", 是说刚出生的小牛连老虎都不怕, 比喻年轻人做事无所畏惧, 敢作敢为。

牛 [うしへん]

字形分析

《牛》はウシを正面から見て、ツノが突き出ている形をかたどった象形文字である。

字义发展

《牛》は「六畜」の一つで身体が大きくて力も強く、飼い慣らすのが容易で使役しやすい。古代中国ではウシは農耕に使うだけでなく、祭祀での犠牲動物に使うという重要な役割があった。ウシは祭祀犠牲でのもっとも高級なもので、ウシ・ヒツジ・ブタを供えたものを「太牢」といい、最高の規格であった。ウシが使われていないものを「少牢」という。

部首組字例釈

部首としての《牛》は「特」や「牧」のように通常は漢字の左側に配置されて《牜》と書かれ、「牛字旁」（うしへん）と呼ぶ。また「牽」「牢」のように漢字の下部に置かれることもあり、その時には《牛》と書かれる。《牛》部の漢字はウシあるいは牧畜に関係することが多く、「特」は《牛》と音符《寺》からなる形声文字で、本来は牡の牛を意味した。形容詞として、「特別」とか「特務」のように「独特の」「突出した」という意味を表す。「犢」は《牛》と音符《賣》とからある形声文字で、子牛を意味する。

犬 [개 견]

韓

자형 변화

갑골문	금문	소전	예서	해서

자형 분석

"犬(개 견)"은 상형자로, 고문자는 '개'의 모습을 본뜬 것이다.

자의 변화

"犬"의 본의는 '개'이다. 현대 중국어에서 '犬(개 견)'자는 주로 "鸡犬升天(jīquǎnshēngtiān: 한 사람이 성공하면 주변의 모든 사람들이 덕을 본다)"처럼 성어나 고문에만 남아 있다.

소속 한자 해석

부수로서 "犬"은 '猫(고양이 묘)', '狠(개 싸우는 소리 한)'과 같이 통상 한자의 왼쪽에 위치하며 "犭(개사슴록변)"으로 쓴다. 때로는 '獻(드릴 헌)'이나 '獒(큰개 오)'처럼 오른쪽이나 아래쪽에 위치하기도 하는데, 이때는 "犬"으로 쓴다. "犬"부의 한자는 주로 개나 동물 등과 관계가 있는데, '猛(사나울 맹)'은 본래 힘이 세고 난폭한 개라는 본의에서 '猛烈(맹렬)'과 같이 '행동이 신속하다', 혹은 '힘이 강하다'라는 의미로 뜻이 확대되었다. '狠'은 본래 개가 싸울 때의 소리로, 후에 '흉악하다', '잔인하다'라는 의미로 사용되었다.

犬 [quǎn]部

字形分析

"犬"是象形字, 古文字像犬之形。

字义发展

"犬"的本义是指狗。现"犬"字多保留在文言和成语中, 如"鸡犬不宁"、"画虎不成反类犬"。也用于自谦, 如称自己的儿子为"犬子"。

部首组字例释

作为部首, "犬"通常位于汉字的左侧, 写作"犭", 如"猫"、"狠"; 有时位于汉字的右侧和下部, 写作"犬", 如"厌"。犬部的字多与狗或动物等意义有关。例如"猛"本指健壮的狗, 引申为行动迅速, 力量强大, 如"凶猛"、"猛烈"。"狠"本指狗争斗时发出的声音, 后引申指凶恶, 残忍, 例如"凶狠"、"狠心"。

犬 [いぬ]

字形分析

《犬》はイヌの形をかたどった象形文字である。

字義発展

《犬》の本義はイヌである。現代の中国語ではイヌを「狗」で表すが、「犬」という漢字は古文や成語の中にたくさん残っている。

部首組字例釈

部首としての《犬》は「猫」や「狼」のように通常は漢字の左側に置かれ、《犭》と書かれる。また「状」や「厭」のように右側や下部に置かれることもあり、そのときには《犬》と書かれる。《犬》部の漢字はイヌあるいはその他の動物と関係があり、「猛」はもともと力がつよく気性の荒いイヌのことで、引いて行動が迅速である、あるいは力が強いという意味に使われる。「狼」はイヌがけんかするときの声で、のちに引いて凶悪である、残忍であるという意味に使われる。

5획

玄　用　皮　示

玉　田　皿　内

瓜　疋　目　禾

瓦　疒　矛　穴

甘　灭　矢　立

生　白　石

玄 [검을 현]

자형 변화

갑골문	금문	소전	예서	해서

자형 분석

"玄(검을 현)"은 상형자로, 고문자에서 아래는 하나로 합쳐 꼰 실을 위는 실타래를 묶은 끈을 본뜬 것으로, 실 염색을 위한 매듭을 나타낸 것이다.

자의 변화

"玄"의 본의는 '적흑색' 또는 '흑홍색'이며, '심오하다', '이해하기 어렵다'라는 의미로 뜻이 확대되었다. 예를 들어 '玄妙(현묘)'는 내용이 심오하고 미묘하며 파악하기 어려운 것을 형용하며, '玄理(현리)'는 미묘하고 심오한 도리를 나타낸다. 후에 "玄"은 또 중국어의 "故弄玄虛(gùnòngxuánxū: 고의로 농간을 부려서 남을 호리다)"처럼 '진실하지 않다', '신뢰할 수 없다'는 의미로 뜻이 확대되었다. "玄"부의 한자는 소수이고 대부분이 흔히 쓰이지 않는 벽자이다.

소속 한자 해석

부수로서 "玄"은 주로 한자를 구성하는 부호 역할만 하고 실제 의미를 가지지는 않는다. 예를 들어 상형자인 '率(거느릴 솔, 비율 율)'은 중국어로 "shuài(솔)"와 "lǜ(율)"의 두 가지의 발음이 있는데, 고문자는 새를 잡는 그물의 형태를 본뜬 것이나 본의는 사용되지 않게 되었다. "shuài"로 읽을 때는 동사로 '統率(통솔)'처럼 '거느리다', '인솔하다'의 뜻을 나타내거나 형용사로 '直率(zhíshuài: 솔직하다)'처럼 '솔직하다'라는 의미를 나타내며, 또는 '輕率(경솔)'처럼 '경솔하다', '신중하지 않다'라는 의미를 나타내기도 한다. "lǜ"로 읽을 때는 '效率(효율)', '圓周率(원주율)'처럼 숫자의 비율에 많이 쓰인다.

玄 [xuán]部

字形分析

"玄"是象形字。古文字字形下部像单绞的丝,上部像丝绞上的系带,表示染丝用的丝结。

字义发展

"玄"的本义为赤黑色或黑中带红。引申表示深奥、不容易理解之义,如"玄妙"形容事理深奥、微妙、难以捉摸,"玄理"指精微的义理或深奥的道理。进一步引申有不真实、不可靠之义,如"故弄玄虚"指故意玩弄花招,迷惑人,欺骗人。玄部的字比较少,且大多为生僻字。

部首组字例释

作为部首,"玄"往往只用作组成汉字的符号,而不具有实际的意义。如象形字"率"字,有"shuài"与"lǜ"两种读音。古文字字形像捕鸟的丝网。本义为捕鸟的丝网。后来本义不再使用。读作"shuài"时,或用作动词,表示带领之义,如"率领"、"统率"等;或用作形容词,表示爽直坦白之义,如"直率"、"坦率"等;或表轻易、不慎重之义,如"轻率"、"草率"。读作"lǜ"时,多用作数字比值,如"效率"、"概率"、"圆周率"。

玄 [げん]

字形分析

《玄》の古代文字は、下部をひとまとめにし、上に絹に模様をつけるための結び目がついている絹糸の形をかたどった象形文字である。

字義発展

《玄》の本義は「赤黒色」もしくは「黒の中に赤が混じっている」ことで、引いて「深奥である」あるいは「容易には理解しがたい」という意味を表す。たとえば「玄妙」はことがらが奥深く微妙でとらえがたいこと、「玄理」は精緻にして奥深い道理を表す。さらに進んで「真実でない」あるいは「当てにならない」ことを表すこともある。《玄》部の漢字は多くなく、大多数がめったに使われない難解な漢字である。

部首組字例釈

部首としての《玄》は単に漢字を構成する符号であることが多く、実際の意味を持たない。たとえば鳥を捕らえる網の形をかたどった象形文字「率」には《shuài》と《lǜ》の二つの発音があるが、本義では使われず、《shuài》と読む時は動詞でとして「ひきいる」意、あるいは形容詞として「率直である」という意味を表す。また《lǜ》と読む時には「円周率」のように数値を表すことが多い。

玉 [구슬 옥]

갑골문	금문	소전	예서	해서

자형 분석

"玉"은 상형자로, 고문자는 옥 조각을 끈으로 꿴 모습을 그린 글자이다.

자의 변화

"玉"의 본의는 '옥석', '옥기'이다. 옥은 사람들이 소중하게 여기는 것이므로 '玉人(옥인: 맑고 아름다운 사람)'처럼 의미가 확대되어 '귀중한 것', '아름다운 것'을 비유하기도 한다.

소속 한자 해석

부수로서 "玉"은 '環(고리 환)', '珠(구슬 주)'처럼 항상 한자의 왼쪽에 위치하며, "王"으로 쓴다. 또 '璧(둥근 옥 벽)', '瑩(밝을 영)'처럼 아래쪽에 위치하기도 하며, 이때는 "玉"으로 쓴다. "玉"부의 한자는 모두 '옥'과 관계가 있는데 '瓊(옥 경)', '球(옥 구)'처럼 옥석의 명칭을 나타내거나 '璧(둥근 옥 벽)', '璜(패옥 황)'처럼 옥기의 명칭을 나타내기도 한다. 또 '玲(옥 소리 령)'처럼 옥 소리를 나타내거나, 옥의 품질을 나타내기도 하는데, 예를 들면 '全(온전할 전)'은 다른 빛깔이 섞이지 않은 순색으로부터 '十全十美(십전십미)'처럼 완전무결한 의미로 뜻이 확대되었다.

"玉"과 "王(임금 왕)"은 고문자에서는 각각 글자의 형체가 달랐지만 예서(隷書)로 변화된 이후에 부수로서 한자의 왼쪽에 위치할 때는 서로 구별없이 모두 "王"으로 쓴다.

玉 [yù]部

字形分析

"玉"是象形字, 古文字描摹的是一串玉片的形状。

字义发展

"玉"的本义是玉石、玉器。由于玉石为人们所珍爱, 所以玉又引申比喻珍贵的、美好的东西, 如"玉人"、"玉照"、"金玉良言"、"金声玉振"。

部首组字例释

作为部首, "玉"经常位于汉字的左侧, 写作"王", 如"环"、"珠", 有时位于汉字的下部, 写作"玉", 如"璧"、"莹"。玉部的字都与玉有关, 或表示玉石名称, 例如"琼"、"球"; 或表示玉器名称, 例如"璧"、"璜"; 或表示玉的声音, 例如"玲"; 或表示玉的品质, 如"全"字的意思是纯色玉, 引申为完备之义, 例如"十全十美"。

"玉"和"王"在古文字中写法不同, 汉字经隶变之后, "玉"和"王"作为部首位于汉字左侧时, 写法混同, 都写作"王"。

玉 [たまへん]

字形分析

《玉》は玉片がひもで貫かれた形を描いた象形文字である。

字義発展

《玉》の本義は玉石または玉器である。玉を人々が愛好することから、玉はまた引いて貴重なもの、あるいは美しいものという意味を表す。

部首組字例釈

部首としての《玉》は「環」や「珠」のように常に漢字の左側に配置され、《王》と書かれる。また「璧」や「璽」のように下部に配置されることもあり、その時は《玉》と書かれる。《玉》部の漢字はいずれも「玉」と関係があり、「瓊」や「球」のように玉石の名称を表したり、「璧」や「璜」のように玉器の名称を表す。また「玲」のように玉が発する音を表したり、玉の品質を表し、たとえば「全」は玉の色が均一であることから、「十全十美」のように完全であることを表す。

《玉》と《王》は古代文字ではそれぞれ別の書き方をしたが、令書からあとでは部首になる時にはどちらも《王》と書かれる。

瓜 [오이 과]

자형 변화

| 금문 | 소전 | 예서 | 해서 |

자형 분석

"瓜(오이 과)"는 상형자로, 고문자는 덩굴에 오이나 참외가 매달린 모습을 본 뜬 것이다.

자의 변화

"瓜"의 본의는 박과 식물의 열매이며, 과류(瓜類)는 종류가 매우 많아 '冬瓜(동과)', '西瓜(서과: 수박)'처럼 그 열매는 채소나 과일로 식용된다. 과류(瓜類)는 큼직한 편이어서 먹을 때 조각으로 잘라야 하기 때문에 "瓜"는 항상 '分(나눌 분)'과 조합되어 '분할하다'라 는 의미를 나타낸다. 예를 들어 '瓜分(과분)'이란 과류(瓜類)를 자르듯 토지나 재산을 분할하여 차지하는 것을 비유한다.

소속 한자 해석

부수로서 "瓜"는 '瓠(박 호)', '瓢(표주박 표)'처럼 한자의 오른쪽에
위치한다. "瓜"부의 한자는 주로 과류(瓜類)의 열매와 관계가 있
는데, 예를 들어 '瓢'는 형성자로 박을 말려서 반으로 가른 물을
푸는 도구를 가리킨다.

瓜 [guā]部

字形分析

"瓜"是象形字。古文字像藤上结瓜之形。

字义发展

"瓜"的本义是一种葫芦科植物的果实。这种植物种类很多, 果实可作蔬菜或水果。如"冬瓜"、"西瓜"。由于瓜类往往较大, 人们食用时要将其切成块, 于是"瓜"就经常与"分"组合起来表示分割之义, 如"瓜分"比喻像切瓜一样分割并占有土地、财产等。

部首组字例释

作为部首, "瓜"位于汉字的右侧, 如"瓠"、"瓢"。"瓜"部的字多与瓜果义有关, 如形声字"瓢", 指葫芦晒干对半剖开之后用来舀水的器具。

瓜 [うり]

字形分析

《瓜》は蔓の上にウリが実をつけている形をかたどった象形文字である。

字義発展

《瓜》の本義はウリ科の植物の果実であり、冬瓜や西瓜など種類は非常に多いが、果実は果物あるいは野菜として食用に供せられる。ウリのたぐいはサイズが大きいので食べるときにはいくつかに切り分ける必要があり、そこから「瓜」は「分」と組み合わされて「分割する」意味を表す。たとえば「瓜分」とは土地や財産を一様に分割して専有することのたとえである。

部首組字例釈

部首としての《瓜》は「瓠」や「瓢」のように漢字の右側に配置される。《瓜》部の漢字はウリ類と関係があって、「瓢」は形声文字で、ヒョウタンやヘチマを半分に割って水をすくう道具を表す。

瓦 [기와 와]

자형 변화

전국문자	소전	예서	해서

자형 분석

"瓦(기와 와)"는 상형자로, 고문자는 기와가 서로 연이어 있는 모습을 본뜬 것이다.

자의 변화

"瓦"는 구워서 만든 토기의 총칭으로, 여아가 태어난 것을 축하하여 '弄瓦之喜(농와지희)'라고 하였는데, 여기서 '瓦'는 도기질의 '(실을 감는) 실패'를 가리키며, '弄瓦(농와: 도기로 만든 실패를 장난감으로 쥐어주다)'란 딸아이가 커서 실을 잣고 베를 짜며 가사를 돌보는 것을 뜻한다. 후에 의미가 축소되어 오로지 지붕의 기와만을 가리키게 되었다.

소속 한자 해석

부수로서 "瓦"는 '瓶(병 병)', '甌(사발 구)'처럼 통상 한자의 오른쪽에 위치하며, 때로는 '甕(독 옹)', '瓷(오지그릇 자)'처럼 한자의 아래쪽에 위치하기도 한다. "瓦"부의 한자는 주로 토기와 관련된 것이 많은데, '瓷'는 "瓦"와 음을 나타내는 '次(버금 차)'로 이루어진 형성자이다. 고령토로 구워 만든 기물로 도기에 비해 재질이 곱고 조밀하며 단단하다.

瓦 [wǎ]部

字形分析

"瓦"是象形字, 古文字像屋瓦相接之形。

字义发展

"瓦"是烧制而成的土器的总称, 如庆贺某家生了女孩, 称为"弄瓦之喜", 此处的"瓦"就是指陶质的纺锤, "弄瓦"意谓让她长大后纺花织布, 操持家务。后来词义缩小, 专指屋顶上的瓦片。

部首组字例释

作为部首, "瓦"通常位于汉字的右侧, 例如"瓶"、"瓯"; 有时位于汉字的下部, 例如"瓮"、"瓷"。瓦部字多与瓦器义有关, 如"瓷"是形声字, 从瓦次声, 是用高岭土烧制的器物, 比陶器质地细致坚硬; "甍"指屋脊。

瓦 [かわら]

字形分析

《瓦》は屋根瓦が連なっている形をかたどった象形文字である。

字義発展

《瓦》は焼き固めた土器の総称で、女児が生まれた家では「弄瓦之喜」という祝いをおこなったが、ここでいう「瓦」は陶器製の糸巻きであり、「弄瓦」とは少女が成長したのちには美しい布を織り上げ、家事を切り盛りすることをいう。「瓦」はのち意味が縮小して、もっぱら屋根瓦を意味するようになった。

部首組字例釈

部首としての《瓦》は「瓶」や「甌」のように通常は漢字の右側に配置され、また時に「瓮」や「瓷」のように漢字の下部に配置される。《瓦》部の漢字は土器と関係をもつことが多く、「瓷」は《瓦》と音符《次》からなる形声字で、「カオリン土」で焼いた磁気のこと、陶器と比べてキメが細かくて堅い。「甍」は「いらか」である。

甘 [달 감]

| 갑골문 | 금문 | 소전 | 예서 | 해서 |

자형 분석

"甘"은 지사자로, 고문자는 'ロ(입 구)'를 구성요소로 하며 그 안의 '一'은 입속에 머금고 있는 음식물을 나타낸다.

자의 변화

"甘"은 입속에 음식물을 머금고 있는 모양으로 '달다'라는 뜻을 나타낸다. '甘之如飴(gān zhī rú yí)'는 '힘든 일을 달갑게 받아들이다'는 의미이다. '同甘共苦(tóng gān gòng kǔ)'는 '동고동락하다'는 뜻이다. 뒤에 '甘雨(감우: 단비)'처럼 '좋은 것'을, 또 '단것'은 사람들이 선호하므로 '心甘情願(xīngānqíngyuàn: 내심 달갑게 바라다)'처럼 '자청하다', '기꺼이 원하다' 등의 뜻으로 의미가 확대되었다.

소속 한자 해석

부수로서 "甘"은 '甛(달 첨)', '甚(심할 심)'처럼 한자의 오른쪽 또는 위쪽에 위치한다. "甘"부의 한자는 '달다', '맛있다'와 관계있는데, '甛'은 "甘(달 감)"과 "舌(혀 설)"로 이루어진 회의자로 본의는 '단맛'이며 설탕이나 꿀과 같은 맛을 의미한다. '甚'은 주로 부사로 쓰여 '아주', '매우'라는 뜻을 나타내며, 또 동사로 '지나치다, 심해지다'라는 뜻도 나타낸다.

甘 [gān]部

字形分析

"甘"是会意字。古文字从口, 口中一横像口中所含的食物。

字义发展

"甘"字以口中含一物之形表示甜美之义。如"甘之如饴", 是说乐于做某事, 便感到它像糖那样甜。"同甘共苦", 是说共同享受幸福, 也共同承担痛苦, 比喻共同享受幸福, 共同面对困难, 引申为美好之义, 如"甘雨"、"甘霖"。甘甜之物自然容易被人接受, 故又引申表示自愿、乐意做某事之义, 如"甘拜下风", 意为诚心承认不如别人。

部首组字例释

作为部首, "甘"位于汉字的右侧或上部, 例如"甜"、"甚"。"甘"部的字含义与甜、美味有关, 如"甜"字是从甘从舌的会意字, 本义为味甘, 指像糖或蜜一样的味道, 如"甜食"、"甜瓜"。"甚", 主要做副词, 表示很、极之义, 如"甚好"、"甚安"; 又做动词, 表示超过, 如"日甚一日"。

甘 [あまい]

字形分析

《甘》は口の中に《一》を置き、食物が口の中に入っていることを示す会意文字である。

字義発展

《甘》は口の中に食物が口の中に入っていることから、あまい・おいしい意を表す。「甘きこと飴のごとし」とはなにかの仕事に楽しく従事するさまが、まるで飴を含んでいるように楽しいこと、「甘苦を共にする」はともに幸福を享受し、また苦痛を共にすることをいう。引いて「甘雨」のように「すばらしいもの」を意味し、また甘いものが人に好まれることから、「人に受け入れられやすい」あるいは「みずから進んで従事する」ことを表す。

部首組字例釈

部首としての《甘》は「甜」や「甚」のように漢字の右側または下部に配置される。《甘》部の漢字は「あまい」あるいは「美味である」ことと関係があって、「甜」は《甘》と《舌》からなる会意文字で、「砂糖や蜜のようにあまい」ことを本義とする。「甚」は主に副詞として使われ、「とても」とか「非常に」という意味を表すが、また動詞として「超過する」という意味に使われる。

生 [날 생]

韓

자형 변화

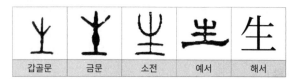

| 갑골문 | 금문 | 소전 | 예서 | 해서 |

자형 분석

"生(날 생)"은 지사자로, 고문자의 위쪽은 초목의 싹이 나온 모습을 본뜬 것이고 아래쪽은 지면을 나타낸다.

자의 변화

"生"의 본의는 초목이 지면으로부터 싹트는 것이다. 뒤에 '生産 (생산)', '發生(발생)'처럼 모든 사물이 생겨나고 발생하는 것을 뜻하게 되었다. 또 '生命(생명)', '生物(생물)', '生計(생계)'처럼 생명이 있거나 생명을 유지하는 활동을, '生手(생수: 어떤 일에 익숙하지 않은 초보자[생짜배기])'처럼 숙성되지 않거나 숙련되지 않은 것을 뜻하게 되었다. 그 외에도 '醫生(의생)', '學生(학생)', '實習生(실습생)'처럼 어떤 직업이나 활동과 결합되어 그 업종에 종사하는 사람을 지칭하게 되었다. 또 중국어에서는 '生疼(shēngténg: 매우 아프다)'처럼 부사로 쓰여 정도가 심함을 나타내기도 한다.

소속 한자 해석

부수로서 "生"은 '産(낳을 산)'처럼 한자의 아래쪽에, '甥(생질 생)'처럼 한자의 왼쪽에, '甦(다시 살아날 소)'처럼 한자의 오른쪽에 위치하기도 한다. '生'이 뜻을 나타내는 의미부로 쓰일 경우, 그 뜻은 주로 '출생', '생명'과 관계가 있는데, 즉 '産'의 본의는 '출생', '출산'이며, '甦'는 혼미한 상태에서 깨어나는 것으로 마치 다시 살아나는 것과 같다. 그러나 '甥(형부 男과 성부 生으로 구성된 형성자)'처럼 '生'이 음을 나타내는 소리부로 쓰일 때는 의미와 아무런 관련이 없다.

生 [shēng]部

字形分析

"生"是指事字。古文字上面像初生草木之形,下面表示土地。

字义发展

"生"的本义为草木从土里萌生,引申指一切事物的产生、发生,如"生产"、"发生"、"生病"、"生火";又指有生命的,或维持生命的活动,如"生命"、"生物"、"谋生"、"生计";还指不成熟或不熟练、不熟悉,如"生瓜"、"生手"、"生人";另外还与表示某种行业或活动的词结合起来,指称从事这类行业的人,如"医生"、"学生"、"实习生";作副词表程度之深,如"生疼"、"生怕"。

部首组字例释

作为部首,"生"位于汉字的下部,如"产"(简化后写为"产");或位于左侧,如"甥";或位于右侧,如"甦"。"生"字如作为意符,其含义多与出生、生命有关,"产"字本义为出生、生育,如"产子"。"甦"是从昏迷中醒过来,犹如再生。而"生"作为声符时,则只起表音作用,与意义无关,如"甥",义为男性亲属。

生 [うまれる]

字形分析

《生》は草木が地面から目を出すさまを表す指事文字である。

字義発展

《生》の本義は草木が地面から伸びることで、引いてあらゆるものが生まれ、発生することを表す。また引いて、「生命がある」あるいは「生命の活動を維持する」ことを表し、さらに「熟成していない」「火を加えていない」という意味を表す。そのほかにもある種の職業や活動と結びついてその職業に従事する人を表す。また中国語では副詞として「程度がはなはだしい」ことを表すこともある。

部首組字例釈

部首としての《生》は「産」のように漢字の下部に配置され、また「甥」のように漢字の右側、あるいは「甦」のように左側に配置されることもある。《生》は意符として「生まれる」あるいは「生命」と関係があって、「産」の本字は子どもが生まれることである。「甦」は混迷の中から覚醒することで、それはまるで再生するようである。また「甥」（男性の親族）のように《生》が単に音符として使われ、意味を表さないこともある。

用 [쓸 용]

韓

자형 변화

| 갑골문 | 금문 | 소전 | 예서 | 해서 |

자형 분석

"用(쓸 용)"은 상형자로, 고문자는 통의 모양을 본 뜬 것이다.

자의 변화

통(桶)은 사람들이 사용하는 물건이므로 "用(통 용)"은 자연스럽게 '採用(채용)'처럼 '쓰다'라는 의미가 생겨나게 되었다. 후에 명사로 사용되어 '功用(공용)', '費用(비용)'처럼 '사용하는 효과'나 '사용한 금액'을 나타내게 되었다. 그 외 중국어 "用"에는 또 '필요하다'라는 의미가 있는데, 주로 부정사 '不'의 뒤에 쓰여 '不用多说(bùyòngduōshuō: 긴말할 필요 없다, 두말하면 잔소리다)'처럼 '~ 할 필요가 없다'라는 의미를 나타낸다.

소속 한자 해석

부수로서 "用"은 '甬(종 용)', '甫(호칭 보)'처럼 한자의 아래쪽에 위치한다. '甬'은 본래 종(鐘)을 나타내는 데 후에 그 의미가 종의 자루로 축소되었으나, 이런 의미는 현대 중국어에서는 이미 사용되지 않고, 절강성(浙江省) 영파시(寧波市)의 별칭으로 쓰인다. '甫'의 고문자 자형은 논에 모종이 심어져 있는 모습을 본뜨고 있으며, 본의는 '어린 모종'이다. 그러나 본의로는 쓰이지 않고, 주로 '尼甫(니보, 중니선생님, 공자님)'처럼 고대 남성의 이름의 뒤에 '甫'를 붙여 미칭으로 사용하고 있다.

用 [yòng]部

字形分析

"用"是象形字。古文字像桶形。

字义发展

由于桶是供人使用之物，因此"用"自然有了"使用"之义，如"用力"、"采用"、"费用"。后来有了作名词的用法，表示物质使用的效果或花费的钱财，如"功用"、"费用"等。另外，"用"字还表示"需要"之义，多用于否定词"不"之后，如"不用多说"、"不用回来"、"用不用"等。

部首组字例释

作为部首，"用"位于汉字的下部，例如"甬"、"甫"、"甭"。"甬"本指钟，后来其义缩小为"钟柄"，这一意义在现代汉语中已经不用，"甬"还是浙江省宁波市的别称。"甫"古文字像田地中有菜苗之形，本义即为幼苗，后本义不再使用，而多用来表示对于古代男子的美称，其用法是在名字之后加"甫"字。"甭"是"不用"的合音字，意思就是"不用"。

用 [もちいる]

字形分析

《用》は桶の形をかたどった象形文字である。

字義発展

桶がたくさんの人に使われるものであることから、「用」におのずから「使用する」という意味ができた。のちに名詞として使われたものの効果や使った金額という意味を表すようになった。そのほか「用」にはさらに「必要」の意味もあり、否定詞「不」をともなって「〜〜する必要がない」という意味に使われる。

部首組字例釈

部首としての《用》は「甬」や「甫」のように漢字の下部に配置される。「甬」はもともと鐘を意味し、また浙江省寧波市の別名に使われる。「甫」の古代文字の字形は田んぼに苗が植えられている形をかたどっており、本義は「小さい苗」だが、その意味では使われることがなく、ほとんどの場合名前の後ろに「甫」をつけて「男子の美称」に使われる。

田 [밭 전]

자형 변화

갑골문	금문	소전	예서	해서

자형 분석

"田(밭 전)"은 상형자로, 고문자는 가로 세로로 길이 나있는 농지의 모습을 본 뜬 것이다.

자의 변화

"田"의 본의는 '농사짓는 토지'이며, 일설에는 '사냥'이라고도 한다.

소속 한자 해석

부수로서의 "田"은 대부분 한자의 아무 부분에 위치할 수 있다. '畔(밭두둑 반)', '略(간략할 략)' 등은 왼쪽에, '疆(지경 강)'은 오른쪽에, '界(지경 계)', '畏(두려워할 외)' 등은 위쪽에, '番(차례 번)', '留(머무를 류)' 등은 아래쪽에, '由(말미암을 유)', '申(거듭 신)' 등은 중심부에, '畵(그림 화)', '甸(경기 전)' 등은 안쪽에 위치한다. "田"부의 한자는 '경작', '경계선', 혹은 '사냥'과 관계가 있는데 예를 들어 '畓(논 답)'은 경작지인 논을 뜻하고, '界'의 본의는 땅의 경계이며, '男(사내 남)'은 "田"과 "力"으로 이루어져 농토에서 쟁기질을 하는 경작자를 나타낸다. 또 '甲(갑옷 갑)', '申(펼[번개] 신)', '畏(두려워할 외)' 등처럼 자형이 "田"으로 변이된 것도 있는데, '田'과 의미상 아무런 관련이 없다.

田 [tián]部

字形分析

"田"是象形字, 古文字像阡陌纵横的一块块农田。

字义发展

"田"的本义是耕种的土地。一说为打猎。

部首组字例释

作为部首,"田"几乎可以位于汉字的各个部位。位于左侧的如"畔"、"略"; 位于右侧的如"疆"; 位于上部的如"界"、"畏"; 位于下部的如"亩"、"番"; 位于正中的如"由"、"申"; 位于里面的如"画"、"甸"。田部的字有些与耕种、边界、打猎等意义有关。如"苗"指田里刚萌芽的庄稼;"界"本义是指地界;"男"字由田和力构成, 表示在农田里的耕种者。有些田部字则完全是字形变异的结果, 与"田"并无意义关联, 如"甲"、"申"、"畏"等。

田 [たへん]

字形分析

《田》はあぜ道によって区切られた田んぼの形をかたどった象形文字である。

字義発展

《田》の本義は耕作できる田畑であり、一説に狩猟のことであるともいう。

部首组字例释

部首としての《田》は漢字どの場所にも配置され、「畔」や「略」では左側に、「疆」では右側に、「界」や「畏」では上部に、「番」では下部に、「由」や「申」では中心部に、；「画」や「甸」では内側に配置されている。《田》部の漢字は「耕作」や「区切り」、あるいは「狩猟」と関係があり、たとえば「苗」は田畑に芽生えたばかりの作物を意味する。「界」の本義は土地の境界であり、「男」は《田》と《力》からなり、田畑で耕作する者を表す。また「甲」「申」「畏」など一部の《田》部の漢字は字形が変化した結果であり、「田畑」の意味とは関係がない。

疋 [발 소]

자형 변화

| 갑골문 | 금문 | 소전 | 예서 | 해서 |

자형 분석

"疋(발 소)"는 상형자로, 고문자의 위쪽은 사람의 다리를 본 뜬 것이고, 아래쪽은 발을 나타내는 "止(발 지)"이다.

자의 변화

"疋"의 본의는 '발'인데, 이 글자는 현대 중국어에서는 단독으로 사용되지 않고 단지 한자의 부수로만 쓰인다.

소속 한자 해석

부수로서 "疋"는 '疏(트일 소)'처럼 한자의 왼쪽에 위치하며, 이때는 "𤴓"로 쓴다. 또 '疑(의심할 의)'처럼 한자의 오른쪽에 위치하기도 한다. "疋"부의 한자는 주로 '달리다', '움직이다'와 관계가 있으며, 예를 들어 '疏'는 회의자로 "疋"편방은 '통해있다'는 것을 뜻하며, 따라서 '疏通(소통)'에 쓰이는 것처럼 본의는 '막힌 것을 없애고 원활하게 통하다'이다. '疑'는 '懷疑(회의)', '疑心(의심)'처럼 '이해가 되지 않다', '의심하다'라는 뜻을 나타낸다.

疋 [shū]部

字形分析

"疋"是象形字。古文字上面像人腿之形，下面是表示脚的"止"。

字义发展

"疋"本义为脚。此字在现代汉语中已经不再单独使用，只用作汉字部首。

部首组字例释

作为部首，"疋"可位于汉字的左侧，写作"疋"，如"疏"；也可位于汉字右侧，如"疑"。"疋"部的字含义多与走动、流动有关，如"疏"字是会意字，其中"疋"有通的意思，本义为除掉阻塞物，使通畅，如"疏导"、"疏通"。"疑"，义为不解、猜测，如"怀疑"、"疑心"。

疋 [ひき]

字形分析

《疋》は、古代文字の上部は人の足をかたどっており、下部は足を表す《止》である。

字義発展

《疋》の本義は「あし」であるが、この字は現代中国語では単独では使われず、単に漢字の部首として使われるだけである。

部首組字例釈

部首としての《疋》は「疏」のように漢字の左側に配置され、"疋"と書かれる。また「疑」のように漢字の右側に配置されることもある。《疋》部の漢字は「はしる」あるいは「うごく」ことと関係があり、「疏」は会意文字で、内部の《疋》は「通る」という意味を表しており、本義は「障害物を取りのけてスムーズに移動する」ことである。「疑」は「理解できない」あるいは「うたがう」ことを表す。

疒 [병들 녁]

자형 변화

갑골문	금문	소전	예서	해서

자형 분석

"疒(병들 녁)"은 상형자로, 고문자는 환자가 침상에 누워 있는 모습을 본뜬 것이다.

자의 변화

"疒"은 현대 중국어에서는 단독으로 사용되지 않고 단지 한자의 부수로만 쓰인다.

소속 한자 해석

부수로서 "疒"는 '疾(병 질)', '病(병 병)', '療(병 고칠 료)', '痊(병 나을 전)' 등처럼 한자의 좌상부에 위치하여 중국어에서는 속칭 '病字旁(bìngzìpáng)', 한국어에서는 '병질엄부'라고 한다. "疒"부의 한자는 주로 '질병'이나 '치료'와 관계가 있는데, '病'은 "疒"과 음을 나타내는 "丙(남녘 병)"으로 이루어진 형성자로, 본의는 '병이나 부상이 심함', '피곤이나 배고픔이 죽을 지경'인 상태를 뜻하고, 후에는 오로지 내과의 질병을 가리키게 되었다. '療'는 병을 고치는 것, '痊'은 병이 낫는 것을 뜻한다.

疒 [nè]部

字形分析

"疒"是象形字，古文字描摹的是病人卧床之形。

字义发展

"疒"在现代汉语中已经不单独使用，只用作汉字部首。

部首组字例释

作为部首，"疒"总是位于汉字的左上侧，俗称"病字旁"，如"疾"、"病"、"疗"、"痊"。疒部的字多与疾病或治疗等意义有关。例如"病"是形声字，从疒丙声，本义是指病重、伤重、累或饿得要死，后来则专指内科疾病；"疗"指医治；"痊"指病愈。

疒 [やまいだれ]

字形分析

《疒》の古代文字は人がベッドの上に横たわっている形をかたどった象形文字である。

字義発展

《疒》は現代中国語では単独に使われず、単に部首として使われるだけである。

部首組字例釈

部首としての《疒》は「疾」「病」「療」のようにかならず漢字の左上側に配置され、続に「病字旁」(ヤマイダレ)と呼ばれる。《疒》部の漢字は疾病あるいは治療に関係があり、「病」は《疒》と音符《丙》からなる形声文字で、本義は病やけがの程度がひどくて死にそうな状態であること、後にはもっぱら内科の疾病を意味する。「療」は病気を治すこと、「痊」は病気が治ることをいう。

癶 [등질 발]

자형 변화

갑골문	금문	소전	예서	해서

자형 분석

"癶(등질 발)"은 상형자로, 고문자는 양발이 나뉘어져 서로 반대 방향으로 등지고 있는 모습을 본 뜬 것이다.

자의 변화

"癶"의 본의는 '걸음걸이가 불편하다'는 것이다. 이 글자는 현대 중국어에서는 단독으로 사용되지 않고 단지 한자의 부수로만 쓰인다.

소속 한자 해석

부수로서 "癶"은 '癸(열째 천간 계)', '登(오를 등)'처럼 한자의 위쪽에 위치한다. "癶"부의 한자는 주로 발의 동작과 관련된 것이 많은데, 예를 들어 '登'은 상형자로 고문자의 위쪽은 서로 등지고 있는 두 발을, 아래의 "豆(제기 두)"는 다리가 높은 고대의 식기 또는 제기를 본뜬 것으로 이루어져, 높은 곳에 오르는 것을 나타낸다. 따라서 '登'의 본의는 '登高(등고)', '登山(등산)'처럼 '올라가다', '오르다'이다.

癶 [bō]部

字形分析

"癶"是象形字。古文字像两足分开相背之形。

字义发展

"癶"的本义表示行走不顺。此字在现代汉语中已不再单独使用，只用作汉字的部首。

部首组字例释

作为部首，"癶"位于汉字的上部，如"癸"、"登"。"癶"部的字含义多与脚的动作有关，如"登"为象形字，古文字上面为相背的两只脚，下面的"豆"象高脚盘之形，在古代为食器或祭器，表示上到高处。"登"的本义为上、升，如"登高"、"登山"。"發"，义为用脚把草踏平。

癶 [はつがしら]

字形分析

《癶》の古代文字は両足が反対の方向を向いている形を表している。

字義発展

《癶》の本義は「スムーズに歩けない」ことで、この意味は現代中国語では使われず、ただ漢字の部首として使われるだけである。

部首組字例釈

部首としての《癶》は「癸」や「登」のように漢字の上部に配置される。《癶》部の漢字は足の動作に関係することが多く、「登」は象形文字で、古代文字での上部は両方に向いた足、下の《豆》は古代の食器として使われた「高坏」の形で、「高いところ」を表している。「登」の本義は「登高」とか「登山」というように、上に登ることである。

白 [흰 백]

자형 변화

갑골문	금문	소전	예서	해서

자형 분석

"白(흰 백)"은 상형자로, 고문자는 쌀 또는 태양이 내리비추는 모양을 본 뜬 것이다. 곽말약(郭沫若)은 갑골문 "白"은 '엄지손가락'을 본뜬 것이라고 하였다.

자의 변화

"白"의 본의는 '쌀'이라고도 하며, 일설에는 '해의 밝음'에서 '날이 새다'로 뜻이 확대되었다고도 하며, 또 곽말약(郭沫若)은 본의는 '엄지손가락'이며, '伯(맏 백)'처럼 '첫째, 맏이'의 뜻으로 확대되었다고 하였다. 현대 중국어에서 '白'자의 상용적인 의미는 '白雪(백설)', '蒼白(창백)'처럼 '흰색'이다. 흰색은 무색이나 다름없으므로 '아무것도 없다', '헛되다', '대가가 없다' 등의 의미로 뜻이 확대되었다. 예를 들어 '一窮二白(yìqióngèrbái)'는 '재산이 한

푼도 없는 것'을 가리키며, '白費力氣(báifèilìqi)'는 '아무런 효과도 없이 헛수고가 되다'를 나타낸다. 흰색은 또 밝고 깨끗한 느낌을 주므로 '真相大白(zhēnxiàngdàbái)', '一淸二白(yīqīngèrbái)'처럼 '뚜렷하다', '깨끗하다'는 의미까지 나타내게 되었다.

소속 한자 해석

부수로서 "白"은 때로 '皓(흴 호)', '皎(달빛 교)'처럼 한자의 왼쪽에, 경우에 따라 '皂(하인 조)', '皇(임금 황)'처럼 한자의 위쪽에, 또 '皆(다 개)', '晳(살결 흴 석)'처럼 한자의 아래쪽에 위치하기도 한다. "白"부의 한자는 주로 백색 혹은 빛과 관계가 있는데 '皚(흴 애)'는 얼음과 눈이 새하얀 모습을 나타내고, '皎'는 깨끗하고 밝은 것, '晳'은 피부가 흰 것을 나타낸다.

白 [bái]部

字形分析

"白"是象形字，古文字像日光照射之形。

字义发展

有人认为"白"字的本义是指太阳之明，引申指天亮。在现代汉语中，"白"字的常用义是"白色"，如"白雪"、"苍白"。人们通常认为白色近似于无色，于是引申为一无所有、徒劳、无代价等意义，如"一穷二白"，指没有任何财富积累；"白费力气"，表示做事毫无效果；"白吃白拿"，则是不付出一点代价的意思。白色还给人以明亮、干净的感觉，由此又引申为清楚、干净的意思，如"真相大白"，"一清二白"。

部首组字例释

作为部首，"白"有时位于汉字的左侧，如"皓"、"皎"；有时位于上部，如"皂"、"皇"；有时位于下部，如"皆"、"皙"。白部的字多与白色、光亮有关，例如"皑"字形容冰雪洁白的样子，如"皑皑白雪"；"皎"字指洁白、明亮，如"皎皎明月"；"皙"指皮肤白，如"白皙"。

白 [しろ]

字形分析

《白》の古代文字は日光が差し込んでいる形をかたどった象形文字である。

字義発展

《白》の本義は太陽の明るさであり、引いて夜が明けることとする説がある。現代中国語における「白」の常用義は「白色」であり、「白雪」とか「蒼白」というように使う。白色は無色に似ていると考えられることが多いから、引いて「白」が「なにもない」「むだ」「代償がない」という意味を表す「一窮二白」とはなんの財産もないこと、「白🄯力気」とは仕事をしてもなんの効果もないことをいう。白色はさらに明るく清潔なイメージをあたえるので、引いてクリーンという意味をも表す。

部首組字例釈

部首としての《白》は「皓」や「皎」のように左側に配置されることもあれば、「皀」や「皇」のように上部に、また「皆」や「皙」のように下部に配置されることもある。《白》部の漢字は白色あるいは光と関係があり、「皚」は雪が真っ白な様子を表す。「皎」は清らかで明るいこと、「皙」は皮膚が白いことを表す。

皮 [가죽 피]

韓

자형 변화

갑골문	금문	소전	예서	해서

자형 분석

"皮(가죽 피)"는 회의자로, 고문자의 위쪽은 벗겨진 가죽, 아래쪽은 손을 본 뜻 것으로 이루어져 '손으로 가죽을 벗기는 것'을 나타내고 있다.

자의 변화

"皮"의 본의는 '벗겨 놓은 동물의 가죽'으로, 뜻이 더욱 확대되어 '樹皮(수피)', '書皮(서피)' 등처럼 사람이나 동물의 표피 조직이나 겉을 싸고 있는 부분을 가리키게 되었다. 가죽은 질긴 성질이 있으므로 현대중국어의 "花生米皮了"처럼 "皮"는 '음식물이 오래되어 눅진해진 것'을 나타내며, 또 개구쟁이나 말을 듣지 아이를 '頑皮(wánpí)', '二皮臉(èrpíliǎn)'라고 한다.

소속 한자 해석

부수로서 "皮"는 주로 '皯(기미 낄 간)', '皺(주름 추)'처럼 한자의 왼쪽이나 오른쪽에 위치한다. "皮"부의 한자는 '皺'처럼 표피 혹은 가죽 같은 것과 관계가 있다. '皺'는 "皮"와 음을 나타내는 "芻(꼴 추)"로 이루어졌으며, 본의는 피부의 표면이 이완되어 생긴 주름이며, 뜻이 확대되어 물건 표면의 구김살을 두루 나타내게 되었다. '皴(피부 틀 준)'은 얼거나 찬바람을 맞아서 피부가 튼 것을 가리킨다.

皮 [pí]部

字形分析

"皮"是会意字。古文字上面为已被揭起的皮之形, 下面为手形, 表示以手剥皮。

字义发展

"皮"的本义为剥下的兽皮。引申泛指人与其他动物的表层组织或外层包裹, 如"脸皮"、"树皮"、"书皮"。皮一般具有韧性, 因此也用来形容食物放久了变得不再松脆, 如"花生米皮了", 而淘气、不听话的孩子便被称为"顽皮"、"二皮脸"。

部首组字例释

作为部首, "皮"多位于汉字的左侧或右侧, 如"皯"、"皱"。"皮"部的字多与表皮、像皮一样的东西之义相关, 例如形声字"皱"字。"皱"字从皮刍声, 本义为皮肤表面因松弛而起的纹路, 引申泛指东西表面的褶纹, 如"衣服皱了"。"皴", 指皮肤因受冻、风吹而出现的干裂, 如"手冻皴了"。

皮 [かわ]

字形分析

《皮》は会意文字で、古代文字の上部は動物の皮がめくれあがっているさま、下部は手の形で、手で皮膚をはぎ取ることを表している。

字義発展

《皮》の本義は「はぎ取られた動物の皮」で、引いて広く、「獣皮」や「樹皮」、「書皮」(本のカバー) など、人や動物の表皮組織や外を覆うものを意味する。皮には一般的に弾力性があることから、食物が放置され、表面が固くなったことなども表す。

部首組字例釈

部首としての《皮》は「皺」のように漢字の左側に置かれることが多く、《皮》部の漢字は「表皮」あるいは皮のようなものと関係がある。「皺」は《皮》と音符《芻》とからなる形声文字で、本義は「皮膚の表面がたるんでしわができること」、引いて、ものの表面に皺がよることを意味する。「皴」は皮膚が寒さで凍った皮膚に風が当たってヒビが入ることをいう。

皿 [그릇 명]

자형 변화

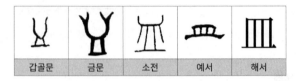

갑골문	금문	소전	예서	해서

자형 분석

"皿(그릇 명)"은 상형자로, 고문자는 다리가 둥글고 아가리가 큰 그릇의 형태를 본뜬 것이다.

자의 변화

"皿"본의는 '器皿(기명)'처럼 음식을 담는 그릇의 총칭이다.

소속 한자 해석

부수로서 "皿"은 한자의 아래쪽에 위치한다. "皿"부의 한자는 주로 그릇과 관계가 있는데, 예를 들어 '盤(대야 반)'은 본래 물을 담기 위한 그릇인데, 점점 '菜盤(채반)'처럼 일반적으로 입이 넓고 얕은 그릇을, 또 '方向盤(fāngxiàngpán: 조향핸들)'처럼 형태나 용도가 접시 비슷한 물건을, 게다가 '盘旋(pánxuán: 빙빙 돌다)'처럼 선회하는 모양까지 가리키게 되었다. '益'은 "皿"과 '水(물 수)'로 이루어진 회의자로, 본의는 그릇에 물이 가득차서 밖으로 넘쳐흐르는 것을 나타내는데, 본의가 잘 드러나지 않게 되자 '水'를 부가하여 '溢(넘칠 일)'자를 만들어 초의를 강화하게 되었고, 이에 '益'은 후에 주로 명사로 쓰여 '좋은 곳', '이익'이라는 의미를 나타내게 되었다. '盜(도둑 도)'는 "皿"과 '次(버금 차)'로 이루어진 회의자로, 본의는 '强盜(강도)'처럼 물건을 빼앗는 것이며, '盜竊(도절)', '鷄鳴狗盜(계명구도)'처럼 '훔치다'의 의미로 뜻이 확대되었다.

皿 [mǐn]部

字形分析

"皿"是象形字, 古文字像一个圆足的大口容器之形。

字义发展

"皿"本义是盛饭食的器具的总称, 例如"器皿"。

部首组字例释

作为部首, "皿"位于汉字的下部。皿部的字多与容器有关, 例如"盘"本是盛水用的容器, 后来泛指口大而浅开的容器, 如"盘子"、"菜盘"; 引申指形状或功用类似盘子的东西, 如"算盘"、"光盘"、"方向盘"; 又引申指回旋的形状, 例如"盘旋"、"盘绕"。"益"是会意字, 从皿从水, 本义是指器皿中的水满后漫出, 这一意义后来用"溢"表示; 后用作名词, 引申为好处、利益。"盗"是会意字, 从次从皿, 本义为抢劫, 如"强盗"; 引申为偷窃, 如"盗窃"、"鸡鸣狗盗"、"欺世盗名"。

皿 [さら]

字形分析

《皿》は丸い足をもった大口の容器の形をかたどった象形文字である。

字義発展

《皿》の本義は飲食に使う道具の総称である。

部首組字例釈

部首としての《皿》は漢字の下部に配置される。《皿》部の漢字は容器に関係のあるものが多く、たとえば「盤」は水を入れるための容器で、のちに一般的に口が広く浅い容器をいい、さらに引いて「算盤」や「羅針盤」のように形や用途が似ているものを指す。また引いてぐるぐると回るものも指す。「益」は《皿》と《水》からなる会意文字で、本義は皿いっぱいに入った水がゆっくりと外に流れ出すこと、その意味はのちに「溢」という字で表される。また引いて「よいところ」「利益」という意味で使われる。「盗」は《次》と《皿》からなる会意文字で、本義は「強盗」のようにものを無理矢理奪うこと、引いて「鶏鳴狗盗」のように窃盗の意味に用いられる。

目 [눈 목]

자형 변화

갑골문	금문	소전	예서	해서

자형 분석

"目(눈 목)"은 상형자로, 고문자는 눈의 모양을 묘사한 것이다. 바깥쪽은 눈의 윤곽을, 안쪽은 눈의 동공을 본뜬 것이다.

자의 변화

"目"의 본의는 사람의 눈이다. 성어 '一葉障目, 不見泰山(일엽장목, 불견태산: 잎사귀 하나가 눈을 가리면 태산이 보이지 않는다)'은 국부적이고 일시적인 현상에 미혹되어 일의 전체나 주류 및 본질을 보지 못하는 것을 비유한다. "目"은 '눈으로 보다'는 뜻도 나타내는데, 성어 '一目十行(일목십행: 한 번 보고 열 줄을 읽는다)'은 책을 읽을 때에 한꺼번에 열 줄을 읽는 것으로 독서력이 매우 빠르고 뛰어남을 말한다. "目"은 또 '目標(목표)', '目的(목적)'처럼 도달하고 싶은 지점이나 결과를 나타내기도 하며, '數目(수목)', '目錄(목록)'의 '目'은 명칭이나 표제 등의 의미와 관련이 있다.

소속 한자 해석

부수로서 "目"은 '睡(잘 수)', '盼(눈 예쁠 반)'처럼 일반적으로 한자의 왼쪽에, 때로는 '眉(눈썹 미)', '盾(방패 순)'처럼 아래쪽에 위치하기도 한다. "目"부의 한자는 주로 눈과 관련된 것이 많은데, 예를 들어 '眉'는 눈꺼풀 위에 있는 털 즉 눈썹을 가리키고, '盼'은 눈의 검은자위와 흰자위가 분명하여 아주 예쁜 것을 가리키는데, 중국어의 '盼望(pànwàng)'에서처럼 간절하게 바라다는 뜻도 파생되었다. '睡'는 눈을 감고 자는 것을 가리키며, '盾' 안에 "目"이 있는 것은 방패가 신체를 보호하고 눈을 가리는 방어도구이기 때문이다.

目 [mù]部

字形分析

"目"是象形字, 古文字描摹的是眼睛的形状, 外边轮廓像眼眶, 里面像瞳孔。

字义发展

"目"的本义就是指人的眼睛。成语"一叶障目, 不见泰山", 比喻被局部的、暂时的现象所迷惑, 看不到事情的全局、主流或本质。"目"引申指用眼睛看, 成语"一目十行", 指看书时可以同时看十行, 形容阅读的速度极快; "目"又引申指想要达到的地点或结果, 例如"目标"、"目的"; 而"数目"、"目录"之"目", 则和名称、标题等意义有关。

部首组字例释

作为部首, "目"通常位于汉字的左侧, 例如"睡"、"盼"; 有时位于汉字的下部, 例如"眉"、"盾"。目部的字多与眼睛有关。例如"眉"是指眼眶上面的毛; "盼"本指眼睛黑白分明, 引申指巴望, 如"盼望"、"日盼夜想"; "睡"指闭目休息, 如"睡觉"; "盾"字中有"目", 是因为盾牌是护身蔽目的防卫工具。

目［めへん］

字形分析

《目》は目の形をかたどった象形文字で、外側は目の輪郭を描き、中に瞳孔が描かれている。

字義発展

《目》の本義は人間の目であり、成語「一葉 目をさえぎれば泰山を見ず」は、局部の限定的な現象に惑わされて全体の本質的なことを見失うことのたとえに使われる。引いて《目》は「目で見る」こともあらわし、成語「一目十行」は書物を読む時に同時に十行読むことから、閲読の速度が速いことをいう。「目」はまた到達したい地点や結果を表すことがあり、「目標」とか「目的」というように使う。「数目」や「目録」の「目」は、名称や表題という意味である。

部首組字例釈

部首としての《目》は「睡」のように普通は漢字の左側に配置されるが、「眉」や「盾」のように下部に置かれることもある。《目》部の漢字は目と関係するものが多く、たとえば「眉」はまぶたの上にある毛、「盼」は目の白と黒がはっきり分かれていることから、「のぞむ」という意味をあらわす「睡」は目を閉じて眠ること、「盾」の中に《目》があるのは、盾が身体を防御し、目の上にかざして目を守る防具であることによる。

矛 [창 모]

자형 변화

금문	소전	예서	해서

자형 분석

"矛(창 모)"는 상형자로, 고문자는 고대의 병기인 긴 창의 형태를
본뜬 것이다.

자의 변화

"矛"의 본의는 날카로운 날이 달린 병기이다. 긴 자루에 창날을
단 무기로 적을 찔러 죽이는데 쓰인다.

소속 한자 해석

부수로서 "矛"는 '矜(불쌍히 여길 긍)', '矞(송곳질할 율)'처럼 한자의 왼쪽 또는 위쪽에 위치한다. "矛"부의 한자는 주로 병기나 싸우고 죽이는 것과 관계있는데, 그 중 '矜'자의 본의는 창의 자루이다. 그러나 본의로는 거의 사용되지 않고 다른 뜻으로 가차되어 '矜持(긍지)'처럼 '장중하다', '매우 신중하다'라는 의미를, 또 '불쌍하게 여기다', '연민'의 의미를 나타내기도 한다. 사람은 긍지가 지나치면 오만하게 되므로, 그래서 '矜'에는 중국어의 '不矜不伐(bùjīnbùfá: 자만하지 않다)'에서처럼 '교만하고 잘난 체하다'는 의미도 있다.

矛 [máo]部

字形分析

"矛"是象形字。古文字像古代兵器长矛之形。

字义发展

"矛"的本义为一种带有尖锐刃器的兵器。此种兵器通常是在长柄上装以矛头, 用于刺杀。

部首组字例释

作为部首, "矛"位于汉字的左侧或上面, 如"矜"、"柔"。"矛"部的字含义多与兵器、杀伐有关, 例如"矜"字本义为矛柄, 后本义不再使用, 而借为庄重、拘谨之义, 如"矜持"; 又表示怜惜、怜悯之义; 人过于矜持, 则有倨傲之态, 故"矜"又有骄傲自大之义, 如"矜夸"、"骄矜"。

矛 [ほこ]

字形分析

《矛》は古代の兵器である長い矛の形をかたどった象形文字である。

字義発展

《矛》の本義は長い柄の先に鋭い刃を取り付けた武器で、敵を刺殺するのに用いる。

部首組字例釈

部首としての《矛》は「矜」や「柔」のように漢字の左または上部に配置される。《矛》部の漢字は兵器あるいは殺すことと関係があり、「矜」はもともと武器の柄を本義としたが、後にはその意味で使われることがなく、借りて「謹厳である」あるいは「堅くまもる」という意味を表し、また借りて「あわれむ」という意味を表す。人は謹厳が過ぎれば傲慢になるもので、それで「矜」にはまた「驕り高ぶる」という意味がある。

矢 [화살 시]

자형 변화

| 갑골문 | 금문 | 소전 | 예서 | 해서 |

자형 분석

"矢(화살 시)"는 상형자로, 고문자는 화살의 모양을 본뜬 것이다.

자의 변화

"矢"의 본의는 '화살'이며, '矢如雨下(시여우하)'는 '화살이 마치 비 오듯이 날라 오는 것'을 가리킨다. 또 '정직', '단정'의 뜻이 파생되었는데, '矢言(시언)'은 바로 '정직한 말'을 의미한다. "矢"는 가차되어 '誓(맹세할 서)'나 '屎(똥 시)'의 의미로도 쓰인다.

소속 한자 해석

부수로서 "矢"는 '短(짧을 단)', '矩(곱자 구)'처럼 한자의 왼쪽에,
또 '矣(어조사 의)'처럼 한자의 아래쪽에 위치한다. "矢"부의 한자
는 주로 '화살' 혹은 '속도' 등의 뜻과 관계있다. 예를 들어 '矯(바
로잡을 교)'는 "矢"와 음을 나타내는 '喬(높을 교)'로 이루어진 형
성자로 본래 화살대의 구부러진 곳을 바로잡는 도구를 가리키며,
'矯正(교정)'에서처럼 '바르게 하다', '적합하게 하다'라는 의미가
파생되었다. '知(알지)'는 "矢"와 '口(입 구)'로 이루어진 회의 겸
형성자로, 즉 "矢"는 음과 뜻을 모두 나타내고 있다. 본의는 '알
다'인데, 옛사람들은 안 것에 대하는 반응 속도가 마치 활을 떠난
화살처럼 신속해야 한다고 여겼다. '矣'는 어기조사로 종결을 나
타내는데, 일설에 의하면 "矢"가 구성요소가 된 것은 과거지사는
마치 화살처럼 사라져 간다는 것을 나타내기 위한 것이라고 한다.

矢 [shǐ]部

字形分析

"矢"是象形字, 古文字像箭矢之形。

字义发展

"矢"本义为箭。"矢如雨下", 指箭像雨一样射来。引申指正直、端正, 例如"矢言"即正直之言。"矢"又假借表示"誓"的意义, 如"矢志不渝"; 假借表示"屎"的意义, 如"遗矢"。

部首组字例释

作为部首, "矢"通常位于汉字的左侧, 如"短"、"矩"; 也可位于下方, 如"矣"。矢部字多与箭或速度等意义有关。例如"矫"是形声字, 从矢乔声, 本指一种把箭杆揉直的器具, 引申为使直、使合适等意义, 例如"矫正"、"矫形"; "知"是会意兼形声字, 从矢从口, 矢也表示读音, 本义是知道, 古人认为, 对知道的事情, 反应的速度应该像离弦的箭矢那样迅速; "矣", 作为语气词, 表示已然, 或认为从"矢"是表示过去之事如箭般飞逝。

矢 [や]

字形分析

《矢》は矢の形をかたどった象形文字である。

字義発展

《矢》の本義は矢であり、「矢 雨の下るがごとし」といえば矢がまるで雨のように放たれることをいう。引いて「正直」また「端正」の意味に用いられ、「矢言」といえば正直なことばという意味である。「矢」はまた借りて「誓」や「屎」（大便）の意味にも用いられる。

部首組字例釈

部首としての《矢》は「短」や「矩」のように通常は漢字の左側に配置され、また「矣」のように下部に配置されることもある。《矢》部お漢字は「矢」あるいは「速度が速い」ことと関係があり、「矯」は《矢》と音符《喬》からなる形声文字で、本来は弓の曲がりを直す道具を意味し、引いて「矯正」のように「まっすぐにする」ことを表す。「知」は《矢》と《口》からなる会意形声文字で、《矢》は音符をも兼ねている。本義は「知ること」だが、古代人は知ったことに対する反応があたかも弓から放たれた矢のように迅速であるべきだと考えた。「矣」は句末に置かれる語気助詞で、完了態を表すが、《矢》がついているのは過去のことが矢のように過ぎ去るからであるともいう。

石 [돌 석]

자형 변화

| 갑골문 | 금문 | 소전 | 예서 | 해서 |

자형 분석

"石(돌 석)"은 상형자로, 고문자는 튀어나온 암각과 거기서 떨어진 돌덩이 모습을 본뜬 것이다.

자의 변화

"石"의 본의는 '돌'이며 견고하다는 의미가 파생되었다. 성어 '金石之交(금석지교)'는 우정이 마치 쇠나 돌같이 굳건한 것을 비유한다.

소속 한자 해석

부수로서 "石"은 '砂(모래 사)', '砌(섬돌 체)'처럼 주로 한자의 왼쪽에 위치하지만, 때로는 '泵(펌프 빙)'처럼 위쪽에, 또는 '碧(푸를 벽)', '磬(경쇠 경)'처럼 아래쪽에 위치한다. "石"부의 한자는 주로 돌 또는 돌의 재질과 관련이 있는데, 예를 들어 '礎(주춧돌 초)'는 본래 '기둥의 초석'을 의미한데서 '基礎(기초)'에서처럼 사물의 '기초' 혹은 '밑바탕'의 뜻이 파생되었다. '硬(굳을 경)'은 "石"과 성부인 '更(다시 갱)'으로 이루어졌는데, 형부인 "石"으로써 물체의 딱딱함을 나타내고 있다.

石 [shí]部

字形分析

"石"是象形字, 古文字像岩角下一石块之形。

字义发展

"石"的本义指石头。引申指坚定、牢固。成语"金石之交", 比喻友谊、交情像金石般坚固。

部首组字例释

作为部首, "石"通常位于汉字的左侧, 如"砂"、"砌"; 有时位于汉字的上部, 如"泵"; 或下部, 如"碧"、"岩"。石部的字多与石头或石质有关。例如"础"本指柱脚石, 引申指事物的基底或根基, 如"基础"; "硬", 从石更声, 用"石"表示物体之坚硬。

石 [いしへん]

字形分析

《石》は崖のしたに石がある形をかたどった象形文字である。

字義発展

《石》の本義は「いし」で、引いて堅いことをいう。成語「金石の交」は友情の結びつきがまるで石や金属のように堅固であることをいう。

部首組字例釈

部首としての《石》は「砂」や「硬」のように通常は漢字の左側に配置され、また時に「岩」や「磬のように下部に、あるいは「泵」のように上部に配置される。《石》部の漢字は「石」あるいは「石のようなもの」と関係が深く、たとえば「礎」はもともと柱の礎石を意味し、引いてものごとの基礎あるいは根底を意味する。「硬」は《石》と音符《更》からなり形声文字で、《石》は物体が堅いことを表している。

示 [보일 시]

자형 변화

갑골문	금문	소전	예서	해서

자형 분석

"示(보일 시)"는 상형자로, 고문자는 제단의 형태를 본뜬 것이다.

자의 변화

"示"의 본의는 제사이며, 이 뜻은 부수자의 의미에만 남아 있다.
"示"가 현대 중국어에서 상용되는 의미는 '示威(시위)', '顯示(현시)' 등에서처럼 사람에게 보이거나 나타나는 것을 뜻한다.

소속 한자 해석

부수로서 "示"는 '祖(조상 조)', '祝(빌 축)'처럼 일반적으로 한자의
왼쪽에 위치하며, 이 때는 "礻(보일 시)"로 쓴다. 때로는 '祭(제사
제)', '祟(빌미 수)'처럼 아래쪽에 위치하기도 하는데, 이 때는 "示"
로 쓴다. "示"부의 한자는 주로 '제사'나 '예의' 등의 뜻과 관련
이 있는데, 예를 들어 '祭'는 '肉(고기 육)', '又(또 우)', "示(보일
시)" 등 3개의 의미를 나타내는 요소로 이루어진 회의자이다. '肉'
은 희생 동물의 고기, '又'는 손을 나타내며, "示"는 제사가 행해
지는 장소를 나타내어, '祭'는 손으로 희생 동물의 고기를 가지고
제단에서 신령에게 제사를 지내며 신에게 복을 비는 것을 뜻한다.
'福(복 복)'도 "示"와 '畐(즉 酉, 술)'으로 이루어진 회의자로, '福'
의 본의는 제사를 지내어 복을 비는 것이다. 옛사람들은 술로 신
령에게 제사를 지내며 신이 그들에게 복을 내리고 평안하고 행복
한 생활을 보우해 주기를 기도하였다.

示 [shì]部

字形分析

"示"是象形字，古文字描摹的是祭坛的形状。

字义发展

"示"的本义是祭祀，这一本义仅保留在部首意义中。"示"在现代汉语中的常用义是让人看见或显现。例如"出示"、"示威"、"示众"、"显示"之"示"。

部首组字例释

作为部首，"示"通常位于汉字的左侧，写作"礻"，如"祖"、"祝"；有时位于汉字的下部，写作"示"，如"祭"、"祟"。示部的字多与祭祀、礼仪等意义有关。例如"祭"是会意字，由"肉"、"又"、"示"三个意符组成，"肉"表示牲肉，"又"表示手，"示"表示祭祀的地方，所以"祭"的意思是以手持牲肉在祭坛上祭祀神灵，向神灵祈福；"福"也是个会意字，由"示"和"畐（酉）"组成，"福"的本义是指祭祀求福，古人用酒祭祀神灵，希望神灵能赐福给他们，并保佑他们平安幸福。

示 [しめすへん]

字形分析

《示》は古代の祭壇の形をかたどった象形文字である。

字義発展

《示》の本義は「神を祭る」ことで、この意味は部首字としての意味にだけ保存されている。「示」は現代中国語では人に何かを見せたり明らかにする意味に使われる。

部首組字例釈

部首としての《示》は「祖」や「神」のように通常は漢字の左側に配置され、《ネ》と書かれる。また時には「祭」や「祟」のように下部に配置されることもある。《示》部の漢字は祭祀や礼儀作法と関係があり、たとえば「祭」は《肉》と《又》と《示》からなる会意文字で、《肉》は犠牲動物の肉、《又》は手を表し、《示》は祭りがおこなわれる場所を表すので、「祭」は手で犠牲動物の肉をもって祭壇上の神の霊魂にささげ、神に幸福を祈ることを表す。「福」も《示》と《畐（酉）》からなる会意文字で、「福」とは祭りをおこなって幸福を祈る時に古代人は酒を捧げて神が枯れた似幸福と平安をあたえることを祈った。

内 [발자국 유]

자형 변화

| 소전 | 예서 | 해서 |

자형 분석

"内(발자국 유)"는 상형자로, 고문자는 동물의 발자국이 지면에 찍혀 있는 모습을 본뜬 것이다.

자의 변화

『說文解字(설문해자)』에서 "内"는 "蹂(밟을 유)"와 같은 글자이며 '밟다'는 뜻이라고 풀이하였다.

소속 한자 해석

부수로서 "内"는 '禽(날짐승 금)', '禹(우임금 우)'처럼 통상적으로 한자의 아래쪽에 위치한다. '禽'은 하늘을 나는 새나 지면을 달리는 동물의 총칭이고, '禹'는 중국 하(夏) 왕조의 초대군주로 홍수를 다스린 공적이 뛰어나 후세에는 '大禹(대우)'라고 칭했다.

禸 [róu] 部

字形分析

"禸"是象形字。古文字像兽足踩在地上之形。

字义发展

《说文》中"禸"字同"蹂"字, 为踩踏之义。

部首组字例释

作为部首, "禸"通常位于汉字的下部, 例如"禽"、"禹"等。"禽"字是飞禽走兽的总名。"禹"是中国夏代的第一个君主, 因治理洪水而功劳卓著, 后人称他为"大禹"。

内 [じゅうのあし]

字形分析

《内》は動物の足跡が地面に印されている形をかたどった象形文字である。

字義発展

『説文解字』では《内》は《蹂》と同字とされており、「ふみつける」意味である。

部首組字例釈

部首としての《内》は「禽」や「禹」のように通常は漢塩下部に配置される。「禽」は空を飛ぶ鳥や地面を走る動物の総称であり、「禹」は夏王朝の初代君主であり、洪水を治めた功績により後世には「大禹」と称えられる。

禾 [벼 화]

자형 변화

갑골문	금문	소전	예서	해서

자형 분석

"禾(벼 화)"는 상형자이다. 고문자는 조나 벼의 모양을 본뜬 것으로, 위쪽은 이삭이며 아래쪽은 잎과 줄기를 묘사한 것이다.

자의 변화

"禾"의 본의는 '조나 벼'이며, 또 곡류를 통틀어 말하거나 나중에는 '농작물'을 총괄하는 말로 쓰였다.

소속 한자 해석

부수로서 "禾"는 '秋(가을 추)', '租(세금 조)'처럼 일반적으로 한자의 왼쪽에, 때로는 '秊(해 년)', '秀(빼어날 수)'처럼 위쪽에, '秦(벼 이름 진)', '稟(줄 품)'처럼 아래쪽에, '穎(이삭 영)', '穀(곡식 곡)'처럼 한쪽 귀퉁이에 위치하기도 한다. 또 '秉(잡을 병)', '兼(겸할 겸)'처럼 가운데를 관통하는 경우도 있다. "禾"부의 한자는 주로 곡물이나 농작물과 관련이 있다. 예를 들어 '秋收(추수)'의 '秋'자는 곡물이 성숙하는 것이 이 계절의 최고 특징인 만큼 가을(秋, 禾+火)은 곡물이 익어 수확하는 계절이고 농작물이 노란색과 붉은 색을 띠고 있으므로 '火(불 화)'를 의미요소로 삼은 것이다.

禾 [hé]部

字形分析

"禾"是象形字，古文字像谷子的形状：上面是穗，下面是叶子和秸秆。

字义发展

"禾"的本义是指谷子，又是谷类作物的统称，后来泛指庄稼。

部首组字例释

作为部首，"禾"通常位于汉字的左侧，如"秋"、"租"；有时位于汉字的上部，如"香"、"秀"；有时位于下部，如"秦"、"稟"；有时位于一角，如"颖"、"穀"；有时则贯于正中，如"秉"、"兼"。禾部的字多与谷物、庄稼有关，例如"秋"字，以禾谷成熟作为"秋"这一季节的特征，秋季是谷熟收获的季节，农作物呈金黄或火红色，故从"火"，如"秋天"、"秋收"。"香"的本义是指谷物散发出的香甜的气味，引申指让人感觉美好的事物，如"香甜"、"芳香"；又引申指受欢迎、吃得开的人或事物，如"吃香"、"香饽饽"。

禾 [のぎへん]

字形分析

《禾》は穀物の形をかたどった象形文字で、上部は穀物の穂、下部は葉と茎を表している。

字義発展

《禾》の本義は穀物であり、また穀物類の総称として使われる。

部首組字例釈

部首としての《禾》は「秋」や「租」のように通常は漢字の左側に配置され、時には「香」や「秀」のように上部に、また「秦」や「稟」のように下部に、また「穎」や「穀」のように片隅に、あるいは「秉」や「兼」のように中心を貫く位置に配置される。《禾》の漢字は穀物やあるいはその収穫に関係することが多く、たとえば「秋」は、その季節が穀物が成熟する時期で、農作物が黄金色または火が燃えるような赤色を呈することから《火》がついている。「香」の本義は穀物が発する甘い香りであり、引いて「芳香」など人の感覚が好ましく感じる事物を表す。

穴 [구멍 혈]

자형 변화

갑골문	금문	소전	예서	해서

자형 분석

"穴(구멍 혈)"은 상형자로, 고문자는 동굴의 모습을 본뜬 것이다.

자의 변화

"穴"의 본의는 '동굴'이다. 성어 '穴居野處(혈거야처)'는 동굴에 살고 들판에서 생활한다는 뜻으로, 원시인의 생활 모습을 묘사한 말이다. 또 '空穴來風(공혈래풍: 틈이 있어야만 바람이 들어온다)'에서처럼 '구멍'을 의미하기도 하는데, 이 성어는 '아니 땐 굴뚝에 연기 나랴'라는 뜻으로 풍문이나 유언비어가 완전히 낭설은 아니라는 것을 비유하고 있다. 또 '人中穴(인중혈)', '百會穴(백회혈)처럼 인체에 침과 뜸을 놓을 수 있는 자리 즉 혈자리를 가리킨다. 또 중국어의 '走穴(zǒuxué: (연예인이 전속 공연장을 이탈한) 몰래바이트, 몰래행사)', '穴头(xuétóu: (연예인의 몰래 행사를 마련하는) 공연브로커, 공연[행사] 알선업자)', '穴眼(xuéyǎn: 연예인의 전속공연장, 고정무대)'처럼 연예인의 공연무대 내지는 공연장을 가리키기도 한다.

소속 한자 해석

부수로서 "穴"은 '窺(구멍 규)', '竄(달아날 찬)'처럼 일반적으로 한자의 위쪽에 위치한다. "穴"부의 한자는 주로 '구멍', '거처' 등의 의미와 관련이 있는데, '突(갑자기 돌)'은 "穴"과 '犬(개 견)'으로 이루어진 회의자로 개가 구멍 속에서 뛰쳐나와 사람들에게 갑자기 나타나는 느낌을 주므로 '突然(돌연)', '突出(돌출)'이라는 뜻을 가지고 있다. '窓(창 창)'은 '窓戶(창호)'처럼 방의 벽에 환기와 채광을 위해 낸 구멍을 가리킨다. '窮(다할 궁)'은 "穴"과 '躬(몸 궁)'으로 이루어진 회의자로 좁은 토굴에서 부자연스럽게 생활하는 상태를 나타낸다. 여기에서 '困窮(곤궁)', '貧窮(돌출)'처럼 물질적으로 곤궁하다는 뜻이 파생되었다.

穴 [xué]部

字形分析

"穴"是形声字, 从宀八声。

字义发展

"穴"的本义是洞窟。成语"穴居野处"是说居住在洞里, 生活在荒野, 形容原始人的生活状况; 又泛指孔洞, 如"空穴来风"是说有了洞穴才会进风, 比喻消息和谣言的传播并不是完全没有根据的; 引申指人体可以进行针灸的部位, 如"人中穴"、"百会穴"; 又引申指艺人在表演时所占的一块地方, 如"走穴"、"穴头"。

部首组字例释

作为部首, "穴"通常位于汉字的上部, 如"窍"、"窜"。穴部的字多与和孔洞、栖身处等意义有关。例如"突"是会意字, 从穴从犬, 犬从洞穴中窜出, 给人以猛然出现之感, 故有"突然"、"突出"之义; "窗"是指房屋的墙上用来换气透光而开的孔洞, 如"窗户"、"窗帘"; "穷"是会意字, 从穴从力, 力在穴下被限制, 有劲使不出, 表示穷尽、无出路的意思, 如"穷尽"、"技穷", 引申指缺乏财物, 与"富"相对, 例如"贫穷"。

穴 [あなかんむり]

字形分析

《穴》は《宀》と音符《八》からなる形声文字である。

字義発展

《穴》の本義は洞窟であり、成語「穴居野処」とは洞窟に暮らし、荒野に生活すること、すなわち原始人の生活状況を形容する。「穴」はまた広く空洞を意味し、「空穴来風」とは「すきまがあってこそ風が入る」という意味、すなわち「火のないところに煙は立たぬ」という意味で、ニュースや噂が完全に無根拠ではないことをいう。「穴」はさらに鍼灸のツボという意味にも使われる。

部首組字例釈

部首としての《穴》は「窮」や「竄」のように通常は漢字の上部に配置される。《穴》の漢字は穴あるいは住み家などの意味と関係があり、「突」は《穴》と《犬》からなる会意文字で、イヌが穴の中から急に飛び出してきて驚くことから、「突然」とか「突出」という意味に使われる。「窓」は部屋の壁をくりぬいた換気と採光用の穴で、「窓戸」(まど)、「窓帘」(カーテン)というように使われる。

立 [설 립]

자형 변화

갑골문	금문	소전	예서	해서

자형 분석

"立(설 립)"은 회의자로, 고문자는 한 사람이 땅 위에 서 있는 형태를 본뜬 것으로 위의 "大(큰 대)"는 사람을 나타내고 아래의 "一(한 일)"은 사람이 서 있는 지면을 나타낸다.

자의 변화

"立"의 본의는 '起立(기립)'과 같이 사람이 서 있는 것 을 가리킨다. 나아가 수직으로 서 있는 것을 나타내며, 성어 '立竿見影(lìgānjiànyǐng: 장대를 세우고 그림자를 본다)'은 햇빛의 아래에서 장대를 세우면 곧바로 그림자가 나타나는 것에서 행위나 조치에 즉각 효과가 나타나는 것을 비유한다. 물건을 세우는 의미에서 한층 더 나아가 '확립하다', '수립하다' 등의 의미도 나타내며, 예를 들어 '安家立業(ānjiālìyè)'는 '가정을 잘 꾸리고 사업을 일으키는 것'을 말한다. 그 외에 "立"은 또 부사로 사용되어 '곧바로', '즉시'라는 의미도 나타낸다.

소속 한자 해석

부수로서 "立"은 '站(우두커니 설 참)', '端(바를 단)'과 같이 한자의 왼쪽에 위치하며, 때로는 '位(자리 위)' 처럼 오른쪽에 놓이거나 '童(아이 동)', '竪(더벅머리 수)'처럼 위쪽이나 아래 쪽에 놓인다. "立"부의 한자는 주로 서는 것 혹은 서는 위치 등의 의미와 관계있는 것이 많은데, 예를 들어 '站'의 본의는 '직립하는 것'인데, 나아가 '멈추다' 와 '멈추는 장소'를 의미한다. '端'의 본의는 '몸이 똑바로 서는 것'으로 '端坐(단 좌)'처럼 '단정함'을 가리킨다. 그 외에 '端'에는 또 '시작', '처음'의 의미가 있고 또 손으로 물건을 받쳐 드는 동작을 가리키기도 한다.

立 [立] 部

字形分析

"立"是会意字, 古文字像一人立于地上之形, 上面的"大"表示人, 下面的"一"表示人所立之处。

字义发展

"立"的本义指人站立, 例如"起立"、"立正"; 引申指竖起来, 成语"立竿见影"是说如果在阳光下把竿子竖起来, 那么立刻就能看到竿子的影子, 比喻行为或措施立刻见到功效; 由竖立之义进一步引申为确立、建立、树立等意义, 例如"安家立业"说的是安置家庭, 建立事业。此外, "立"还可用作副词, 表示很快、马上, 如"立时"、"立刻"。

部首组字例释

作为部首, "立"有时位于汉字的左侧, 如"站"、"端"; 有时位于汉字的右侧, 如"位"; 或上部与下部, 如"童"、"竖"。立部的字多与站立或位置等意义有关。例如"站"字的本义是指直立, 如"站立"; 引申为停顿和停顿之处, 如"站住"、"车站"。"端"字本义指站得直, 身体直立就不会歪斜, 所以又引申指端正, 如"端坐"、"端庄"; 此外, "端"字还有开始、起初之义, 如"开端"、"端口"; 又指用手把东西平拿起来的动作, 如"端碗"、"端锅"。

立 [たつ]

字形分析

《立》は一人の人間が大地の上に立っている形であり、上の《大》は人を、下の《一》は人が立っている地面を表している。

字義発展

《立》の本義は「たつ」ことで、「起立」のように使う。引いて垂直に立ちことを表し、成語「竿を立てて影を見る」は、もし日光のもとに棹を立てればすぐに影が現れることから、効果がすぐに現れることのたとえとして使われる。「立」はものを立てることから、さらに進んで「確立する」「樹立する」などの意味をも表し、たとえば「安家立業」といえば「身を立て正業につくこと」をいう。そのほか「立」は副詞としても使われ、すぐに・たちどころに、という意味を表す。

部首組字例釈

部首としての《立》は「站」や「端」のように漢字の左側に配置され、また「位」のように右側に、あるいは「童」や「竪」のように上部や下部に配置される。《立》部の漢字は立つこと、あるいは立つ位置に関係することが多く、たとえば「站」の本義は直立することだが、引いて止まるあ、あるいは止まる場所の意味に使われる。「端」の本義はゆがみ無くまっすぐに立つことで、それで「端坐」とか「端」という。そのほか「端」にははじまりという意味があり、また手でものをささげもつという意味に使われる。

虫血行衣西

竹　羽　肉　舜
米　老　臣　舟
糸　而　自　艮
缶　耒　至　色
网　耳　臼　艸
羊　聿　舌　虍

竹 [대 죽]

자형 변화

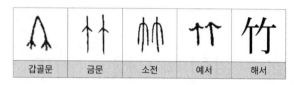

갑골문	금문	소전	예서	해서

자형 분석

"竹(대 죽)"은 고문자에서는 곧게 뻗은 줄기에 잎이 아래로 드리운 대나무의 모양을 본뜬 상형자이다.

자의 변화

"竹"의 본의는 '대나무'이다. 대나무는 '竹簡(죽간)', '竹帛(죽백: 죽간과 비단)'처럼 종이에 앞서 사용된 필사 재료이다. 또한 고결함과 절개의 상징으로 문인과 풍류 인사가 흠모하던 대상이었다.

소속 한자 해석

부수로서 "竹"은 '笙(생황 생)', '符(부호 부)'처럼 한자의 위쪽에 위치하므로 세간에서는 '대죽 머리'로 불려 왔다. "竹"부의 한자는 대부분 대나무나 대나무를 가공한 용구와 관련있는 것이다. 예를 들어 '筷(젓가락 쾌)'는 식사 도구인 '젓가락'으로 그 주된 원료가 대나무였으며, '笛(피리 적)'은 대나무로 만든 악기로 중국의 전통적인 민속 악기 중 하나이며, '筏(떼 벌)'은 대나무나 목재를 엮어 짠 수상 교통 도구인 '뗏목'이다. '簿(장부 부)', '篇(책 편)', '箋(찌지 전)' 등의 한자에서 "竹"은 모두 뜻을 나타내는 부호로 쓰이고 있어 종이가 발명되기 전에는 대나무가 중국인들에게서 주요한 필기도구로 쓰이고 있었음을 여실히 보여 주고 있다.

竹 [zhú]部

字形分析

"竹"是象形字，古文字像竹之形：竹茎挺拔，竹叶下垂。

字义发展

"竹"的本义是竹子。竹子曾作为书写材料，是纸张的前身，如"竹简"、"竹帛"。竹也是文人雅士喜爱的对象，被视为高洁与气节的象征。

部首组字例释

作为部首，"竹"位于汉字的上部，写作俗称"竹字头"，如"笙"、"符"。竹部的字多与竹质器具或材料有关系。例如"筷"，即筷子，为就餐用具，以竹子为主要制作材料之一。"笛"是用竹子制作的乐器，为中国民族传统乐器之一；"筏"是用竹子或木头编扎成的一种水上交通工具。"簿"、"篇"、"笺"等字中的"竹"都是表意符号，说明在纸发明以前，竹子确实曾被中国人用来当作主要的书写材料。

竹 [たけがんむり]

字形分析

《竹》は竹の茎が上にのび、葉が下に垂れている形をかたどった象形文字である。

字義発展

《竹》の本義は「たけ」である。竹はかつて「竹簡」として書写材料に利用され、紙の前段階であった。竹はまた文人や風流人士が好んだ対象であり、高潔で気骨のある象徴であった。

部首組字例釈

部首としての《竹》は「笙」や「符」のように漢字の上部に配置されて《⺮》と書かれ、一般に「竹字頭」（日本では竹カンムリ）と呼ばれる。《竹》部の漢字は竹、あるいは竹を加工して創った道具と関係がある。たとえば「箸」は食事に使う道具である「はし」のことで、主な原料は竹である。「笛」は竹で創った楽器で、中国の伝統的な民族楽器である。「筏」は竹か材木を並べて作った水上交通の道具である。「簿」「篇」「箋」等などは《竹》を意符としており、紙が発明される前には竹が中国でもっとも主要な書写材料として使われたことを示している。

米 [쌀 미]

자형 변화

갑골문	전국문자	소전	예서	해서

자형 분석

"米(쌀 미)"는 고문자에서 곡물의 알곡이 잗다랗게 흩어진 모양을 본뜬 상형자이다.

자의 변화

"米"의 본의는 '大米(대미: 쌀)', '小米(소미: 좁쌀)'처럼 곡물이나 기타 식물에서 깍지나 껍질을 벗긴 후에 얻는 열매의 속 알갱이를 가리킨다.

소속 한자 해석

부수로서 "米"는 '料(되질할 료)', '精(찧을 정)'과 같이 통상 한자의 왼쪽에 놓이므로 세간에서는 '쌀미 변'이라고 불리나, 때로는 '糞(똥 분)', '粦(도깨비불 린)'과 같이 한자의 위쪽에 놓이기도 하고, '粟(조 속)', '粲(정미 찬)'과 같이 아래쪽에 오기도 한다. "米"부의 한자는 대부분 식량과 관련된 것인데, 예를 들면 '粟(조 속)'은 중국 북방의 주요한 곡류 작물로 지금은 '穀子(gǔzi: 조)'라고 불리는 것이며, '粽(주악 종)'은 갈댓잎으로 찹쌀을 싸서 만든 다각형의 식품인 '粽子(zòngzi: 쫑쯔)'로 중국에서는 매년 음력 5월 5일 단오절이면 이를 즐겨 먹는 풍습이 있다. 다만 '糞'자의 머리 위에 얹힌 "米"자는 폐기되는 오물을 가리킨 것이므로 "米"의 본래 의미와는 관련이 없다.

米 [mǐ]部

字形分析

"米"是象形字, 古文字像细碎的米粒之形。

字义发展

"米"的本义是指谷物或其他植物去壳之后的子实, 如"大米"、"小米"。

部首组字例释

作为部首, "米"通常位于汉字的左侧, 俗称"米字旁", 如"料"、"精"; 有时位于汉字的上部, 如"粪"、"舞"; 或位于下部, 如"粟"、"粲"。米部的字多与粮食有关。例如"粟"是中国北方的一种主要的粮食作物, 现称"谷子"; "粽"是用苇叶包裹糯米做成的一种多角形的食品, 在中国, 每年的农历五月初五端午节, 按照民间传统, 都要吃粽子; 而"粪"字头上的"米", 则指废弃的秽物, 与"米"的意义无关。

米 [こめへん]

字形分析

《米》は穀物の実が細かくくだけた形をかたどった象形文字である。

字義発展

《米》の本義はコメやアワのように穀物の実の殻をとったものである。

部首組字例釈

部首としての《米》は「料」や「精」のように通常は漢字の左側に配置され、一般に「米字旁」(コメへん)と呼ぶ。また時には「糞」や「粦」のように漢字の上部に配置されたり、「粟」や「粢」のように下部に配置されることもある。《米》部の漢字は食糧と関係があって、たとえば「粟」は中国北方における主要な作物である。「粽」はもち米で作ったものを葦の葉で包んだ多角形の食品で、中国では毎年陰暦の五月五日端午の節句に粽子を食べる習慣がある。だが「糞」の上にある「米」は廃棄物の意で「米」の意味とは関係がない。

糸 [가는 실 사]

韓

자형 변화

갑골문	금문	소전	예서	해서

자형 분석

"糸(가는 실 사)"는 고문자에서 가는 실을 한 다발 묶어 놓은 형태를 본뜬 상형자이다.

자의 변화

"糸"의 본의는 '가는 실'인데, 현대 중국어에서는 단지 부수로만 쓰일 뿐 단독으로 쓰이지는 않는다.

소속 한자 해석

부수로서 "糸"는 '紗(깁 사)'나 '繩(줄 승)'과 같이 통상 한자의 왼쪽에 위치하여 "糹"의 꼴로 쓰이며, 세간에서는 '실사변'으로 불린다. 때로는 '素(흴 소)'나 '索(찾을 색)'과 같이 한자의 아래쪽에 위치하기도 하는데, 이때는 "糸"의 꼴로 쓰이기도 한다. "糸"부의 한자는 섬유나 방직물 등과 관계있는데, 예를 들어 '綱(벼리 강)'은 '굵은 밧줄'이며, '紡(자을 방)'은 '목화나 삼 등의 섬유를 물레로 자아 실로 뽑는다'는 뜻이며, '紅(붉을 홍)'은 본래는 '담홍색', 곧 '분홍색'이었지만 후에는 바뀌어 '진홍색'을 가리키게 되면서 '빨강'이나 '주홍'과 구별이 없어진 것이다. '紫(자줏빛 자)', 곧 '자색'은 빨강과 파랑의 혼합색이다. 색깔을 나타내는 한자가 "糸"부수를 따르게 된 까닭은 고대에 안료가 대부분 염직물에 쓰였기 때문이다.

糸 [mì]部

字形分析

"糸"是象形字，古文字像一束细丝之形。

字义发展

"糸"的本义是指细丝。"糸"在现代汉语中只用作部首，一般不单独成字。

部首组字例释

作为部首，"糸"通常位于汉字的左侧，写作"纟"（繁体作"糹"），俗称"绞丝旁"，如"纱"、"绳"；有时位于汉字的下部，写作"糸"，如"素"、"索"。"糸"部的字多与纤维和纺织品等意义有关。例如"纲"是大绳子。"纺"是把棉、麻等纤维在纺车上织成纱；"红"本指赤白色，即粉红色，后改指大红，与赤、朱颜色无别；"紫"是红与蓝的混合色。表示颜色的字之所以从"糸"，是因为古时候颜料多用于染织物。

糸 [いとへん]

字形分析

《糸》は細い絹糸を束にした形をかたどった象形文字である。

字義発展

《糸》の本義は細い絹糸であるが、「糸」は現在の中国語では単独では使われず、部首として使われるだけである。

部首組字例釈

部首としての《糸》は「組」や「統」のように通常は漢字の左側に配置され、《纟》(繁体字では《糹》)と書かれ、「絞糸旁」(糸へん)と呼ばれる。また時には「素」や「索」のように漢字の下部に配置されることもある。《糸》部の漢字は繊維や紡織品と関係があり、たとえば「綱」は太い縄、「紡」は木綿や麻などの繊維を紡錘車で紡ぐこと、「紅」はもと赤白色すなわちピンク色のことだったが、後に「あか」を意味し、赤や朱色と区別がなくなった。「紫」は赤と青の混合色である。色を表す漢字に《糸》がついているのは、古代の顔料が染料に由来することによる。

缶 [장군 부]

자형 변화

갑골문	금문	소전	예서	해서

자형 분석

"缶(장군 부)"는 회의자로, "午(일곱째 지지 오)"와 "凵(입 벌릴 감)"
으로 이루어졌는데, 위의 "午"는 '杵(공이 저: 절굿공이)'로 토기인
'장군'을 만드는 데 사용하는 방망이를 나타내는 것이며 아래의
"凵"은 용기의 형태를 본뜬 것이다.

자의 변화

"缶"의 본의는 원형의 배가 볼록하고 주둥이가 작으며 술을 채우
는 용도의 토기로, 나아가 물을 퍼 올리거나 물을 채우는 토기를
가리키기도 하며, 그 밖에 '擊甕叩缶(격옹고부: 옹기를 치고 장군을 두
드리다)'처럼 춘추전국시대 진(秦)나라 지역에서 사용한 악기를 가
리키기도 한다.

소속 한자 해석

부수로서 "缶"는 '缺(이지러질 결)', '缸(항아리 항)'과 같이 한자의 왼쪽에 위치하기도 하고, 혹은 '罄(빌 경)', '甕(항아리 옹)'과 같이 아래쪽에 위치하기도 한다. "缶"부의 한자는 대부분 그 뜻이 토기와 관련되어 있는데, 예를 들면 '缺'의 본의는 '토기가 파손되다'라는 것에서 '缺吃少穿(quēchīshàochuān: 먹을 것과 입을 것이 부족하다)'이나 '寧缺毋濫(nìngquēwúlàn: 차라리 부족할망정 아무렇게나 채우지 않는다)'처럼 '부족하다'나 '불완전하다'라는 뜻으로 널리 쓰이게 되었으며, '罄(빌 경)'은 그 본의가 '용기 속이 텅 비어 있다'에서 '아무것도 없다'는 뜻으로 널리 쓰이게 된 것이다.

缶 [fǒu]部

字形分析

"缶"是会意字。古文字从午从凵，上面的"午"即是"杵"，表示用以制作缶器的棒子，下面的"凵"像器皿之形。

字义发展

"缶"的本义为盛酒浆的圆腹小口瓦器，引申指汲水或盛水的瓦器。此外，缶还是春秋战国时期秦地的一种乐器，如"击瓮叩缶"。

部首组字例释

作为部首，"缶"位于汉字的左侧，如"缺"、"缸"；或位于下部，如"罄"、"罈"。"缶"部的字多与瓦器之义有关，如"缺"字本义为瓦器破损，引申为不够、不完整之义，如"缺吃少穿"、"宁缺毋滥"；"罄"，本义是容器里空了，泛指什么都没了。

缶 [ほとぎ]

字形分析

《缶》は《午》と《凵》からなる会意文字で、上の《午》は「杵」で「缶」を作る棒、下の《凵》は容器の形である。

字義発展

《缶》の本義は酒などの飲み物を入れるための、腹が大きく口が小さい土器で、引いて水をくんだり入れたりするための土器を意味する。ほかにまた春秋戦国時代の秦では楽器として使われたこともあった。

部首組字例釈

部首としての《缶》は「缺」や「缸」のように漢字の左側に配置され、また時に「罄」「窖」のように下部に配置されることもある。《缶》部の漢字は土器と関係があって、たとえば「缺」の本義は土器が破損することで、ひいて「足りない」あるいは「不完全である」ことを表す。「罄」の本義は容器の中が空っぽであることで、引いて「なにひとつない」ことを表す。

网 [그물 망]

자형 변화

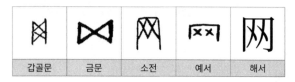

갑골문	금문	소전	예서	해서

자형 분석

"网(그물 망)"은 고문자에서는 그물의 형태를 본뜬 상형자이다.

자의 변화

"网"의 본의는 '漁網(어망)'과 같이 줄을 엮어 짠 어류나 조수류를 잡는 '그물'이며, 나아가 '電網(diànwǎng: 전력망)', '法網(법망)', '互聯網(hùliánwǎng: 인터넷)' 등처럼 그물의 모습을 닮은 구체적·추상적인 모든 사물이나 일을 가리키기도 한다.

소속 한자 해석

부수로서 "网"은 '罪(허물 죄)', '置(둘 치)'처럼 한자의 위쪽에 위치하여 "罒(그물 망)"의 꼴로 쓰인다. "网"부의 한자는 주로 '그물'이나 '체계'와 관계있는데, 예를 들면 '羅(그물 라)'는 그 본의가 줄이나 실을 엮어 짠 '새 사냥용 그물'인데 성기고 가벼운 견직물을 가리키기도 하며 동사로는 '網羅(망라)', '羅致(luózhì: 끌어 모으다)'처럼 그물을 펼쳐 '잡다', '끌어 모으다'라는 뜻을 나타낸다. 나아가 '羅列(나열)'과 같이 '배치하다'의 뜻을 가지며, '罪'는 '罪犯(죄범)', '罪過(죄과)'처럼 법에 저촉되는 엄중한 과오를 저질렀음 가리킨다.

网 [wǎng]部

字形分析

"网"字是象形字, 古文字像网之形。

字义发展

"网"的本义为用绳结成的捕捉鱼类、鸟兽的工具, 如"渔网", 引申表示具体或抽象的一切形状像网的东西, 如"电网"、"法网"、"互联网"。

部首组字例释

作为部首, "网"位于汉字的上部, 写作"罒", 如"罪"、"置"。网部的字含义多与网罗、网络有关, 如"罗"字本义为用绳线结成的捕鸟网, 也指稀疏而轻软的丝织品。用作动词, 有张网捕捉或招揽之义, 如"网罗"、"罗致", 引申为铺排之义, 如"罗列"; "罪"指犯了法的严重过错, 如"罪犯"、"罪过"。

网 [あみがしら]

字形分析

《网》は網の形をかたどった象形文字である。

字義発展

《网》の本義は「漁網」のように、縄を編んで作った鳥や魚を捕るための網であり、引いて網状になったものを意味する。

部首組字例釈

部首としての《网》は「罪」や「置」のように漢字の上部に配置され、《罒》と書かれる。《网》部の漢字は「あみで覆う」あるいは「網の目状につながる」ことと関係があり、たとえば「羅」の本義は綱を編んで作った捕鳥用の網であり、引いて目が粗くて軽い絹織物をも意味する。動詞として網を張って捕らえる意を表し、引いて「羅列」のように敷き詰めることをいう。「罪」は「罪人」や「罪科」のように法を犯した過ちをいう。

羊 [양 양]

자형 변화

갑골문	금문	소전	예서	해서

자형 분석

"羊(양 양)"은 고문자에서 정면에서 본 양의 모습으로 뿔이 튀어나온 특징을 부각시킨 상형자이다.

자의 변화

"羊"의 본의는 '양'으로 '山羊(산양)', '綿羊(면양)', '羚羊(영양)'과 같이 고대로부터 현대에 걸쳐 의미에 변화가 없는 얼마 안 되는 단어 중 하나이다. 고대에는 '祥(상서로울 상)'과 통용되어 '吉羊(길양)'으로 쓰기도 하였으며, 지금도 일정한 상황에서는 여전히 서로 통용되고 있다. 그 외에도 '陽(볕 양)'과 독음이 같아 '三羊(陽)開泰(삼양개태: 양효, 곧 태양이 셋이라 길하다)'처럼 '陽'자 대신 가차하여 쓰기도 한다.

소속 한자 해석

부수로서 "羊"은 때로 '群(무리 군)', '羚(영양 령)'과 같이 한자의 오른쪽이나 왼쪽에 위치하며, 때로는 '羔(새끼 양 고)', '羞(부끄러울 수)'처럼 한자의 위쪽에 위치하여 '丷'이나 '⺶'의 형태로 쓰인다. "羊"부의 한자는 그 의미가 대부분 '양'과 관련되어 있는데, 예를 들면 '羔'는 '羊羔(양고)', '羔羊(고양)'과 같이 '어린 양'을 가리키며, '祥(상서로울 상)'은 본의가 '길흉의 조짐'의 통칭이나 후세에는 오로지 길조를 나타내어 '吉祥(길상)'의 뜻으로 쓰인다. '美(아름다울 미)'는 본의가 '맛이 좋다'인데 이는 양이 고대인의 가장 주요한 육류 식품의 하나였으므로 "羊"과 "大(큰 대)"를 더하여 '맛이 좋다'는 뜻을 나타내었던 것이었으나, 후에는 '美味(미미: 좋은 맛)', '美景(미경)', '美不勝收(měibúshèngshōu: 이루 다 즐길 수 없다)'처럼 모든 훌륭한 것을 다 가리키게 되었다. '善(착할 선)'은 "言(말씀 언)"과 "羊"으로 구성된 회의자로, '양'이 '길상스러움'을 상징하였으므로 '善'도 그 본의가 '길상스럽다'였으나 널리 훌륭하거나 선량한 것도 가리키면서 특히 '慈善(자선)', '善人(선인)'과 같이 사람들이 지닌 훌륭한 행위나 품성을 가리키기도 한다.

羊 [yáng]部

字形分析

"羊"是象形字,古文字像羊头的正面形状,并突出了羊角的特征。

字义发展

"羊"的本义就是羊,属于少数古今词义没有变化的词,如"山羊"、"绵羊"、"羚羊"。古代与"祥"通用,写作"吉羊",现代在某些场合也继续通用。还因与"阳"同音而借为"阳"字,如"三羊(阳)开泰"。

部首组字例释

作为部首,"羊"有时位于汉字的右侧或左侧,如"群"、"羚";有时位于汉字的上部,写作"⺶"或"⺷",如"羔"、"羞"。羊部的字多与羊的意义有关。例如"羔",指小羊,如"羊羔"、"羔羊";"祥"字本义是吉凶之兆的统称,后来专门表示吉兆,也就是"吉祥"之义;"美"字的本义是味道好,由于羊是古人主要的肉食之一,故从"羊"从"大",以表示味美之义,后以"美"形容一切美好的事物,如"美味"、"美景"、"美不胜收";"善"是会意字,从言从羊,因为羊是吉祥的象征,所以"善"字本义就指吉祥,引申指美好的、善良的,特指人所具有的美好的行为和品质,如"慈善"、"善人"。

羊 [ひつじへん]

字形分析

《羊》はヒツジのツノの特徴を突出させて正面から描いた象形文字である。

字義発展

《羊》の本義はヒツジで、「山羊」「綿羊」「羚羊」というように、古代から現代まで意味が変わっていない数少ない単語の一つである。古代では「祥」に通じて「吉羊」とも書かれ、現代でもその語が続いて用いられている。

部首組字例釈

部首としての《羊》は「群」や「羚」のように漢字の左側に配置され、また「羔」や「羞」のように上部に配置されて《⺶》や《⺷》と書かれる。《羊》部の漢字はヒツジと関係があって、たとえば「羔」は子ヒツジのこと、「祥」の本義は吉凶の兆しの総称であるが、後世にはもっぱら吉兆にのみ使われて「吉祥」を表す。「美」の本義は「味がよい」ことだが、それはヒツジが古代人でのもっとも主要な食肉であり、《羊》と《大》で味の良さを表したのが、のちあらゆるものの美しさを表現した。「善」は《言》と《羊》からなる会意文字で、ヒツジが吉祥の象徴であったことから「善」も吉祥を本義とし、引いて「うつくしい」「善良である」ことを意味し、特に「慈善」とか「善人」というように人間が持っているすばらしい行為や気質を表す。

羽 [깃 우]

자형 변화

𢒰	ㅋㅋ	𦏃	ㅋㅋ	羽
갑골문	금문	소전	예서	해서

자형 분석

"羽(깃 우)"는 고대 문자에서 깃털의 모양을 본뜬 상형자이다.

자의 변화

"羽"는 새의 날개에 난 긴 깃털로 후에 널리 '새의 날개'를 가리킨다.

소속 한자 해석

부수로서 "羽"는 '翻(날 번)', '翼(날개 익)', '翁(늙은이 옹)'과 같이 한자의 오른쪽, 위쪽 혹은 아래쪽에 각각 위치한다. "羽"부의 한자는 대부분 새의 날개나 비행하는 동작과 관련된 것으로, 예를 들면 '翅(날개 시)'는 부수 "羽"와 음을 나타내는 "支(가를 지)"로 구성된 형성자로 본의는 새나 곤충의 날개나 나아가 날개 모양을 닮은 것들을 나타내기도 하는데, 예를 들어 '魚翅(어시)'는 '상어 지느러미'를 가리킨다. '翻'은 부수 "羽"와 음을 나타내는 "番(갈마들 번)"으로 구성된 형성자로, 본의는 '새가 날다'는 뜻이나 '翻車(fānchē: 차가 뒤집히다)', '翻卷(fānjuǎn: 소용돌이치다)', '翻譯(번역)'과 같이 사물의 위아래가 뒤집히거나 위치가 변동되는 것을 가리킨다. '翔(빙빙 돌아 날 상)'은 부수 "羽"와 음을 나타내는 "羊"으로 구성된 형성자로, 본의는 새가 날개를 펼치고 '선회하다'이다.

羽 [yǔ]部

字形分析

"羽"是象形字, 古文字像羽毛的形状。

字义发展

"羽"特指鸟翅膀上的长毛, 后来泛指鸟的羽毛。

部首组字例释

作为部首, "羽"位于汉字的右侧、上部或下部, 例如"翻"、"翼"、"翁"。羽部的字多与鸟的翅膀或飞行的动作有关。例如"翅"是形声字, 从羽支声, 本义为鸟类、昆虫的翅膀, 引申指某些像翅膀的东西, 例如"鱼翅", 就是指鲨鱼的鳍; "翻"是形声字, 从羽番声, 本义是指鸟儿飞, 引申指物体上下颠倒或位置变动, 如"翻车"、"翻卷"、"翻译"; "翔"是形声字, 从羽羊声, 本义为鸟儿展翅盘旋。

羽 [はねへん]

字形分析

《羽》は羽毛の形をかたどった象形文字である。

字義発展

《羽》は翼にはえた羽毛のことで、のちに広く鳥の羽を表す。

部首組字例釈

部首としての《羽》は「翻」「翼」「翁」のように漢字の右側・上部・下部にそれぞれ配置される。《羽》部の漢字は鳥の翼や飛行する動作に関係があって、たとえば「翅」は《羽》と音符《支》からなる形声文字で、本義は鳥や昆虫の翼のこと、引いて翼状のものを表し、「魚翅」といえばフカヒレのことである。「翻」は《羽》音符《番》からなる形声文字で、本義は鳥が飛ぶこと、引いて物体が上下さかさまになったり位置が変動することをいう。「翔」は《羽》と音符《羊》からなる形声文字で、本義は鳥が翼をひろげて旋回することである。

老 [늙은이 로]

자형 변화

갑골문	금문	소전	예서	해서

자형 분석

일설에 의하면 "老(늙은이 로)"는 고문자에서 머리카락을 길게 드리운 노인이 지팡이를 짚고 있는 모습을 본뜬 상형자라고도 한다.

자의 변화

"老"의 본의는 '老人(노인)', '返老還童(반로환동: 회춘하다)'과 같이 '나이가 많다'이나, 나아가 '老房子(lǎofángzi: 낡은 집)', '老朋友(lǎopéngyǒu: 오랜 친구)', '老化(lǎohuà: 낙후되다)'처럼 널리 시간이 오래되고 해묵었다는 뜻을 나타내며, 또 '老練(lǎoliàn: 노련하다)', '老到(lǎodao: 능숙하다)', '老奸巨猾(lǎojiānjùhuá: 매우 치밀하고 교활하다)'처럼 널리 '경험이 풍부하다'는 뜻을 가리키기도 하며, 또 '老遲到(lǎochídào: 언제나 늦다)'처럼 '항상', '언제나'의 뜻을 나타내며, 그 외에도 '老地方(lǎodìfang: 늘 만나던 장소)', '老經驗(lǎojīngyàn: 옛날 경험)', '老黃曆(lǎohuánglì: 때 지난 달력)' 등처럼 '원래의'나 '과거의'의 뜻을 나타내기도 한다.

소속 한자 해석

부수로서 "老"는 '考(생각할 고)', '孝(효도 효)'처럼 한자의 위쪽에 위치하여 "耂"의 꼴로 생략되어 쓰인다. "老"부의 한자는 대부분 '나이가 많다'는 뜻과 관련이 있는데, 예를 들면 '考'자는 '壽考(shòukǎo: 장수를 누리다)', '如喪考妣(rúsàngkǎobǐ: 부모가 죽은 듯이 슬퍼하고 안타까워하다)'처럼 본의가 "老"자와 같아서 역시 '나이가 많다'는 뜻을 나타내며, '孝'는 '孝順(효순)', '孝子(효자)'처럼 노인이나 선배를 존경하고 모심을 가리킨다.

老 [lǎo]部

字形分析

有人说"老"是象形字。古文字像长发老人手扶拐杖之形。

字义发展

"老"的本义为年纪大, 如"老人"、"返老还童"; 引申表示时间长、陈旧之义, 如"老房子"、"老朋友"、"老化"; 引申指阅历丰富、有经验, 如"老练"、"老到"、"老奸巨猾"; 又表示经常、总是, 如"老迟到"; 还表示原来的、过去的, 如"老地方"、"老经验"、"老黄历"。

部首组字例释

作为部首, "老"位于汉字的上部, 省写为"耂", 如"考"、"孝"。"老"部的字含义多与年纪大有关, 如"考"字本义与"老"字相同, 也是表示年纪大之义, 如"寿考"、"如丧考妣"; "孝"是指敬奉老人、长辈, 如"孝顺"、"孝子"。

老 [おいがしら]

字形分析
一説によれば、《老》は髪の長い老人が杖をついている形であるという。

字義発展
《老》の本義は「年をとっている」ことで、引いて「長い時間」、あるいは「古い」という意味、あるいは経験が豊富であるという意味に使われる。また「つねに」とか「いつもきまって」、あるいは「本来の」「いつもの」という意味にも使われる。

部首組字例釈
部首としての《老》は「考」や「孝」のように漢字の上部に配置され、《耂》と省略される。《老》部の漢字は「年を取っている」ことと関係があり、「考」の本義は「老」と同じで「年を取っている」こと、「孝」は老人や先輩をうやまうことをいう。

而 [말 이을 이]

韓

자형 변화

갑골문	금문	소전	예서	해서

자형 분석

"而(말 이을 이)"는 고문자에서 수염 모양을 본뜬 상형자이다.

자의 변화

"而"의 본의는 '구레나룻'이나 '수염'이지만 이 본의로 사용되는 예는 없고 주로 허사로 쓰인다. 고대 한문에서는 '余知而無罪也 (여지이무죄야: 네가 죄가 없음을 나는 안다)', '必欲烹而翁(필욕팽이옹: 반드시 네 아비를 삶고자 한다)'과 같이 대명사로 쓰여 '爾(너 이)'와 통용되며 '너', '너의'의 의미로 쓰인다. 또 접속사로도 쓰이는데 그 주요 용법은 세 가지이다. 먼저 병렬되는 요소를 연접하는 용법으로 '富而貴(fù ér guì: 부유하고도 고귀하다)'처럼 대등한 관계를 병렬시키거나, '富而不仁(fù ér bùrén: 부유하나 어질지 못하다)'처럼 역접의 관계를 병렬시키기도 하며, 혹은 '蜂擁而上(fēngyōng'érshàng: 벌떼처럼 몰려들다)'처럼 부사어와 중심어를 서로 연결시키거나 혹은 '反貪局而貪賄成風(fǎntānjú ér tān huì chéng fēng: 부정부패 척결 부서이나 뇌물이 성행한다)'처럼 주어와 위어를 연결시키기도 한다.

소속 한자 해석

부수로서 "而"는 '耐(견딜 내)', '耍(희롱할 사)', '耑(시초 단)'과 같이 한자의 왼쪽 혹은 위쪽이나 아래쪽에 배치된다. "而"부의 한자는 더러 수염과 관련 있는데, 예를 들면 '耐'는 "而"와 "寸(마디 촌)"으로 구성된 회의자로 본의는 2년간 수염을 깎아 버리던 고대의 형벌이었는데 나아가 '耐寒(내한: 추위를 견딤)', '忍耐(인내)'처럼 '참다'나 '감당할 수 있다'는 뜻을 나타내며, '耑'은 '端(바를 단)'의 본자로 『說文解字(설문해자)』에서 '위는 풀이 솟아 나오는 모양을 본뜬 것이고 아래는 그것의 뿌리를 본뜬 것이다'라고 하였듯이 원래는 땅 위로 처음 내미는 식물의 싹을 가리키는 것이며, '耍'는 수염이나 털로 여성을 희롱하는 데서 '정당치 못한 행위'를 가리킨 것인데 나아가 '玩耍(wánshuǎ: 장난치다)', '耍花招(shuǎhuāzhāo: 속임수를 쓰다)'처럼 '유희하다'나 '놀다'의 뜻으로 쓰인 것이다.

而 [ér]部

字形分析

"而"是象形字。古文字像胡须之形。

字义发展

"而"的本义为颊毛、胡须。"而"表本义时很少单独使用,主要用作虚词。古代汉语中可作代词,通"尔",义为你、你的,如"余知而无罪也"、"必欲烹而翁"。又引申作连词,其主要用法有三种:或连接并列成分,包括对等关系和转折关系,如"富而贵"、"富而不仁";或连接状语和中心语,如"蜂拥而上";或连接主谓语,如"反贪局而贪贿成风,这叫什么反贪局!"

部首组字例释

作为部首,"而"位于汉字的左侧或上部与下部,如"耐"、"耍"、"耑"。"而"部字有些与须毛义有关,例如"耐"字是从而从寸的会意字,本义为古时一种剃掉胡须两年的刑罚,引申表示忍受、禁得住之义,如"耐寒"、"忍耐";"耑"为"端"的本字,《说文》:"上象生形,下象其根。"本指植物初出地表的须芽;"耍",或谓义为用须毛戏弄女子,指不正当的行为,引申为游戏、玩弄,如"玩耍"、"耍花招"。

而 [しかして]

字形分析

《而》はあごひげの形をかたどった象形文字である。

字義発展

《而》の本義は頬やあごに生えるひげであるが、この本義で使われることはなく、主に助字に使われる。古代漢語の中では「爾」に通じて二人称代名詞に使われ、「なんじ・あなた」という意味を表す。また接続詞として、「富みて而して貴し」、「富みて而して仁ならず」というようにいくつかの要素を並列したり、「蜂擁して而して上る」のように用言を連結したりなどする。

部首組字例釈

部首としての《而》は「耐」や「耍」、「耑」のように漢字の左側あるいは上部また下部に配置される。《而》部の漢字はひげと関係があり、「耐」は《而》と《寸》からなる会意文字で、本義は古代におこなわれた2年間ひげをそり落とす刑罰、引いてガマンする・耐える意味を表し、「耐寒」「忍耐」というように使う。「耑」は「端」の本字で、『説文解字』には「上は生える形にかたどり、下は其の根にかたどる」とある。もともとは植物がはじめて地面から芽を出すさまをかたどっていた。「耍」はひげで女性をからかうことから、引いて不当な行為とか遊戯という意味を表す。

耒 [쟁기 뢰]

자형 변화

| 갑골문 | 금문 | 소전 | 예서 | 해서 |

자형 분석

"耒(쟁기 뢰)"의 본의는 흙을 뒤엎는 고대의 목제 농기구로 삼지창 모양이나 위쪽은 굽은 자루가 있고 아래쪽에는 흙을 부드럽게 만드는 쟁기 날이 있어 후세 쟁기의 전신으로 여긴다.

소속 한자 해석

부수로서 "耒"는 '耕(밭갈 경)', '耦(짝 우)'처럼 한자의 왼쪽에 위치한다. "耒"부의 한자는 대부분 농기구나 농경과 관련된 뜻을 가지고 있다. 예를 들면 '耕'은 "耒"와 음을 나타내는 "井(우물 정)"으로 구성된 형성자로 본의는 '耕種(gēngzhòng: 경작하다)', '耕耘(gēngyún: 땅을 갈고 김을 매다)', '男耕女織(nángēngnǚzhī: 남자는 농사를 짓고 여자는 베를 짜다)'처럼 '밭의 흙을 뒤집어 부드럽게 하다'라는 뜻이고, '耘(김맬 운)'은 '耕耘(gēngyún: 땅을 갈고 김을 매다)', '耘田(yúntián: 김을 매다)'과 같이 '잡초를 제거하다'이며, '耙(써레 파)'는 '耙地(pádì: 논밭을 써레질하다)', '犁耬鋤耙(lílóuchúpá: 쟁기질하고 파종하며 호미질하고 써레질하다)'처럼 가축에게 끌게 하여 밭의 흙덩이를 부수고 고르게 하는 농기구인 '써레'이다.

耒 [lěi]部

字形分析

"耒"的本义为古代一种木制翻土农具。这种农具形如木叉, 上有曲柄, 下面是用以松土的犁头, 可看作是后世犁的前身。

部首组字例释

作为部首, "耒"位于汉字的左侧, 如"耕"、"耦"。"耒"部的字含义多与农具、农耕有关, 例如"耕"字是从耒井声的形声字, 本义为翻松田地, 如"耕种"、"耕耘"、"男耕女织"; "耘"义为除去杂草, 如"耕耘"、"耘田"; "耙"是一种以畜力拖动, 用以梳理、弄碎田间土块的农具, 如"耙地"、"犁耧锄耙"。

耒 [すきへん]

字形分析

《耒》の本義は土をたがやす古代の農具で、木が三つ叉になった先に曲がった柄がついており、下は土をほぐす鋤がついていて、後世の鋤の前身と思われる。

部首組字例釈

部首としての《耒》は「耕」や「耦」のように漢字の左側に配置される。《耒》部の漢字は農機具または農耕と関係があり、「耕」は《耒》と音符《井》とからなる形声字で、本義は田畑を耕すことである。「耘」は雑草を除去すること、「耙」は家畜に鋤を引かせて田んぼの土を耕す道具である。

耳 [귀 이]

자형 변화

갑골문	금문	소전	예서	해서

자형 분석

"耳(귀 이)"는 고문자에서 '귀'의 형태를 본뜬 상형자이다.

자의 변화

"耳"의 본의는 '귀'인데 확대되어 형태가 귀와 닮은 것을 가리킨다. 예를 들면 귀 모양처럼 안방의 양쪽 옆으로 나뉘어 있는 방을 '耳房(ěrfáng: 문간방)'이라고 한다. 그 외에도 '想當然耳(xiǎngdāngráněr: 당연하다고 생각할 뿐이다)'처럼 어기조사로 가차하기도 한다.

소속 한자 해석

부수로서 "耳"는 '聯(잇달 련)', '恥(부끄러워할 치)'처럼 통상 한자의 왼쪽에 위치하나, 때로는 '聾(귀먹을 롱)'이나 '聳(솟을 용)'과 같이 한자의 아래쪽에 위치하기도 하며, 때로는 '聞(들을 문)'과 같이 한자의 속에 놓이기도 한다. "耳"부의 한자는 대부분 귀의 기능과 관련된 것이 많은데 '取(취할 취)'는 "耳"와 "又(또 우)"로 구성된 회의자로 이 중 "又"는 '손'을 나타내므로 이 둘을 아우르면 '손으로 귀를 잡는다'는 뜻이니 고대에는 전쟁이 나면 적의 귀를 베어 오는 방법으로 살상한 적의 숫자를 계산하였으므로 '取'의 일상적인 뜻은 '獲取(huòqǔ: 획득하다)'이나, 널리 '取書(qǔshū: 책을 지니다)', '取款(qǔkuǎn: 돈을 찾다)'처럼 무엇인가 손안에 넣는 동작을 가리키기도 한다. '聰(귀 밝을 총)'자의 본의는 '耳聰目明(ěrcōngmùmíng: 귀와 눈이 밝다)'에서처럼 '청각이 예민하다'는 뜻이나 예민한 청각이야 말로 시비를 판단하는 중요한 전제 조건이라는 데서 다시 널리 '총명하다'나 '민첩하다'의 뜻으로도 쓰인다. '聞'은 '充耳不聞(chōng'ěrbùwén: 귀를 틀어막고 듣지 않다)'에서처럼 본의가 '듣다'이므로 "耳"를 쓰고 있지만 후에는 의미가 바뀌어 코로 '냄새를 맡는다'는 뜻으로도 쓰이게 되었다.

耳 [ěr]部

字形分析

"耳"是象形字，古文字像耳朵的形状。

字义发展

"耳"的本义是指耳朵，引申指形状与耳朵相似的东西，例如"耳房"，因其与耳朵一样分列于正房两旁，故名。又借为语气助词，如"想当然耳"。

部首组字例释

作为部首，"耳"通常位于汉字的左侧，如"联"、"耻"；有时位于汉字的下部，例如"聋"、"聋"；有时还在汉字的里面，如"闻"。耳部的字多与耳朵的功能有关。"取"是会意字，从耳从又，"又"表示手，合起来表示以手取耳，古人作战时用割下敌方耳朵的方法来计算杀敌的数量，"取"字的常用义是"获取"，引申指将任何东西拿到手里的动作，如"取书"、"取款"；"聪"字本义是指听觉灵敏，例如"耳聪目明"，因为听觉灵敏是明辨是非的重要条件，所以"聪"又指引申指聪慧、敏捷，如"聪明"、"聪颖"；"闻"的本义是听说，故从耳，如"充耳不闻"，后来词义转变为用鼻子嗅之义。

耳 [みみへん]

字形分析
《耳》は耳の形をかたどった象形文字である。

字義発展
《耳》の本義は「みみ」で、引いて耳のようなものを表す。母屋の両側にある部屋を「耳房」というのは、母屋の両側に耳のようについているからである。また借りて句末の助字に用いる。

部首組字例釈
部首としての《耳》は「聯」や「恥」のように通常は漢字の左側に配置され、時には「聳」や「聾」のように上部に来たり、「聞」のように下部に配置されることもある。《耳》部の漢字は耳の機能に関する意味を表すことが多く、「取」は《耳》と《又》からなる会意文字で、《又》は手を表し、二つをあわせて、手で耳を取ることを表す。古代の戦争では耳を切り取ることで、倒した敵の数を計算した。「取」の常用義は「奪い取る」ことで、引いて何かのものを手の中に入れることをいう。「聡」の本義は聴覚が鋭敏なことで、聴覚が鋭敏であることが善悪判断の重要な条件であることから「聡」が「さとい」とか「敏捷である」という意味を表す。「聞」の本義は「聞く」ことで、だから《耳》がついているのだが、のちに意味が変わって「においをかぐ」という意味に使われるようになった。

聿 [붓 율]

자형 변화

갑골문	금문	소전	예서	해서

자형 분석

"聿(붓 율)"은 고문자에서 손에 붓을 쥐고 있는 모양을 본뜬 상형
자이다.

자의 변화

"聿"의 본의는 '붓'이다.

소속 한자 해석

부수로서 "聿"은 '肆(방자할 사)'나 '肇(비롯할 조)'처럼 한자의 오른쪽이나 아래쪽에 위치한다. "聿"자의 본의는 지금은 이미 사용되지 않으며 다른 한자의 음을 나타내는 부호로 충당되고 있을 뿐이다. 예를 들면 "長(길 장)"과 음을 나타내는 "聿"로 구성된 형성자 '肆(방자할 사)'는 본의가 '차려 놓다', '진열하다'이나 겉치레나 무절제한 화려함을 추구하다 보면 '大肆(dàsì: 제멋대로)' 화려해지므로 이 때문에 널리 '방종하다'나 '제멋대로 처리하다'의 뜻을 지니게 되었다. 예를 들어 '肆無忌憚(sìwújìdàn)'이란 '제멋대로 굴며 전혀 거리낌이 없다'는 뜻이다. '肇'는 고문자에서 손에 물건을 들고 문을 여는 모습의 상형자로 '肇始(zhàoshǐ: 시작하다)', '肇端(zhàoduān: 개시하다)'에서처럼 본의는 '문을 열다'이나 다시 '肇事(zhàoshì: 일을 저지르다)'처럼 널리 '일으키다'의 뜻으로도 쓰인다.

聿 [yù]部

字形分析

"聿"是象形字。古文字像手持毛笔之形。

字义发展

"聿"的本义为毛笔。

部首组字例释

作为部首,"聿"位于汉字的右侧或下面,如"肆"、"肇"。聿字的本义现在已不再使用,"聿"字在现代汉字中多充当声符,如从长聿声的"肆"字,本义为摆设、陈列,讲究排场、无限度的铺张,就是"大肆"铺张,因此"肆"引申有放纵,任意行事之义,如"肆无忌惮"意为放纵无顾忌;"肇",古文字像手持物开启门户之形,本义为开门,后引申为开始之义,如"肇始"、"肇端",又引申为引发,如"肇事"。

聿 [ふでづくり]

字形分析

《聿》は手に筆をもっている形をかたどった象形文字である。

字義発展

《聿》の本義は毛筆である。

部首組字例釈

部首としての《聿》は「肆」や「肇」のように漢字の右側か下部に配置される。《聿》の本義はいまではすでに使われず、《聿》は現在では形声字の音符に使われることが多く、たとえば「肆」は《長》と音符《聿》からなる形声文字で、本義は「並べる」あるいは「一面に敷き詰める」ことをいい、そこから「肆」は勝手気儘にものごとをおこなう意味に使われる。「肇」の古代文字は手で扉をもってあける形で、本義は「門を開けること」、引いて「ものごとのはじまり」の意を表す。

肉 [고기 육]

자형 변화

갑골문	금문	소전	예서	해서

자형 분석

"肉(고기 육)"은 고문자에서 잘라 놓은 고깃덩이를 본뜬 상형자이다.

자의 변화

"肉"의 본의는 식용으로 쓰이는 고기로 '果肉(과육)'과 같이 야채나 과실의 껍질과 씨를 제외한 먹을 수 있는 부분을 가리키기도 한다. 고기는 물렁한 특징을 지니므로 바삭바삭하지도 않고 아삭거리지도 않는 물건을 나타내기도 하는데, 예를 들어 행동이 굼뜨거나 성질이 느리면 '做事肉(zuòshì ròu: 일을 물렁하게 하다)', '性子肉(xìngzi ròu: 성질이 물렁하다)'라고 한다.

소속 한자 해석

부수로서 "肉"은 한자의 왼쪽이나 아래쪽에 위치하는데 '肚(배두)'처럼 한자의 왼쪽에 위치하면 "月(달 월)"의 꼴로 쓰이며, 아래쪽에 놓이면 어떤 때는 '肩(어깨 견)'이나 '胃(위장 위)'처럼 "⺼(쓰개 모)"의 꼴로 쓰이기도 하며, 어떤 때는 '腐(썩을 부)'처럼 "肉"의 꼴로 쓰이기도 한다. "肉"부의 한자는 주로 사람이나 동물의 기관이나 조직과 관련된 것이 많은데, 예를 들어 '膚(살갗 부)'자는 본의가 사람의 '피부'의 뜻이나 형용사로 쓰이면 '膚淺(부천: (학식이) 얕막하다)'처럼 '표면의'나 '천박한'의 뜻을 나타내며, '胃'는 '胃口(wèikǒu: 식욕)'나 '胃液(wèiyè: 위액)'과 같이 사람이나 동물이 먹은 음식물을 모아 놓거나 소화시키는 기관을 가리킨다.

肉 [ròu]部

字形分析

"肉"是象形字。古文字像切开的肉块之形。

字义发展

"肉"的本义为供食用的肉。引申指蔬果中皮核之外的可食部分,如"果肉"。肉具有柔软的特点,因此又形容不脆、不酥的东西,如某人行动迟缓、性子慢,就被说成"做事肉"、"性子肉"。

部首组字例释

作为部首,"肉"位于汉字的左侧或下部。位于汉字的左侧时,写作"月",如"肤"、"肚";位于汉字的下部时,有时写作"冃",如"肩"、"胃";有时写作"肉",如"腐"。"肉"部的字多与人或动物的器官、组织等有关,如"肤"字本义为人的皮肤,引申作形容词,表示表面的、浅薄的,如"肤浅";"胃",指的是人和动物贮藏和消化食物的器官,如"胃口"、"胃液"。

肉 [にく・にくづき]

字形分析

《肉》は肉の塊を切った形をかたどった象形文字である。

字義発展

《肉》の本義は食用に供せられる肉で、引いて「果肉」のように野菜や果実の中の食べられる部分をいう。

部首組字例釈

部首としての《肉》は「胴」や「腹」のように漢字の左側に配置され、その時には《月》と書かれる。また「肩」や「胃」のように下部に置かれることもあり、その時には《月》と書かれる。また「腐」のように《肉》と書かれることもある。《肉》部の漢字は人や動物の器官あるいは組織に関係することが多い。「胃」は人や動物が食べたものを貯蔵し、消化する器官を意味する。

臣 [신하 신]

자형 변화

갑골문	금문	소전	예서	해서

자형 분석

"臣(신하 신)"은 고문자에서 곧추 선 눈의 모양을 본뜬 상형자이다. 사람이 머리를 낮게 수그린 채 머리를 기울여 곁눈질로 훔쳐보면 눈이 곧추 선 상태가 되므로 '두려워하고 굴복한다'는 뜻을 나타낸다.

자의 변화

"臣"의 본의는 '노예', '노복'의 뜻으로 '莫非王臣(막비왕신: 왕의 백성이 아닌 이가 없다)'에서처럼 통치당하는 이를 널리 가리키기도 하였으나 후에는 나타내는 범위가 축소되면서 '君臣(군신)', '臣下(신하)'처럼 오로지 군주제도 아래에서의 '관리'만을 가리킨다.

소속 한자 해석

부수로서 "臣"은 '臥(엎드릴 와)'처럼 한자의 왼쪽에 위치하기도 하고 혹은 '臧(착할 장)'과 같이 다른 구성소의 속에 위치하기도 한다. "臣"을 표의부로 삼는 한자는 주로 '복종하다'나 '눈' 등과 관련된 뜻을 지닌다. 예를 들어 '臥'는 "人(사람 인)"과 "臣"으로 구성된 회의자로 본의는 사람이 탁자에 엎드려 '쉬다'라는 뜻으로, 이때에 눈은 감긴 상태이므로 "臣"은 곧 '눈'을 표의부로 삼은 것이며, '臧'은 고대에 '노복'의 뜻이었으므로 "臣"은 곧 '신하'를 표의부로 삼은 것이다.

臣 [chén]部

字形分析

"臣"是象形字。古文字像竖立的眼睛之形。人在低头且侧首偷窥时，眼睛处于竖立状态，因此表示恐惧屈从之意。

字义发展

"臣"的本义为奴隶、奴仆。引申指被统治者，如"率土之滨，莫非王臣"。后来指代范围缩小，专指君主制时的官吏，如"君臣"、"臣下"。

部首组字例释

作为部首，"臣"位于汉字的左侧或包裹在其他汉字构成成分之内，如"卧"、"臧"。凡以"臣"作义符的字多与臣服、眼睛等义有关，如"卧"字为从人从臣的会意字，本义为人伏在几案上休息，此时眼睛呈闭合之状，故从"臣"。"臧"古义为奴仆，故从"臣"。

臣 [しん]

字形分析

《臣》は目が直立した形をかたどった象形文字である。人が頭を低くして周りを伺う時には目が立ち上がった形になり、そこから恐れ屈従する意味を表す。

字義発展

《臣》の本義は奴隷・奴僕のことで、引いて統治される者を表す。のちに表す範囲が小さくなって、もっぱら君主に使える官吏、家臣の意を表す。

部首組字例釈

部首としての《臣》は「卧」のように漢字の左側、あるいは「蔵」のように内側に配置される。《臣》を意符としてもつ漢字には「臣服する」あるいは「目」の意味と関係がある。たとえば「卧」は《人》と《臣》からなる会意文字で、本義は人が脇息の上で休むこと、この時に目を閉じていることから《目》を意符とする。「臧」はもともと奴僕という意味で、それで《臣》がついている。

自 [스스로 자]

자형 변화

갑골문	금문	소전	예서	해서

자형 분석

"自"는 고문자에서 '코'의 모습을 본뜬 상형자이다.

자의 변화

"自"의 본의는 '코'이다. 지금은 '鼻(코 비)'로 '코'의 뜻을 나타내면서 "自"는 '自以爲是(zìyǐwéishì: 자신만이 옳다고 생각하다)'나 '自作聰明(zìzuòcōngmíng: 저만 잘난 체하다)'과 같이 '제 스스로'나 '자기 자신'의 뜻으로 쓰이며, 나아가 부사로서 '자연히', '저절로', '당연히' 등의 뜻으로 쓰이기도 한다. 예를 들어 '讀書百遍, 其義自見(독서백편, 기의자견)'이란 '글을 여러 차례 반복해서 읽노라면 그 글 속의 뜻이 저절로 드러나 보이며 자연스럽게 깨닫는다'는 뜻이며, '自不待言(zìbúdàiyán: 절로 두말할 나위가 없다)'란 '마음속으로부터 저절로 명백해서 달리 말로 설명할 필요가 없다'는 뜻이다. 그 외에 개사로도 사용되어 '自從(zìcóng: ~ 에서)', '自古(zìgǔ: 예로부터)'처럼 '~ 부터'나 '~ 에서'의 뜻을 나타내기도 한다.

소속 한자 해석

부수로서 "自"는 '鼻', '臭(냄새 취)'처럼 한자의 위쪽에 위치한다. "自"부의 한자는 대부분 '코'와 관련된 것인데, 예를 들어 '臭'는 "自"와 "犬(개 견)"으로 구성된 회의자로 개는 코가 특히 예민해서 여러 가지 냄새를 맡는 데 뛰어나므로 본의는 '냄새를 맡다'이나 후에는 본의를 '嗅(맡을 후)'로 나타내었다. '臭'자는 널리 갖가지 냄새를 가리켰으나 이후에 의미가 좁아지면서는 '향기'와 대비되는 '나쁜 냄새'만을 가리키게 되면서 '臭名遠揚(chòumíngyuǎnyáng: 악명이 널리 알려지다)', '遺臭萬年(yíchòuwàn-nián: 악명이 후세까지 오래 남아 욕지거리를 얻어먹다)'과 같이 혐오감을 주는 사람이나 일을 모두 가리키게 되었다.

自 [zì]部

字形分析

"自"是象形字。古文字像鼻子之形。

字义发展

"自"的本义就是鼻子。现在人们用"鼻"字表示鼻子之义,"自"则用以表示本人、自我之义,如"自以为是"、"自作聪明"。引申用作副词,表示自然、当然、本来之义,如"读书百遍,其义自见"是说读书时多读几遍,自然就能领会书中的意思;"自不待言"则是说大家心里本来就明白,不必再用言语解释。还可用作介词,表示由、从之义,如"自从"、"自古"。

部首组字例释

作为部首,"自"位于汉字的上面,如"鼻"、"臭"。"自"部的字多与鼻子之义有关,如会意字"臭"字,由于狗的鼻子特别灵敏,善于辨别气味,所以"臭"字从自从犬,本义为闻气味,读为xiù,后来本义由"嗅"字表示,"臭"字则用来泛指各种气味。后来词义变窄,专指一种与香相对的难闻气味,读音也变为chòu,引申指一切使人厌恶的人或事,如"臭名远扬"、"遗臭万年"。

自 [みずから]

字形分析

《自》は鼻の形をかたどった象形文字である。

字義発展

《自》の本義は鼻である。今では「鼻」で「はな」の意を表し、《自》は「自我」とか「自己」というように「自分」の意に用いる。また引いて副詞にも用い、「おのずから」とか「自然に」という意味を表す。「読書百遍、意おのずからあらわる」というのは、書物を何回も読めば書かれている意味がおのずから理解できるということである。そのほかまた前置詞としても使われ、「～～から」という起点を表す。

部首組字例釈

部首としての《自》は「鼻」や「臭」のように漢字の下部に配置される。《自》部の漢字は「はな」の意味と関係があり、たとえば「臭」は《自》と《犬》からなる会意文字で、イヌの嗅覚がとりわけ鋭敏であっていろいろなにおいをかぎ分けることを表す。「臭」の本義は「においをかぐ」ことで、もともとはxiùと発音したが、その本義はのちに「嗅」で表された。いっぽう「臭」は一般的なにおいを表したが、のちに意味が狭まって、もっぱら「くさいにおい」を表し、発音もchòuと変化した。

至 [이를 지]

자형 변화

| 갑골문 | 금문 | 소전 | 예서 | 해서 |

자형 분석

"至(이를 지)"는 고문자에서는 활을 떠난 화살이 표적에 가 닿은 모양을 본뜬 지사자이다.

자의 변화

"至"의 본의는 '自始至終(zìshǐzhìzhōng: 시작부터 끝까지)', '從古至今(cónggǔzhìjīn: 예로부터 지금까지)'과 같이 '도달하다'는 뜻이며, 형용사로서는 '극히'나 '가장'의 뜻을 나타내는데, 예를 들어 '至理名言(zhìlǐmíngyán)'은 '가장 정확한 이치와 가장 훌륭한 명언'을 가리키며, '至高無上(zhìgāowúshàng)'은 '가장 높은 정점에 이르러 더 이상 높은 것이 없음'을 가리키며, '至親好友(zhìqīnhǎoyǒu)'란 '관계가 가장 깊은 친척과 감정이 가장 잘 교류되는 친구'를 가리킨다.

소속 한자 해석

부수로서 "至"는 '致(보낼 치)', '到(이를 도)'처럼 한자의 왼쪽에 위치한다. "至"부의 한자는 대부분 '이르다'는 뜻과 관계가 있는데, 예를 들어 '到'는 "至"와 음을 나타내는 "刀(칼 도)"로 구성된 형성자로 본의는 '到達(dàodá: 도달하다)', '來到(láidào: 도착하다)'처럼 다른 데서 이곳으로 와 닿았음을 나타내며, '致'는 '致意(zhìyì: 남에게 안부 등의 호의를 보내다)', '致謝(zhìxiè: 감사의 뜻을 나타내다)'처럼 '보내다'의 뜻이고, '臻(이를 진)'도 역시 '日臻完善(rìzhēn wán-shàn: 날로 완벽하게 되다)'처럼 '도달하다'의 뜻이다.

至 [zhì]部

字形分析

"至"是指事字。古文字像矢（箭）射到目标之形。

字义发展

"至"的本义为到达，如"自始至终"、"从古至今"。用作形容词，表示极、最之义，如"至理名言"指最正确的道理，最精辟的言论；"至高无上"是说高到顶点，再也没有更高的了；"至亲好友"则是指关系最深的亲戚，感情最好的朋友。

部首组字例释

作为部首，"至"位于汉字的左侧，如"致"、"到"。"至"部的字多与到达义有关，如"到"字是从至刀声的形声字，本义表示从别处而到达此处，如"到达"、"来到"；"致"，义为送达，如"致意"、"致谢"；"臻"，也是达到之义，如"日臻完善"。

至 [いたる]

字形分析

《至》は放たれた矢が目標にあたったことを示す指事文字である。

字義発展

《至》の本義は「到達する」ことで、さらに形容詞として「至理名言」のように「きわめて・とても」という意味を表す。「至高無上」は最高峰に足していてそれ以上高いものがないことをいい、「至親好友」とは関係がもっとも深い親戚や感情がもっともよい友人をいう。

部首組字例釈

部首としての《至》は「致」や「到」のように漢字の左側に配置される。《至》部の漢字は「到達する」ことと関係があり、「到」は《至》と音符《刀》からなる形声文字で、本義は「別のところからあるところに到達する」こと。「致」は「致意」や「致謝」のように「送り届けること」、「臻」も「到達すること」をいう。

臼 [절구 구]

자형 변화

| 금문 | 소전 | 예서 | 해서 |

자형 분석

"臼(절구 구)"는 고문자에서는 곡물을 담아 놓고 이를 찧는 '절구'의 형태를 본뜬 상형자이다.

자의 변화

"臼"의 본의는 '臼杵(구저: 절굿공이)', '不落窠臼(búluòkējiù: 낡은 틀에 얽매이지 않다)'에서처럼 가운데가 움푹 파인 쌀을 찧어 내는 도구이다.

소속 한자 해석

부수로서의 "臼"는 '舂(찧을 용)', '舀(퍼낼 요)'처럼 아래쪽에 위치하거나, '舅(시아버지 구)', '舁(마주 들 여)'처럼 위쪽에 위치하며, 혹은 '臾(잠깐 유)'처럼 중간에 걸쳐 위치하기도 한다. "臼"부의 한자는 더러 '절구' 같은 도구와 관련이 있는데, 예를 들어 '舂'은 고문자에서 양손으로 절굿공이를 들어 절구 안으로 곡물을 찧는 모양을 본뜬 회의자이며, '舀'는 위쪽의 "爪(손톱 조)"와 아래쪽의 "臼"가 용기 안에서 찧은 곡물을 손으로 퍼내는 모양을 본뜬 것이며, '舁'는 고문자에서 양손으로 돌절구를 받쳐 든 모양을 본뜬 것으로 본의는 '들어 올리다'이다. 다만 '舅' 속에 쓰인 "臼"자는 형성자에서 소리를 나타내는 부분이다.

臼 [jiù]部

字形分析

"臼"是象形字。古文字像盛有米的舂米器具之形。

字义发展

"臼"本义为中部下凹的舂米器具, 如"臼杵"、"不落窠臼"。

部首组字例释

作为部首, "臼"常位于汉字的下部, 如"舂"、"舀", 或位于上部, 如"舅"、"舁"; 或处于中部, 如"臾"。"臼"部的字有的与臼一类器皿有关, 如"舂"是会意字, 古文字像双手持杵在臼中捣谷之形; "舀", 上为"爪", 下为"臼", 像在容器中掏取之形; "舁"古文字像双手捧一石臼, 义为举。而"舅"中之"臼", 则为表音的声符。

臼 [うす]

字形分析

《臼》はコメをいれてつく「うす」の形をかたどった象形文字である。

字義発展

《臼》の本義は中くぼみになった米つきのウスである。

部首組字例釈

部首としての《臼》は「舂」のように下部に配置されたり、「舀」「舅」のように上部に配置される。《臼》部の漢字はウスのような道具と関係があり、「舂」は両手でキネをもち、ウスで穀物をつくことを表す会意文字である。「舀」は《爪》と《臼》からなる会意文字で、容器の中からものをすくい取ることを表す。「舁」は両手でウスを持ち上げる形で、「上げる」ことをいうが、「舅」の中の《臼》は形声文字の音符である。

舌 [혀 설]

자형 변화

갑골문	금문	소전	예서	해서

자형 분석

"舌(혀 설)"은 고문자에서 사람의 '혀'를 본뜬 상형자이다.

자의 변화

"舌"의 본의는 '혀'로, 사람의 혀는 주로 두 가지 기능이 있으니, 첫째는 음식을 씹도록 돕고 둘째는 발음을 하도록 돕는 것이다.

소속 한자 해석

부수로서 "舌"은 '甜(달 첨)', '舔(핥을 첨)'과 같이 통상 한자의 왼쪽에 위치한다. "舌"부의 한자는 주로 '혀'의 작용과 관련된 것이 많은데, 예를 들면 '甜'은 "舌"와 "甘(달 감)"으로 구성된 회의자로 당분 같은 것의 맛이 '달콤하다'는 뜻이며, '舔'은 혀로 비벼서 무엇을 닦거나 섭취하는 것으로 '핥다'나 '빨다'의 뜻이다.

舌 [shé]部

字形分析

"舌"是象形字，古文字像人的舌头之形。

字义发展

"舌"的本义是指舌头。人的舌头主要有两大功能：一是协助咀嚼食物，二是协助发音。

部首组字例释

作为部首，"舌"通常位于汉字的左侧，例如"甜"、"辞"。舌部的字多与舌头的作用有关。例如"甜"是会意字，从舌从甘，指像糖一样甘美的味道；"舔"是指用舌头以摩擦方式擦拭或取食东西。

舌 [した]

字形分析
《舌》は人の舌をかたどった象形文字である。

字義発展
《舌》の本義は「した」であり、人の舌には食物を咀嚼することと、発音を整えるという2つの大きな働きがある。

部首組字例釈
部首としての《舌》は「甜」のように通常は漢字の左側に配置される。《舌》部の漢字は「した」と関係があり、たとえば「甜」は《舌》と《甘》からなる会意文字で、砂糖のように甘い味をいう。「舐」は舌先でこすり取って食物を摂取することである。

舛 [어그러질 천]

자형 변화

금문	소전	예서	해서

자형 분석

"舛(어그러질 천)"은 고문자의 자형에서는 2개의 발이 상반된 방향을 향하고 있는 모양을 본뜬 상형자로, 합쳐서 서로 '어그러지다'의 뜻을 나타낸다.

자의 변화

"舛"의 본의는 '어그러지다'나 '어수선하다'이며 나아가 일이 '잘못되다'나 '순조롭지 않다'는 것을 나타내는데, 예를 들어 '舛誤(천오)'나 '舛訛(천와)'는 어수선한 데가 몹시 많음을 말하는 것으로 책이 잘못 쓰였거나 인쇄 제작이 정밀하지 않음을 가리킬 때가 많다. '命途多舛(명도다천: 운명이 기구하다)'는 사람의 운명이 순탄하지 못하고 일생 동안 자주 좌절을 겪었음을 말하는 것이다.

소속 한자 해석

부수로서 "舛"은 주로 '舜(순임금 순)', '舞(춤출 무)'처럼 한자의 아래쪽에 위치하는 것이 많으며, 그 외에 "舛"을 부수로 갖는 글자들은 모두가 생소한 벽자들이다. 이 부수의 글자들 가운데 "舛"은 단지 구성 요소의 하나일 뿐 표의부로서의 작용은 없다.

舛 [chuǎn]部

字形分析

"舛"是象形字。古文字字形像两只方向相反的脚,合起来表示相违背之义。

字义发展

"舛"的本义为相违背或错乱。引申表示错误或不顺之事,如"舛误"、"舛讹"是说错乱的地方很多,多指书籍写作或印制不精;"命途多舛"是说人命运坎坷,一生屡受挫折。

部首组字例释

作为部首,"舛"多位于汉字的下面,如"舜"、"舞"。其他以"舛"为部首的字皆为生僻字。在本部字中,"舛"只是一个构成部件,没有表意作用。

舛 [まいあし]

字形分析

《舛》は二本の足が逆方向を向いている形をかたどった象形文字で、そこから「そむく」意を表す。

字義発展

《舛》の本義は「そむく」あるいは「乱れる」ことで、引いて、まちがっている、あるいは順当でないことを表す。「舛誤」とか「舛訛」は間違った箇所がたくさんあることで、書物の著述や印刷のできが悪いことをいう。「命途多舛」は人の運命が平坦でなく、生涯にわたって挫折をうけることをいう。

部首組字例釈

部首としての《舛》は「舜」や「舞」のように漢字の下部に配置されることが多い。《舛》部の漢字はほとんど使われない難解なものが多く、《舛》にも表意作用がない。

舟 [배 주]

자형 변화

갑골문	금문	소전	예서	해서

자형 분석

"舟(배 주)"는 고문자에서 '배'의 형상을 본뜬 상형자이다.

자의 변화

"舟"의 본의는 '배'이다.

소속 한자 해석

부수로서 "舟"는 '航(배 항)', '舵(키 타)'처럼 통상 한자의 왼쪽으로 위치한다. "舟"부의 한자는 주로 배나 항해와 관련된 것이 많은데, 예를 들어 '船(배 선)'은 수상의 교통, 운송 수단에 대한 총칭이고, '航'은 '航海(항해)', '航空(항공)'과 같이 배로 항행하거나 비행하다의 뜻을 가리키며, '舵'는 배나 비행기에서 방향을 제어하는 부분이다.

舟 [zhōu]部

字形分析

"舟"是象形字, 古文字描摹的是一只船的形状。

字义发展

"舟"的本义即船。

部首组字例释

作为部首, "舟"通常位于汉字的左侧, 如"航"、"舵"。舟部的字多与船或航行有关。例如"船"是水上交通运输工具的统称; "航"指行船或飞行, 例如"航海"、"航空"; "舵"是船或飞机上控制方向的部件。

舟 [ふねへん]

字形分析

《舟》は古代の舟の形をかたどった象形文字である。

字義発展

《舟》の本義はフネである。

部首組字例釈

部首としての《舟》は「航」や「舵」のように通常は漢字の左側に配置される。《舟》部の漢字はフネあるいはフネの高校に関係することが多く、たとえば「船」は水上交通手段の総称であり、「航」は「航海」や「航空」のようにフネや飛行機の運航を意味する。「舵」はフネや飛行機の方向を制御する部分である。

艮 [어긋날 간]

자형 변화

갑골문	금문	소전	예서	해서

자형 분석

"艮(어긋날 간)"은 "匕(비수 비)"와 "目(눈 목)"으로 이루어진 회의자로 "匕"는 '比(견줄 비)'와 뜻이 같으며 두 사람이 성난 눈으로 노려보며 서로 양보하지 않음을 가리킨다. 『說文解字(설문해자)』에서는 "艮"을 "'很(어기다, 거스르다)'의 뜻이다"라고 풀이하고 있다.

자의 변화

"艮"자의 고대 상용 의미는 팔괘의 하나로 '산'을 나타낸다. 이 '艮' 괘는 자신의 언행을 어떻게 통제할 것인가를 토론한 괘로서 모든 언행은 신중히 선택하여 적정한 수준에서 멈추어야 할 것임을 지적하고 있다. "艮"은 현대에 이르러서는 방언 어휘로서 음식이 딱딱하여 아삭아삭한 맛이 없고 깨무는 데 힘이 듦을 가리키기도 한다. '花生米艮了(huāshēngmǐ gěn le: 땅콩 알맹이가 딱딱해)'라거나 '這蘿蔔太艮(zhè luóbo tài gěn: 이 무는 너무 딱딱해)'라는 예가 이 것이다. 사람의 태도가 딱딱하거나 말이 남을 너무 몰아붙이는 것을 묘사하기도 한다. '這人說話太艮了(zhè rén shuōhuà tài gěn le: 이 사람은 말하는 게 남을 너무 몰아붙여)'라는 예가 이것이다.

소속 한자 해석

부수로서 "艮"은 '艱(어려울 간)', '良(좋을 량)'과 같이 한자의 오른쪽이나 아래쪽에 위치한다. "艮"부의 한자는 '서로 양보하지 않는다'는 데서 확대된 뜻으로 쓰인 것들이다. 예를 들어 '良'자의 본의는 '良藥(양약)', '良言(양언: 좋은 말)', '良心(양심)'과 같이 '선량하다'거나 '좋다'는 뜻으로 '惡(악할 악)'과 상반된 것이며, '艱'은 '艱難(간난)', '艱辛(간신)'에서처럼 '곤란하다'는 뜻을 지닌다.

艮 [gèn]部

字形分析

"艮"是会意字。从匕从目,匕犹言比。指两人怒目而视,互不相让。《说文》释为"很也"。

字义发展

"艮"在古代的常用义是用作八卦之一,代表山。此卦是讲如何抑制自己言行的卦,指出一切言行必须审慎,适可而止。"艮"在现代作为方言词,指食物硬而不酥,比较费牙,如"花生米艮了"、"这萝卜太艮,一点儿也不脆"。也形容人态度生硬,说话噎人,如"这人说话太艮了"。

部首组字例释

作为部首,"艮"位于汉字的右侧或下部,如"艱"、"良"。一部分"艮"部字的意义由"互不相让"引申而来,如"良"字的本义是和善、好,与"恶"相反,如"良药"、"良言"、"良心"。"艱"是"艰"的繁体字,义为困难,如"艰难"、"艰辛"。

艮 [うしとら]

字形分析

《艮》は《匕》と《目》からなる会意文字で、《匕》は「比べる」意。二人の人間がにらみあい、互いに譲らないことをいう。『説文解字』は「很(もとる)なり」と解釈している。

字義発展

《艮》の古代での常用義は八卦の一種であり、山を象徴する。この卦はどのようにして自分を抑制するかについて語り、一切の言行は謹厳かつ慎重であるべきで、ほどほどにしておくことをいう。

部首組字例釈

部首としての《艮》は「艱」や「良」のように漢字の右側か下部に配置される。《艮》部の漢字の一部は「互いに譲らない」という意味から発展したものがあり、たとえば「良」の本義は「善い」とか「好い」で、「悪」と対比をなす。「艱」は「困難」という意味である。

色 [빛 색]

자형 변화

소전	예서	해서

자형 분석

"色(빛 색)"은 고문자에서 한 사람이 다른 사람을 업고 있는 형태로 '그의 안색을 살펴 비위를 맞추다'라는 뜻을 나타내는 회의자이다.

자의 변화

"色"의 본의는 '臉色(liǎnsè: 안색)', '喜形於色(xǐxíngyúsè: 희색이 만면하다)', '不動聲色(búdòngshēngsè: 감정을 드러내지 않다)'처럼 안색에 나타난 기분이나 모습을 가리키나, 뜻이 확대되면서 '紅色(홍색)', '藍色(남색)'과 같이 널리 '색채'를 가리키기도 하며, 또 '湖光山色(호광산색: 호수와 산이 서로 어우러진 경치)'이나 '景色宜人(경색의인: 풍경이 매혹적이다)'과 같이 '풍경'을 가리키기도 하며, 그 외에도 특히 '國色(국색: 나라 안에서 으뜸가는 미인)', '秀色(수색: 수려한 경치)', '好色(호색: 여색을 밝히다)'과 같이 '여성의 아름다움'을 나타내기도 한다. "色"은 그 외에도 '音色(음색)'이나 '成色(chéngsè: 품질)' 등처럼 '사물의 품질'을 가리키기도 한다.

소속 한자 해석

부수로서 "色"은 '豔(고울 염)'의 이체자 '艶(고울 염)'과 같이 한자의 오른쪽에 배치된다. "色"부의 한자는 주로 기분이나 색채와 관련된 것이 많지만 대부분은 생소한 벽자들이다. '艶'자는 "豊(풍성할 풍)"과 "色"으로 구성된 회의자로 본의는 '鮮艶(xiānyàn: 산뜻하고 아름답다)', '嬌艶(교염)'과 같이 색채가 선명하고 아름답다는 뜻이다.

色 [sè]部

字形分析

"色"是会意字。古文字像一个人驮另一个人之形, 表示仰承其脸色。

字义发展

"色"的本义为脸上表现出的神气、样子, 如"脸色"、"喜形于色"、"不动声色"; 引申泛指颜色, 如"红色"、"蓝色"; 又指风景, 如"湖光山色"、"景色宜人"; 还特指女子的美貌, 如"国色"、"秀色"、"好色"; "色"字还指事物的品质, 如"音色"、"成色"。

部首组字例释

作为部首, "色"位于汉字的右侧, 如"艳"。"色"部的字多与气色、颜色义有关, 但多是生僻字。"艳"字是从丰从色的会意字, 本义为色彩鲜明、美丽, 如"鲜艳"、"娇艳"。

色 [いろ]

字形分析

《色》は人が別の人を負ぶっている形で、「相手の顔色をうかがう」ことを表す。

字義発展

《色》の本義は顔色に現れた感情や気分のことで、引いて色彩という意味を表す。また「景色」というように風景を意味することもある。とくに女性の美しさを表し、また「音色」のように、ものごとの品質を表すこともある。

部首組字例釈

部首としての《色》は「艶」のように漢字の右側に配置される。《色》部の漢字は気分や色彩と関係を持つものが多いが、ほとんどは滅多に使われない難解な漢字である。「艶」は《豊》と《色》からなる会意文字で、本義は色彩が鮮明で美しいことをいう。

艸 [풀 초]

韓

자형 변화

갑골문	금문	소전	예서	해서

자형 분석

"艸(풀 초)"는 고문자에서 포기마다 무성하게 자라 푸릇푸릇한 풀을 본뜬 상형자이다.

자의 변화

"艸"는 현대 중국어에서 부수로만 쓰이고 단독으로 쓰이지는 않는다.

소속 한자 해석

부수로서 "艸"는 '菜(나물 채)', '芒(까끄라기 망)'과 같이 통상 한자
의 위쪽에 위치하며 '艹(풀 초)'의 꼴로 쓰이고 세간에서는 '초두'
라고 불린다. "艸"부의 한자는 주로 초본 식물과 관련된 것이 많
은데, 예를 들어 '草(풀 초)'는 '野草(야초)', '百草(백초: 온갖 풀)'처
럼 초본 식물을 총칭한 것이고, '茶(차 다)'는 '茶葉(다엽)', '沏茶
(qīchá: 차를 우리다)'처럼 음료의 한 가지이며, '荼(씀바귀 도)'는 쓴
나물의 한 가지이며, '芳(꽃다울 방)'은 본래 화초의 향기를 가리키
던 것이나 후에 뜻이 확대되면서 '芳香(방향)', '芬芳(분방)'과 같
이 일체의 향기를 가리키기도 하며 나아가 '芳名(방명)', '萬古流
芳(만고유방: 훌륭한 명성이 영원히 전해지다)'과 같이 훌륭한 것을 가
리키기도 한다.

艸 [cǎo]部

字形分析

"艸"是象形字, 古文字像一棵棵生长茂盛的青草。

字义发展

"艸"在现代汉语中只用作部首, 不单独成字。

部首组字例释

作为部首, "艸"通常位于汉字的上部, 写作"艹", 俗称"草字头", 如"菜"、"芒"。艸部的字义多与草本植物相关。例如"草"是草本植物的总称, 如"野草"、"百草";"茶"是一种饮料, 如"茶叶"、"沏茶";"荼"是一种苦菜;"芳"本指花草的香味, 后来引申指一切香气, 如"芳香"、"芬芳", 又指美好的东西, 如"芳名"、"万古流芳"。

艸 [くさがんむり]

字形分析

《艸》は青草が伸びているさまをかたどった象形文字である。

字義発展

《艸》は現代中国語では単独で使われず、部首として使われるだけである。

部首組字例釈

部首としての《艸》は通常は漢字の上部に配置され、《艹》と書かれ、「草字頭」（くさかんむり）という。《艸》部の漢字は草本食物と関係があって、「草」は草本食物の総称、「茶」は飲料の一種である。「茶」はニガナという食物、「芳」はもともと花の香りを指し、引いてすべてのいい香り、またすばらしいものを意味する。

虍 [호피 무늬 호]

자형 변화

갑골문	금문	소전	예서	해서

자형 분석

"虍(호피 무늬 호)"는 고문자에서 입을 크게 벌리고 몸에 줄무늬가 선명한 '호랑이'의 형태를 본뜬 상형자이다.

자의 변화

"虍"의 본의는 '호랑이'이다. 지금은 "虍"가 단독으로 사용되지 않고 단지 부수로만 쓰일 뿐이므로, "虎(범 호)"자가 그 본의를 나타내고 있다. 호랑이는 힘이 세고 용맹스러워서 '백수의 왕'이라고 불려 왔는데, 이 때문에 '虎將(호장)', '虎威(호위: 범의 위풍)', '虎口(호구: 범의 아가리)'처럼 '虎'에는 '위풍당당하다'거나 '용맹스럽다'거나 '흉포하다'는 의미가 담겨 있다.

소속 한자 해석

부수로서 "虍"는 주로 '虜(포로 로)', '虐(사나울 학)'과 같이 한자의 왼쪽 위에 위치한다. "虍"부의 한자는 더러 호랑이와 관련된 뜻을 지니는데, 예를 들어 '虔(공경할 건)'은 『說文解字(설문해자)』에서 그 뜻이 '범이 가는 모양'으로 풀이된 자이다. "虍"는 어떤 형성자들에서는 음을 나타내는 부위로도 사용되는데, 예를 들어 '虜'는 전장에서 포로가 된 사람을 가리킨다.

虍 [hǔ]部

字形分析

"虍"是象形字。古文字像张开大口、身有花纹的老虎之形。

字义发展

"虍"的本义为老虎。现在"虍"字只用作汉字部首而不再单独使用,而用"虎"字表示其本义。老虎因力大凶猛被称为百兽之王。因此"虎"引申有威武、勇猛、凶险之义,如"虎将"、"虎威"、"虎口"。

部首组字例释

作为部首,"虍"多位于汉字的左上方,如"虏"、"虐"。"虍"部字有些与虎义相关,如"虔",《说文》释为"虎行貌"。有些起表音作用,如"虏",指作战时被俘获之人。

虍 [とらかんむり]

字形分析

《虍》は大きく口をあけ、身体に模様がある虎の形をかたどった象形文字である。

字義発展

《虍》の本義はトラである。今では《虍》は単独では使われず、ただ部首に使われるだけで、《虎》がその意味を表している。トラは大きくて強いことから「百獣の王」と呼ばれることから、「虎」には勇ましいとか凶暴であるという意味がある。

部首組字例釈

部首としての《虍》は「虜」とか「虐」のように漢字の左上方に配置される。《虍》部の漢字はトラと関係があり、「虔」は『説文解字』では「虎の行く貌」とある。また形声字の音符としても使われ、「虜」は戦争で捕虜となった人をいう。

虫 [벌레 훼/충]

| 갑골문 | 금문 | 소전 | 예서 | 해서 |

자형 분석

"虫(벌레 훼[충])"는 고문자에서는 똬리를 틀고 있는 뱀의 형태를 본뜬 상형자로, 위쪽은 뱀의 머리 아래쪽은 뱀의 몸뚱이다.

자의 변화

"虫"는 독음이 '훼'여서 '虺(살무사 훼)'처럼 원래는 '독사'를 가리키던 자이다. 후에 '虫(훼)'는 '蟲(충)'의 간체자나 속자로 쓰이기도 하는데, 예를 들면 '爬蟲(파충)', '瓢蟲(표충: 무당벌레)', '螢火蟲(형화충: 반딧불이)'과 같이 곤충을 통칭하기도 하며, 때로는 '懶蟲(lǎnchóng: 게으름뱅이)', '糊塗蟲(hútuchóng: 멍청이)', '害人蟲(hàirénchóng: 인간쓰레기)', '寄生蟲(기생충)'과 같이 사람을 멸시하여 부르기도 한다.

소속 한자 해석

부수로서 "虫"는 '蟬(매미 선)', '蝦(새우 하)'처럼 통상 한자의 왼쪽에 위치하며, 때로는 '虓'처럼 오른쪽에, 혹은 '蠱(독 고)'처럼 위쪽에, 혹은 '蠶(누에 잠)', '蛋(새알 단)'과 같이 아래쪽에 위치한다. "虫"부의 한자는 '蚊(모기 문)', '蠅(파리 승)', '蜜蜂(밀봉)', '蝴蝶(호접)'과 같이 주로 곤충이나 작은 동물과 관련된 것이 많다.

虫 [huǐ]部

字形分析

"虫"是象形字, 古文字像一条盘曲的蛇形: 上面是蛇头, 下面是蛇的身子。

字义发展

"虫"本读huǐ, 即"虺", 本指毒蛇。后来作为"蟲"的简体字, 是昆虫的通称, 如"爬虫"、"瓢虫"、"萤火虫"。"虫"有时还用作对人的蔑称, 如"懒虫"、"糊涂虫"、"害人虫"、"寄生虫"。

部首组字例释

作为部首, "虫"通常位于汉字的左侧, 如"蝉"、"虾"; 有时在右侧, 如"虺"; 有时在上部, 如"蛊"; 或在下部, 如"蚕"、"蛋"。虫部的字多与昆虫或动物有关, 例如"蚊"、"蝇"、"蜜蜂"、"蝴蝶"。

虫 [むしへん]

字形分析

《虫》は曲がりくねったヘビの形をかたどった象形文字で、上はヘビの頭、下はヘビの身体である。

字義発展

《虫》はもともとhuǐと読み、「虺」(まむし) のことで、本来は毒蛇であるが、のちに「蟲」の簡体字として使われ、昆虫の通称となった。「虫(蟲)」は時に対する別称として使われることもある。

部首組字例釈

部首としての《虫》は「蝉」や「蝦」のように通常は漢字の左側に配置され、時には「虺」のように右側に、あるいは「蚕」や「蛋」のように下部に配置される。《虫》部の漢字は昆虫や小動物と関係がある。

血 [피 혈]

자형 변화

갑골문	금문	소전	예서	해서

자형 분석

"血(피 혈)"은 고문자에서 용기에 혈액이 담긴 모양을 본뜬 지사자이다.

자의 변화

"血"의 자형은 고대에 제수로 사용된 희생용 가축의 피를 나타낸 것이나 실제로는 널리 '혈액'을 가리킨다. 혈액은 생명과 밀접하게 관련되어 있으므로 '血案(xuè'àn: 살인 사건)', '血債(xuèzhài: 무고한 인명을 살해한 죄과)'처럼 널리 사람의 목숨과 관련된 일을 일컫기도 하며, 또 중요한 유전 인자이므로 '血緣(혈연)', '血脈(혈맥)', '血統(혈통)'과 같이 혈연관계를 의미하는 말에도 사용되며, 또 붉은색이므로 '血色(혈색)'과 같이 붉은색을 가리키기도 하며, 뜨겁기도 하고 생명과 활력의 근원이기도 하므로 '血性(혈성)', '血氣方剛(혈기방강: 혈기가 한창 넘치다)'과 같이 진실성과 강직성을 비유하기도 하며, 나아가 '血本無歸(xuèběnwúguī: 본전을 날리다)'처럼 목숨처럼 소중한 물건을 비유하기도 한다.

소속 한자 해석

부수로서 "血"은 '衅(피 칠할 흔)', '衄(코피 뉵)'과 같이 한자의 왼쪽에 위치하기도 하고, 또 '衁(피 황)'과 같이 아래쪽에 위치하기도 한다. "血"부의 한자는 주로 피와 관련된 것이 많은데, 예를 들어 '衅'은 '衅鼓(흔고: 희생의 피로 북을 붉게 바르다)', '衅鍾(흔종: 희생의 피로 종을 붉게 바르다)'과 같이 고대에 '희생의 피로 기물의 틈을 바르다'라는 의미에서 나아가 '불화'나 '분쟁의 실마리'를 가리키기도 한다. 예를 들어 '挑衅(tiǎoxìn)'은 '일부러 분쟁을 일으킴'을 말한다. "血"부의 한자는 대부분 생소한 벽자들이다.

血 [xuè]部

字形分析

"血"是指事字。古文字像器皿中盛有血之形。

部首组字例释

"血"的字形意为古代用作祭品的牲畜的血, 实际上泛指血液。血液与生命密切相关, 故用以称与人命有关之事, 如"血案"、"血债"; 血也是重要的遗传基因, 故用以指有亲子关系的人群, 如"血缘"、"血脉"、"血统"、"血亲"; 血是红色的, 故又代指红色, 如"血色"; 血是热的, 也是生命与活力之源, 故又用以比喻赤诚与刚烈, 如"血性"、"血气方刚"; 又用来比喻像命一样要紧的东西, 如"血本无归"。

部首组字例释

作为部首, "血"多位于汉字的左侧, 如"衅"、"衂"; 也可位于下部, 如"衁"。"血"部的字多与血液义有关, 如"衅"字本义为古代用牲畜血涂器物的缝隙, 如"衅鼓"、"衅钟", 引申指裂痕、争端, 如"挑衅"就是说有意挑起争端。"血"部字多为生僻字。

血 [ち]

字形分析

《血》は容器に血液がたくさん入っている形を表す指事文字である。

字義発展

《血》の字形は古代での祭祀に使われた犠牲動物の血液を表し、ひろく血液一般を意味する。血液は生命と密切に関係があるから、「血」は広く人命に関することに使われる。血はまた重要な遺伝因子であるから、子孫や血縁関係を意味することばにも使われ、「血縁」とか「血脈」という。血は赤色であることから、また赤いという意味にも使われ、熱いものであることから「生命とエネルギーの源」という意味にも使われる。

部首組字例釈

部首としての《血》は「衄」のように漢字に左側に配置され、また「盅」のように下部にも配置される。《血》部の漢字は血液と関係があり、「衅」は古代の祭祀で犠牲とされた動物の血液を器物のすきまに塗ること、引いて「裂け目」とか「争い」という意味に用いる。《血》部の漢字にはあまり使われず難解なものが多い。

行 [갈 행]

韓

자형 변화

갑골문	금문	소전	예서	해서

자형 분석

"行(갈 행[항렬 항])"은 갑골문의 자형에서 도로가 종횡으로 교차하고 있는 모양을 본뜬 상형자이다.

자의 변화

"行"의 본의는 '길'로서 이 뜻에서는 'háng'으로 읽는다. 도로가 종횡으로 교차하여 종으로 난 것은 '行(항)'이라 하고 횡으로 난 것은 '列(줄 렬)'이라 하는데, 후에도 줄지어 선 것을 '行列(행렬)'이라 하고 병사나 군대를 '行伍(항오)'라고도 하는 것은 이 때문이다. 후에 '行當(hángdang: 직종)', '行業(hángyè: 업종)'과 같이 갖가지 직종을 가리키기도 하며, 이 업종에 정통한 사람들을 '內行(nèiháng)', 반대되는 사람을 '外行(wàiháng: 문외한, 풋내기)'이라고 한다. 도로의 기능은 '旅行(여행)' 등처럼 사람들이 왕래하는 곳으로 이때의 '行'은 'xíng'으로 읽는다.

소속 한자 해석

부수로서 "行"은 일반적으로 '街(거리 가)', '衝(재갈 함)', '衍(넘칠 연)' 등처럼 좌변과 우변으로 각각 나뉘어 위치한다. '街'는 양쪽 가로 건물들이 서 있는 비교적 넓은 길로서 '街道(가도)', '街市(가시)', '街巷(가항)', '街坊(가방)'과 같이 통상 상점이 열리는 곳을 가리킨다.

行 [xíng]部

字形分析

"行"是象形字。甲骨文字像道路纵横交错之形。

字义发展

"行"本义是道路, 此义现读háng。如《诗经》中之"遵彼微行"、"置彼周行"。道路纵横交错, 直排为"行", 横排为"列", 后军队编制二十五人一列, 称一行, 故军队亦称"行伍"。后泛指各行各业, 如, "行当"、"行业"。而精通此行业的人称"行家"、"内行", 反之则称"外行"。道路的功用是供人行走, 故"行"又读xíng, 如"行走"、"旅行"。

部首组字例释

作为部首, "行"一般被左右分离, 如"街"、"衔"、"衍"等。"街"指两边有房屋的、比较宽阔的道路, 通常指开设商店的地方, 如"街道""街市"、"街巷"、"街坊"。

行 [ぎょうがまえ]

字形分析

《行》は道路が縦横に交差している形をかたどった象形文字である。

字義発展

《行》の本義は道路であり、この意味の時にはhángと読む。経緯に交わる道路のうちの縦方向のものを「行」といい、横方向のものを「列」という。のちの軍隊の編成では25人が一列に並んだものを「一行」といったので、軍隊のことをまた「行伍」といった。さらにのちには各種の職業を「行業」と呼び、職業に精通するものを「内行」、そうでないものを「外行」といった。

道路の機能は人に通行させることであり、通行するときには「行」をxíngと読む。

部首組字例釈

部首としての《行》は通常は「街」のように、左右に分離される。「街」は両側に家のある比較的広い道で、通常は商店などを開設するところである。

衣 [옷 의]

韓

자형 변화

갑골문	금문	소전	예서	해서

자형 분석

"衣(옷 의)"는 고문자에서 위에 입는 옷의 형태를 본뜬 상형자로, 위쪽은 옷깃을 본뜬 것이고 양옆은 소매를 본뜬 것이며 아래쪽은 양쪽의 옷깃이 좌우에서 서로 여미어져 있는 모습을 본뜬 것이다.

자의 변화

"衣"의 본의는 '윗도리'로, 예를 들어 '上衣下裳(상의하상: 저고리와 치마)', '紅衣綠裳(홍의녹상: 붉은 저고리와 푸른 치마)'이라고 할 때의 '衣'는 모두 '저고리'를 가리키는 것이나 뜻이 확대되며 '洗衣(xǐyī: 옷을 빨다)', '衣冠(의관)' 등처럼 '옷'의 통칭으로 쓰이기도 한다.

소속 한자 해석

부수로서 "衣"는 통상 '補(기울 보)', '袍(도포 포)'처럼 한자의 왼쪽에 위치하며 '衤(옷 의)'의 꼴로 쓰이므로 세간에서는 '옷의변'이라고 불리며, 때로는 '裔(후손 예)', '襲(엄습할 습)', '裁(마를 재)'처럼 "衣"의 꼴로 쓰이면서 위쪽이나 아래쪽 혹은 한 모서리에 위치하며, 또 때로는 '褻(더러울 설)', '裹(쌀 과)'처럼 상하 양쪽으로 각각 나뉘어 위치하기도 한다. "衣"부의 한자는 주로 '옷'과 관련된 것이 많은데, 예를 들어 '衫(적삼 삼)'은 '윗도리'이고, '襟(옷깃금)'은 '윗도리의 가슴 앞의 부분'이다. '裁(마를 재)'는 원래 의복을 만들기 위해서 가위로 옷감을 재단하던 것을 가리켰으며, 나아가 '裁縫(재봉: 마르고 깁다)', '裁紙(재지: 종이를 오리다)'처럼 물건을 마름질하는 것을 널리 가리키기도 하며, 다시 확대되어 '裁軍(cáijūn: 군비를 축소하다)', '裁員(cáiyuán: 감원하다)'처럼 '삭감하다'의 뜻을 가리키기도 하며, 다시 '制裁(제재하다)'처럼 '억제하다'의 뜻을 가리키기도 한다. '裔(후손 예)'는 원래 의복의 가장자리를 가리켰으나 뜻이 확대되면서 '四裔(사예: 사방의 변경)'처럼 '국경 근처의 지역'을 가리키기도 하며 혹은 '後裔(후예)'처럼 '자손'을 가리키기도 한다.

衣 [yī]部

字形分析

"衣"是象形字。古文字像上衣之形, 上面像领口, 两旁像袖筒, 下面像两襟左右相掩。

字义发展

"衣"的本义是指上衣, 例如"上衣下裳"、"红衣绿裳"之"衣"都指上衣。引申作为衣服的通称, 如"洗衣"、"衣帽"。

部首组字例释

作为部首, "衣"通常位于汉字的左侧, 写作"衤", 俗称"补衣旁", 如"补"、"袍"; 有时位于汉字上部、下部或一角, 写作"衣", 如"裔"、"袭"、"裁"; 或分为上下两部分, 如"衷"、"裹"。衣部的字多与衣服有关。例如"衫"是上衣。"襟"是上衣胸前部分。"裁"本指为做衣服用剪子剪布, 引申泛指裁剪, 如"裁缝"、"裁纸"; 又引申指裁减, 如"裁军"、"裁员"; 再引申为抑止, 如"制裁"。"裔"本指衣服的边缘, 引申指边远地区, 如"四裔"; 或指子孙后代, 如"后裔"。

衣 [ころもへん]

字形分析

《衣》は上半身に着る衣服の形をかたどった象形文字で、上には襟が、両側には袖があって、下部には左右の布地が重なっている。

字義発展

《衣》の本義は上着であり「紅衣緑裳」というときの「衣」は上衣を指す。引いて衣服の総称に用いる。

部首組字例釈

部首としての《衣》は通常は漢字の左側に配置され、《衤》と書かれ、「補衣旁」(ころもへん)と呼ばれる。時には「裔」「襲」「裁」のように上部や下部、あるいは一隅に置かれることもあり、その時は《衣》と書かれる。また「褻」や「裏」のように上下を切り離して書かれることもある。《衣》部の漢字は衣服と関係があり、たとえば「衫」は上衣、「襟」は上衣の胸の前の部分、「裁」はもともと衣服を作るために布を裁断することで、引いて「裁縫」のようにものを切断することをいう。また引いて削減することや、抑止することにも用いる。「裔」はもともと衣服のへりをいい、引いて辺境、あるいは子孫という意味を表す。

襾 [덮을 아]

자형 변화

| 소전 | 예서 | 해서 |

자형 분석

"襾(덮을 아)"는 상형자로, 『說文解字(설문해자)』에서는 "'襾'는 '덮다'의 뜻으로 '冂(먼데 경)'을 사용하여 위아래로 덮어 놓은 모양이다"라고 하였다.

자의 변화

"襾"의 본의는 '덮다'나 '싸다'이지만 현대 중국어에서는 한자의 부수로만 쓰이고 단독으로 사용되지는 않는다.

소속 한자 해석

부수로서 "襾"는 '覈(핵실할 핵)', '覆(다시 복, 덮을 부)'과 같이 한자의 위쪽에 위치하는 것이 많은데, 예를 들어 '覈'은 '核(씨 핵)'과 통용되므로 바로 '과일의 씨'를 뜻하며, '覆'은 '覆蓋(복개: 덮다)', '覆蔽(부폐: 덮어 가리다)'에서처럼 그 본의가 '덮어씌우다'이나 뜻이 확대되어 '顚覆(전복)', '覆滅(복멸: 멸망하다)'처럼 '엎어지다'의 뜻으로 널리 쓰이기도 하며, '覃(미칠 담)'은 '覃思(담사: 깊이 생각하다)'처럼 '깊고 넓다'는 뜻이다.

襾 [yà]部

字形分析

"襾"是象形字。《说文》: "襾, 覆也。从冂, 上下覆之。"

字义发展

"襾"的本义是覆盖、包裹。在现代汉语中, "襾"只用作汉字的部首, 不单独使用。

部首组字例释

作为部首, "襾"多位于汉字的上部, 如"覈"、"覆"。例如"覈"通"核", 即果核。"覆"本义指遮盖, 如"覆盖"、"覆蔽"; 引申指倾倒, 如"颠覆"、"覆灭"。"覃"义为深广, 如"覃思"。

襾 [にし]

字形分析

《襾》は『説文解字』に「覆う也。《冂》にしたがい、上下よりこれを覆う」とある象形文字である。

字義発展

《襾》の本義は「おおう・つつむ」ことであるが、現代の中国語では単独に使われず、ただ部首字となるだけである。

部首組字例釈

部首としての《襾》は「覈」や「覆」のように漢字の上部に配置される。「覈」は「核」に通じて果物の種をいう。「覆」の本義は「おおってさえぎる」ことで、引いて「転覆」のようにくつがえることをいう。

見 豸 車 采
角 貝 辛 里
言 赤 辰
谷 走 辵
豆 足 邑
豕 身 酉

見 [볼 견]

자형 변화

갑골문	금문	소전	예서	해서

자형 분석

"見(볼 견)"은 회의자로, 고문자에서 위는 "目(눈 목)" 아래는 "人 (사람 인)"으로 사람의 머리 위에 눈을 더한 모습인데 사람의 시각 기관을 돋보이게 하기 위한 것이다. 간화자는 "见"으로 쓴다.

자의 변화

"見"의 본뜻은 '보다'로 '眼见为实(yǎnjiànwéishí: 눈으로 보는 것이 확실하다)', '不见不散(bújiànbúsàn: 만날 때까지 기다리다)'과 같이 쓰인다. 그리고 '눈으로 보다'라는 의미에서 뜻이 확대되어 '생각이 미치다'라는 의미로도 쓰이는데, 예를 들면 '見解(견해)', '見地(견지)' 등이 있다.

소속 한자 해석

부수로서의 "見"은 일반적으로 한자의 오른쪽에 두며 때로는 한자의 아래에 두기도 한다. "見"부의 글자는 대체로 '보다'라는 의미 또는 '보는 방식' 등과 관련이 있는데, 예를 들어 "觀(볼 관)"은 "마음을 두고 보는 것"이고 "覽(볼 람)"은 '전체적인 것을 대략 훑어 보다'라는 의미이다.

見 [jiàn]部

字形分析

"見"是会意字, 古文字上面是"目", 下面是"人", 在人的头上加只眼睛, 是为了突出人的视觉器官。"见"是"見"的简体字。

字义发展

"见"的本义是看到, 例如"眼见为实"、"不见不散"; 由目力所见义引申为思维所及之义, 如"见解"、"见地"、"见仁见智"。

部首组字例释

作为部首, "见"通常位于汉字的右侧; 有时位于汉字的下部。见部的字多与观看或观看的方式等意义有关, 例如"观"是用心地欣赏; "览"是总体、大略地看。

見 [みる]

字形分析

《見》は上部に《目》、下部に《人》を置いた会意文字で、人の頭に目を加えたのは、視覚器官を目立たせるためである。

字義発展

《見》の本義は「見る・あう・目にする」ことであり、引いて「見解」や「見地」のように、アイデアとか、考えが及ぶところという意味を表す。

部首組字例釈

部首としての《見》は通常は漢字の右側に配置され、時として下部に配置される。《見》部の漢字は「見る」あるいは「見るための方法」に関係がある。たとえば「観」は気持ちをこめて見ること、「覧」は「おおまかに見る」ことである。

角 [뿔 각]

자형 변화

갑골문	금문	소전	예서	해서

자형 분석

"角(뿔 각)"은 상형자로, 고문자에서는 동물의 뿔 모양을 본뜬 것이다.

자의 변화

"角"의 본뜻은 동물의 머리 위에 나는 단단하고 뾰족한 것을 말하는데 '鹿角(녹각)', '牛角(우각)' 등이 있다. '鬢角(bìnjiǎo: 귀밑머리)', '觸角(촉각)', '頭角(두각)'처럼 사람이나 동물 또는 기타 물체의 뿔처럼 튀어나온 것으로 뜻이 확대되었다. 또한 의미가 다시 확대되어 움푹 들어간 부위를 가리키는데 '墙角(qiángjiǎo: 담 모퉁이)' 등이 있다. 기하학(幾何學)에서 "角"은 '直角(직각)', '角度(각도)'처럼 어느 한 지점에서 두 선이 서로 만나는 평면 부분을 말한다. 고대의 군대에서는 항상 소뿔을 가지고 신호로 삼았기 때문에 "角"에는 '號角(호각)', '鼓角(고각)'과 같이 '號(부르짖을 호)'라는 의미로도 쓰인다. 또한 "角"은 중국의 화폐 단위로 사용되기도 한다. 이외에도 "角"은 고대 중국에서 술잔을 말하기도 하며, 연극에서 배우들이 분장한 인물을 가리켜 '角色(juésè)', '旦角(dàn-jué)', '名角(míngjué)'이라 불렀다. "角"은 또한 동물들이 싸울 때의 무기로 '角逐(각축)'이란 말이 여기에서 나왔다.

소속 한자 해석

부수로 사용되는 "角"은 대체로 한자의 왼쪽에 위치한다. 예를 들어 '解(풀 해)', '觸(닿을 촉)', '觴(잔 상)' 등의 글자는 짐승의 뿔과 관계가 있는데, '解'는 회의자로 '칼로 소뿔을 자르다'란 의미인데 본뜻은 동물의 사지를 분해하는 것이다. 후에는 '분해' 또는 '해석'의 의미로 두루 사용되어, '解剖(해부)', '解釋(해석)', '解散(해산)', '理解(이해)' 등으로 쓰인다.

角 [jué]部

字形分析

"角"是象形字。古文字像兽角之形。

字义发展

"角"的本义为动物头上长出的坚硬角质椎状物, 如"鹿角"、"牛角"; 引申为人、动物或其他物体突出的象角一样的东西, 如"鬓角"、"触角"、"豆角"、"菜角"; 再引申指凹进去的部位, 如"墙角"、"角落"; 在几何学上, "角"指的是从一点引出两条射线所夹成的平面部分, 如"直角"、"角度"; 古代军队常以牛角做成号, 所以角就有了"号"的意思, 如"号角"、"鼓角"; "角"还是中国的货币单位, 介于"元"和"分"之间, 如"一角钱"、"一元五角"。此外, "角"字又读为"jué", 指中国古代的一种温酒和盛酒的酒器; 又指戏剧中演员所扮的人物, 如"角色"、"旦角"、"名角"; 角是动物格斗的武器, 故格斗、较量又称"角 (jiǎo) 力"、"角逐"。

部首组字例释

作为部首, "角"多位于汉字的左侧, 如"解"、"触"、"觞"。"角"部的字多与兽角义相关。例如"解"字是从刀从牛从角的会意字, 表示用刀把牛角割下, 本义为分解动物的肢体, 如"庖丁解牛"、"宰夫解鼋"; 后泛指剖分、疏解其他事物, 如"解剖"、"解散"、"解释"、"理解"。"觞"为古代饮酒之器, 因早期曾用兽角制作, 故从"角"。

角 [つの]

字形分析

《角》は動物の角の形をかたどった象形文字である。

字義発展

《角》の本義は「鹿角」とか「牛角」というように、動物の頭部に生じた固い角質の角のことである。引いて「触角」のように、人や動物などから飛び出した角のようなものをさし、またへこんだ部分を意味することもある。幾何学では、「角」とは一点から引かれた二本の線分が挟む部分のことで、「直角」とか「角度」というように使う。古代の軍隊では牛の角でラッパを作ったことから、「角」にはまた「ラッパ」という意味がある。そのほか「角」はまた中国の貨幣の単位にも使われ、元と分のあいだで、「一角銭」「一元五角」というように使う。さらに「角」にはjuéという発音もあり、古代中国で使われた酒を温める道具をいう。また芝居で俳優が扮する役を指すこともある。角は動物が戦う時の武器であることから、「角」に「たたかう」という意味があり、「角逐」などという。

部首組字例釈

部首としての《角》は「解」「触」「觴」のように漢字の左側に配置される。《角》部の漢字は動物の角と関係があり、たとえば「解」は《刀》と《牛》と《角》からなる会意文字で、刀で牛の角を切り取ることをいう。本義は動物を解体することで、のちに「解剖」や「解散」「解釈」「理解」のように事物を解き分けることをいう。「觴」は古代の飲酒道具で、古くは動物の角で作ったから《角》がついている。

言 [말씀 언]

言

자형 변화

갑골문	금문	소전	예서	해서

자형 분석

"言(말씀 언)"은 지사자로, 고문자에서는 입에서 혀를 내미는 형상으로 '어떤 말이 있다'는 것을 표시한다.

자의 변화

"言"의 본뜻은 '말하다'라는 의미로, 나아가 명사로는 '言論(언론)', '言辭(언사)'처럼 '한 말'을 가리키며, 한자의 수를 셈할 때는 한 글자를 '一言(일언)'이라고 하는데 예를 들어 '五言詩(오언시)' 등으로 쓰인다.

소속 한자 해석

부수로 쓰일 때 "言"은 '語(말씀 어)', '談(말씀 담)' 등처럼 일반적으로 한자의 왼쪽에 두며, 때로는 '譽(기릴 예)', '警(경계할 경)' 등처럼 한자의 아래쪽에 두기도 한다. "言"부의 글자는 대체로 언어와 관계있는데, 예를 들어 '許(허락할 허)'는 '許諾(허락)'과 같이 '허락하다'의 의미가 있으며, '譽'는 '名譽(명예)', '榮譽(영예)' 등처럼 남에게 칭찬을 들어 좋은 명성을 얻게 된다는 의미이다.

言 [yán]部

字形分析

"言"是指事字, 古文字像口中伸出舌头之形, 表示有所言语。

字义发展

"言"的本义是指说话, 例如"言说"、"言道"; 引作名词, 指所说的话, 如"言论"、"言辞"; 又用以计算汉字的数量, 一字称为"一言", 如"五言诗"、"万言书"。

部首组字例释

作为部首, "言"通常位于汉字的左侧, 写作"讠", 俗称"言字旁", 如"语"、"谈"; 有时位于汉字的下部, 写作"言", 如"誉"、"警"。言部的字多与言语有关, 例如"许"有答应、承诺、赞赏等义, 如"许诺"、"许配"、"赞许"; "誉"是指被人称颂, 或因此而得到的好名声, 如"赞誉"、"声誉"。

言 [ごんべん]

字形分析

《言》は口の中から舌が伸びているさまを表す指事文字で、なにかを言おうとすることを表す。

字義発展

《言》の本義は話をすることで、引いて名詞として話される内容を指す。また漢字の数を数える単位にも使われ、「一言」とか「五言詩」などという。

部首組字例釈

部首としての《言》は通常は漢字の左側に配置され、《讠》と書かれ、「言字旁」(ごんべん)という。また「誉」や「警」のように下部に配置されることもあり、その時には《言》と書かれる。《言》部の漢字は「ものをいう」ことと関係があり、たとえば「許」は「承諾する」意、「誉」は人から褒め称えられること、あるいはそれによって名声を得ることをいう。

谷 [골 곡]

韓

자형 변화

갑골문	금문	소전	예서	해서

자형 분석

"谷(골 곡)"은 상형자로, 물이 산속에서 흘러나오는 모습을 형상화한 것이다.

자의 변화

"谷"은 본뜻이 두 개의 산 사이에 좁고 길며 출구가 있는 오솔길을 말한다. 산골은 높고 험한 곳에 있어서 들고 나기가 어렵기 때문에 뜻이 확대되어 '进退维谷(진퇴유곡)'과 같이 '곤경'의 의미로 쓰인다.

소속 한자 해석

부수로서 "谷"은 '缸(깊은 골짜기 홍)', '豁(뚫린 골 활)'과 같이 한자의 왼쪽이나 오른쪽에 위치한다. "谷"은 부수로서 음 또는 뜻을 나타낸다. '豁'은 '豁口(huōkǒu: 갈라진 틈)', '豁牙(huōyá: 사이가 벌어진 이)'처럼 본래 '벌리다', '벌어지다'라는 의미를 가리킨다.

谷 [gǔ]部

字形分析

"谷"是象形字。古文字像水从山间流出之形。

字义发展

"谷"本义为两山之间狭长而有出口的夹道。由于山谷位于崇山峻岭之中, 出入困难, 因此引申为困境之义, 如"进退维谷", 形容进退两难; 此外, "谷"字还用作"穀"的简化字

部首组字例释

作为部首, "谷"位于汉字的左侧或右侧, 如"䜱"、"豁"。"谷"作为部首, 或标音或标义。"豁"本指开裂、缺损, 如"豁口"、"豁牙"。

谷 [たに]

字形分析

《谷》は山あいから水が流れでる形をかたどった象形文字である。

字義発展

《谷》の本義は山に挟まれた狭いところで、険しい山に囲まれたところは出入りが困難であることから「困窮する」意に用いられる。また現代の中国では「谷」は「穀」の簡体字としても使われる。

部首組字例釈

部首としての《谷》は「谾」や「谿」のように漢字の左か右に配置される。部首としての《谷》は意符にも音符にも用いられる。「谿」の本義は開いている、あるいは裂けていることである。

豆 [콩 두]

자형 변화

갑골문	금문	소전	예서	해서

자형 분석

"豆(콩 두)"는 상형자로, 원형으로 된 그릇을 본 뜬 것이다.

자의 변화

"豆(두)"의 본뜻은 먼 옛날 음식을 담는 그릇을 말한다. 신석기시대에 시작하여 춘추전국시대에 성행하였으며, 조나 기장, 고기 등을 담아 두었다. "豆"자의 형상은 긴 다리가 있는 쟁반 같은데, 위는 둥근 모양이고 아래는 손잡이가 있으며, 그 손잡이 아래는 발이 있다. 상주시기(商周時期)에 "豆"자는 배가 얕고 거친 손잡이에 귀와 덮개가 없었다. 그런데 춘추전국시대에 와서 형태가 다양하게 변화되어 작거나 큰 받침대, 크거나 작은 손잡이, 게다가 둥근 귀를 더하는 여러 가지 모양이 등장하였다. 후에 "豆"자는 가차되어 '콩'과 관련된 농작물을 나타냈다. 이 때문에 "豆"자가 널리 쓰이게 되었으며, 오늘날 말하는 "豆"는 '黃豆(황두)', '綠豆(녹두)'처럼 대부분 콩류를 가리킨다.

소속 한자 해석

부수로서 "豆"는 '豌(완두 완)', '豇(광저기 강)'과 같이 한자의 왼쪽에 위치하며, 때로는 '豈(어찌 기)', '豐(풍성할 풍)'과 같이 글자의 아래에 위치한다. "豆"부의 글자는 주로 콩류와 관계가 있는데, 예를 들어 '豌(완두)', '豇(동부)'는 모두 콩류의 농작물이다. '豐'은 "豆(그릇)" 안에 농작물이 풍성하게 담겨 있는 것을 나타내는 것으로 '풍족'을 의미한다.

豆 [dòu]部

字形分析

"豆"是象形字。古文字像圆形器皿之形, 下有圆形托盘底。

字义发展

"豆"的本义为古代的一种盛食器。源于新石器时代, 盛行于春秋战国时期, 用于盛放黍稷、肉酱等调味品。豆的造型类似高足盘, 上部呈圆盘状, 盘下有柄, 柄下有圈足。商周时豆多浅腹, 粗柄, 无耳, 无盖。春秋战国时豆的形制较多, 有浅盘、深盘、长柄、短柄、附耳、环耳等各种形状。后"豆"字假借表示豆类作物, 因豆的假借义通行较早且运用广泛, 现在人们提到的"豆"多是指豆类植物, 如"黄豆"、"绿豆"、"咖啡豆"。

部首组字例释

作为部首, "豆"位于汉字的左侧, 如"豌"、"豇"; 或位于下部, 如"豈"、"豐"。"豆"部的字往往和豆类有关, 例如"豇"、"豌", 都是豆类农作物。"豐"是"丰"的繁体字, 字形像"豆"中盛满了农作物, 以示丰满之义。

豆 [まめ]

字形分析

《豆》は下部に長い足のついた円形の皿をもつ「たかつき」の形をかたどった象形文字である。

字義発展

《豆》の本義は古代の食器「たかつき」で、新石器時代から使われ、春秋戦国時代に盛んに使われた。キビやアワ、あるいは肉味噌などの調味料を盛りつけるのに使われた。「豆」は長い足をもち、上部は円盤状である。殷周時代の「豆」は浅い皿と太い足をもち、把手も蓋もないが、春秋戦国時代になるといろいろな形のものが作られるようになった。のち「豆」は当て字としてマメ類の食物を表すようになり、そちらの意味が広く使われるようになった。

部首組字例釈

部首としての《豆》は「豌」や「豇」のように漢字の左側に配置され、また「豈」や「豐」のように漢字の下部に配置される。《豆》部の漢字はマメ類と関係があり、「豇」や「豌」はいずれもマメ類の作物である。「豐」は《豆》に多くの農作物が盛られている形で、「豊かにある」ことを表す。

豕 [돼지 시]

韓

자형 변화

갑골문	금문	소전	예서	해서

자형 분석

"豕(돼지 시)"는 상형자로, 고문자에서는 '돼지'의 형상을 본뜬 것이다.

자의 변화

"시(豕)"의 본의는 '돼지'이다. 원시시대에 야생 돼지는 사람들의 중요한 양식의 근원이며, 농경시대로 접어들면서 인류는 우리를 만들어 돼지를 기르기 시작했는데 그 목적은 음식을 제공하기 위한 것이었다. 야생에서 자라는 멧돼지든 집에서 기르는 돼지든 모두 "豕"라 불렀다.

소속 한자 해석

"豕"를 부수로 사용할 때는 한자의 왼쪽에 두는데, 예를 들어 '猪(돼지 저)', '豨(멧돼지 희)' 등이 있으며, 때로는 '豚(돼지 돈)'과 같이 오른쪽에 두기도 하였고, 또는 '豢(기를 환)', '豪(호걸 호)'처럼 아래쪽에 두기도 하였으며, '豳(나라 이름 빈)'과 같이 글자의 중간에 두기도 하였다. "豕"부의 글자는 돼지류와 관계가 있는데, 예를 들어 '豪'는 "豕"자를 따르고 본의는 '豪猪(호저)'이나 나중에 뜻이 확대되어 '文豪(문호)', '豪傑(호걸)' 등처럼 걸출한 재능을 가진 사람이나 세력이 있는 사람을 뜻하였다.

豕 [shǐ]部

字形分析

"豕"是象形字。古文字像猪形。

字义发展

"豕"的本义是猪。在狩猎时代，野猪是人们重要的肉食来源。进入农耕文明之后，人类开始以圈养的方式养猪，目的在于为人类提供食物。无论野猪、家猪，都可称为"豕"。例如"狼奔豕突"，形容人被追赶得像狼和野猪等猎物一样到处乱窜。

部首组字例释

作为部首，"豕"位于汉字的左侧，如"豬"、"豨"；也有的位于右侧，如"豚"；或位于下部，如"豢"、"豪"；个别位于中间，如"圂"。豕部的字与豕类动物有关，例如"豪"字从豕，本义为豪猪，后引申指具有杰出才能或有势力的人，如"英豪"、"文豪"、"豪强"、"豪门"。

豕 [いのこ]

字形分析

《豕》はブタの形をかたどった象形文字である。

字義発展

《豕》の本義はブタである。原始時代では野生のブタは重要な食料の来源であり、農耕時代になると人々はブタを檻にいれて飼うようになった。その目的は人に食物を提供することであり、野生であろうが家畜であろうがどちらも「豕」で表した。

部首組字例釈

部首としての《豕》は「豬」や「豨」のように漢字の左側に配置され、また時に「豚」のように漢字の右側に、また「豩」や「豪」のように下部に、さらには「豳」のように真ん中に配置される。《豕》部の漢字はブタと関係があり、たとえば「豪」はヤマアラシのことで、のち引いて「文豪」や「豪傑」のように、傑出した才能のある人物を意味するようになった。

豸 [발 없는 벌레 치]

자형 변화

갑골문	금문	소전	예서	해서
豸	豸	豸	豸	豸

자형 분석

"豸(발 없는 벌레 치)"는 상형자로, 입을 크게 벌려 이빨을 드러낸 형상이며 아래에는 네 개의 다리와 긴 꼬리가 있는 모습이다.

자의 변화

본의는 긴 등뼈를 가진 맹수이며, 후에 뜻이 확대되어 몸체는 길 며 다리가 없는 벌레를 의미하게 되었다.

소속 한자 해석

부수로서 "豸"는 '豹(표범 표)', '豺(승냥이 시)'처럼 한자의 왼쪽에 두었으며, "豸"부에 속한 글자는 대체로 육식동물의 이름인 '豹', '豺', '貂(담비 초)', '貊(북방 종족 맥)' 등이 있다. 또 "豸"의 뜻과 관계없는 글자로는 '貌(얼굴 모)'가 있는데, '容貌(용모)', '外貌(외모)', '全貌(전모)' 등처럼 '얼굴 생김새, 용모'를 뜻한다.

豸 [zhì]部

字形分析

"豸"是象形字。古文字上面像兽类张开大口露出牙齿之形, 下面像四足长尾之形。

字义发展

本义指有着长长脊背的猛兽。后来, 引申指体长无脚的虫子, 如"虫豸"。

部首组字例释

作为部首, "豸"位于汉字左侧, 如"豹"、"豺"。"豸"部的字多为食肉类动物名, 例如"豹"、"豺"、"貂"、"貉"。也有与"豸"义无关的字, 例如"貌", 形旁为皃, 声旁为"豹"字的省写, 本义为面容, 如"相貌"、"容貌"; 后泛指外表、外观, 如"外貌"、"全貌"。

豸 [むじなへん]

字形分析

《豸》は口を大きく開け、歯をむき出しにした、4本足で尾が長い動物の形をかたどった象形文字である。

字義発展

本義は長い背骨をもった猛獣であり、のちにムカデを意味するようになった。

部首組字例釈

部首としての《豸》は「豹」や「豺」のように漢字の左側に配置される。《豸》部の漢字は「豹」「豺」「貂」「貉」のように肉食動物の名前に多く使われる。また《豸》とは関係のない漢字もあって、「貌」は《皃》を意符とし、《豹》の省略形を音符とする。本義は「姿かたち」で、「相貌」「容貌」というように使う。

貝 [조개 패]

자형 변화

〔〕	𦥔	貝	貝	貝
갑골문	금문	소전	예서	해서

자형 분석

"貝(조개 패)"는 조가비를 본뜬 상형자이다.

자의 변화

"貝"는 조개처럼 단단한 껍질을 가지고 있는 연체동물의 총칭이
며, 조가비의 껍질은 매끄럽고 단단하여 먼 옛날에는 화폐로 사용
되었다.

소속 한자 해석

부수로서 사용된 "貝"는 일반적으로 '貶(떨어뜨릴 폄)', '貽(끼칠이)'처럼 한자의 왼쪽에 두었으며, '貨(재화 화)', '貴(귀할 귀)'처럼 한자의 아래쪽에 두기도 하였고, '贛(줄 공)'과 같이 한 귀퉁이에 두기도 하였다. "貝"자는 대체로 금전과 관계가 있는데, 예를 들면 '賬(치부책 장)'은 '記帳(기장)'과 같이 화폐나 화물의 수입과 지출에 관한 기록이며, '賠(물어줄 배)'는 장사의 손해를 말하고, '賺(거듭 팔릴 잠)'은 장사하여 얻은 이익을 말한다. 이외에도 '貴', '賤(천할 천)'의 본뜻은 물품 가격이 높고 낮은 것을 나타냈으나 의미가 확대되어 '貴人(귀인)', '賤民(천민)'과 같이 신분이 높거나 낮은 것을 가리키게 되었다. 또한 '責(꾸짖을 책)'은 '재물을 취하다'라는 의미였지만 역시 뜻이 확대되어 '질책하다' 또는 '책임', '직책' 등으로 사용되었다.

貝 [bèi]部

字形分析

"貝"是象形字。古文字是一枚贝壳的形状。"贝"是"貝"的简体字。

字义发展

"贝"本是介壳类软体动物的总称。由于贝的外壳其光滑坚硬, 上古时曾被用作货币, 如甲文"贝十朋", 一说五贝为一串, 两串为一朋。

部首组字例释

作为部首, "贝"通常位于汉字的左侧, 如"贬"、"贻"; 有时位于汉字的下部, 如"货"、"贵"; 或位于一角, 如"赣"。贝部的字大多与钱财有关。例如"账"是指关于货币、货物出入的记载, 如"记帐"、"账目"、"账户"; "赔"是做生意亏损了钱, 如"赔钱"、"赔本"; 而"赚"则是做生意盈了利, 如"赚钱"; "贵"、"贱"本义表示物品价格的高低, 引申指人的身份地位优越或低下, 如"贵人"、"贱民"; "责"本是指索取财物, 引申为指斥, 如"斥责"、"责备", 又引申为指责任、职责。

貝 [かいへん]

字形分析

《貝》は貝殻の形をかたどった象形文字である。

字義発展

《貝》はもともと貝類の総称であり、貝の外側の殻が光り輝いて異体固いことから、古代では貨幣に用いられた。甲骨文には「貝十朋」とあり、一説によれば五枚の貝を一串とし、2串を「一朋」とするという。

部首組字例釈

部首としての《貝》は「貶」のように通常は漢字の左側に配置され、また「貨」や「貴」のように下部に配置されたり「贛」のように一隅に置かれることもある。《貝》部の漢字は金銭や財産と関係があって、たとえば「賬」は貨幣や貨物の出入りの記録を意味する。また「賠」は商売上の欠損をいい、「賺」は商売で儲けることをいう。「貴」と「賤」の本義は物価の高低委を意味し、引いて人の身分の高低を意味する。「責」はもともと財物を求めて得ることをいい、引いて責任や職責を意味する。

赤 [붉을 적]

자형 변화

갑골문	금문	소전	예서	해서

자형 분석

"赤(붉을 적)"은 회의자이다.

자의 변화

"赤"의 본의는 '적색'인데, 불은 붉은색이므로 "火(불 화)"를 따르게 되었으며 진흙을 오랜 시간 구우면 색깔이 붉게 변하므로 "土(흙 토)"를 따르게 되었다. 뜻이 확대되어 '충성'이나 '순진함'을 나타내며 또 '赤手空拳(적수공권)', '赤身裸體(적신나체)'처럼 '아무 것도 없다', '노출되다'라는 의미를 나타낸다.

소속 한자 해석

부수로서 "赤"은 한자의 왼쪽에 위치하여 '赦(용서할 사)', '赧(얼굴 붉힐 난)'과 같이 쓰였으며, 또는 '赫(붉을 혁)'과 같이 글자를 중첩시키기도 하였다. "赤"은 주로 붉은색과 관련이 있는데 '赧(얼굴 붉힐 난)'은 부끄러워 얼굴이 빨개진 것을 가리킨다. '赧顔汗下(난안한하)'란 매우 부끄러워지면 얼굴이 화끈거리고 빨개질 뿐 아니라 마음도 당황하게 되고 이마에 땀이 나게 되는 상황을 나타낸다. '赫'은 두 개의 "赤"자를 따르며 붉은 불꽃을 가리키는 것으로 '赫赫有名(혁혁유명)'과 같이 명성이 자자하여 눈에 띄게 드러나는 것을 의미한다.

赤 [chì]部

字形分析

"赤"是会意字, 从火从土。

字义发展

"赤"本义为红色, 火为红色, 所以从火。泥土经火烧烤后颜色会变红, 所以从土。如"赤日"、"面红耳赤"。引申为忠诚、纯真, 如"赤诚"、"赤子"; 又引申为空无所有、裸露, 如"赤手空拳"、"赤身裸体"

部首组字例释

作为部首, "赤"位于汉字的左侧, 如"赦"、"赧"; 或重复合成一字, 如"赫"。"赤"部的字多与红色相关, 如"赧"字指因惭愧害羞而脸红, 如"羞赧"、"赧颜"。羞愧至极, 不仅会脸红发热, 更会内心惶恐, 额头冒汗, 这就是"赧颜汗下"所形容的情形。"赫"字从二赤, 本义指红火, 显耀, 如"名声显赫"、"赫赫有名"。

赤 [あか]

字形分析

《赤》は《火》と《土》からなる会意文字である。

字義発展

《赤》の本義は赤色であり、火が赤いことから《赤》に《火》がついている。また土を火で焼くと赤く変色することから、《赤》に《土》がついている。引いて「赤子」「赤誠」のように忠誠とか純心という意味に使われ、また「赤貧」とか「赤手」のように「なにもない」という意味にも使われる。

部首組字例釈

部首としての《赤》は《赦》や《赧》のように通常は漢字の左側に置かれ、また《赫》のように二つ重ねて1字となる。《赤》部の漢字は赤色と関係があり、たとえば「赧」は恥ずかしい思いをして赤面すること、「赫」は二つの《赤》からなる会意文字で、火が燃えるように輝かしいことをいう。

走 [달릴 주]

韓

자형 변화

갑골문	금문	소전	예서	해서
夨	朿	歬	走	走

자형 분석

"走(달릴 주)"는 회의자로, 사람이 두 팔을 벌리고 달리는 모습을 나타낸 것이며 아래에 있는 "止(발 지)"는 발의 동작을 돋보이게 한 것이다.

자의 변화

"走"의 본의는 '달리다'라는 의미로 '走馬看山(주마간산)', '暴走族(폭주족)' 등이 있다.

소속 한자 해석

부수로 사용되는 "走"는 대체로 한자의 왼쪽에 두어 '趕(쫓을 간)', '赴(나아갈 부)' 등의 글자처럼 나타난다. "走"부의 글자는 주로 '달리다', '걸어가다'라는 동작과 관계가 있는데 '趕'은 '쫓아가다'라는 의미이고 '越(넘을 월)'은 '초월', '추월'의 의미로 쓰인다.

走 [zǒu]部

字形分析

"走"是会意字, 古文字上面为"夭", 像人摆开两臂跑步之形; 下面为"止", 突出脚的动作。

字义发展

"走"本义是跑, 例如"走马观花"、"暴走族"。"飞鸟走兽"指天上飞翔的鸟和地上奔跑的野兽。引申表示行走之义, 如"走路"、"走来走去"。

部首组字例释

作为部首, "走"多位于汉字的左侧, 如"赶"、"赴"。走部的字多与奔跑或行走的动作有关。例如"赶"是形声字, 从走干声, 表示追、撵, 如"追赶"、"驱赶"。"越"本义为迈过、超过, 如"翻越"、"超越"; 用作副词, 表示程度的不断加深, 如"越来越好"。

走 [そうにょう]

字形分析

《走》は人が両腕を広げて走っている形の《夭》と、足の動作を表す《止》からなり会意文字である。

字義発展

《走》の本義は「走馬看花」とか「暴走族」というように「はしる」ことで、引いて「道を歩く」とか「出かける」という意味に使われる。

部首組字例釈

部首としての《走》は「赶」や「赴」のように漢字の左側に配置されることが多く、《走》部の漢字は走るあるいは歩くことと歓迎がある。たとえば「赶」は《走》と音符《干》からなる形声文字で、「おいつく」ことをいう。「越」の本義は「ものの上を越える」ことで、引いて副詞として「ますます」の意に用いられる。

足 [발 족]

자형 변화

갑골문	금문	소전	예서	해서
𤴓	𤴓	𤴓	足	足

자형 분석

"足(발 족)"은 회의자로, 고문자에서는 아래쪽이 "止(발 지)"로 다리의 모습을 본뜬 것이며, 위는 무릎의 형상으로 두 부분을 합친 것이 바로 "足"이 가리키는 범위인데, 바로 무릎부터 발까지를 말한다.

자의 변화

"足"의 본의는 무릎 아래 부분을 가리키지만 '畵蛇添足(화사첨족)'과 같이 모든 다리 부분을 가리키기도 한다. 대략 중고(中古) 시기 이후 "足"의 의미가 축소되어 '足迹(족적)', '足球(족구)'처럼 지금의 '다리'를 뜻하게 되었으며, 가차하여 '充足(충족)', '滿足(만족)'과 같이 '충분하다', '완전하다' 등의 의미를 나타내게 되었다.

소속 한자 해석

부수로서 "足"은 일반적으로 '跑(허빌 포)', '跌(넘어질 질)'과 같이 한자의 왼쪽에 두거나, 또는 '蹙(닥칠 축)', '蹇(절뚝발이 건)'과 같이 한자의 아래쪽에 두어 사용하기도 한다. "足"은 대부분 발과 관계가 있는데 '跟(발꿈치 근)'은 발뒤꿈치로 '脚跟(각근)'이라 하며 후에 뜻이 확대되어 '跟從(근종)' 등의 어휘가 등장하였으며, '路(길로)'는 '걸어 다니는 길'을 말하는 것으로 '道路(도로)', '鐵道(철도)' 등처럼 쓰인다.

足 [zú]部

字形分析

"足"是会意字, 古文字下部是"止", 象脚之形, 上面的形状一说是象膝盖之形, 两部分合起来正好是古代"足"所指的范围: 自膝盖到足趾的部分, 也就是今天我们所说的"小腿"。

字义发展

"足"的本义是膝盖以下部分, 亦可泛指整条腿, 如"画蛇添足"、"鼎足而立"。大约自中古以后, "足"的词义范围缩小, 相当于现今之"脚", 如"足迹"、"足球"; 借指充分、完全义, 如"足够"、"满足"。

部首组字例释

作为部首, "足"通常位于汉字的左侧, 如"跑"、"跌"; 或位于汉字的下部, 如"蹩"、"蹇"。"足"部的字大多与脚有关, 例如"跟"是指脚的后部, 如"脚跟"; 引申为在后面行走, 如"跟从"、"跟随"。"路"是指走的道, 如"道路"、"铁道"。"踅"指折返, 如"踅摸", 指转来转去地寻找。

足 [あしへん]

字形分析

《足》は足跡を表す《止》の上に膝の形を表す四角を載せた会意文字で、二つを合わせると古代における「足」が表す「膝から足までの部分」という範囲になる。

字義発展

《足》の本義は膝から下の部分で、また足の全体を表すこともある。だいたい中古時代からあと《足》という漢字が表す範囲が小さくなり、現代の「脚」と同じようになった。また借りて「充分である」「完全である」という意味も表す。

部首組字例釈

部首としての《足》は「跑」や「跌」のように通常は漢字の左側に配置され、また「蹩」や「蹇」のように下部に配置されることもある。《足》部の漢字は「あし」と関係があり、たとえば「跟」は足の後部「かかと」をいい、引いて「後ろからつきしたがう」ことを意味する。「路」は「道路」や「鉄道」のように「みち」をいう。

身 [몸 신]

자형 변화

갑골문	금문	소전	예서	해서

자형 분석

"身(몸 신)"은 상형자로, 여자가 아이를 임신하고 있는 모습을 본뜬 것이다.

자의 변화

"身"의 본의는 여자가 임신하고 있는 것으로, 옛날에는 임신을 '有身(유신)'이라 했는데, 뜻이 확대되어 '身體(신체)', '渾身(혼신)' 등처럼 사람의 몸 전체를 가리키기도 하고 또 자기 본인을 가리키기도 하며 '出身(출신)' 등처럼 사람의 지위나 명성을 나타내기도 한다.

소속 한자 해석

부수로 사용되는 "身"은 일반적으로 '躺(누울 당)', '軀(몸 구)' 등
처럼 한자의 왼쪽에 놓인다. "身"부에 속하는 글자는 대부분 사람
의 몸과 관련이 있는데, 예를 들면 '軀'는 형성자로 몸의 주요 부
분을 말하고, '躱(감출 타)'도 역시 형성자로 '피하다', '숨다'라는
의미를 가지고 있으며, '躬(몸 궁)'은 '자기 스스로'라는 뜻이다.

身 [shēn] 部

字形分析

"身"是象形字, 古文字像妇女怀孕之形。

字义发展

"身"的本义是指女子怀孕, 故旧称怀孕为"有身"; 引申泛指人的躯体, 如"身体"、"浑身"; 再引申指本人、亲自, 如"亲身"、"身经百战"; 又引申指人的地位、名声, 如"出身"、"身价"、"身败名裂"。

部首组字例释

作为部首, "身"通常位于汉字的左侧, 例如"躺"、"躯"。身部的字大都与身体有关。例如"躯"是形声字, 从身区声, 指身体的主干部分, 如"躯体"、"躯干"; "躲"是形声字, 从身朵声, 为避开、隐匿之义, 如"躲藏"、"躲闪"; "躬"是形声字, 从身弓声, 为自身、亲自之义, 如"躬亲"、"反躬自问"。

身 [み]

字形分析

《身》は女性が子どもを身ごもっている形をかたどった象形文字である。

字義発展

《身》の本義は女性が妊娠していることであり、それでかつては妊娠することを「有身」といった。引いて人の身体を指し、また「自身」とか「渾身」のように自分自身のことをいい、また人の地位や名声を意味する。

部首組字例釈

部首としての《身》は「躺」や「躯」のように通常は漢字の左側に配置され、《身》部の漢字は「からだ」に関係がある。たとえば「躯」は《身》と音符《区》からなる形声文字で、身体の主要な部分を指す。「躱」は《身》と音符《朵》からなる形声文字で、避ける・隠すことをいう。「躬」は《身》と音符《弓》からなる形声文字で、「みずから・自分で」という意味を表す。

車 [수레 거]

자형 변화

甲骨文	金文	小篆	隸書	楷書
갑골문	금문	소전	예서	해서

자형 분석

"車(수레 거)"는 상형자로, 두 개의 수레바퀴에 차축을 끼워 넣은 모습이다.

자의 변화

"車"의 본의는 바퀴가 있어 육상에서 물건을 운송할 수 있는 수레를 말하는 것으로 '馬車(마차)', '自動車(자동차)', '汽車(기차)' 등 여러 가지 형태가 있다. 수레는 바퀴에 의해 이동하기 때문에 뜻이 확대되어 '水車(수차)'처럼 회전 원리에 의해 움직이는 기계를 가리키기도 한다.

소속 한자 해석

부수로서 "車"는 일반적으로 '輔(덧방나무 보)', '輪(바퀴 륜)'과 같이 한자의 왼쪽에 두며, 때로는 '輩(무리 배)', '輦(손수레 연)'과 같이 한자의 아래쪽에 두기도 하고, 때로는 '轟(울릴 굉)'과 같이 겹쳐 놓기도 하며, '載(실을 재)', '轂(바퀴통 곡)'과 같이 한자의 한 모퉁이에 두기도 한다. "輦"부의 글자는 대부분 수레와 관련이 있는데, 예를 들어 '軌(길 궤)'는 본래 수레바퀴를 가리키는 것으로 두 수레바퀴의 거리를 말하였으나 뜻이 확대되어 '鐵軌(철궤)', '無軌道電車(무궤도전차)' 등처럼 열차의 궤도를 가리킨다. '輦(손수레 연)'은 고대에 사용되던 일종의 수레로 선진(先秦) 시기에는 사람이 끄는 수레를 말했으나 후세에는 제왕이 타는 수레를 가리킨다.

車 [chē] 部

字形分析

"車"是象形字, 古文字描摹的是两轮带架的车形。"车"是"車"的简体字。

字义发展

"车"的本义是指有轮子的陆上运输工具, 有马车、汽车、火车等多种形制。车主要靠轮子转动而工作, 故引申指一些靠转动原理工作的机械, 如"水车"、"车床"。

部首组字例释

作为部首, "车"通常位于汉字的左侧, 写作"车", 如"辅"、"轮"; 有的位于汉字下部, 如"辈"、"辇"; 有时在上部, 如"轰", 形容响声, 如"轰隆隆"; 有的位于汉字一角, 如"载"、"毂"。车部的字多与车子有关。例如"轨"本指车辙, 即车子两轮之间的距离, 如"车同轨"; 引申指火车赖以行驶的轨道, 如"铁轨"、"无轨电车"。"辇"是古代的一种车子, 先秦指人力拉的车, 后世称帝王所乘的车。

車 [くるまへん]

字形分析

《車》は二つの車輪が車軸につながった形をかたどった象形文字である。

字義発展

《車》の本義は馬車や自動車・汽車のように車輪を備えた陸上の交通輸送道具である。「車」は主に車輪の回転によって仕事をするので、「水車」のように同じく回転の原理で動くものにも使われる。

部首組字例釈

部首としての《車》は「輔」や「輪」のように通常は漢字の左側に配置され、また「輦」や「輦」のように時には下部に配置される。また「轟」のように上部に配置されることもある。「轟」は大きな音がなることをいう。また「載」や「轂」のように漢字の一隅に置かれることもある。《車》部の漢字は「くるま」と関係があって、例えば「軌」は車輪のあいだの距離すなわち「わだち」を表し、引いて汽車や電車が走るレールのことをいう。「輦」は古代の乗り物で、先秦時代は筆が引く車、のちに帝王が乗る車を指す。

辛 [매울 신]

자형 변화

갑골문	금문	소전	예서	해서

자형 분석

"辛(매울 신)"은 상형자로, 고대에 형벌에 쓰이던 구부러진 칼 모양을 본뜬 것이다.

자의 변화

"辛"은 자형이 형을 집행하는 칼처럼 생겨서 '범죄 행위'를 나타내며 본의는 '죄' 또는 '범죄'이다. 현재 본의는 단지 일부 글자 중 편방에서만 보이는데, 예를 들어 '辜(허물 고)'는 '죄악'을 말한다. 또한 현재 "辛"자는 가차되어 '辛辣(신랄)'과 같이 '맵다'는 의미를 나타내며 '辛苦(신고)', '艱辛(간신)'과 같이 '어렵다'는 의미를 나타내기도 한다.

소속 한자 해석

부수로 쓰이는 "辛"은 '辭(말 사)', '辜(허물 고)'자처럼 한자의 오른쪽이나 아래쪽에 두며, 때로는 '辯(말 잘할 변)', '辨(분별할 변)'과 같이 한자의 왼쪽과 오른쪽에 두기도 한다. "辛"부의 글자들은 대부분 '죄'나 '소송'과 연관되어 있는데, 예를 들어 '辭'는 본의가 '소송'이며 나아가 소송 때 진술하는 것을 말한다. 후에는 의미가 확대되어 '辭令(사령)'과 같이 어떤 말을 가리키며, '告辭(고사)', '辭退(사퇴)'처럼 '고별', '해고' 등의 의미를 나타낸다. "辭"는 또 중국의 고대 문체의 한 가지로, 예를 들어 동진(東晉) 시인 도연명(陶淵明)의 '歸去來辭(귀거래사)' 같은 것이 있다. '辯'은 '辯論(변론)', '明辯(명변)'과 같이 시비곡직을 가리기 위하여 다투는 것이며, 또한 고대 문체의 한 가지로 한유(韓愈)의 '諱辯(휘변)', 유종원(柳宗元)의 '桐葉封弟辯(동엽봉제변)' 등이 있다.

辛 [xīn]部

字形分析

"辛"是象形字。古文字像实施刑罚的弯刀之形。

字义发展

"辛"字形如行刑之刀, 故用以表达罪行之义, 本义为罪、犯罪。现在本义只存在于某些字的偏旁中, 如"辜"指罪过, 死了也不能消弭其罪过叫"死有余辜"。现在"辛"字多假借为"辣"义, 如"辛辣"; 或为艰难、劳苦义, 如"辛苦"、"艰辛"。

部首组字例释

作为部首, "辛"位于汉字的右侧或下部, 如"辞"、"辜"; 亦可成双出现, 位于汉字的左右两边, 如"辩"、"辨"。"辛"部的字多与罪、讼狱有关, 例如"辞"字本义是诉讼, 进而表示诉讼时的口供。后来, 引申指某些话语, 如"辞藻"、"辞令"; 又特指告别、推托、解雇等义, 如"告辞"、"推辞"、"辞退"; "辞"还是中国古代的一种文体, 如中国古代著名东晋诗人陶渊明的《归去来兮辞》。"辩"是争论以明是非曲直, 如"争辩"、"辩论", 也是古代的一种文体, 如韩愈的《讳辩》、柳宗元的《桐叶封弟辩》。

辛 [からい]

字形分析

《辛》は古代の刑罰に使われた湾曲した刀の形をかたどった象形文字である。

字義発展

《辛》は刑罰に使う刀であり、そこから「罪・犯罪」という意味を表す。その意味が今では一部の漢字の偏や旁に残されており、たとえば「辜」は「罪」のことで、死んでも償いきれない罪のことを「死して余辜有り」という。今の「辛」字はもっぱら借りて「辛辣」のように「辣」の意、また「辛苦」のように苦労という意味に使われる。

部首組字例釈

部首としての《辛》は「辭」や「辜」のように漢字の右側下部に配置され、また「辨」や「辯」のように左右両側に置かれることもある。《辛》部の漢字は犯罪や訴訟に関係があり、たとえば「辭」はもともと訴訟の意で、そこから訴訟での供述という意味を表し、のちにさらに「辞令」のようにことばや文章、あるいは「告辞」「辞退」のように別れや解雇という意味を表すようになった。「辞」はまた古代中国の文体の一種であり、東晋の著名な文学者である陶淵明に「帰去来の辞」がある。「辯」は議論によって理非曲直を争うことでやはり古代の文体の一種でもあって、韓愈に「諱辯」、柳宗元に「桐葉封弟辯」がある。

辰 [별 진]

자형 변화

| 갑골문 | 금문 | 소전 | 예서 | 해서 |

자형 분석

"辰(별 진)"은 상형자로, 고문자는 조개류의 연체동물을 형상화한 것으로 '蜃(무명조개 신)'의 본자이다.

자의 변화

"辰"의 본의는 조개류의 연체동물이었지만 후에 본의로는 사용되지 않고 가차되어 시간이나 별 등의 의미로 쓰였는데 "三辰(삼신)"은 바로 '해, 달, 별'의 총칭이다. 그 외에 십이지에서 '용띠'를 나타낸다.

소속 한자 해석

부수로 사용된 "辰"은 '辱(욕되게 할 욕)', '晨(새벽 신)'과 같이 한자의 위나 아래에 위치한다. "辰"부의 글자는 대부분 시간이나 농사와 관계있는데, 예를 들어 '晨'자는 "辰"을 따르는데 "辰"은 '辰時(진시)'를 가리키며 본뜻은 '早晨(조신)', '淸晨(청신)'과 같이 아침 일찍 해가 막 떠오를 때를 말한다. '辱'자에서 "辰"은 농기구이며 "寸(마디 촌)"은 '손'을 의미하는데 고문자에서는 손으로 농기구를 잡고 잡초를 제거하는 형상을 본뜬 것으로 본의는 '풀을 제거하다'이다. 후에 "辱"의 본의는 '耨(김맬 누)'로 나타내게 되었고 '辱'은 가차하여 '侮辱(모욕)', '屈辱(굴욕)'과 같이 전적으로 '부끄럽다'의 의미를 나타내게 되었다.

辰 [chén]部

字形分析

"辰"是象形字。古文字描摹的是蛤蚌壳之类软体动物之形, 即"蜃"的本字。

字义发展

"辰"的本义是蛤蚌之类的软体动物。后来本义不再使用, 假借表示时辰、星辰等意义, 如"三辰"就是对于日、月、星的统称; 另外, 还与十二生肖之一的龙相配, 称"辰龙"。

部首组字例释

作为部首, "辰"位于汉字的上部或下部, 如"辱"、"晨"。"辰"部的字多与时展、农耕等意义有关。例如"晨"字从辰, 辰即辰时, 本义是清早太阳刚出来的时候, 如"早晨"、"清晨"。"辱"字, 其中"辰"为农具, "寸"为手, 古文字像手持农具铲除杂草之形, 本义就是除草。后来, "辱"字的本义由"耨"字表示, 而"辱"则专门假借表示羞耻义, 如"侮辱"、"屈辱"。

辰 [たつ]

字形分析

《辰》はハマグリの形をかたどった象形文字で、「蜃」の本字である。

字義発展

《辰》の本義はハマグリであるが、後世ではその意味で使われることがなく、借りて時刻とか星の意味に使われる。「三辰」は日・月・星の総称であり、他にも十二支の「たつ」を表す文字に使われる。

部首組字例釈

部首としての《辰》は「辱」や「晨」のように漢字の上部か下部に配置される。《辰》部の漢字は時刻か農耕に関する意味を表し、たとえば「晨」に《辰》がついているのは早朝の太陽が出たばかりの時刻を意味するからであり、「早晨」とか「清晨」というように使う。「辱」に含まれる《辰》は農機具であって、《寸》は手を洗わすから、手に農機具をもって除草することをいう。のちに「辱」の本義は「耨」で表されるようになり、「辱」は「侮辱」や「屈辱」のようにもっぱら「はずかしめ」の意味で使われる。

辵 [쉬엄쉬엄 갈 착]

韓

자형 변화

금문	소전	예서	해서

자형 분석

"辵(쉬엄쉬엄 갈 착)"은 회의자로, "彳 (조금 걸을 척)"과 "止(발 지)"로 이루어졌으며 '가다 서다'의 반복을 나타내는 말이다.

자의 변화

"辵"의 본의는 '가다 서다'를 가리킨다.

소속 한자 해석

부수로서 "辵"은 일반적으로 '連(잇닿을 연)', '近(가까울 근)'과 같이 한자의 왼쪽 아래에 온다. "辵"부의 글자들은 대체로 '가다'의 뜻과 관련이 있는데, 예를 들어 '進(나아갈 진)'의 본의는 '前進(전진)', '進展(진전)'과 같이 앞으로 나아가거나 발전을 가리키며 '退(물러날 퇴)'와 상대되는 말인데 의미가 확대되어 '進奉(진봉)', '進言(진언)'과 같이 윗사람에게 올린다는 의미를 나타낸다. '造(지을 조)'의 본의는 '造訪(zàofǎng: 방문하다)'과 같이 어느 곳에 이르는 것이며, 또 '製造(제조)', '造型(조형)'과 같이 무엇인가를 만드는 것을 가리키며, 다시 의미가 확대되어 '造詣(조예)'처럼 '성취', '공적'을 의미한다.

辵 [chuò]部

字形分析

"辵"是会意字, 从彳从止, 表示乍行乍止的意思。

字义发展

"辵"的本义是指走走停停。

部首组字例释

作为部首, "辵"通常位于汉字左下侧, 写作"辶", 俗称"走之儿", 例如 "连"、"近"。辵部的字大多与行走等意义有关。例如"进"的本义指是 向前或发展, 与"退"相对, 如"前进"、"进展", 引申为向尊长呈奉, 如 "进奉"、"进言"; 也指入内、往里, 如"进门"、"进球", 引申指收入, 如 "进账"、"进项"。"造"的本义是到某处, 如"造访"; 又指制作、做出, 如"制造"、"造型"、"造就"、"造福"; 引申指培养, 如"深造"; 再引申为 成就、功绩, 例如"造诣"。

辵 [しんにょう]

字形分析

《辵》は《彳》と《止》からなる会意文字で、いったり止まったりすること
を表す。

字義発展

《辵》の本義は「いったり止まったりする」ことである。

部首組字例釈

部首としての《辵》は通常は「連」や「近」のように漢字の左下側に配
置され、《辶》と書かれ、「走之儿」(しんにょう)と呼ばれる。《辵》部の
漢字の大多数は歩くことと歓迎があって、たとえば「進」の本義は「前
に向かう」あるいは「発展する」ことで、「退」と対比をなす。さらに引い
て長上者にものを進呈することや、建物や部屋のなかに入ることをい
う。「造」の本義は「到達する」ことで、また「作る」ことや「達成する」こ
とも表す。

邑 [고을 읍]

韓

자형 변화

갑골문	금문	소전	예서	해서
ϙ	ϙ	ϙ	邑	邑

자형 분석

"邑(고을 읍)"은 회의자로, 고문자의 위는 "囗(에워쌀 위)"로 '영토'
를 나타내며 아래는 사람의 모습으로 '인구'를 나타내고 합쳐져
서 마을을 의미한다.

자의 변화

"邑"의 본뜻은 '마을'이다.

소속 한자 해석

부수로 사용되는 "邑"은 대체로 '郊(성 밖 교)', '郭(성곽 곽)'과 같이 한자의 오른쪽에 오며 "阝"의 형태로 쓰인다. "邑"부의 글자는 주로 '지명', '마을'의 의미와 관계있는데, 예를 들어 '都(도읍 도)'는 '都會(도회)', '首都(수도)'처럼 '대도시'를 가리키고, '郊'는 '郊外(교외)'처럼 도시 부근의 일정한 범위의 지역을 가리키며, '鄰(이웃 린)'은 이웃을 말한다.

邑 [yì]部

字形分析

"邑"是会意字, 古文字上面是"囗(wéi)", 表示疆域, 下面是人形, 表示人口, 合起来的意思是城镇。

字义发展

"邑"的本义是城镇。

部首组字例释

作为部首, "邑"通常位于汉字的右侧, 写作"阝", 俗称"右耳旁", 例如"郊"、"郭"。邑部的字多和地名、城镇等意义有关。例如"都"指大城市, 如"都会"、"首都";"郊"是指城外附近一定范围内的区域, 如"郊区"、"郊游";"邻"指住处接近的人家。

邑 [おおざと]

字形分析

《邑》は居住地域を表す《囗》(wéi、イと読む)と、人口を表す人の形からなり会意文字で、集落を意味する。

字義発展

《邑》の本義は集落である。

部首組字例釈

部首としての《邑》は「郊」や「郭」のように通常は漢字の右側に配置され、《阝》と書かれて「右耳旁」(おおざと)と呼ばれる。《邑》部の漢字は地名や集落に関することが多く、たとえば「都」は「都会」や「首都」のように大きな町を意味する。「郊」は集落の外にある一定の範囲を指し、「鄰」は近隣の人家を指す。

酉 [닭 유]

자형 변화

갑골문	금문	소전	예서	해서

자형 분석

"酉(닭 유)"는 상형자로, 고문자는 술 항아리의 형상을 본뜬 것이다.

자의 변화

"酉"의 본의는 '술'이다.

소속 한자 해석

부수로서 "酉"는 '酣(즐길 감)', '醒(깰 성)'과 같이 한자의 왼쪽에 오며, 때로는 '醬(젓갈 장)', '醫(의원 의)'처럼 한자의 아래쪽에 오기도 하고, 또한 '酒(술 주)'처럼 한자의 오른쪽에 오기도 한다. "酉"부의 글자는 대부분 '술'이나 '발효' 방법을 써서 제조하는 음식물과 관련이 깊다. 예를 들어 '酣'은 '酣醉(감취)', '酣飮(감음)'과 같이 술을 통쾌하게 마시는 것을 말하며, 뜻이 확대되어 '酣樂(감락)', '酣睡(감수)'처럼 매우 통쾌하다는 의미를 나타낸다. '醒'은 본의가 사람이 술을 마신 후 혼미한 상태에서 정상으로 돌아오는 것을 말하는데, 뜻이 확대되어 '蘇醒(소성)'과 같이 수면이나 혼미 속에서 지각을 회복하는 것을 가리키며, 다시 나아가 '覺醒(각성)'과 같이 사람의 사상과 인식에 깨달음이 있는 것을 가리키기도 한다. '醬'은 발효한 콩이나 보리 등 양식을 이용하여 만든 일종의 조미료를 말한다.

酉 [yǒu]部

字形分析

"酉"是象形字，古文字如酒坛器之形。

字义发展

"酉"本义是指酒。

部首组字例释

作为部首，"酉"通常位于汉字的左侧，如"酣"、"醒"；有时位于汉字下部，如"酱"、"醫"；也可位于汉字右侧，如"酒"。酉部的字多与酒或用发酵的方法制成的食物有关。例如"酣"，指酒喝得很痛快，如"酣醉"、"酣饮"，引申泛指痛快淋漓，如"酣畅"、"酣然"。"醒"，本义是指人从酒后神志不清到恢复正常状态，如"世人皆醉我独醒"。引申为泛指从睡觉或昏迷中等恢复知觉，如"睡醒"、"苏醒"；再引申形容人的思想认识有了觉悟，如"觉醒"、"唤醒民众"。"酱"是用发酵的豆、麦等粮食作物制成的一种调味品，如"豆酱"、"酱油"。

酉 [ひよみのとり]

字形分析

《酉》は酒壺の形をかたどった象形文字である。

字义発展

《酉》の本義は酒である。

部首組字例釈

部首としての《酉》は「酊」や「醒」のように通常は漢字の左側に配置され、また時には「醤」や「醫」のように下部に、あるいは「酒」のように右側に配置される。《酉》部の漢字は酒あるいは発酵させて作った食品に関係があり、たとえば「酊」は気持ちよく酒を飲むことをいう。「醒」は酒によっている状態から正常な状態にもどることをいい、引いて眠りや混迷からさめること、さらに思想があらたに目覚めることをいう。「醤」は発酵した豆や麦から作った調味料を意味する。

釆 [분별할 변]

자형 변화

갑골문	금문	소전	예서	해서

자형 분석

"釆(분별할 변)"은 '辨(분별할 변)'의 고문자로 짐승의 발톱이 갈라져 있는 모습을 본뜬 것이다.

자의 변화

"釆"의 본뜻은 '변별하다'는 의미로, 현대 중국어에서 "釆"자는 더 이상 사용하지 않고 단지 한자의 부수로만 쓰이고 있다.

소속 한자 해석

부수로서 사용되는 "釆"은 '釋(풀 석)', '釉(윤 유)'처럼 주로 한자의 왼쪽에 온다. "釆"부의 함의는 대체로 그 본뜻에서 확대된 것으로 '분명하다', '뚜렷하다'의 뜻을 가지고 있는데, 예를 들어 '釋'은 '풀다', '벗다'가 본의로 '釋褐(석갈)'의 표면적인 뜻은 '평민 복장을 벗다'이나 속뜻은 '관복으로 갈아입고 관리가 되다'이다. 뜻이 확대되어 해설, 해탈, 사면, 제거 등의 의미를 나타내는데, 불교의 시조가 '석가모니(釋迦牟尼)'이므로 불교를 '釋敎(석교)'라고도 하고 "釋"이라 약칭하며 승려를 '釋子(석자)'라 하고 불경을 '釋藏(석장)'이라 한다. '釉'는 '釉子(유자)'처럼 도자기 표면에 바르는 '유약'으로 광택이 많이 난다. 『강희자전(康熙字典)』에 "釆"부에 속한 글자는 많지 않고 대부분 드물게 쓰이는 벽자이다.

釆 [biàn]部

字形分析

"釆"字为"辨"字的古文字。古文字像兽爪分开之形。

字义发展

"釆"的本义为辨别。在现代汉语中"釆"已不再单独使用, 只用作汉字的部首。

部首组字例释

作为部首, "釆"多位于汉字的左侧, 如"释"、"釉"。"釆"部字的含义多由其本义引申而来, 表示明白、清楚等义, 例如"释"字, 本义为解掉、脱下, 如"释褐", 字面意为脱下粗劣的衣服, 言外之意是换上官服, 也就是做官的意思; 引申有解说、解脱、放下、赦免、消除等义, 如"解释"、"释然"、"爱不释手"、"释放"、"涣然冰释"; 佛教始祖为释迦牟尼, 故佛教又称释教, 简称"释", 和尚称"释子", 佛教经典称"释藏"。"釉"是覆盖在陶瓷或搪瓷表面的涂料, 富有光泽, 如"釉子"、"上釉"。《康熙字典》中"釆"部的部属字很少, 且多为生僻字。

釆 [のごめへん]

字形分析

《釆》は「辨」の古文字で、動物の爪の先が分かれている形をかたどっている。

字義発展

《釆》の本義は「弁別すること」だが、今の中国語で《釆》を単独でその意味に使うことはなく、漢字の部首として使われるだけである。

部首組字例釈

部首としての《釆》は「釋」や「釉」のように漢字の左側に配置されることが多い。《釆》部の漢字は「わける」という本義から引伸して「明白である」あるいは「はっきりしている」という意味を表す。たとえば「釋」はもともと「解く・解き放す」ことをいい、文字上は粗末な衣服を脱ぐことだが、言外の意として役人の服を着ること、すなわち役人になることをいう。さらに引いて「解脱、赦免、消除」などの意味がある。仏教の始祖が釈迦牟尼であることから、物色をまた「釋教」といい、略して「釋」という。「釉」は陶磁器を焼くときに表面にかけて光沢を出す「うわぐすり」のこと。『康熙字典』の《釆》部に属する漢字は非常に少なく、かつ冷僻な漢字が多い。

里 [마을 리]

자형 변화

里	里	里	里
금문	소전	예서	해서

자형 분석

"里(마을 리)"는 회의자로, "田(밭 전)"과 "土(흙 토)"로 이루어졌으며 "土"는 거주지를 표시하고 "田"은 영역을 구분하는 것을 말한다.

자의 변화

"里"의 본의는 '鄕里(향리)', '故里(고리)'처럼 사람들이 모여 거주하는 지역을 말하는데, "里"는 또 고대에 호적을 관리하는 1급 조직으로 약간의 가구를 '一里(1리)'라 하여 '里正(이정)'이나 '里長(이장)'을 두었으며, 뜻이 확대되어 길이를 나타내는 단위로 사용되었는데 오늘날 중국에서 '1里'는 500미터이다. 이외에도 '裏面(이면)'의 '裏(속 리)'를 간체자에서는 '里'로 쓴다.

소속 한자 해석

부수로서 "里"는 '野(들 야)', '量(헤아릴 량)'과 같이 한자의 왼쪽이나 아래쪽에 위치한다. "里"부에 속한 글자는 대부분 향리에서 사는 것과 관련이 있는데, 예를 들어 "里"와 음을 나타내는 "予(나여)"로 이루어진 '野'자는 '原野(원야)', '野遊(야유)'처럼 본의가 '도시에서 멀리 떨어진 지역', '교외'라는 의미를 나타내며, 뜻이 확대되어 '野生(야생)', '野菜(야채)'처럼 사람이 길들이거나 재배하지 않은 동물이나 식물을 가리키며, '野蠻(야만)', '粗野(조야)'처럼 사람이 거칠거나 야만스러운 것을 형용하고, '在野(재야)', '下野(하야)'처럼 조정에 있지 않거나 권세를 장악하지 않은 것을 가리킨다.

里 [lǐ] 部

字形分析

"里"是会意字。从田从土，从"土"表示居住之地，从"田"则含有区分界域的意思。

字义发展

"里"的本义为人口聚居之地，如"乡里"、"故里"；"里"还是古代户籍管理的一级组织，若干家为一里，设"里正"或"里长"；又引申为长度单位，今之一华里为500米。此外，"裏外"之"裏"简化后也写作"里"。

部首组字例释

作为部首，"里"位于汉字的左侧或下部，如"野"、"量"。"里"部的字多与里居等义有关，例如从里予声的"野"字，本义为远郊、四郊之外，如"原野"、"野游"；引申指没有经过人工驯养或栽培的动物或植物，如"野生"、"野菜"；或形容人粗鲁蛮横，如"野蛮"、"粗野"；又引申指不在朝、不掌权的，如"在野"、"下野"。

里 [さと]

字形分析

《里》は《田》と《土》からなり会意文字で、《土》は居住地、《田》は境界で区切られたところを表す。

字義発展

《里》の翻字は人間が集まって暮らしているところで、「郷里」というように使う。「里」はまた古代での戸籍管理の単位でもあって、何軒かが集まって「里」を構成し、「里正」や「里長」という役職を置いた。また引いて長さの単位にも用い、今の中国では500米を一里とする。また中国では「裏」の簡体字としても使われる。

部首組字例釈

部首としての《里》は「野」や「量」のように、漢字の左側か下部に配置される。《里》部の漢字は「村里」の意味と関係が深く、たとえば「野」は《里》と音符《予》からなる形声文字で、本義は遠く離れた郊外のことで、それで「原野」とか「野游」(ピクニック)というように使う。また引いて人工的な養殖や栽培を受けていない動植物を意味し、「野生」とか「野菜」(野草のこと)という。また「野蛮」「粗野」というように人の性格が粗暴であることや、朝廷内におらず権力を掌握していないことを意味し、「在野」とか「下野」という。

金 長 門 阜 隶 隹

雨 靑 非

金 [쇠 금]

자형 변화

金문	小전	예서	해서

자형 분석

"金(쇠 금)"은 일설에 의하면 "土(흙 토)"와 음을 나타내는 "今(이제 금)"으로 구성된 형성자라고 한다. 금속은 흙에서 산출되므로 "土"를 따른 것이며 "土"의 양옆에 있는 두 개의 점은 금속이 흙속에 매장된 광물임을 나타낸 것이다.

자의 변화

"金"의 본의는 황금만을 가리킨 것이 아니라 금속을 통칭한 것이다. 전통 문화에서 황금은 모든 금속 가운데 가장 진귀한 것이므로 '金口玉言(금구옥언: 금과 옥처럼 귀중한 말)'과 같이 귀하고 값진 것을 비유하기도 하고, 금이 화폐로서의 기능을 맡기도 하므로 '金融(금융)', '資金(자금)'과 같이 화폐를 대신 일컫기도 하며, 무기나 징과 종 같은 악기가 금속으로 만들어지므로 '金戈鐵馬(금과철마: 쇠붙이로 만든 창과 철갑을 두른 말)', '鳴金收兵(명금수병: 징을 울려 군사를 철수시키다)'과 같이 무기나 일부 악기를 대신 가리키기도 한다.

소속 한자 해석

부수로서 "金"은 '鐵(쇠 철)', '鋤(호미 서)'처럼 통상 한자의 왼쪽에 위치하므로 세간에서는 '쇠금변'이라고 불리며, 때로는 '鑒(거울 감)', '鑾(방울 란)'과 같이 한자의 아래쪽에 위치하기도 한다. "金" 부의 한자는 일반적으로 금속과 관련되어 있는데 '銅(구리 동)', '鐵', '錫(주석 석)', '鋁(줄 려: 알루미늄)'은 모두 금속 원소들이며, '鍋(노구솥 과)', '鏟(대패 산)', '錘(저울추 추)', '鉤(갈고리 구)'는 모두 금속 제품들이다. '錯(섞일 착)'자에도 "金"이 붙은 것은 그 본의가 금이나 은으로 장식물을 '상감 세공을 하다'라는 뜻이었기 때문인데, 뜻이 확대되어 '金錯刀(금착도: 칼에 황금을 입히다)'처럼 '바르다'의 뜻으로도 쓰이며, '交錯(교착)', '錯綜(착종)'과 같이 '겹치다'의 뜻으로도 쓰이며, 가차하여 '錯誤(착오)', '出錯(chūcuò: 착오가 발생하다)'처럼 '부정확하다'는 뜻으로 쓰이기도 한다.

金 [jīn]部

字形分析

有人认为"金"是形声字, 从土, 今声。金产生于土中, 所以从土, 土旁边的两点表示金属矿物埋藏于土中。

字义发展

"金"的本义不是单指黄金, 而是金属的通称。在传统文化中, 黄金是所有金属里最珍贵的, 因此常用黄金来比喻尊贵和宝贵的事物, 如"金口玉言"、"金色的童年"; 由于金被用作货币, 所以也作为货币的代称, 如"金融"、"资金"; 因兵器和锣、钟等乐器用金属制成, 故金亦代指兵器和某些乐器, 如"金戈铁马"、"鸣金收兵"。

部首组字例释

作为部首, "金"通常位于汉字的左侧, 写作"钅", 俗称"金字旁", 如"铁"、"锄"; 有时位于汉字下部, 写作"金", 如"鉴"、"銮"。金部的字一般与金属有关, 例如"铜"、"铁"、"锡"、"铝"都是金属元素。"锅"、"铲"、"锤"、"钩"都是金属制品。"错"字有"金", 其本义是用金银嵌饰物品, 又引申指涂饰, 如"金错刀"; 又指交叉, 如"交错"、"错综"; 假借指不正确的, 如"错误"、"出错"。

金 [かねへん]

字形分析

《金》は《土》と音符《今》とからなる形声文字と考える説がある。金属は土の中に産出するので《土》がついており、《土》の横にある二つの点は金属鉱物が地中に埋蔵されていることを表す。

字義発展

《金》の本義は単に黄金を表すだけでなく、金属の通称として使われる。伝統的な文化の中では黄金はあらゆる金属のなかでもっとも貴重なものとされ、そこから黄金を貴重なものや宝物の例えに用いる。また斤から貨幣が造られることから、「金融」とか「資金」というように貨幣の代名詞としても用いられる。さらにまた兵器や鐘などの楽器が金属で作られることから「金」が武器や楽器の意味に用いられる。

部首組字例釋

部首としての《金》は「鉄」や「鋤」のように通常は漢字の左側に配置されて、「金字旁」(かねへん)と呼ばれる。また「鑾」や「鏨」のように漢字の株に配置されることもあり、そのときは《金》と書かれる。《金》部の漢字は金属に関係するものが多く、「銅」「鉄」「錫」「鉛」はいずれも金属元素である。また「鍋」「鏟」「錘」「鉤」はいずれも金属製品である。「錯」にも《金》がついているが、その本義は金銀でものを装飾することであり、引いて「装飾する」とか「交わる」という意味に用いる。また、借りて「不正確」という意味を表し、「錯誤」などという。

長 [길 장]

자형 변화

갑골문	금문	소전	예서	해서

자형 분석

"長(길 장)"은 고문자에서 사람이 머리 위로 머리카락을 길게 드리운 모습을 본뜬 상형자이다.

자의 변화

"長"의 본의는 '長短不齊(장단부제: 길고 짧음이 일정치 않다)', '取長補短(취장보단: 장점을 취하여 단점을 보완하다)'과 같이 공간을 차지하는 거리가 '길다'는 뜻으로 그 의미가 "短(짧을 단)"과 상대된 것이며, 나아가 '長期(장기)', '長遠(장원)'과 같이 시간이 '오래됨'을 가리키기도 하고, 다시 '長處(장처)', '擅長(천장)'과 같이 '뛰어나다', '장악하다'의 뜻으로도 쓰인다. 그 외에도 '長大(zhǎngdà: 성장하다)', '長見識(zhǎng jiànshi: 견식이 늘다)'처럼 '자라다', '늘다'의 뜻으로도 쓰이며, 한편 '長老(장로)'나 '長官(장관)'과 같이 '존귀한 사람'이나 '수령'의 뜻으로도 쓰인다.

소속 한자 해석

부수로서 "長"은 '镸(길 오)', '鼺(배자 굴)'과 같이 한자의 왼쪽에 위치하며 '镸(길 장)'으로 쓰이는데, 『강희자전(康熙字典)』에 "長" 부의 글자는 모두 드물게 쓰이는 벽자들이다.

長 [cháng]部

中

字形分析

“長”是象形字。古文字像人头上披长发之形。“长”是“長”的简体字。

字义发展

“长”的本义为空间距离大, 读为cháng, 与“短”相对, 如“长短不齐”、“取长补短”; 引申指时间久, 如“长期”、“长远”; 引申表示优点、专擅, 如“长处”、“擅长”。“长”字还读为zhǎng, 主要有两个意义, 一是表示生长、增长之义, 如“长大”、“长见识”; 另一个表示尊者、首领, 如“长老”、“长官”。

部首组字例释

作为部首, “长”位于汉字的左侧, 写作“镸”, 如“镺”、“镼”。《康熙字典》“长”部字皆生僻字。

長 [ながい]

字形分析
《長》は人が髪を長く伸ばしていう形をかたどった象形文字である。

字義発展
《長》の本義は空間的な距離が長いことで、そのときにはchángと読み、《短》と対義語となる。また時間が長いことも表し「長期」とか「長久」という。さらにあることに秀でている意味もあり、「長所」などと用いる。《長》にはまたzhǎngという発音もあり、この時にはおもに二つの意味がある。一つは「成長」というように「育つ・長じる」ことであり、もう一つは「長老」や「長官」のように、目上の人や首領・指導者という意味を表す。

部首組字例釈
部首としての《長》hは漢字の左側に配置されるが、《康熙字典》で《長》部に収められているのは冷僻字ばかりである。

門 [문 문]

자형 변화

갑골문	금문	소전	예서	해서

자형 분석

"門(문 문)"은 고문자에서는 '여닫이문이 양쪽으로 나뉘어 있는 형태'를 본뜬 상형자이다.

자의 변화

"門"은 '門窓(문창)', '門口(ménkǒu: 입구, 현관)'처럼 주거지의 출입구를 가리키나, 뜻이 확대되어 '閘門(갑문)', '電門(전문)'에서처럼 그 형상이나 기능이 문처럼 출입을 통제하거나 열고 닫히는 것들을 가리키며, 다시 '家門(가문)', '同門(동문)', '佛門(불문)', '會道門(회도문: 회문과 도문. 민간 종교 단체와 비밀 결사)'과 같이 집안이나 학파 혹은 종파를 지칭하기도 하며, 다시 '門類(ménlèi: 분류, 부류)'처럼 사물의 부류를 가리키기도 하며, '邪門兒(xiéménr: 비정상적이다)', '門道(méndao: 방법, 수단)'처럼 '수단'이나 '방법'을 가리키기도 하며, '三門課(sān mén kè: 세 과목)', '一門心思(yì mén xīnsī: 몰두하다)'처럼 양사로 쓰이기도 한다.

소속 한자 해석

부수로서 "門"은 '閉(닫을 폐)', '間(틈 간)'과 같이 통상 한자의 곁에 놓이며 세간에서는 '문문변'으로 불린다. "門"부의 한자는 주로 '문', '방도' 등의 뜻과 관련된 것이 많으며, 예를 들어 '閂(문빗장 산)'은 문 뒤의 가로대에 꽂아 문을 잠그는 '빗장'이고, '間'은 그 본의가 '틈'이므로 문틈에 비치는 달빛이나 햇빛으로 그 틈을 나타낸 것이며, '閑(막을 한)'은 본의가 '울타리'이므로 문 안의 나무를 그린 것이다.

門 [mén]部

字形分析

"门"是象形字, 古文字像两扇门对开之形。

字义发展

"门"本指人们居处场所的出入口, 如"门窗"、"门口"; 引申指形状、作用像"门"一样可以控制出入或开关的事物, 如"闸门"、"电门"; 再引申指称家族、学术流派或宗教派别, 如"家门"、"同门"、"佛门"、"会道门"; 或引申指事物的类别, 如"门类"; 或指途径、办法, 如"邪门儿"、"门道"; 也可以作为量词, 例如"三门课"、"一门心思"。

部首组字例释

作为部首, "门"通常位于汉字的外围, 俗称"门字框", 如"闭"、"间"。门部的字多与门户、门径等意义有关。例如"闩", 是插在门后的横杠, 用来把门关死; "间"本义是缝隙, 用透过门缝的月光 (閒) 或日光来表示缝隙之义; "闲"本义是栅栏, 字形为门中之木。

門 [もんがまえ]

字形分析

《門》は観音開きの門の戸が開いている形をかたどった象形文字である。

字義発展

《門》は人が暮らす住居の出入り口であり、引いて形状や働きが門のように、モノの出入りをコントロールする事物を指す。また引いて家族や学術あるいは宗教上の流派を意味したり、事物のパターンや方法なども意味する。

部首組字例釈

部首としての《門》は「閉」や「「間」のように通常は漢字の外側におかれて「門字框」(もんがまえ)と呼ばれる。《門》部の漢字は門や道に関係するものが多く、たとえば「閂」は門の裏側に横に通して門が開かないようにする「かんぬき」、「間」の本義は「すきま」で、門の隙間から日光あるいは月光がさしこんでくることをいう。

阜 [언덕 부]

자형 변화

갑골문	금문	소전	예서	해서

자형 분석

"阜(언덕 부)"는 고문자에서 산의 벼랑에 놓인 돌계단의 형태를 본뜬 상형자이다.

자의 변화

"阜"의 본의는 '산언덕'을 가리키기도 하고 널리 '산'을 지칭하기도 한다. 나아가 '物阜民豐(wùfùmínfēng: 물산이 풍부하고, 백성은 풍요롭다)'과 같이 풍성한 모양을 나타내기도 한다.

소속 한자 해석

부수로서 "阜"는 '防(둑 방)', '阿(언덕 아)'처럼 통상 한자의 왼쪽에 위치하여 "阝"처럼 쓰이며, 세간에서는 '좌부방'으로 불린다. '阜'부의 한자는 주로 지세나 그 오르내리는 움직임 등과 관련된 것이 많은데, 예를 들어 '陽(볕 양)'의 본의는 산의 남쪽이나 강의 북쪽으로 남쪽이 햇빛을 받는 쪽이 되기 때문에 '日(해 일)'을 따른 것이며 '向陽(xiàngyáng: 해를 향하다)', '陽台(yángtái: 발코니, 베란다)'처럼 '태양', '햇빛'을 가리킨다. '陰(그늘 음)'의 본의는 산의 북쪽이나 강의 남쪽으로 북쪽은 햇빛을 못 받는 쪽이 되므로 '陰冷(음랭)', '陰險(음험)'과 같이 '그늘져 서늘하다', '어둡다'는 뜻을 나타낸다. '降(내릴 강)'은 '下降(하강)', '降價(jiàngjià: 할인하다)', '降職(강직)'과 같이 밑으로 '떨어져 내림'을 가리킨다.

阜 [fù] 部

字形分析

"阜"是象形字，古文字像山崖边的石阶之形。

字义发展

"阜"本义是指土山。亦可泛指山。引申形容丰盛，如"物阜民丰"。

部首组字例释

作为部首，"阜"通常位于汉字的左侧，写作"阝"，俗称"左耳旁"，如"防"、"阿"。阜部的字多与地势或升降等意义有关，例如"阳"的本义是指山的南面、水的北面，由于南面受日照，故从"日"，"阳"的常用义为太阳、阳光，例如"向阳"、"阳台"。"阴"的本义是指山的北面、水的南面，由于北面光线不充足，所以"阴"的常用义为阴凉、黑暗等，例如"阴冷"、"阴险"。"降"是指下落，如"下降"、"降价"、"降职"。

阜 [こざとへん]

字形分析

《阜》は山の崖に石の階段が設けられている形をかたどった象形文字である。

字義発展

《阜》の本義は「土山」で、広く一般的に山を意味する。

部首組字例釈

部首としての《阜》は「防」や「阿」のように通常は漢字の左側に配置され、《阝》と書かれ、「左耳旁」(こざとへん)と呼ばれる。《阜》部の漢字は地勢医あるいは昇降と関係があり、たとえば「陽」の本義は山の南側や川の北側など「日の当たる」ところなので、それで《日》がついている。「陰」の本義は山の北側や川の南側など「日が当たらないところ」で、それで「陰」は「涼しい」とか「暗黒」という意味をもつ。「降」は下降することで、「降職」とか「降下」という意味に用いる。

隶 [미칠 이/대]

자형 변화

𣞶	隶	㣔	隶
금문	소전	예서	해서

자형 분석

"隶(미칠 이/대)"는 "又(또 우)"와 "尾(꼬리 미)"의 생략형으로 구성 된 형성자이다.

자의 변화

"隶"의 본의는 '이르다', '붙잡다', 혹은 '따라잡다'이나, 나아가 현대 중국어에서는 '隷(붙을 례)'의 간체자로 쓰여 '隶属(lìshǔ: 예속 [隷屬])', '直隶(zhílì: 직속되다)'처럼 '부속되다', '속하다' 등의 뜻 으로 쓰인다. 명사로서 '徒隷(도예)', '皁隷(조예)'처럼 중국 고대 에 노예나 사환의 호칭으로 쓰였으며, 이 외에 진(秦), 한(漢) 시대 에 쓰인 서체를 '隷書(예서)'라고 하는데 옥졸인 '도예(徒隷)'들이 주로 사용하였기 때문에 붙여진 이름이라고 한다.

소속 한자 해석

부수로서 "隶"는 그 번체자인 '隸'에서 처럼 통상 한자의 오른쪽에 위치하며 소리를 나타내는 부호로서 쓰인다. 『강희자전(康熙字典)』의 "隶"부에는 수록된 문자가 적고 생소한 벽자가 대부분이다.

隶 [dài/lì]部

字形分析

"隶"是形声字, 从又, 从尾省。

字义发展

"隶"的本义为逮、捕、追及。今读lì。引申为附属、属于等意义。例如"隶属"、"直隶"之"隶"。"隶"字还可用作名词, 用作中国古代对奴隶或差役的称谓, 如"徒隶"、"皂隶"。此外还指秦汉时期产生的一种书体——"隶书", 据说为徒隶所造, 故得名。

部首组字例释

作为部首, "隶"常位于汉字的右侧, 作声符, 提示读音, 例如"隸", 为"隶"的繁体字。《康熙字典》"隶"部字很少, 多为生僻字。

隶 [れいづくり]

字形分析

《隶》は《又》と音符《尾》の省略形からなる形声文字である。

字義発展

《隶》の本義は「およぶ・おいつく」ことで、引いて「隷属」や「直隷」のように「附属する」「属する」ことを表す。「隶」は名詞として使われることもあり、中国古代での奴隷や使用人を「徒隷」などといった。また秦漢時代に誕生した書体に隷書があるが、伝説では奴隷が作ったことから命名されたという。

部首組字例釈

部首としての《隶》は「隷」のように通常は漢字の右側に配置されて音符として作用する。《康熙字典》の《隶》部は収録文字も少なく、冷僻字がほとんどである。

隹 [새 추]

자형 변화

| 갑골문 | 금문 | 소전 | 예서 | 해서 |

자형 분석

"隹(새 추)"는 고문자에서는 새의 형태를 본뜬 상형자이다.

자의 변화

"隹"는 꼬리가 짧은 새의 총칭이다. 현대 중국어에서는 부수로만 쓰이며 단독으로 쓰지는 않는다.

소속 한자 해석

부수로서 "隹"는 '難(어려울 난)', '雉(꿩 치)'처럼 통상 한자의 오른쪽에 위치하지만, 때로는 '集(모일 집)', '雀(참새 작)'과 같이 위쪽이나 아래쪽에 위치하기도 한다. "隹"부의 한자는 주로 새와 관련이 있는데, 예를 들어 '雛(병아리 추)'는 갓 태어난 '병아리'이며 나아가 '雛燕(추연)', '雛鷹(추응)'과 같이 다른 어린 새들도 가리킨다. '集'은 그 본의가 '많은 새들이 나무 위에 서식하다'의 뜻이나, 나아가 '彙集(휘집)', '集團(집단)'과 같이 '모이다', '합류하다'의 뜻으로 쓰이기도 한다.

隹 [zhuī]部

字形分析

"隹"是象形字，古文字像鸟之形。

字义发展

"隹"为短尾鸟的总称。在现代汉语中只用作部首，不单独成字。

部首组字例释

作为部首，"隹"通常位于汉字的右侧，如"难"、"雉"；有时位于汉字的上部或下部，例如"集"、"雀"。隹部的字多与鸟类有关。例如"雏"本义是指刚出出的小鸡，引申指其它幼小的鸟类，如"雏燕"雏鹰"。"集"字本义是群鸟栖息于树上，引申有聚合、会合等意义，例如"汇集"、"集团"。

隹 [ふるとり]

字形分析

《隹》は鳥の形をかたどった象形文字である。

字義発展

《隹》は尾の短い鳥の総称である。現代中国語の中では単独に使われず、部首となるだけである。

部首組字例釈

部首としての《隹》は「難」や「雉」のように通常は漢字の右側に配置されるが、時に「集」や「雀」のように上部や下部に配置されることもある。《隹》部の漢字は鳥類と関係があり、たとえば「雛」は生まれたばかりの鶏のことで、引いて幼少の他の鳥も表す。「集」の本義は多くの鳥が木の上に止まることで、引いて「集まる、群れる」という意味を表す。

雨 [비 우]

자형 변화

갑골문	금문	소전	예서	해서

자형 분석

"雨(비 우)"는 고문자에서는 하늘에서 떨어지는 비를 본뜬 상형자
이다.

자의 변화

"雨"의 본의는 '下雨(비가 내리다)', '小雨(가랑비)'처럼 구름에서
떨어지는 물방울이며, 또 동사로는 '雨雪霏霏(우설비비: 눈비가 부슬
부슬 내리다)'처럼 비나 눈 같은 것이 '내리다'의 뜻으로도 쓰인다.

소속 한자 해석

부수로서 "雨"는 '露(이슬 로)', '雷(우레 뢰)'처럼 통상 한자의 위쪽에 위치한다. "雨"부의 한자는 주로 기후나 기후로 야기되는 자연현상과 관계있다. 예를 들어 '零(부슬부슬 내릴 령)'은 "雨"와 음을 나타내는 "令(하여금 령)"으로 구성된 형성자로, 본의는 '零雨其濛(령우기몽: 가랑비가 부슬부슬 내리다)'과 같이 비가 성기게 내리는 모양을 형용한 것인데, 나아가 '草木凋零(초목조령: 초목이 말라 떨어지다)'과 같이 초목이 시드는 것을 가리키기도 하고, '零分(língfēn: 영점)', '歸零(guīlíng: 영으로 수렴하다)'과 같이 정수와 음수 사이의 유일한 수 '0'을 나타내기도 하며, 또 '零頭(língtóu: 자투리)', '零售(língshòu: 소매하다)', '零錢(língqián: 잔돈)'과 같이 '자질구레하다'는 뜻을 나타내기도 한다. 그 외에도 '雷'는 비가 내릴 때 섬광을 동반하는 천지간의 굉음인 '우레'를 가리키며, '霜(서리 상)'은 늦가을 이른 아침에 땅이나 식물 위의 미소한 백색 결정을 가리킨다.

雨 [yǔ]部

字形分析

"雨"是象形字，古文字描摹的是天上落雨的形象。

字义发展

"雨"本义是从云层中滴落的水滴，如"下雨"、"小雨"。又作动词，当下雨、下雪讲，如"雨雪霏霏"。

部首组字例释

作为部首，"雨"通常位于汉字的上部，如"露"、"雷"。雨部的字多与气候及其造成的自然现象有关。例如"零"是形声字，从雨令声，本义是形容雨疏落而下，如"零雨其濛"；引申指花木凋谢，如"草木凋零"；又引为正负数之间唯一的数，如"零分"、"归零"；又有细碎之义，如"零头"、"零售"、"零钱"。"雷"是下雨时，天空中伴随着闪电而传来的强大声音。"霜"是深秋季节，附着在地面或植物上面的微小的白色结晶。

雨 [あまかんむり]

字形分析

《雨》は空から雨がふってくるさまを描いた象形文字である。

字義発展

《雨》の本義は雲から垂れてくる水滴のことで、また動詞としても使われる。

部首組字例釈

部首としての《雨》は「露」や「雷」のように通常は漢字の上部に配置される。《雨》部の漢字は気候や気候によって生じる自然現象に関係がある。たとえば「零」は《雨》と音符《令》からなる形声文字で、本義は雨がしとしと降るさまの形容で、引いて花や草木がしおれることをいい、また正と負のあいだにあるただ一つの数を表す。「雷」は轟音と閃光をともなう降雨時における天地間の放電である。「霜」は晩秋に地面や植物の上にできる微少な透明の結晶である。

靑 [푸를 청]

자형 변화

금문	소전	예서	해서

자형 분석

"靑(푸를 청)"은 금문에서는 위쪽의 "生(날 생)"과 아래쪽의 "丹(붉을 단)"으로 구성된 형성자이다.

자의 변화

"靑"의 본의는 '남색' 또는 '녹색'으로, 예를 들어 '靑天(청천)'은 '쪽빛의 하늘'이고, '靑草(청초)'는 '녹색의 풀'이다. 뜻이 확대되어 '흑색'을 가리키기도 해서 '靑絲(qīngsī)'라고 하면 '검은 머리'이고 '靑衣(qīngyī)'라고 하면 전통 연극의 여자 배역 가운데 한 가지로 '검정색 옷'을 입는 배역의 이름이다. 위(魏), 진(晉) 시기의 완적(阮籍)은 백안과 청안, 곧 흘겨보는 눈초리와 정다운 눈초리를 잘 바꾸었는데 싫은 사람을 만나면 백안을 뜨고서 그를 상관하지 않다가 좋아하는 사람을 만나면 청안을 뜨고서 바라보았다는 데서 '青睞(qīnglài: 총애하다)', '垂青(chuíqīng: 호의를 보이다)'과 같이 "青"에는 '애호하다'의 뜻이 담기게 되었으며, 『說文解字(설문해자)』에서는 "'青'은 동방의 색깔이다"라고 하였으니 곧 이것이 여명 때의 빛이라는 말로 이 때문에 "青"은 다시 널리 '青春(청춘)', '青年(청년)'과 같이 '시작'이나 '젊다'는 뜻으로도 쓰이게 되었으며, 대나무는 청록색을 띠는데 아직 종이가 없던 시절에는 이를 쪼개어 글을 써서 간책을 만들어 책으로 엮었으므로 역사를 기록한 책을 '青史(청사)', '汗青(한청)'이라고도 하였으며 집필을 마치고 탈고하는 것을 '殺青(살청)'이라고 한다.

소속 한자 해석

부수로서 "青"은 '靜(고요할 정)', '靛(청대 전)'과 같이 통상 한자의 왼쪽에 위치하거나, '靖(편안할 정)'과 같이 오른쪽에 위치하기도 한다. "青"은 주로 형성자의 음을 나타내는 때가 많은데, 예를 들어 '靜'은 '靜止(정지)', '靜物(정물)'과 같이 '멈추어 있다'는 뜻을 나타내어 '動(움직일 동)'과 상대되는 의미로 쓰이며, '靖'은 '綏靖(수정: 나라와 백성을 편안하게 함)', '靖難(정난)'과 같이 '평정하다', '안정시키다'의 뜻으로 쓰인다.

青 [qīng]部

字形分析

"青"是形声字。金文字形上面是个"生"字，下面是"丹"字，"丹"是"井"之变体。"青"当作从丹生声。

字义发展

"青"的本义为蓝色或绿色。如"青天"即蓝天；"青草"即绿草；引申指黑色，如"青丝"即黑发，"青衣"为戏剧中旦角的一类，身着黑衣，故得名。魏晋时阮籍善为青白眼，遇到不喜欢的人，便翻起白眼不理他；遇到喜欢的人，则用黑眼仁来看，故"青"又具有"喜爱"之义，如"青睐"、"垂青"。《说文》："青，东方色也。"意为"青"是黎明时的颜色，故"青"又引申为初起、年轻之义，如"青春"、"青年"；竹子为青绿色，剖为简册用作书写材料，是纸张的前身，故又称史册为"青史"、"汗青"，书籍完稿叫"杀青"。

部首组字例释

作为部首，"青"通常位于汉字的左侧，如"静"、"靛"；或位于右侧，如"靖"。"青"多用作汉字的声符，例如"静"指停止的，与"动"相对，如"静止"、"静物"。"靖"指平定、安定，如"绥靖"、"靖难"。

青 [あお]

字形分析

《青》は《丹》と音符《生》からなる形声文字である。

字義発展

《青》の本義はブルーまたは緑色である。「青天」といえば青い空で有り、「青草」といえば緑色の草である。引いて黒色を表すこともあり、「青衣」といえば芝居の中で役者が身につける黒い衣服のことである。魏晋時代の阮籍は「よく青白眼をなした」といわれ、気に入らない人がやってくると白眼で迎え、好きな人が来ると「青眼」すなわち黒い目で迎えたという。そこから「青」に「よろこぶ」という意味ができた。『説文解字』に「青は東方の色なり」とあり、青は夜明けの色であることから、「青」にはまた「青春」や「青年」のように「わかい」という意味がある。

部首組字例釈

部首としての《青》は「静」のように通常は漢字の左側に配置されるが、また「靖」のように右側に配置されることもある。《青》は形声文字の音符に使われることが多く、「静」は停止することで「動」と対比をなし、「靖」は安定している・安らかである、ことを表す。

非 [아닐 비]

자형 변화

갑골문	금문	소전	예서	해서

자형 분석

"非(아닐 비)"는 고문자에서 좌우 양쪽의 날개가 서로 등진 모양을 본뜬 상형자이다.

자의 변화

"非"의 본의는 방향이 '서로 어긋나다'라는 뜻으로 '非凡(비범)', '非法(비법)'과 같이 널리 '부정하다'의 뜻을 나타내며, 뜻이 확대되어 '非難(비난)'과 같이 '나무라다', '비방하다'의 뜻으로도 쓰이고, 나아가 '痛改前非(통개전비: 지난날의 잘못을 철저히 고치다)'나 '文過飾非(문과식비: 과오를 꾸미고 허물을 덮어 치장하다)'처럼 '착오'나 '과실'의 뜻으로도 쓰인다.

소속 한자 해석

부수로서 "非"는 '韭(가는 털 비)'처럼 한자의 위쪽에 위치하거나 '靠(기댈 고)', '靡(쓰러질 미)'처럼 아래쪽에 위치한다. '靠'는 "非"와 음을 나타내는 "告(알릴 고)"로 구성된 형성자로 '依靠(yīkào: 의지하다, 기대다)', '靠山(kàoshān: 산을 의지하다)'과 같이 본의가 '지탱하다', '붙어 있다'이며, '靡'는 '風靡(풍미)'처럼 본의는 '바람을 따라 쓰러지다'의 뜻이나 나아가 '靡靡之音(mǐmǐzhīyīn: 퇴폐적인 음악)'과 같이 '퇴폐적이다'의 뜻으로도 쓰인다.

非 [fēi]部

字形分析

"非"是象形字。古文字描摹的是两只翅膀左右相背之形。

字义发展

"非"的本义为违背, 表示否定之义, 如"非凡"、"非法"; 引申为责怪、诋毁, 如"非难"; 引申为错误、过失, 如"痛改前非"、"文过饰非"。

部首组字例释

作为部首, "非"位于汉字的上面, 如"輩"; 或下面, 如"靠"、"靡"。

"靠"是形声字, 从非告声, 本义是倚着、挨着, 如"依靠"、"靠山"。

"靡"本义是顺风而倒, 如"风靡"; 引申指颓废, 如"靡靡之音"。

非 [あらず]

字形分析

《非》は左右の羽が逆方向に向いているさまをかたどった象形文字である。

字義発展

《非》の本義はたがいにそむきあうことで、そこから否定の意味を表、引いてとがめる・責めること、あるいは過失、まちがいをいう。

部首組字例釈

部首としての《非》は漢字の上部または下部に配置される。「靠」は《非》と音符告からなる形声文字で、本義は「もたれかかる」「よりそう」こと。「靡」は風をうけて倒れることである。

面 革 韋 韭 音 頁

風 飛 食 首 香

面 [낯 면]

자형 변화

| 갑골문 | 전국문자 | 소전 | 예서 | 해서 |

자형 분석

"面(낯 면)"은 고문자에서 사람의 얼굴 윤곽 형태를 본뜬 상형자이다.

자의 변화

"面"의 본의는 사람의 머리 중 앞부분, 즉 현대 중국어로 '臉(뺨 검)'이라 일컫는 '얼굴'이지만 고대에 "面"과 '臉'은 명확한 구별이 있던 것들이어서, '面'은 사람의 얼굴 전체를 가리키던 말이나 '臉'은 대략 위진(魏晉) 시대에 쓰이기 시작하며 양 뺨의 위쪽만 가리키던 것이 당송(唐宋) 시기에 이르러서야 두 글자가 비로소 통용되기 시작한 것이다. "面"은 사람들이 교류할 때 가장 주목받는 부분으로 위엄을 나타내는 곳이므로 '臉面(liǎnmiàn: 면목)', '面子(miànzi: 체면)'처럼 '존엄'의 뜻으로 쓰이기도 하며, 뜻이 확대되어 '地面(지면)', '水面(수면)'과 같이 사물의 겉을 가리키기도 하며, 다시 나아가 '前面(전면: 앞면)', '全面(전면: 모든 면)'과 같이 사물의 어떤 부위나 방위를 가리키기도 하고 기하학에서는 선이 이동하면서 만들어 내는 궤적으로 길이와 너비만 있을 뿐 높이가 없는 '平面(평면)' 같은 것을 가리키기도 한다. 그 외에도 동사로 쓰이면 "面"은 '面壁(면벽)', '面見(면견)'과 같이 낯을 마주하거나 만나본다는 뜻을 지니기도 한다.

소속 한자 해석

부수로서 "面"은 '靦(부끄러워할 전)', '靨(보조개 엽)'과 같이 통상 한자의 왼쪽이나 아래쪽에 위치한다. 예를 들어 '靦顏人世(tiǎnyánrénshì: 뻔뻔하게 살아가다)'란 낯가죽 두껍게 세상을 살아가는 것을 가리키며, '靨'이란 '笑靨(xiàoyè: 보조개)', '酒靨(jiǔyè: 보조개)'에서처럼 얼굴의 '보조개'를 가리킨다.

面 [miàn]部

字形分析

"面"是象形字。古文字像人的面庞之形。

字义发展

"面"的本义为人头前面的部位, 也就是现在人们所说的"脸"。但在古代, "面"和"脸"则是有着明显区别的。"面"指人的整个面部, 而"脸"字大约在魏晋时期才出现, 指两颊的上部。直到唐宋时期两字才开始通用。"面"是人们交往时所关注的部位, 为尊严之所在, 故代指尊严, 如"脸面"、"面子"; 又引申指事物的外表, 如"地面"、"水面"; 又引申指事物的某个部位或方位, 如"前面"、"全面"; 在几何学上, "面"指线移动所生成的形迹, 有长有宽无高, 如"平面"。此外, "面"还指粉末状的东西, 如"面粉"、"药面"; "面"字还可用作动词, 表示用脸对着、会见之义, 如"面壁"、"面见"。

部首组字例释

作为部首, "面"通常位于汉字的左侧或下面。例如"靦"、"靥"。如"靦颜人世"是指厚着脸皮活在世上。"靥"指脸上的酒窝儿, 如"笑靥"、"酒靥"。

面 [めん]

字形分析

《面》は人の顔の形をかたどった象形文字である。

字義発展

《面》の本義は人頭の前の部分、すなわち現代中国語でいう「臉」（「顔」のこと）であるが、古代においては「面」と「臉」には明確な区別があった。「面」は人の顔全体を意味するのに対して、「臉」が現れるのはだいたい魏晋時代のことで、両頬の上部を指した。唐宋期になってはじめて二字が通用されるようになった。「面」は人々が行き来するとこにもっとも注目される部分であり、人の尊厳が現れるところであることから「面子」ということばができた。引いて事物の外側や部位を意味し、「地面」や「水面」、あるいは「前面」「全面」などという。幾何学では直線が移動してできた軌跡をいい、長さと広さはあるが高さがない。「面」はまた動詞としても使われ、対面する・会見することを表す。

部首組字例釈

部首としての《面》は通常は漢字の左側か下部に配置される。

革 [가죽 혁]

韓

자형 변화

| 갑골문 | 금문 | 소전 | 예서 | 해서 |

자형 분석

"革(가죽 혁)"은 고문자에서 벗겨 놓은 짐승 가죽의 형태를 본뜬 상형자로, 가운데의 원형은 동물의 몸체이고 나머지 부분은 동물의 머리와 꼬리를 나타낸 것이다.

자의 변화

"革"의 본의는 털을 제거한 짐승의 가죽인데, 뜻이 확대되어 '革新(혁신)', '革命(혁명)'과 같이 '변화'를 가리키기도 하고, '革除(géchú: 뿌리 뽑다)'나 '開革(kāigé: 해고하다)'처럼 '제거하다'의 뜻으로 쓰이기도 한다.

소속 한자 해석

부수로서 "革"은 통상 한자의 왼쪽에 위치한다. "革"부의 한자는 주로 피혁 제품과 관련된 것이 많다. 예를 들어 '鞋(신 혜: 구두)', '靴(신 화: 장화)', '靶(과녁 파)', '鞍(안장 안)', '鞭(채찍 편)' 등은 모두 그 재료가 본래 가죽과 관련된 것들이다.

革 [gé]部

字形分析

"革"是象形字, 古文字描摹的是被剥下的兽皮之形, 中间的圆形物是躯干部分, 余下的部分是兽的头和尾。

字义发展

"革"的本义是指去毛的兽皮。引申指改变, 例如"革新"、"革命"; 也指去除, 如"革除"、"开革"。

部首组字例释

作为部首, "革"通常位于汉字的左侧。革部的字多与皮革制品有关, 例如"鞋"、"靴"、"靶"、"鞍"、"鞭"等字, 其制作材料原本都和皮革有关系。

革 [なめしがわ]

字形分析

《革》は動物からはぎとった獣皮の形をかたどった象形文字で、真ん中の円形は動物の身体、残りの部分は動物の頭と尾を表している。

字義発展

《革》の本義は獣皮であり。引いて「革命」や「革新」のように「改変」の意、あるいは「革除」のように「除去」の意を表す。

部首組字例釈

部首としての《革》は通常は漢字の左側に配置され、《革》部の漢字は皮革製品と関係がある。「鞋」「靴」「靼」「鞍」「鞭」などはすべてもともと革で作られたものである。

韋 [다룸가죽 위]

자형 변화

갑골문	금문	소전	예서	해서

자형 분석

"韋(다룸가죽 위)"는 "舛(어그러질 천)"과 음을 나타내는 "囗(에워쌀 위)"로 구성된 형성자이다. 고문자에서는 두 개의 발이 성벽을 나타내는 "囗"를 에워싸고 있는 모양으로 '에워싸다'는 뜻의 '圍(둘레 위)'의 본자이다.

자의 변화

"韋"는 '圍'의 초문(初文)으로 본의는 '에워싸다'는 뜻이나, 가차하여 털을 제거하고 무두질로 부드럽게 다룬 가죽의 뜻으로 쓰였으며, 다시 '가죽 끈'을 나타내어 '韋編三絶(위편삼절: 가죽 끈으로 엮은 곳이 세 번 끊어지다)'이란 책을 빈번히 뒤적이다 보니 죽간을 엮은 가죽 끈이 세 차례나 끊어졌다는 뜻으로 열심히 독서하는 것을 비유하는 말이다.

소속 한자 해석

부수로서 "韋"는 '韌(질길 인)', '韜(감출 도)'처럼 통상 한자의 왼쪽에 위치한다. "韋"부의 한자는 주로 가죽과 관련된 것이 많은데, 예를 들어 '韌'은 '柔韌(유인: 부드럽고 질기다)', '堅韌(견인: 강인하다)'과 같이 '유연하면서도 질기다'는 뜻이니 바로 가죽이 지니고 있는 특성이 그런 것이므로 "韋"를 부수로 쓰게 된 것이며, '韜'는 부수 "韋"와 음을 나타내는 "舀(퍼낼 요)"로 구성된 형성자로 본의는 '칼집'이나 '화살통'의 뜻이나, 나아가 '韜晦(tāohuì: 재능을 감추다)'처럼 '감추다'나 '숨기다'의 뜻으로 쓰이고 다시 '韜略(tāolüè: 병법)'에서처럼 '모략'의 뜻으로도 쓰인다.

韋 [wéi]部

字形分析

"韋"是形声字，从舛口声。古文字描摹的是两只脚（止）环绕口（wéi，代表城邑）之形，是包围之"围"的本字。"韦"是"韋"的简体字。

字义发展

"韦"是"围"的初字。本义为包围，假借表示去毛加工制成的柔皮，又指皮绳，如"韦编三绝"，是说因频繁翻阅，以至串联竹简的皮绳断了三次，比喻读书勤奋。

部首组字例释

作为部首，"韦"通常位于汉字的左侧，如"韧"、"韬"。韦部字多与皮革义有关，例如"韧"，是柔软而结实的意思，而皮革正具备这样的特性，故从革，如"柔韧"、"坚韧"。"韬"是形声字，从韦舀声，其义为剑套或弓袋；引申为包藏、隐蔽，如"韬晦"；又引申为谋略，如"韬略"。

韋 [あし]

字形分析

《韋》は《舛》と音符《囗》からなる形声文字である。古代文字が描いているのは二つの足跡と城壁を示す《囗》(wéi) で、「圍」の本字である。

字義発展

《韋》は「圍」の初文であり、本義は「かこむ」こと。借りて獣毛を取り去った皮革(なめし革)を表す。この皮革から紐を作ることもあり、「韋編三絶」とは書物を読むことが頻繁で、竹簡を綴じたなめし革が3回も切れたことをいう。

部首組字例釈

部首としての《韋》は「靭」や「韜」のように通常は漢字の左側に配置される。《韋》部の漢字は皮革と関係があって、「靭」は柔軟で丈夫の意だが、皮革にはまさにその性質があるので、それで《革》がついている。「韜」は《韋》と音符《舀》からなる形声文字で、本義は剣や弓を入れる革の袋で、引いて「包む」あるいは「かくす」という意味を表す。

韭 [부추 구]

자형 변화

| 전국문자 | 소전 | 예서 | 해서 |

자형 분석

"韭(부추 구)"는 고문자에서 지면 위로 부추가 자란 모양을 본뜬 상형자이다.

자의 변화

"韭"의 본의는 '부추'로 다년생의 초본식물이며 잎이 가늘고 긴 야채이다. 원산지는 중국이며 중국에서는 이미 3,000년 이상의 재배 역사가 있다.

소속 한자 해석

부수로서 "韭"는 '韮(부추 구)'처럼 한자의 아래쪽에 위치하거나
혹은 '韱(산부추 섬)'과 같이 왼쪽 아래에 위치한다. "韭"부의 한자
는 주로 부추와 관련된 것이 많은데, 예를 들어 '韱'은 산 위에서
자란 부추의 일종이다. '韮'는 "韭"의 뒤를 이어 대신 쓰이던 같
은 뜻의 글자이지만 지금은 이미 사용되지 않는다.

韭 [jiǔ]部

中

字形分析

"韭"是象形字。古文字像韭菜长在地上之形。

字义发展

"韭"本义为韭菜,多年生草本植物,叶细长,为蔬菜。韭菜原产于中国,在中国已有3000年以上的栽培历史。

部首组字例释

作为部首,"韭"位于汉字的下部,如"韮";或位于左下,如"韱"。"韭"部的字多与韭菜有关,例如"韱"字指的就是一种在山上生长的韭菜。而"韮"即"韭"的后起字,现已废除。

韭 [にら]

字形分析

《韭》はニラが地面から生えている形をかたどった象形文字である。

字義発展

《韭》の本義はニラで、多年生の草本植物、葉が細長い野菜である。
原産地は中国で、中国ではすでに3000年以上の栽培の歴史がある。

部首組字例釈

部首としての《韭》は「韰」のように漢字の下部に、あるいおは「韱」
のように左下に配置される。《韭》部の漢字はニラと関係があって、
「韱」は山上に生えるニラの一種である。「韮」は「韭」の後起字であ
るが、今ではすでに使われなくなっている。

音 [소리 음]

자형 변화

갑골문	금문	소전	예서	해서

자형 분석

"音(소리 음)"은 "言(말씀 언)"의 아래쪽에 있는 "口(입 구)"자 속에 가로획 "一(한 일)"을 더한 회의자로 '言(말할 때)'에 '口(입)'에서 '一(나오는 것)'이 곧 '音(소리)'임을 나타내고 있다.

자의 변화

"音"의 본의는 '天籟之音(천뢰지음: 자연계의 음향이 낳는 음악)', '八音克諧(팔음극해: 온갖 악기 소리가 능히 조화롭다)'처럼 리듬이 있는 소리의 울림, 즉 '음악'이다. 후에 범위가 확대되면서 '語音(어음: 말소리)', '噪音(조음: 소음)'과 같이 일반적인 모든 소리를 가리키기도 하며, 또 '聲(소리 성)'과 조어되어 '聲音(성음: 목소리)'으로 쓰기도 한다. 사람들이 음성으로 정보를 전달하는 데서 "音"에는 '音信(음신: 기별)', '音問(음문: 소식)'과 같이 '정보'나 '소식'의 뜻도 담게 되었다.

소속 한자 해석

부수로서 "音"은 '韻(운 운)', '響(울림 향)'과 같이 한자의 왼쪽이나 아래쪽에 위치한다. "音"부의 한자는 주로 '음성'과 관련된 자가 많은데, 예를 들어 '韻'은 "音"과 음을 나타내는 "員(수효 원)"으로 구성된 형성자로 그 본의는 듣기 좋은 조화로운 음성의 뜻인데서 나아가 '韻律(운율)', '韻味(운미)'처럼 '우아한 리듬감'을 가리키기도 하며, '韻母(운모)', '押韻(압운)'과 같이 중국어의 '음절' 가운데서 '성모'를 제외한 부분을 일컫기도 한다.

音 [yīn]部

字形分析

"音"是会意字。从言,言下口中加一横,表示所发之音。

字义发展

"音"的本义为有节律的声响,即音乐,如"天籁之音"、"八音克谐"。后指代范围扩大,可泛指一般的声音,如"语音"、"噪音",并常与"声"连用,称"声音";人类通过声音传递信息,因此"音"有信息、消息之义,如"音信"、"音问"。

部首组字例释

作为部首,"音"位于汉字的左侧或下部,如"韵"、"響"(简化字写作"响")。"音"部的字多与声音有关,例如"韵"字从音匀声,本义为和谐悦耳的声音;引申指优美而有节奏,如"韵律"、"韵味";又指汉语音节中声母以外的部分,如"韵母"、"押韵"。

音 [おと]

字形分析

《音》は会意文字で、《言》の下部にある《口》の中に《一》を加え、そこから発せられる音を示している。

字義発展

《音》の本義はリズムのある響き、すなわち音楽のことである。のち範囲が広がって一般的な音をも意味するようになった。また常に「声」と連用される。人類は音声を通じて情報を伝達するので、「音」に情報や消息という意味ができた。

部首組字例釈

《音》は「韵」や「響」のように漢字の左側か下部に配置される。《音》部の漢字は音声と関係があって、たとえば「韵」は《音》と音符《匀》からなる形声文字で。本義は耳に心地よい音声のことである。引いて優美なるリズムを表し、「韵律」などと使う。

頁 [머리 혈]

자형 변화

갑골문	금문	소전	예서	해서

자형 분석

"頁(머리 혈)"은 고문자에서 인간의 머리 부분을 본뜨되 이를 세부
묘사하여 부각시킨 상형자이다.

자의 변화

"頁(xié, 혈)"의 본의는 사람의 머리이며, 이를 부수로 쓰는 자들
은 머리와 관련된 것이 많다. 현대 중국어에서는 "页(yè, 엽)"로 읽
어 책의 한 '쪽'이나 종이의 한 '장'을 가리키기도 한다.

소속 한자 해석

부수로서 "頁"은 통상 한자의 오른쪽으로 위치한다. "頁"부의 한자는 주로 사람의 머리와 관련된 것이 많은데, 예를 들어 '頂(정수리 정)'은 본래 '摩頂放踵(마정방종)'이 머리끝부터 발끝까지 다 닳았다는 의미로 수고하는 모양을 형용한 것처럼 머리의 정수리를 가리키는 말이었으나 뜻이 확대되어 '山頂(산정)', '房頂(fángdǐng: 지붕, 옥상)'처럼 가장 높은 곳을 나타내며, '額(이마 액)'은 본래는 '額頭(étóu: 이마)', '面額(miàn'é: 액면 가격)'과 같이 얼굴의 윗부분을 가리키던 말이나 뜻이 확대되어 '門額(mén'é: 상인방)'과 같이 문의 윗부분을 가리키기도 하고 다시 나아가 '定額(정액)', '餘額(여액)'과 같이 규정된 수량을 가리키기도 하며, '領(거느릴 령)'은 '引領而望(인령이망: 목을 빼고 멀리 바라보다)'라는 말이 '몹시 초조하게 간절히 바라는 모습'을 나타내던 것과 같이 본래는 '목'을 가리켰으나 뜻이 확대되어 '衣領(yīlǐng: 옷깃, 칼라)'과 같이 '옷깃'의 뜻으로 쓰이며 다시 나아가 '領導(영도)', '領袖(영수)'의 뜻으로까지 쓰인다.

頁 [yè/xié]部

字形分析

"頁"是象形字，古文字描摹了一个人的形状，突出了头部的细节。"页"是"頁"的简体字。

字义发展

"页"本读xié，本义是人头，"页"的本义仅保留在部首意义中。在现代汉语中，"页"读yè，表示书籍或纸张的一张或一面，如"扉页"、"第×页"、"撕下一页"

部首组字例释

作为部首，"页"通常位于汉字的右侧。页部的字多与人的头部意义有关。例如"顶"本指头顶，如"摩顶放踵"，指从头到脚都擦伤了，形容劳苦的样子；引申指最高的部位，如"山顶"、"房顶"。"额"本指人面的上部，如"额头"、"面额"；引申指门的上方，如"门额"；再引申指规定的数量，例如"定额"、"余额"。"领"本指脖子，"引领而望"是说伸长脖子向远处张望，形容盼望之心十分急切；引申为"衣领"之"领"，再引申为"领导"、"领袖"。

頁 [おおがい]

字形分析

《頁》は人間の頭部を形を詳しく描いた形をかたどった象形文字である。

字義発展

《頁》はもともとxiéと読み、本義は人の頭であるが、その意味は部首としての意味の中にだけのこっている。現代の中国語では《頁》はyèと読み、書物のページの意味に使われる。

部首組字例釈

部首としての《頁》は通常は漢字の右側に配置される。《頁》部の漢字は人の頭部と関係があり、たとえば「頂」は頭頂のことで、引いて「山頂」や「頂上」のようにもっとも高いところを表す。「額」は顔の上部を表し引いて門の上にある題額や、規定の数量の意味に用いられる。「領」はくびのことで、「引領而望」とはくびを長く伸ばし、遠くを眺めて待つこと、引いて衣服の襟や指導者の意味に用いられる。

風 [바람 풍]

자형 변화

갑골문	전국문자	소전	예서	해서

자형 분석

"風(바람 풍)"은 "虫(벌레 훼)"와 음을 나타내는 "凡(무릇 범)"으로 구성된 형성자이다.

자의 변화

고문자의 형태로 보자면 "風"과 '鳳(봉새 봉)'은 원래 같은 자로 "風(바람)"이란 것이 글자로 본뜰 형상이 없으니 '鳳(봉황)'의 글자를 빌려 나타낸 것이다. "風"이란 '風向(풍향)', '風速(풍속)'과 같이 공기가 흐르는 현상인 데서 뜻이 확대되어, '風俗(풍속)', '風尚(풍상)'과 같이 사회적으로 형성된 시류나 습속을 가리키게 되었으며, 다시 나아가 '風景(풍경)', '風物(풍물)', '風光(풍광)', '風采(풍채)'처럼 겉으로 드러난 모습이나 태도, 거동을 가리키기도 한다.

소속 한자 해석

부수로서 "風"은 '飄(회오리바람 표)', '颶(구풍 구)'처럼 한자의 오른쪽이나 왼쪽 아래에 위치한다. "風"부의 한자는 모두 공기의 흐름과 관련이 있는데, 예를 들어 '飄'는 "風"과 음을 나타내는 "票(불똥 튈 표)"로 구성된 형성자로 본의는 '회오리바람'이나 '飄揚(piāoyáng: 나부끼다)', '飄散(piāosàn: 흩날리다)', '飄流(piāoliú: 표류하다)'처럼 바람이나 물속에 '부유하다'는 뜻으로도 쓰이며, '颭(물결 일 점)'은 '颭拂(zhǎnfú: 흔들리며 스치다)'나 '颭動(zhǎndòng: 흔들려 움직이다)'과 같이 바람에 흔들리는 모양을 나타낸다.

風 [fēng] 部

字形分析

"風"字是形声字，从虫凡声。"风"是"風"的简体字。

字义发展

从古文字形可以看出"風"字与"鳳"（简化字作"凤"）字本为一个字，由于"风"字无形可象，于是就借"鳳"字来表示。"風"字表示空气流动的现象，如"风向"、"风速"；引申指社会上形成的时尚、习俗，如"风俗"、"风尚"；又引申指表现在外的景象、态度、举止，如"风景"、"风物"、"风光"、"风采"。

部首组字例释

作为部首，"风"位于汉字的右侧或左下方，如"飘"、"飓"。"风"部的字皆与空气流动现象有关。例如"飘"字从风票声，本义为旋风，引申为在风中或水中浮动之义，如"飘扬"、"飘散"、"飘流"。"飖"，形容风吹颤动的样子，如"飖拂"、"飖动"。

風 [かぜがまえ]

字形分析

《風》は《虫》と音符《凡》からなる形声文字である。

字義発展

古代文字の形から見れば「風」と「鳳」はもともと同一の漢字で、「かぜ」に描くべき形象がないことから「鳳」の字を借りて表した。「風」は空気が流れる現象で、引いて社会上に形成される習慣や風俗などを表し、また引いて外面的な景観や態度、振る舞いなどを表す。

部首組字例釈

部首としての《風》は「飄」や「颱」のように漢字の右側あるいは左下に配置される。《風》部の漢字は吸気の流動現象と関係があって、たとえば「飄」は《風》と音符《票》からなる形声文字で、本義は「つむじ風」、引いて空中や水中にただよう意味に用いられる。

飛 [날 비]

韓

자형 변화

전국문자	소전	예서	해서
飛	飛	飛	飛

자형 분석

"飛(날 비)"는 소전 자형에서 아래쪽은 새가 펼친 날개이고 위쪽은 새의 머리를 본뜬 것이어서 전체로는 새가 날개를 펴고 나는 형태를 본뜬 상형자이다.

자의 변화

"飛"의 본의는 '飛翔(fēixiáng: 날아돌다)', '飛走(fēizǒu: 날아가다)'처럼 새가 날개로 공중을 날아간다는 뜻으로, 나아가 '飛雪(fēixuě: 눈이 날리다)', '飛機(fēijī: 비행기)'처럼 공중에서 움직이는 모든 것을 가리키고, 다시 '飛駛(fēishǐ: 나는 듯이 달리다)', '飛逝(fēishì: 쏜살같이 지나가다)'처럼 몹시 빠른 것을 가리키기도 하며, 또 근거가 없거나 까닭이 없다는 뜻으로도 쓰이는데 예를 들면 '飛短流長(fēiduǎnliúcháng: 이러쿵저러쿵하다)'은 '있지도 않은 일로 이것저것 낭설을 퍼뜨림'을 가리키는 것과 같다.

소속 한자 해석

『강희자전(康熙字典)』의 "飛"부의 한자는 매우 적고 그나마 벽자가 많은데, 예를 들어 '飜(날 번)'은 '翻(날 번)'의 이체자로 쓰인다.

飛 [fēi]部

字形分析

"飛"是象形字。小篆字形下面像展开的翅膀, 上面像鸟的头。整个字形像鸟展翅飞翔的样子。"飞"是"飛"的简体字。

字义发展

"飛"的本义是鸟类借助翅膀在空气中前行, 如"飞翔"、"飞走"; 引申为泛指在空中运动, 如"飞雪"、"飞机"。又引申形容极快, 如"飞驶"、"飞逝"; 再引申为无根据的、无缘无故的, 如"飞短流长"指无中生有, 造谣中伤。

部首组字例释

《康熙字典》中"飞"部的字很少, 且多为生僻字。例如"飜"是"翻"的异体字。

飛 [とぶ]

字形分析

《飛》は鳥が翼をひろげて飛翔している形をかたどった象形文字である。

字義発展

《飛》の本義は鳥類が翼を使って空中を飛翔することであり、引いて「飛行機」や「飛雪」のように空中を動くことをいう。また引いて「非常に早い」意、あるいは「根拠がない」という意味にも用いられる。

部首組字例釈

《康熙字典》の中の《飛》部の漢字は非常に少なく、ほとんどが冷僻字である。

食 [먹을 식]

韓

자형 변화

갑골문	금문	소전	예서	해서

자형 분석

"食"은 고문자에서 뚜껑을 덮어 놓은 식기의 형태를 본뜬 상형자로, 위쪽의 삼각형은 식기의 뚜껑을 본뜬 것이고 아래쪽은 음식을 담은 그릇을 본뜬 것이다.

자의 변화

"食"의 본의는 '食品(식품)', '飮食(음식)', '食物(식물)' 등처럼 음식으로 쓰이는 물품이며, 동사로도 쓰여 '食肉(식육)', '食不語(식불언: 식사 때는 말을 하지 않는다)'는 예처럼 '먹다'의 뜻으로도 쓰인다.

소속 한자 해석

부수로서 "食"은 통상 '飮(마실 음)', '飽(물릴 포)'처럼 한자의 왼쪽에 위치하여 "飠"과 같이 쓰이며 세간에서는 '밥식변'이라고도 불린다. 때로 "喰(먹을 식)", "飧(저녁밥 손)"과 같이 오른쪽으로 위치하거나, "餐(먹을 찬)", "餈(인절미 자)"처럼 아래쪽에 위치하여 "食"과 같이 쓰이기도 한다. "食"부의 한자는 주로 식품과 관련된 것이 많은데, 예를 들면 '餃(경단 교)'와 '餠(떡 병)'은 모두 식품의 명칭이며 '飽'와 '餓(주릴 아)'는 위 속에 든 음식물의 양을 가리키며 '饕餮(도철: 흉악하고 탐식하는 전설상의 야수 이름)', '老饕(노도: 걸귀)'처럼 '饕(탐할 도)'는 음식이나 재물을 탐냄을 가리키며, '薪餉(신향: 급료)', '糧餉(양향: 군량과 급료)', '餉(건량 향)'은 '봉급'이나 '군량과 마초'를 가리키던 옛 이름이다.

食 [shí]部

中

字形分析

"食"是象形字，古文字描摹的是一个带盖子的食器之形，上部为三角形，像个食器的盖子，下部像是一只盛着食品的器皿。

字义发展

"食"的本义是指供食用的物品，例如"食品"、"饮食"、"食物"；亦可作动词，当"吃"讲，如"食肉"、"食不语"。

部首组字例释

作为部首，"食"通常位于汉字的左侧，写作"飠"，简写作"饣"，俗称"食字旁"，如"饮"、"饱"；有时位于汉字的右侧，如"喰"、"飧"；有时位于汉字的下部，写作"食"，如"餐"、"饔"。食部的字多与食品有关系，例如"饺"和"饼"都是食品的名称；"饱"和"饿"是指胃里食物多少的状态；"饕"指贪吃或贪财，如"饕餮"、"老饕"；"饷"是薪水、粮草供应的旧称，如"薪饷"、"粮饷"。

食[しょくへん]

字形分析

《食》は食物を盛った道具に蓋をかぶせた形をかたどった象形文字である。

字義発展

《食》の本義は食用に供せられた物品のことで、また動詞として「食べる」意にも使われる。

部首組字例釈

部首としての《食》は通常は漢字の左側に配置され《飠》と書かれ、「食字旁」（食へん）という。また時には《喰》のように右側に配置されたり、《餐》《養》のように下部に配置されることもある。《食》部の漢字は食品と関係があり、「餃」や「餅」などはいずれも食品の名称である。また「飽」や「餓」は胃にある食物の量の状態であり、「饕」はがつがつむさぼることである。

首 [머리 수]

자형 변화

| 갑골문 | 금문 | 소전 | 예서 | 해서 |

자형 분석

"首(머리 수)"는 고문자에서 머리카락이 난 사람의 머리 형태를 본
뜬 상형자로, 아래쪽에 그려진 눈은 낯을 대신한 것이다.

자의 변화

"首"의 본의는 '俯首貼耳(부수첩이: 고개를 숙이고 귀를 늘어뜨리다)',
'昂首闊步(앙수활보: 고개를 들고 활보하다)'처럼 '머리'의 뜻이다. 머
리는 인체의 가장 중요한 부위로 생리 기능을 지휘하는 중추이므
로 뜻이 확대되어 '首腦(수뇌)', '首長(수장)', '首都(수도)'처럼 '영
도하다', '앞장서다'의 뜻으로 쓰이며, 시간을 나타낼 때는 '首次
(shǒucì: 최초, 처음)', '首先(shǒuxiān: 첫째, 먼저)'과 같이 가장 앞서
거나 가장 빠르다는 뜻으로 쓰인다. 그 외에도 '一首詩(yì shǒu shī:
시 한 수)', '兩首歌(liǎng shǒu gē: 노래 두 곡)'처럼 양사로 쓰여 시나
노래의 수량을 나타내기도 한다.

소속 한자 해석

부수로서 "首"는 '䤼(귀 벨 괵)'과 같이 한자의 왼쪽에 위치하며, 때로는 '馗(광대뼈 규)'처럼 오른쪽 위에도 위치한다. "首"부의 한자는 곧잘 사람의 머리 부분과 관련이 있어 예를 들어 '䤼'은 '䤼百人(괵백인: 백 명의 귀에 대한 전공을 계산하다)', '獻䤼(헌괵: 왼쪽 귀를 바치다)'과 같이 고대의 전쟁 때 적군의 왼쪽 귀를 베어 와 공적을 요청하는 행위를 가리키며, '馗'는 머리가 9개 달린 전설 속의 용으로 '逵(한길 규)'자의 가차자로 쓰이기도 한다. 『강희자전(康熙字典)』의 "首"부에는 한자도 비교적 적은 데다 그나마 대부분 벽자들이다.

首 [shǒu]部

字形分析

"首"是象形字。古文字像有头发的人首之形, 下面以眼目代表面部。

字义发展

"首"的本义为头, 如"俯首贴耳"、"昂首阔步"。首是人体最重要的部位, 是人体生理机能的指挥中枢, 故引申出领导、带头之义, 如"首脑"、"首长"、"首都"; 用于表示时间时, 则有最先、最早之义, 如"首次"、"首先"; "首"字还可用作量词, 表示诗或歌的数量, 如"一首诗"、"两首歌"。

部首组字例释

作为部首, "首"位于汉字的左侧, 如"馘"; 或在右上, 如"馗"。首部字往往与头部有关, 例如"馘"是指古代战争中割取敌兵左耳以请功的行为, 如"馘百人"、"献馘"。"馗"是传说中的九头龙, 又借为"逵"字。《康熙字典》中首部字较少, 且多为生僻字。

首［くびへん］

字形分析

《首》は人のくびの形をかたどった象形文字である。

字義発展

《首》の本義はくびである。首は人体のもっとも重要な部位で、生理機能の指揮中枢であるから、引いて指導する、あるいはリーダーという意味に使われる。また時間に関しては「最初」「はじめ」の意味に使われ、量詞としては詩歌を数えるのに使われる。

部首組字例釈

部首としての《首》は「馘」のように主に漢字の左側に配置され、ときに「䭫」のように右側に配置される。《首》部の漢字は人の頭部と関係があり、たとえば「馘」は古代の戦争において敵兵の左の耳を切り取って戦功を示すことである。《康熙字典》中の《首》部の漢字は少なく、いずれも冷僻字ばかりである。

香 [향기 향]

자형 변화

갑골문	금문	소전	예서	해서

자형 분석

"香(향기 향)"은 고문자에서 곡물을 나타내는 "黍(기장 서)"와 그 맛이 달고 좋다는 뜻의 "甘(달 감)"으로 구성된 회의자이다.

자의 변화

"香"의 본의는 곡물이 익을 때 풍기는 방향의 뜻이나 이후 '芳香(방향)', '淸香(청향)', '香噴噴(xiāngpēnpēn: 향기가 짙다)'과 같이 '좋은 향기'를 가리키며, 나아가 '睡得香(shuìdexiāng: 달게 자다)', '吃得香(chīdexiāng: 달게 먹다)', '很吃香(hěn chīxiāng: 매우 인기가 있다)'과 같이 널리 '좋다', '편안하다', '환영받다'의 뜻을 가리키기도 한다. "香"은 명사로 '麝香(사향)', '檀香(단향)', '蚊香(wénxiāng: 모기향)'과 같이 천연이나 인공의 향기를 지닌 일부 물건을 가리키기도 하며, 혹은 '香火(향화)', '香煙(향연)'과 같이 신을 경배하거나 조상을 제사 지낼 때 태우는 선형의 물건을 가리키기도 한다.

소속 한자 해석

부수로서 "香"은 '馥(향기 복)', '馨(향기 형)'과 같이 한자의 왼쪽 혹은 아래쪽에 위치한다. "香"부의 한자는 주로 '향기'와 관련된 자가 많은데, 예를 들어 '馥(향기 복)'은 '馥鬱(fùyù: 향기가 짙다)'에서처럼 '짙은 향기'를 가리키며, '馨'은 '馨香(형향)', '德藝雙馨(덕예쌍형: 덕성과 기예의 향기가 함께 퍼져 나가다)'에서처럼 먼 곳까지 퍼지는 향기를 가리킨다.

香 [xiāng]部

字形分析

"香"是会意字。古文字从黍从甘，"黍"表示谷物，"甘"表示香甜美好。

字义发展

"香"的本义是指谷物熟后芬芳的气味，后泛指一切好闻的气味。如"芳香"、"清香"、"香喷喷"；引申指为美好、舒服、让人喜爱等含义，如"睡得香"、"吃得香"、"很吃香"。"香"作为名词，指一些天然或人造的有香味的东西，如"麝香"、"檀香"、"蚊香"，或专指敬神祭祖时点燃的一种线状可燃物，如"香火"、"香烟"。

部首组字例释

作为部首，"香"位于汉字的左侧或下部，如"馥"、"馨"。"香"部的字多与香味相关，例如"馥"指浓郁的香气，如"馥郁"；"馨"指散布很远的香气，如"馨香"、"德艺双馨"。

香 [かおり]

字形分析

《香》は穀物を表す《黍》と《甘》(あまい) を組みあわせた会意文字である。

字義発展

《香》の本義は穀物が熟して発する芳香で、のち広く「いい香り」の意味を表す。また引いて「すばらしい」「よい」の意味も表し、名詞としては天然あるいは人造のよい香りのものを表す。

部首組字例釈

部首としての《香》は「馥」や「馨」のように漢字の左側あるいは下部に配置される。《香》部の漢字は「かおり」と関係があって、たとえば「馥」はよい香りが濃厚なこと、「馨」は遠くまでひろがる芳香のことである。

馬 骨 高 髟 鬥 鬯

鬲 鬼

馬 [말 마]

자형 변화

갑골문	금문	소전	예서	해서

자형 분석

"馬(말 마)"는 고문자에서 '말'의 형태를 본뜬 상형자이다.

자의 변화

"馬"의 본의는 사람을 태우거나 짐을 싣고 끌게 하는 가축이다. 말은 빨리 달릴 수가 있으므로 '馬上(mǎshàng: 곧)', '立馬(lìmǎ: 즉시)'처럼 다른 단어와 결합되어 '매우 빠르다'는 의미를 나타내기도 하고, 또 가축 가운데서도 비교적 크기 때문에 어떤 물건 앞에 덧붙여 큰 것의 비유로 삼기도 한다. 예컨대 '馬蜂(마봉: 말벌)'은 일반적인 벌보다 크지만 말과는 전혀 상관이 없다.

소속 한자 해석

부수로서 "馬"는 '馳(달릴 사)', '馱(실을 타)'처럼 통상 한자의 왼쪽에 위치하며, 또 때로는 '駕(멍에 가)'나 '罵(욕할 매)'처럼 한자의 아래쪽에 위치한다. "馬"부의 한자는 주로 '말' 또는 '말을 타거나 몰다' 등의 뜻과 관계가 있다. 예를 들어 '驕(교만할 교)'는 본래 매우 건장한 말을 가리키는데 이런 말들은 길들이고 제압하기가 어려운 데서 '驕傲(jiāo'ào: 오만하다)', '驕縱(jiāozòng: 거만하다)' 등의 뜻으로 확대되었다. '駕'는 본래 말에게 수레를 메워 이를 끌게 함을 가리키며 '駕車(jiàchē: 차를 몰다)', '駕機(jiàjī: 비행기를 몰다)'처럼 교통수단을 작동시킨다는 뜻으로 확대되었다. 때로 "馬"는 '罵'에서처럼 글자의 성부로서 표음 기능도 맡는다.

馬 [mǎ]部

字形分析

"馬"是象形字, 古文字像一匹马的形状。"马"是"馬"的简体字。

字义发展

"马"的本义是供人乘骑或挽驮的牲口。马因为跑得快, 有时与其他词组合, 表示快的意思, 如"马上"、"立马"; 又因为马在牲畜中个头较大, 所以可以加在一些东西上以喻其大, 如"马蜂", 比常见的蜜蜂大, 但与马并无关系。

部首组字例释

作为部首, "马"通常位于汉字的左侧, 如"驶"、"驮"; 有时位于汉字的下部, 如"驾"、"骂"。马部的字多与马或驾驭等意义有关。例如"骄"本指健壮异常的马, 由于这种马难于驯服和控制, 所以引申为"骄傲"、"骄纵"等意思。"驾"本指把车套在马身上, 使之拉车, 引申指开动交通工具, 如"驾车"、"驾机"。有时"马"作为一个字的声符起标音作用, 如"骂"。

馬 [うま]

字形分析

《馬》は一頭のウマの形をかたどった象形文字である。

字義発展

《馬》の本義は人が乗ったり引いたりする家畜である。馬は走るのが速いことから、他の文字と組みあわせて「非常に速い」という意味を表し、また比較的大きな家畜であることから、大きなもののたとえに用いられる。

部首組字例釈

部首としての《馬》は「駄」や「駒」のように通常は漢字の左側に配置され、また時には「罵」や「駕」のように漢字の下部に用いられる。《馬》部の漢字はウマあるいはウマを扱うことに関係があり、たとえば「驕」はもと非常に強いウマをいい、そこからコントロールが難しいことを表し「驕慢」などと使う。「駕」はもとウマに取り付けて引くもので、転じて交通道具をいう。

骨 [뼈 골]

자형 변화

갑골문	금문	소전	예서	해서

자형 분석

"骨(뼈 골)"은 고문자에서 상반부는 골격의 형상을 본뜬 것이고 하반부는 뼈에 붙은 살을 나타내는 상형자이다.

자의 변화

"骨"의 본의는 척추동물의 신체 가운데 내장을 보호하는 '骨骼(골격)', '頭蓋骨(두개골)' 같은 딱딱한 조직이다. 뜻이 확대되어 물체를 지탱하는 틀을 가리키기도 하는데 '傘骨(sǎngǔ: 우산살)', '龍骨(lónggǔ: (배의) 용골)' 같은 것이 그것이다. 다시 나아가 '骨幹(골간)'과 같이 조직 활동에서의 중추적인 역할을 비유하기도 하고, '骨氣(골기)', '風骨(풍골)' 등처럼 사람이나 문예 작품 등에서 정신적인 요소나 품격을 나타내기도 한다.

소속 한자 해석

부수로서 "骨"은 '骸(뼈 해)', '髖(허리뼈 관)'과 같이 통상 한자의 왼쪽에 위치한다. "骨"부의 한자는 대부분 뼈와 관계가 있는데, 예를 들어 '骼(뼈 격)'은 부수 "骨"과 음을 나타내는 "各(각각 각)"으로 구성된 형성자로 본래는 새나 짐승의 뼈를 가리켰으나 뜻이 확대되어 '骨骼(골격)'과 같이 사람이나 동물의 뼈를 가리키게 되었으며, '骸'도 부수 "骨"과 음을 나타내는 "亥(돼지 해)"로 구성된 형성자로 본래는 경골이나 정강이뼈를 가리켰으나 후에는 널리 '骸骨(해골)', '遺骸(유해)'처럼 사람의 뼈나 신체를 나타내게 되었다.

骨 [gǔ]部

字形分析

"骨"是象形字，古文字上半部分像骨架形，下半部分则表示骨所连带的肉。

字义发展

"骨"的本义是指脊椎动物身体中支撑躯体、保护内部器官的硬组织，如"骨骼"、"头盖骨"。引申指物体中起支撑作用的架构，如"伞骨"、"龙骨"；再引申用于比喻组织活动的中坚力量，如"骨干"；也指人或文艺作品的精神品格，如"骨气"、"风骨"。

部首组字例释

作为部首，"骨"通常位于汉字的左侧，如"骸"、"髋"。骨部的字多与骨头有关。例如"骼"是形声字，从骨各声，本指禽类或兽类之骨，引申指人或动物的骨头，如"骨骼"。"骸"字也是形声字，从骨亥声，本指胫骨或小腿骨，后泛指人体的骨头或躯体，如"骸骨"、"遗骸"。

骨 [ほね]

字形分析

《骨》は上半分が骨格を表し、下半分が骨についた肉を表す象形文字である。

字義発展

《骨》の本義は脊椎動物の身体を支え、内蔵を保護する硬い組織である。引いて物体を支える部分を表し、また引いて活動組織のうちの中堅的なところを表す。また人や文芸作品などの品格を表すこともある。

部首組字例釈

部首としての《骨》は「骸」のように通常は漢字の左側に配置される。《骨》部の漢字は骨と関係があり、たとえば「骼」は《骨》と音符《各》からなり形声文字で、本来は鳥や動物の骨を指し、引いて人の骨を意味する。「骸」も《骨》と音符《亥》からなる形声文字で、もとは脛あるいは小脛骨を表し、のちに広く人体の骨を表すようになった。

高 [높을 고]

자형 변화

갑골문	금문	소전	예서	해서
🔺	🔺	高	高	高

자형 분석

"高(높을 고)"는 고문자에서 누대가 중첩된 위에 망루가 우뚝 솟은 모습을 본뜬 상형자이다.

자의 변화

"高"의 본의는 밑에서 위로 수직 방향의 길이가 높음을 나타내며 '登高(등고)', '天高地厚(천고지후)'처럼 '低(낮을 저)'와 상대되는 뜻으로 쓰인다. 후에 뜻이 확대되며 '상등급'의 것을 가리키기도 하여 '高官(고관)', '高門(고문)'과 같이 등급이 높음을 의미하거나, '高消費(고소비)', '高投入(고투입)'과 같이 표준이나 정도가 높은 것을 일컫거나, '高手(고수)', '高人(고인)'과 같이 수준이 높은 것을 일컫거나, '高雅(고아)', '高尙(고상)'과 같이 질이 높은 것을 일컫기도 하며, 상대를 높여 그의 학생을 '高足(고족: 귀하의 제자)'

라 일컫고 그의 관점을 '高見(고견)'이라 하며, 업무가 바뀌는 것을 '高就(gāojiù: 영전하다)'라고도 하며, 노인의 나이를 물으면서는 '高壽(고수: 고령)'라고도 한다. 또한 폄하하는 기능도 있어서 '高談闊論(고담환론: 공리공론을 늘어놓다)', '唱高調(chàng gāodiào: 이상론만 늘어놓다)'처럼 공허하여서 종잡을 수가 없는 말을 가리키기도 한다.

소속 한자 해석

부수로서 "高"는 통상 한자의 왼쪽에 위치하여 그 한자의 독음이나 의미를 지시한다. "高"부의 한자는 주로 '骯(높을 고)', '髝(높을 교)'처럼 고도와 관계된 것이 많다. 『강희자전(康熙字典)』에 보이는 "高"부의 한자는 현대 중국어에서 이미 거의 쓰이지 않는다.

高 [gāo]部

字形分析

"高"是象形字。古文字像樓台重疊、台觀高出之形。

字義發展

"高"的本義表示從下到上的距離大，與"低"相對，如"登高"、"天高地厚"。後引申泛指上等的東西，如級別高稱爲"高官"、"高門"；標准、程度高稱"高消費"、"高投入"；水平高稱"高手"、"高人"；品味高稱"高雅"、"高尚"；恭維對方，稱其學生爲"高足"，其看法爲"高見"，調換工作爲"高就"，詢問老人年紀爲"高壽"；亦用作貶義，形容空泛、不著邊際的言論，如"高談闊論"、"唱高調"。

部首組字例釋

作爲部首，"高"通常位於漢字的左側，提示漢字的讀音和意義。高部的字多與高度有關系，例如：骹（qiào）䯓（qiǎo）等。《康熙字典》中的本部字在現代漢語中已基本不用。

高 [たかい]

字形分析

《高》はやぐらが高くそびえるさまをかたどった象形文字である。

字義発展

《高》の本義は垂直方向の距離が長いことで「低」と対義をなす。のちに引いて上等のものを指し、また等級や程度などが高いことも意味するようになった。

部首組字例釈

部首としての《高》は通常は漢字の左側に配置され、その漢字の意味や発音を明示する。《高》部の漢字は高度と関係があるが、《康熙字典》での《高》部の漢字は現代中国語の中ではすでに使われなくなっている。

髟 [머리털 드리워질 표]

자형 변화

소전	예서	해서

자형 분석

"髟(머리털 드리워질 표)"는 "長(길 장)"과 "彡(터럭 삼)"으로 구성된 회의자이다.

자의 변화

"髟"의 본의는 모발이 아래로 늘어진 모양을 표현하고 있지만 단독으로 사용된 예는 극히 적으며 대개 한자의 부수로 쓰인 것이 많다.

소속 한자 해석

부수로서 "髟"는 '髡(머리털 깎을 곤)'이나 '鬂(살쩍 빈)'과 같이 통상 한자의 위쪽에 위치한다. "髟"부의 한자는 주로 대부분 모발과 관련되어 있다. 예를 들어 '鬂'은 "髟"와 음을 나타내는 "賓(손 빈)"으로 구성된 형성자로 본의는 '鬂角(bìnjiǎo: 귀밑머리)', '鬂絲(bìnsī: 귀밑머리)'처럼 양 뺨의 귀 쪽 가까이로 나는 두발이다. '髯(구레나룻 염)'은 양 뺨에 난 수염의 뜻이나 후에는 '美髯公(měirángōng: 턱수염이 멋진 사람)'처럼 수염을 널리 가리킨다.

髟 [biāo] 部

字形分析

"髟"是会意字。从長（简化后写为"长"）从彡。

字义发展

"髟"的本义表示毛发下垂的样子。很少单独使用，多用作汉字的部首。

部首组字例释

作为部首，"髟"位于汉字的上部，如"髡"、"鬓"。"髟"部的字多与毛发义相关，如"鬓"是从髟宾声的形声字，本义为两颊近耳的头发，如"鬓角"、"鬓丝"；"髯"是两腮的胡须，后泛指胡须，如"美髯公"。

髟 [かみがしら]

字形分析

《髟》は《長》と《彡》からなる会意文字である。

字義発展

《髟》の本義は毛髪が下に垂れているさまであるが、単独で使われることはなく、漢字の部首として用いられるだけである。

部首組字例釈

部首としての《髟》は「鬢」や「髦」のように通常は間塩上部に配置される。《髟》部の漢字は毛髪と関係があり、たとえば「鬢」は《髟》と音符《賓》からなる形声文字で、耳から頬にかけて生える毛のこと、「髯」はあごひげのことである。

鬥 [싸울 투]

자형 변화

갑골문	금문	소전	예서	해서

자형 분석

"鬥(싸울 투)"는 고문자에서 사람 두 명이 격투하는 모양을 본뜬 모습의 회의자로, 간체자에서는 '升斗(shēngdǒu: 되와 말)'이라고 할 때의 '斗(말 두)'자와 같이 쓰인다. 후에 형성자로 바뀌어 '鬪(싸움 투)'로 쓰게 되었다.

자의 변화

"鬥"의 본의는 '打鬪(dǎdòu: 싸우다)', '鬪毆(dòu'ōu: 치고받다)'처럼 '격투하다'의 뜻이며, 뜻이 확대되어 '鬪智(dòuzhì: 지혜를 다투다)', '鬪艷(dòuyàn: 미모를 다투다)', '鬪心眼兒(dòuxīnyǎnr: 서로 벼르다)'과 같이 겨루거나 승리를 다투는 것을 나타낸다.

소속 한자 해석

부수로서 "鬥"는 '鬧(시끄러울 뇨)', '鬨(무기를 가지고 싸울 홍)'과 같이 통상 한자의 외부에 위치한다. "鬥"부의 한자는 주로 '투쟁'의 의미와 관계있는 것이 많은데, 예를 들어 '鬧'는 "市(저자 시)"와 "鬥"의 회의자로 시장에서 말다툼하거나 떠드는 것을 나타내므로 본의가 '떠들썩하다', '소란을 피우다'이니 '熱鬧(rènao: 시끌벅적하다)', '鬧市(nàoshì: 번화가)'의 예와 같으며, '鬩(다툴 혁)'은 '다투다'의 뜻으로 '兄弟鬩牆(형제혁장: 형제간에 울타리 안에서 다투다)'과 같이 내부 분쟁을 비유한다.

鬥 [dòu]部

⬤ 中

字形分析

"鬥"是会意字。古文字像二人相对搏斗之形。其简化字写作"升斗"的"斗"。

字义发展

"鬥"的本义为搏斗，如"打斗"、"斗殴"；引申指比赛争胜之义，如"斗智"、"斗艳"、"斗心眼儿"。

部首组字例释

作为部首，"鬥"常位于汉字的外面，如"鬧"（简化后写为"闹"）、"鬩"。值得注意的是，由于汉字的简化，从"鬥"的字也都简化为从"门"了。"鬥"部的字多与争斗之义相关，例如"闹"字是从市从鬥的会意字，表示市场上的争吵、喧闹，本义为嘈杂、喧扰，如"热闹"、"闹市"。"鬩"为争吵义，如"兄弟阋墙"，比喻内部争斗。

한자 214부수 해설

808

鬥 [たたかいがまえ]

字形分析

《鬥》は二人の人間が格闘しているさまを表す会意文字で、簡体字では「斗」と書かれる。

字義発展

《鬥》の本義は格闘で、引いて争う意味を表す。

部首組字例釈

部首としての《鬥》は「鬧」のように通常は間の外側に配置される。《鬥》部の漢字は闘争・格闘の意味と関係が深く、「鬧」は《市》と《鬥》からなる会意文字で、市場で言い争うことをいい、やかましい・にぎやかだることをいう。「鬩」は言いあらそうことで、「兄弟鬩墻」とは内部闘争のことである。

鬯 [울창주 창] 韓

자형 변화

갑골문	금문	소전	예서	해서

자형 분석

"鬯(울창주 창)"은 고문자에서 용기 안에 술을 가득 넣은 모습을 본뜬 상형자로 가운데의 점들은 술지게미를 나타내고 있다.

자의 변화

"鬯"의 본의는 고대에 제사나 연회에서 쓰던 향주로, 이 향주는 울금초와 기장으로 양조된다. '鬯酒(창주)'는 제사용의 향주로 고대 중국인은 복을 기원하기 위하여 대지의 신에 제사 지낼 때는 이 술을 지면에 흘려 붓는데, 그 짙은 울금초의 향기가 즉시 지하의 황천까지 닿을 수 있으므로 대지의 신이 자신에게 바치는 제사를 눈치 채고 공물을 받아들여 사람들의 소망을 이루게 해 준다고 믿었다.

소속 한자 해석

부수로서 "鬯"은 '鬱(답답할 울)'과 같이 한자의 한 구석에 위치한다. '鬱'의 본의는 '鬱鬱蔥蔥(yùyùcōngcōng: 짙푸르고 무성한 모양)'과 같이 수목이 울창하게 총생하는 모양이며 '鬱悶(울민)', '抑鬱(억울)'과 같이 '우울하다', '번민하다'의 뜻으로도 쓰인다. "鬯"의 조어력은 크지 않아서 『강희자전(康熙字典)』의 "鬯"부에는 불과 11자만 수록되어 있는데, 이들 대부분이 벽자들이어서 현대 중국어에는 거의 쓰이지 않는다.

鬯 [chàng]部

字形分析

"鬯"是象形字。古文字字形像器皿中盛着酒，中间的小点表示酒糟。

字义发展

"鬯"的本义为古代祭祀宴饮用的香酒，这种香酒用郁金草和黑黍酿成。如"鬯酒"是指用于祭祀的香酒。在中国古代，人们为了祈福，在祭祀地神的时候用鬯酒灌于地下，其浓郁的郁香草香气就能很快传到地下的黄泉，地神才会知道人们正在祭祀他，然后接受祭品，以达成人们的心愿。

部首组字例释

作为部首，"鬯"多位于汉字一角，例如"鬱"、"鬰"，后简化合并为"郁"，本义为树木丛生茂密的样子，如"郁郁葱葱"；或为忧愁、愁闷义，如"郁闷"、"抑郁"。"鬯"的构字能力有限，《康熙字典》鬯部仅收录11个字，这些字大都是生僻字，在现代汉语中已基本不用。

鬯 [ちょう]

字形分析

《鬯》は容器の中に酒をいれた形をかたどった象形文字で、中央の点は酒粕を表している。

字義発展

《鬯》の本義は古代における祭祀の宴会で供される香酒のことで、この香酒は鬱金草と黒キビで醸成される。「鬯酒」は祭祀用の香酒で、古代中国では人々は幸福を祈って大地の神を祭るときにこの酒を地面に注いだ。その馥郁たる香りが即座に地下に浸透するので大地の神が祭祀に気づき、供え物を受け容れて人々の望みをかなえた。

部首組字例釈

部首としての『鬯』は「鬱」や「鬱」のように漢字の一隅に配置される。「鬱」の本義は樹木がうっそうと茂ることで、憂いの気分がこもることを「憂鬱」という。『鬯』の造語力は大きくなく、『康熙字典』の『鬯』部にはわずか１１字あるだけで、いずれも冷僻字であって、現代ではすでに使われなくなっている。

鬲 [솥 력]

자형 변화

갑골문	금문	소전	예서	해서
鬲	鬲	鬲	鬲	鬲

자형 분석

"鬲(솥 력)"은 고문자에서 3개의 다리가 있는 솥의 형태를 본뜬 상형자이다.

자의 변화

"鬲"의 본의는 냄비 같은 고대의 취사도구이며, '鼎(솥 정)'과의 주된 차이는 "鬲"은 3개의 다리가 속이 비었으며 일반적으로 금속이 아닌 도기로 만들어 통상 혼례, 상례, 제사 등의 예기로 쓰이지 않는다는 점이다. '阻隔(조격: 막혀서 서로 통하지 못함)'이라고 할 때의 '隔(사이 뜰 격)'자 대신 가차하기도 하며, 이때는 '鬲(격)'으로도 읽혔는데, 고대 하(夏) 왕조 때는 '鬲國(격국)'이 있었으며 지금 산동성과 하북성의 경계 지점에 있는 고을은 옛 이름이 '鬲縣(격현)'으로 불리기도 하였다.

소속 한자 해석

부수로서 "鬲"은 '䰞(가마솥 부)', '䵼(가마솥 종)', '鬻(죽 죽)'과 같이 한자의 왼쪽, 오른쪽, 아래쪽에 위치한다. "鬲"부의 한자는 주로 취사도구와 관계된 것이 많은데, 예를 들면 '䰞', '䵼'은 모두 고대의 솥이자 냄비이다. 또 '鬻'은 '粥(죽 죽)'의 본자로 냄비에 끓인 묽은 죽을 말한다.

鬲 [lì] 部

字形分析

"鬲"（lì）是象形字。古文字像三足鼎形。

字义发展

"鬲"（lì）的本义指古代的锅类炊器，与鼎的主要区别在于鬲三足而空心的，且一般为陶制而非金属，通常也不作礼器。又借为"阻隔"的"隔"字，读为gé，古代夏朝有"鬲国"；也是位于今山东和河北交界处的漳卫新河的古名。

部首组字例释

作为部首，"鬲"位于汉字的左侧、右侧或下部，如"鬴"、"䰞"、"鬻"。"鬲"部的字多与炊具相关，如"鬴"、"䰞"都是古代的釜，也就是锅；"鬻"是"粥"的本字，是锅里煮的稀饭。

鬲 [かくへん]

字形分析

《鬲》は三本の脚がある鼎の形をかたどった象形文字である。

字義発展

《鬲》の本義は古代の鍋であり、「鼎」との主な違いは「鬲」の三本脚が中空になっていることである。また一般には陶器製で金属ではなく、礼器には使われない。借りて「隔」字として用いられる。

部首組字例釈

部首としての《鬲》は「䰏」「鬴」「鬵」のように漢字の左側・右側・下部に配置される。《鬲》部の漢字は炊事道具と関係があり、たとえば「䰑」「鬴」や「鬵」はいずれも古代の釜である。また「鬻」は「粥」の本字で鍋で煮たお粥のことである。

鬼 [귀신 귀]

자형 변화

갑골문	금문	소전	예서	해서

자형 분석

"鬼(귀신 귀)"는 고문자에서 아래쪽은 사람의 모습이나 위쪽은 무서운 머리 모양을 본뜬 것으로 사람을 닮았으나 사람이 아닌 상상 속의 괴물을 본뜬 상형자이다.

자의 변화

"鬼"의 본의는 사람이 죽은 후의 영혼으로 고대인의 미신을 반영한 것이다. "鬼"가 나타내는 것은 대부분 사람들이 이해하기 어렵거나 무서운 일 또는 현상이므로 이 때문에 "鬼"자는 '妖魔鬼怪(yāomóguǐguài: 요괴와 악마)', '鬼門關(guǐménguān: 지옥문)', '各懷鬼胎(gèhuáiguǐtāi: 저마다 음흉한 생각을 품다)'처럼 무섭거나 음험한 일의 대명사로 쓰인다. 뜻이 확대되어 '鬼天氣(guǐtiānqì: 변덕스러운 날씨)', '鬼地方(guǐdì·fang: 괴상한 곳)', '鬼把戲(guǐbǎxì: 속임수)',

'酒鬼(jiǔguǐ: 술고래)', '煙鬼(yānguǐ: 아편쟁이)'처럼 저열하거나 혐오스럽다는 뜻을 나타낸다. 그러나 때로는 '機靈鬼(jīlíngguǐ: 재간둥이)', '鬼斧神工(guǐfǔshéngōng: 신기와 신공)'처럼 친밀하거나 과찬된 칭호로서 기민하고 총명한 사람이나 뛰어난 능력, 혹은 불가사의한 일을 가리키기도 한다.

소속 한자 해석

부수로서 "鬼"는 '魏(나라 이름 위)'나 '魂(넋 혼)'과 같이 한자의 오른쪽에 위치하거나, 때로는 '魈(도깨비 소)'나 '魅(도깨비 매)'처럼 왼쪽 아래에, 혹은 '魔(마귀 마)'처럼 오른쪽 아래에 위치한다. "鬼"부의 한자는 주로 '귀신'과 관계된 것이 많은데, 예를 들어 '魂'은 "鬼"부수와 음을 나타내는 "云"으로 구성된 형성자로 본의는 '靈魂(영혼)', '魂魄(혼백)'과 같이 고대인이 육체로부터 분리되어 존재한다고 상상하던 '정신'이며, '魈'는 전설 속의 산속 괴물로 아프리카 원산의 한 원숭이는 안면의 색채가 선명하고 기괴해서 '山魈(산소)'라고 이름 붙여졌는데 '鬼狒狒(guǐfèifèi: 맨드릴 개코원숭이)'라고 속칭되는 원숭이가 바로 이것이다.

鬼 [guǐ]部

字形分析

"鬼"是象形字。古文字下面像人形, 上面像一个可怕的脑袋, 是人们想象中的似人非人的怪物。

字义发展

"鬼"的本义为人死之后的灵魂, 反映了古人的迷信思想。"鬼"字所反映的多是人们难以解释或可怕的事情或现象。因此"鬼"字就成了可怕、阴险之事的代名词, 如"妖魔鬼怪"、"鬼门关"、"各怀鬼胎"; 引申有恶劣的、令人厌恶的之义, 如"鬼天气"、"鬼地方"、"鬼把戏"、"酒鬼"、"烟鬼"。不过有时也是一种爱昵和夸赞的称呼, 指称机灵、聪慧的人或超越人力、不可思议的事物, 如"机灵鬼"、"鬼斧神工"。

部首组字例释

作为部首, "鬼"位于汉字的右侧, 如"魏"、"魂"; 或位于左下部, 如"魁"、"魅"; 或位于右下, 如"魔"。"鬼"部的字多与鬼神有关, 例如"魂"字从鬼云声, 本义为古人想象的能离开人体而存在的精神, 如"灵魂"、"魂魄"。"魖"是传说中山里的鬼怪, 是产于非洲的一种猕猴, 因面部色彩鲜艳古怪而被命名为"山魖", 俗名叫"鬼狒狒"。

鬼 [おに]

字形分析

《鬼》は、下部が人の形で、上が恐ろしい頭部をもった、想像上の人に似て人でないものの形をかたどった象形文字である。

字義発展

《鬼》の本義は人が死んだ後の霊魂であり、古代人の迷信思想を反映している。《鬼》が表しているのは人に理解しがたい、あるいは恐ろしいことや現象であり、そこから「鬼」という漢字に、恐ろしいとか陰険であるという意味ができた。引いて劣悪であるとか、ぞっとするという意味もある。しかしまた時には、機敏であるとか聡明である、あるいは人智を著越しているというような、賞賛あるいは感嘆すべきものに対する呼びかけにも使われる。

部首組字例釈

部首としての《鬼》は「魏」や「魂」のように漢字の右側に配置され、ときには「魁」や「魅」のように右下に、あるい「魔」のように下部に配置される。《鬼》部の漢字は鬼神と関係があり、「魂」は《鬼》と音符《云》からなる形声文字で、本義は古代人が想像した肉体から離れて存在する精神のことである。

魚 鳥 鹵 鹿 麥 麻

魚 [물고기 어]

자형 변화

갑골문	금문	소전	예서	해서

자형 분석

"魚(물고기 어)"는 고문자에서 물고기의 형태를 본뜬 상형자이다.

자의 변화

"魚"의 본의는 옛날이나 지금이나 차이가 없이 수중에 사는 척추 동물로 비늘과 지느러미가 있고 아가미로 호흡하는데 그 종류는 매우 많다. 고대인들은 항상 나무로 만든 물고기 모양의 편지함을 썼으므로 편지를 전할 수 있다는 기러기와 '魚雁(어안)'으로 병칭 하여 '편지', '소식'을 대신 가리켰다고 한다. "魚"는 '餘(남을 여)' 와 발음이 비슷하기 때문에 중국의 민속 문화에서 "魚"는 '풍족 하여 여유가 있다'는 것을 상징하며, 그래서 민간의 '年畫(연화)' 에는 '蓮(連)年有魚(餘)(연년유어: 해마다 여유가 있으라)'는 내용을 소 재로 하는 것이 많다.

소속 한자 해석

부수로서의 "魚"는 '鯉(잉어 리)', '鰱(연어 련)'과 같이 통상 한자의 왼쪽에 위치하며, 때로는 '鱉(자라 별)', '鯊(문절망둑 사)'처럼 아래쪽에 위치하기도 한다. "魚"부의 한자는 주로 물고기와 관련된 것이 많은데, 예를 들어 '鯉'는 바로 '鯉魚(이어: 잉어)'로 주변에서 흔히 볼 수 있는 물고기이며, '鮮(고울 선)'은 처음에 물고기의 종류였지만 뜻이 확대되어 맛이 신선한 것을 가리키기도 하고 다시 확대되어 새로 생긴 일을 가리키기도 한다. '鯁(생선뼈 경)'은 물고기의 뼈인데 사자성어 '如鯁在喉(여경재후)'는 '목에 가시가 걸린 듯하다'는 말로 '마음속의 말을 다하지 못해 몹시 견디기 어려움'을 비유한 것이다.

魚 [yú]部

t字形分析

"魚"是象形字, 古文字像鱼之形。"鱼"是"魚"的简体字。

字义发展

鱼的本义古今无别, 本指生活在水中的脊椎动物, 有鳞有鳍, 用腮呼吸, 种类繁多。古人常用木头制成鱼形信函, 与据说可以传信的大雁并称"鱼雁", 代指信函、音信。"鱼"和"余"谐音, 因此在中国的民俗文化中, "鱼"是富足有余的象征, 所以民间年画多以"莲 (连) 年有鱼 (余)"为题材。

部首组字例释

作为部首, "鱼"通常位于汉字的左侧, 如"鲤"、"鲢"; 有时位于汉字的下部, 如"鳖"、"鲨"。鱼部的字多和鱼有关, 例如"鲤", 即"鲤鱼", 是中国常见的一种鱼。"鲜"字最早指鱼类, 引申指味道鲜美, 又引申指新生的事物。"鲠"指鱼骨头, 成语"如鲠在喉"是说鱼骨头卡在喉咙里, 比喻心里有话没有说出来, 非常难受。

魚 [さかなへん]

字形分析

《魚》は魚の形をかたどった象形文字である。

字義発展

《魚》の本義は昔も今も変わっておらず、水中にいる脊椎動物でウロコとヒレがあり、エラで呼吸するが、その種類は非常に多い。古代では木で魚の形を作って手紙を入れる箱にしたことから、手紙を届けることができる雁とあわせて、手紙のことを「魚雁」ということもある。「魚」は「余」と同じ発音であることから、中国の民間文化では魚が裕福の象徴とされ、正月を祝う「年賀」では「蓮(連)年魚(余)あり」がよく題材に描かれる。

部首組字例釈

部首としての《魚》は、「鯉」や「鮒」のように通常は漢字の左側に配置され、また「鯊」や「鱉」のように下部に配置されることもある。《魚》部の漢字は魚と関係があり、たとえば「鯉」は中国でよく見られる魚である。「鮮」はもともと魚の種類を意味したが、引いて味が新鮮であることをいい、さらにフレッシュな事物を表す。

鳥 [새 조]

자형 변화

갑골문	금문	소전	예서	해서

자형 분석

"鳥"는 고문자에서는 꼬리와 날개가 긴 조류의 모습을 본뜬 상형 자이다.

자의 변화

"鳥"의 본의는 '小鳥(소조)', '花鳥(화조)'에서처럼 조류를 총칭해서 부르는 말이다.

소속 한자 해석

부수로서 "鳥"는 '鴿(집비둘기 합)', '鳩(비둘기 구)'처럼 통상 한자의 오른쪽에 위치하나, 때로는 '鴕(타조 타)', '鵙(때까치 격)'과 같이 왼쪽에 위치하거나, '鳧(오리 부)'처럼 위쪽에 위치하기도 하며, 또 '鶯(꾀꼬리 앵)', '鴛(원앙 원)'과 같이 아래쪽에 위치하기도 한다. "鳥"부의 한자는 주로 조류와 관계된 것이 많은데, '鷄(닭 계)', '鴨(오리 압)', '鵝(거위 아)'는 모두 우리가 늘 보는 가금이다. '鳴(울 명)'은 원래 '鳥鳴(조명: 새가 울다)'처럼 '새가 지저귀다'라는 뜻이나, 뜻이 확대되면서 '蕭蕭馬鳴(소소마명: 히힝 하고 말이 울다)', '鍾鼓齊鳴(종고제명: 종과 북이 일제히 울리다)', '百家爭鳴(백가쟁명)'과 같이 울리는 소리를 두루 가리키기도 한다.

鳥 [niǎo]部

字形分析

"鳥"是象形字，古文字像一只长尾长羽的飞禽之形。"鸟"是"鳥"的简体字。

字义发展

"鸟"的本义是飞禽的总称，如"小鸟"、"花鸟"。又音diǎo，其实就是"屌"字，用于骂人，如"鸟人"、"鸟事"。

部首组字例释

作为部首，"鸟"通常位于汉字的右侧，如"鸽"、"鸠"；有时位于汉字的左侧，如"鸵"、"鸺"；或在汉字上部，如"凫"；或在下部如"莺"、"鸾"。鸟部字多与飞禽有关。例如"鸡"、"鸭"、"鹅"都是我们常见的家禽。"鸣"本来是指鸟的叫声，如"鸟鸣"；引申泛指其他声响，如"萧萧马鸣"、"钟鼓齐鸣"、"百家争鸣"。

鳥 [とり]

字形分析

《鳥》は長い尾をもつ鳥類の形をかたどった象形文字である。

字義発展

《鳥》の本義は鳥類の総称である。またdiǎoとも読まれるが、それは"屌"という字で、人を罵倒するのに使われる。

部首組字例釈

部首としての《鳥》は「鳩」や「鴿」のように通常は間塩右側に配置され、時に「鴕」や「䳗」のように左側に、また「鳧」のように上部に、また「鷙」「鶯」のように下部にも配置される。《鳥》部の漢字は鳥類と関係が深く、「鶏」「鴨」「鵞」はいずれも私たちが常に見かける家禽である。「鳴」はもともと鳥の鳴き声をいい、引いて広く一般的な音声を指すようになった。

鹵 [소금 로]

자형 변화

갑골문	금문	소전	예서	해서

자형 분석

"鹵(소금 로)"는 고문자에서 바깥은 소금을 담는 용기이며 속은 소금을 채워 놓은 형태를 본뜬 상형자이다.

자의 변화

"鹵"의 본의는 알칼리성 토지를 가리키며 또한 정염을 생산할 때 남는 검은색으로 맛이 쓰고 독성이 있는 소금물을 가리키는데, '鹵水(노수)'라고도 하며 '鹵麵(lǔmiàn: 노면)', '鹵豆腐(lǔ dòufu: 노두부)'처럼 짙은 소금물로 만든 식품을 가리키기도 한다.

소속 한자 해석

부수로서 "鹵"는 '鹹(짤 함)'과 같이 통상 한자의 왼쪽에 위치한다. '鹹'은 간체자에서는 '咸'으로 쓰이며, '鹽(소금 염)'은 간체자에서 '盐'으로 쓰인다. "鹵"부의 한자는 비교적 적고 그나마 벽자가 많아서 현대 중국어에서는 이미 거의 사용되지 않는다.

卤 [lǔ]部

字形分析

"卤"是象形字。古文字外面像盛卤器之形, 内像盐形。"卤"是"鹵"的简体字。

字义发展

"卤"的本义是盐碱地。也指制盐时剩下的黑汁, 味苦有毒, 亦称"卤水"; 又指用浓汁制作的食品, 如"卤面"、"卤豆腐"。

部首组字例释

作为部首, "卤"位于汉字的左侧, 如"鹹", 简化为"咸"。"鹽", 简化为"盐"。"卤"部的字比较少, 且多为生僻字, 在现代汉语中已经很少使用。

鹵 [しお]

字形分析

《鹵》は塩を容器につめた形にかたどった象形文字で、外側は籠状の容器、中は塩をかたどっている。

字義発展

《鹵》の本義は塩分を含む土地のことで、岩塩を精製するときに出る黒くて苦い汁を「鹵水」という。

部首組字例釈

部首としての《鹵》は「鹹」のように通常は漢字の左側に配置される。「鹽」は「盐」（日本では「塩」）と簡略化される。《鹵》部の漢字は少なく、ほとんどが冷僻字で、現在の中国語ではほとんど使われない。

鹿 [사슴 록]

자형 변화

갑골문	금문	소전	예서	해서

자형 분석

"鹿(사슴 록)"은 고문자에서 사슴의 머리, 뿔, 4개의 다리를 본뜬 상형자이다.

자의 변화

"鹿"의 본의는 꼬리가 짧고 4개의 다리가 가늘고 길어서 뜀박질에 장기가 있는 동물이면서 사슴과 동물의 총칭이기도 해서 '馬鹿(mǎlù: 삼바)', '駝鹿(tuólù: 엘크)', '梅花鹿(méihuālù: 꽃사슴)' 등처럼 그 종류가 매우 많다. "鹿"은 고대 사냥에서 중요한 포획 대상이었으므로 이 때문에 쫓고 쫓기며 쟁탈하던 권력의 비유로 여겨져 '鹿死誰手(녹사수수: 사슴이 누구의 수중에서 죽겠는가)'는 '천하의 정권이 누구의 수중에 들어갈지 알 수 없음'을 비유하여 지금도 '널리 경쟁에서 누가 최후 승자가 될지 알 수 없음'을 가리키며 '中原逐鹿(중원축록)'이란 '군웅이 사방에서 일어나 천하의 정권을 다툼'을 비유한다. 형용사로 쓰이면 '鹿布(녹포)', '鹿床(녹상)'과 같이 '조잡하다', '누추하다'는 뜻을 나타낸다.

소속 한자 해석

부수로서 "鹿"은 '麒(기린 기)', '麟(기린 린)'과 같이 한자의 왼쪽에 위치하거나, '麂(큰 노루 궤)', '麋(큰사슴 미)'처럼 위쪽에 놓이거나, 혹은 '麓(산기슭 록)', '麗(고울 려)'처럼 아래쪽에 놓이기도 한다. "鹿"부의 한자는 주로 사슴과 동물을 나타내는데, 예를 들어 '麋'는 "鹿"과 음을 나타내는 "米(쌀 미)"로 구성된 형성자로 본의는 속칭 '四不像(사불상: 사슴)'이며 '麒麟(기린)'은 상서로움을 대표하는 전설상의 동물로 겉모습이 사슴을 닮았다. 다만 '麓'은 본의가 '산기슭'이며 글자 속에서 "鹿"은 단지 표음 기호로만 쓰일 뿐이다.

鹿 [lù]部

字形分析

"鹿"是象形字。古文字像鹿的头角四足之形。

字义发展

"鹿"的本义是一种短尾、四肢细长、善于奔跑的动物, 也是鹿科动物的总称, 如"马鹿"、"驼鹿"、"梅花鹿"等, 种类很多。"鹿"在古代是被捕猎的重要对象, 因此引申比喻被追逐争夺的权位, 如"鹿死谁手"比喻不知政权会落在谁的手里, 现在也泛指不知谁会在竞赛中取得最后的胜利;"中原逐鹿"指群雄并起, 争夺天下政权; 用作形容词, 表示粗劣、简陋之义, 如"鹿布"、"鹿床"。

部首组字例释

作为部首, "鹿"位于汉字的左侧, 如"麒"、"麟"; 或在上部, 如"麂"、"麋", 或在下部, 如"麓"、"麗"。"鹿"部的字多表示鹿科动物, 例如"麋"是从鹿米声的形声字, 本义为麋鹿, 俗称"四不像"。"麒麟"是传说中的一种代表祥瑞的动物, 体貌像鹿。而"麓"本义是山脚, 其中"鹿"只起标音作用。

鹿 [しか]

字形分析

《鹿》はシカの4本の足と頭部をかたどった象形文字である。

字義発展

《鹿》の本義は尾が短く、4本の足が細くて長く、走るのが特異な動物で、シカ科の動物の総称である。種類が多く、"古代の狩りでは重要な捕獲対象であった。そこから権力争奪の比喩とされ、「中原に鹿を逐う」で群雄が争って天下の権力を争奪することをいう。

部首組字例釈

部首としての《鹿》は「麒」や「麟」のように通常は漢字の左側に配置され、また「麂」や「麋」のように上部に、あるいは「麓」や「麗」のように下部に配置されることもある。《鹿》部の漢字はシカ科の動物と関係があり、「麋」は《鹿》と音符《米》からなる形声文字で、本義は麋鹿で、俗に「四不像」と呼ばれる。「麒麟」は伝説上の瑞獣で、身体はシカに似ているという。「麓」の本義は山裾のことで、そこでは《鹿》は単に音符として使われているに過ぎない。

麥 [보리 맥]

자형 변화

갑골문	금문	소전	예서	해서

자형 분석

"麥(보리 맥)"은 상형자로, 고문자에서 위쪽에 쓰인 '來(올 래)'는 보리의 모습을 본뜬 것이고 아래쪽에 쓰인 '夊(천천히 걸을 쇠)'는 보리 뿌리의 모습을 본뜬 것이다. "麦(보리 맥)"은 "麥"의 약자이다.

자의 변화

"麥"의 본의는 '보리'이다. 1년생이나 2년생의 화본과 식물로 세계적으로 주요한 곡물 중 하나이다. 주요 품종으로 밀이 있으며, 그 밖에도 보리나 귀리, 메밀, 쌀보리 등이 있다.

소속 한자 해석

부수로서 "麥"은 '麩(밀기울 부)', '麴(누룩 국)'과 같이 통상 한자의 왼쪽에 위치한다. "麥"부의 한자는 주로 보리로 만든 음식과 관계된 것이 많은데, 예를 들어 '麩'는 밀을 제분하고 가루를 체로 쳐낸 다음 남은 껍질로 '麩皮(fūpí: 밀기울)'라고도 하며, '麵(밀가루 면)'은 소맥분을 가리키나 후에는 '玉米麵(yùmǐmiàn: 옥수수 가루)', '小米麵(xiǎomǐmiàn: 좁쌀 가루)'처럼 널리 곡물을 제분한 것을 통칭하여 가리키기도 한다. 현재 중국에서는 간체화 이후에 "面"이라고 쓴다.

麥 [mài] 部

字形分析

"麥"是象形字，古文字字形上面为"來"，像麦子之形，下面为"夂"，象麦根之形。"麦"是"麥"的简体字。

字义发展

"麦"的本义为麦子。为一年生或二年生禾本科植物，也是世界上的主要粮食作物之一。主要品种为小麦，其次有大麦、燕麦、荞麦、青稞等。

部首组字例释

作为部首，"麦"位于汉字的左侧，如"麸"、"麪"。"麦"部的字多与麦子制成的食物有关，如"麸"，是小麦磨面过箩后剩下的皮，也称"麸皮"。"麪"，本指用麦子磨成的面粉，后来泛指用粮食磨成的粉，如"玉米面"、"小米面"，简化后写作"面"。

麥 [むぎ]

字形分析

《麥》は象形文字で、上部がムギの形を表し、下部は根の形を示す。簡体字では「麦」と書かれる。

字義発展

《麥》の本義はムギである。一年生または二年生の禾本科植物で、世界における主要な穀物の一つである。代表的な品種には小麦があり、ほかにも大麦や燕麦、ハダカ麦などがある。

部首組字例釈

部首としての《麥》は「麩」や「麵」のように通常は漢字の左側に配置される。《麥》部の漢字はムギまたはムギから作った食物に関係があって、「麩」は小麦を製粉してザルでこしたあとに残る皮のこと、「麵」は小麦粉のことで、のちに広く穀物を製粉したものを指すようになった。現在の中国の簡体字では「面」と書かれる。

麻 [삼 마]

자형 변화

금문	소전	예서	해서

자형 분석

"麻(삼 마)"는 고문자에서 "广(집 엄)"과 "林(수풀 림)"으로 구성된 회의자로, "广"은 '가옥'을 나타내며 "林"은 벗겨 놓은 삼의 껍질을 가리킨다.

자의 변화

"麻"의 본의는 '마' 종류 식물의 총칭이다. 마 종류 식물의 줄기 부분에 있는 섬유는 길고도 질겨 '麻袋(마대)' 같은 포목을 짜거나 '麻繩(마승: 삼밧줄)' 같은 밧줄을 엮을 수가 있다. 길고도 질긴 섬유가 함께 휘감겨 있으면 실마리를 찾아내기가 어려우므로 뜻이 확장되어 '心亂如麻(심란여마: 마음이 삼가닥처럼 어지럽다)', '快刀斬亂麻(쾌도참난마: 잘 드는 칼로 어지럽게 뒤얽힌 삼을 자르다)' 같이 '뒤섞여 어지럽다'는 뜻으로 쓰이기도 하고, '麻木(mámù: 마비되다)', '麻醉(mázuì: 마취)'처럼 감각이 둔해지거나 생각이 모호해져 분명치 않은 것을 가리키기도 하며, '麻子(mázi: 곰보)', '密麻麻(mìmámá: 촘촘하다)'에서처럼 수도 없이 많은 미소한 반점들을 나타내기도 한다.

소속 한자 해석

부수로서 "麻"는 '麾(대장기 휘)', '麼(잘 마)'처럼 한자의 위쪽에 위치한다. "麻"부의 한자들 중 "麻"는 대부분 그 한자의 음을 나타내고 있어서 독음이 '마'임을 알려 주는 기능을 하고 있다.

麻 [má]部

字形分析

"麻"是会意字。古文字从广从林，其中"广"表示房子，"林"指剥制的麻皮。

字义发展

"麻"的本义为麻类植物的总名。这种麻类植物的茎部韧皮纤维长且坚韧，可纺制布匹，编织绳索，如"麻袋"、"麻绳"。长且坚韧的纤维缠绕在一起则难以找到头绪，所以引申有纷乱之义，如"心乱如麻"、"快刀斩乱麻"。也指人的感觉不灵敏、思想混沌不清，如"麻木"、"麻醉"。又用来表示众多的细小斑点，如"麻子"、"密麻麻"。

部首组字例释

作为部首，"麻"位于汉字的上部，如"麾"、"麽"。"麻"部的字中，"麻"多充当汉字的声符，起着提示读音的作用。

麻 [あさ]

字形分析

《麻》は《广》と《林》からなる会意文字で、《广》は家屋を表し、《林》ははぎ取った麻の皮を表す。

字義発展

《麻》の本義は麻類の植物の総称である。麻類の茎の繊維は長くて堅く、布を織ったり縄をなうことができる。長くて硬い繊維がからまるとほぐすための糸口を見つけにくいことから、乱れていることの形容に用いる。また感覚が鋭敏でないことや思想が混乱していることの例えにも用い、またたくさんの小さな斑点があることも表す。

部首組字例釈

部首としての《麻》は「麾」や「麼」のように漢字の上部に配置される。《麻》部の漢字の中では《麻》は形声文字の音符として発音を示すことがおおい。

黃 黍 黑 黹

黃 [누를 황]

자형 변화

갑골문	금문	소전	예서	해서

자형 분석

"黃(누를 황)"은 "田(밭 전)"과 "茣(빛 광)"으로 구성된 회의자로 "茣"은 음을 나타내는 기능도 겸하고 있다.

자의 변화

"黃"의 본의는 고대인이 몸에 지니던 옥돌의 일종이나 이 의미는 후에 '璜(서옥 황)'자로 대신 나타내고 "黃"은 가차되어 '黃金(황금)', '黃土(황토)'처럼 황색을 나타내는 데 쓰인다. 식물이 시들어 죽으면 황색을 띠므로 이 때문에 '這事黃了(zhè shì huáng le: 이 일은 허사가 되었다)'처럼 '일을 채 성공시킬 수가 없게 되었음'을 나타내기도 하며, 황하는 '黃泛區(황범구: 황하의 범람으로 인한 모래 재해 지구)', '黃委會(황위회: 황하수리위원회)'처럼 그 물줄기의 색깔 때문에 "黃"으로 약칭하기도 하며, 또 이를 빌려 '掃黃(sǎohuáng: 매춘·음란물 매매 등을 근절하다)', '販黃(fànhuáng: 외설물을 사들여 판매하다)'처럼 선정적이거나 외설적인 것을 가리키기도 한다.

소속 한자 해석

부수로서 "黃"은 '黅(누른빛 금)', '黈(누른빛 주)'가 모두 황색을 나타내는 것과 같이 한자의 왼쪽에 위치하여 한자의 의미를 나타내지만, "黃"부의 한자는 대부분 벽자들이어서 현대 중국어에서는 일반적으로 쓰이지 않는다.

黄 [huáng]部

字形分析

"黄"是亦声字。从田从芡, 芡亦声。

字义发展

"黄"的本义为古代佩戴的一种玉石。这个意义后来用"璜"字来表示, "黄"字则被假借来表示黄颜色, 如"黄金"、"黄土"; 草木枯死后呈黄色, 故引申指事情未能成功, 如"这事黄了"; 黄河因其水流的颜色而简称"黄", 如"黄泛区"、"黄委会"; 又借指色情、淫秽的东西, 如"扫黄"、"贩黄"。

部首组字例释

作为部首, "黄"多位于汉字的左侧, 提示汉字意义。例如"黔"、"黇"都表示黄色。黄部的字多为生僻字, 在现代汉语中一般不用。

黄 [き]

字形分析

《黄》は《田》と《芰》からなる会意文字で、《芰》はまた音符も兼ね
ている。

字義発展

《黄》の本義は古代人が身につけた宝玉の一種で、この意味はのちに
「璜」で表されるようになった。「黄」は借りて「黄金」や「黄土」のよう
い「黄色い」という色を表すようになった。植物が枯れると黄色くなる
ことから、「黄」はまた事柄がだめになる、商店などがつぶれるという
意味も表す。またわいせつであるという意味を表すこともあり、猥談の
ことを「黄話」という。

部首組字例釈

部首としての《黄》は「黇」や「黇」のように漢字の右側に配置され、
「黄色い」という意味を表すが、《黄》部の漢字には難しくて見慣れな
い漢字が多く、現代中国語ではほとんど使われない。

黍 [기장 서]

자형 변화

갑골문	금문	소전	예서	해서

자형 분석

"黍(기장 서)"는 "禾(벼 화)"와 생략된 꼴의 음표 "雨(비 우)"로 구성된 형성자이다.

자의 변화

"黍"의 본의는 1년생 초본식물로 잎은 선형을 띠며 담황색의 열매를 맺는데 껍질을 벗긴 다음 알곡은 기장쌀이라고 불리며 좁쌀보다 조금 큰데 익은 다음에는 찰기를 띠며 술을 빚거나 떡을 빚을 수가 있는 중요한 곡류 작물의 한 가지이다. 후에는 기장쌀로 지은 밥도 "黍"로 대신 가리켰는데, 예를 들어 '정성스럽게 손님을 접대한다'는 말로 '殺雞爲黍(살계위서: 닭을 잡고 기장쌀로 밥을 짓다)'라고 한 것이 이것이다.

소속 한자 해석

부수로서 "黍"는 '黏(차질 점)', '黎(검을 려)'처럼 한자의 왼쪽에 위치한다. "黍"부의 한자는 주로 기장밥이 지니는 찰기와 관련된 것이 많은데, 예를 들어 '黏'의 간체자는 간체화 이후 '粘(끈끈할 점)'으로 쓰이면서 사물이 서로 '같이 붙어 있음'을 가리키며, '黎'는 그 본의가 기장밥으로 만든 풀을 가리키던 것이다.

黍 [shǔ]部

字形分析

"黍"是省声字。从禾雨省声。

字义发展

"黍"的本义为一种一年生的草本植物, 叶呈线形, 子实淡黄色, 去皮后称为黄米, 比小米稍大, 煮熟后有黏性, 可以酿酒、做糕等, 是重要的粮食作物之一。后以"黍"字代指黄米做的饭, 如"杀鸡为黍"说的是杀鸡做米饭。

部首组字例释

作为部首, "黍"位于汉字的左侧, 如"黏"、"黎"。"黍"部的字多与黍所具有的粘性相关, 例如"黏", 简化字为"粘"字, 指将物体相互粘连在一起。"黎"字本义指以黍米制成的黍胶。

黍 [きび]

字形分析

《黍》は《禾》と《雨》の省略形を音符とする形声文字である。

字義発展

《黍》の本義は淡黄色の実をつける一年生の草本植物で、殻をとったものをキビという。アワよりも少し大きく、煮ると粘りけがあって、酒を醸したり、もちのような食品を作ることができる重要穀物の一種である。

部首組字例釈

部首としての《黍》は「黏」や「黎」のように漢字の左側に配置される。《黍》部の漢字はキビが持つ粘性に関係するものが多く、たとえば「黏」の簡体字である「粘」は何かの物どうしがくっつくことをいう。

黑 [검을 흑]

자형 변화

갑골문	금문	소전	예서	해서

자형 분석

"黑(검을 흑)"은 고문자에서 위쪽에는 창이 놓인 모습을 본뜬 것이며 아래쪽에는 타고 있는 불의 모습을 본뜬 것인데 이를 합하여 연기와 불에 그을린 색깔을 나타내는 회의자이다.

자의 변화

"黑"의 본의는 '흑색'이며, 뜻이 확장되어 '黑暗(hēi'àn: 깜깜하다)', '天黑(tiānhēi: 해질녘)'과 같이 '어둡다'거나 '빛이 충분치 못하다'는 뜻을 나타낸다. 어두운 곳에서는 보기가 어려우므로 이 때문에 "黑"에는 '비밀스럽다'거나 '불법적이다'라는 뜻이 있다. 예컨대 '黑市(hēishì: 암시장)'은 비합법적인 교역이 이루어지는 시장을 가리키며, '黑話(hēihuà: 은어)'는 민간 결사나 불량배 등 특정의 집단에서 은밀히 쓰는 말이며, '黑手(hēishǒu: 마수)', '黑心(hēixīn: 흑심)'에서처럼 '악랄'하거나 '음침'함을 가리키기도 한다.

소속 한자 해석

부수로서 "黑"은 '默(잠잠할 묵)', '黜(물리칠 출)'과 같이 한자의 왼쪽으로 위치하는 것이 일반적이지만, 때로는 '黧(검을 려)', '黛(눈썹먹 대)'처럼 한자의 아래쪽에 놓이기도 한다. "黑"부의 한자는 주로 '검정색'과 관계된 것이 많은데, 예를 들어 '黥(묵형할 경)'은 고대 형벌의 하나로 범인의 얼굴에 글자를 새기고 먹을 칠하므로 이를 '墨刑(묵형)'이라고도 하였으며, '黛(눈썹먹 대)'는 '黛青(대청: 짙은 청색)'과 같이 본래는 감청색의 염료를 가리키지만 고대에 여성들이 늘 이것으로 눈썹을 그린 데서 '黛眉(대미: 여인의 눈썹)', '粉黛(분대: 미녀)'라고 일컬었다. '黜'은 관리가 좌천되거나 파면됨을 가리키는데 이때부터는 영달할 수가 없으므로 '어둡다'는 뜻의 "黑"을 부수로 쓰게 된 것이다.

黑 [hēi]部

字形分析

"黑"是会意字, 古文字上面像窗子之形, 下面像燃烧的火形, 合起来表示烟火所熏之色。

字义发展

"黑"的本义为黑色。引申为暗、光线不足等意义, 如"黑暗"、"天黑"。暗处不易被看到, 所以"黑"有秘密的、非法的意思, 如"黑市"是指暗中进行不合法交易的市场, "黑话"是一些特定群体(帮会、流氓等)使用的暗语; 又指恶毒、阴暗, 如"黑手"、"黑心"。

部首组字例释

作为部首, "黑"通常位于汉字的左侧, 如"默"、"黜"; 有时位于汉字的下部, 如"鼇"、"黛"。黑部的字多与黑色有关, 例如"黥"是古代的一种刑罚, 即在犯人脸上刺字, 再涂上墨, 故又称"墨刑"。"黛"本指青黑色的颜料, 如"黛青", 古代女子常用来画眉, 故称"黛眉"、"粉黛"。"黜"指被降职或罢免, 从此不能显扬, 故从有幽暗义的"黑"。

黒 [くろ]

字形分析

《黒》は上にある窓の形と下にある火が燃える形を組みあわせて、火が燃えてできる煤の意味を表す会意文字である。

字義発展

《黒》の本義は「黒色」で、引いて「暗い」、あるいは「光線が少ない」ことを表す。暗いところは外から見えにくいことから、「黒」はまた「秘密の」あるいは「不法」という意味も表し、「黒市」といえば非合法的に取引がおこなわれる「闇市」のこと、また「黒話」は一部の特殊なグループ(ギャングや流れ者たち)が使う隠語を意味する。

部首組字例釈

部首としての《黒》は「默」や「黜」のように漢字の左側に配置されるのが一般的だが、時には「黧」や「黛」のように漢字の下部に置かれることもある。《黒》部の漢字は「黒いこと」と関係があって、たとえば「黥」は古代の刑罰の一種で、犯人の顔に入れ墨をすること、それでまた「墨刑」ともいった。「黛」はもと青黒色の顔料のことで、古代の女性がそれで眉を描いたことから「黛眉」(まゆずみ)、あるいは「粉黛」(おしろいと眉ずみ)といった。「黜」は官吏が左遷あるいは罷免されること、それ以後は栄達ができないから《黒》がついている。

黹 [바느질할 치]

자형 변화

소전	예서	해서

자형 분석

"黹(바느질할 치)"는 "㡀(해진 옷 폐)"와 생략된 꼴의 음표 "丵(풀 무성할 착)"으로 구성된 형성자이다.

자의 변화

"黹"의 본의는 '針黹(zhēnzhǐ: 바느질)'에서처럼 '재봉하다'나 '자수하다'이다.

소속 한자 해석

부수로서 "黹"는 한자의 왼쪽으로 위치한다. 예를 들어 '黺(옷에 오색 수놓을 분)'은 '천연색의 무늬'를 가리키며, '黼(수 불)'은 고대 예복에서 흑색과 청색이 번갈아 섞인 무늬를 가리킨다. 현대 중국어에서 "黹"부의 한자는 이미 거의 보이지 않는다.

黹 [zhǐ]部

字形分析

"黹"是形声字。从㡀, 丵省。

字义发展

"黹"的本义是缝纫、刺绣, 如"针黹"。

部首组字例释

作为部首,"黹"位于汉字的左边。例如"黺", 指彩色花纹。"黼", 指古代礼服上黑与青相间的花纹。在现代汉语中,"黹"部的字已经不常见。

黹 [ふつへん]

字形分析

《黹》は《㒼》と音符《丵》の省略形からなる形声文字である。

字義発展

《黹》の本義は裁縫や詩集などの針仕事のことである。

部首組字例釈

部首としての《黹》は漢字の左側に配置される。たとえば「黼」はカラフルな模様のことであり、「黻」は古代の礼服に施した青黒い刺繍模様のことである。現代の中国語では《黹》部の漢字はほとんど使われない。

鼄
鼎
鼓
鼠

黽 [맹꽁이 맹]

자형 변화

갑골문	금문	소전	예서	해서

자형 분석

"黽(맹꽁이 맹)"은 고문자에서 '개구리'의 형태를 본뜬 상형자이다.

자의 변화

"黽"의 본의는 개구리류의 동물로, 또한 '민'으로 읽어 '애쓰다'
의 뜻을 나타내며 '勉(힘쓸 면)'과 조합되어 만들어진 단어 '黽勉
(민면: 부지런히 힘쓰다)'은 '노력하다', '애쓰다'의 뜻으로 쓰인다.
지금의 하남성 '澠池縣(민지현)'도 원래는 '黽池(민지)'라고 불리던
곳이었다.

소속 한자 해석

부수로서 "黽"은 '鼉(악어 타)', '黿(자라 원)'과 같이 한자의 아래쪽에 위치한다. "黽"부 한자의 함의는 주로 개구리 종류의 파충류 동물과 관련된 것이 많은데, 예를 들어 '鼉'는 "黽"과 음을 나타내는 "單(홑 단)"으로 구성된 형성자로 본의는 중국 특산 파충류 동물 중 하나인 '양자강 악어'이며, '黿'은 '큰 자라'로 '綠團魚(lǜtuányú)'라고 불리기도 한다.

黽 [měng]部

字形分析

"黽"是象形字。古文字像蛙形。

字义发展

"黽"的本义为一种蛙类动物,音měng。"黽"字又可读为mǐn,表示勉力之义,经常与"勉"字组合成词语"黽勉",义为努力、勉力。"黽"又音miǎn,今河南省渑池县原作"黽池"。

部首组字例释

作为部首,"黽"位于汉字的下部,如"鼍"、"鼋"。"黽"部字含义多与蛙类爬行动物相关,例如"鼍"字从黽單声,本义为扬子鳄,是中国特有的一种爬行动物。"鼋"是大鳖,又称"绿团鱼"。

黽 [べん]

字形分析

《黽》はカエルの形をかたどった象形文字である。

字義発展

《黽》の本義はカエルで、音はměng（日本語ではボウ）。《黽》はまたmǐn（日本語ではベン）とも読まれ、普通は「勉」と組み合わされて「努力する・つとめる」意味に使われる。

部首組字例釈

部首としての《黽》は「鼉」や「鼈」のように漢字の下部に配置される。《黽》部の漢字にはカエルなどに関係するものが多く、たとえば「鼉」は《黽》と音符《單》からなる形声文字で、もともとは中国に特有の揚子江ワニのこと。「鼈」は大きな亀でまた「緑団魚」（スッポン）ともいう。

鼎 [솥 정]

자형 변화

갑골문	금문	소전	예서	해서

자형 분석

"鼎(솥 정)"은 고문자에서 위쪽은 솥의 좌우 양쪽으로 귀가 두 개 달린 솥의 배의 모습을 본뜬 것이며 아래쪽은 솥의 다리가 세 개 있는 모양을 본뜬 상형자이다.

자의 변화

"鼎"의 본의는 고대에 음식을 익히거나 육류를 담아 저장하던 기물로 대부분 청동으로 주조한 것이며 양쪽으로 귀가 두 개 달리고 원형의 배에 다리가 세 개인 것이 대부분이지만 방형의 배에 다리가 네 개인 것도 있다. 후에 종묘에 놓아두고 제기로 삼았는데, 전설에 따르면 하(夏) 왕조의 우임금은 일찍이 형산(荊山) 밑에서 9개의 '鼎'을 만들어 전국에 있는 9개의 주를 상징하였다고 한다. 그 뒤로 '鼎'은 곧 국가와 권력의 상징이 되었으니, 예를 들어 '問

鼎(문정: 정의 경중을 묻다)'은 '정권을 탈취하고자 도모함'을 가리키며, '定鼎(정정: 9개의 '鼎'을 획정한다)'은 '제왕이 왕조를 건립하고 천하를 통일하였음'을 가리키며, '大名鼎鼎(대명정정: 이름이 높이 날다)'은 '명성이 높음'을 가리키며, '一言九鼎(일언구정: 말 한 마디가 9개의 '鼎'만큼 무겁다)'은 '하는 말에 무게가 있어 막대한 영향을 미칠 수가 있음'을 비유한 것이다. '鼎'에는 다리가 셋이므로 이 때문에 '三足鼎立(삼족정립)'이라는 말이 생겼는데 이는 삼자가 병립하여 서로 필적함을 비유한 것이다.

소속 한자 해석

부수로서 "鼎"은 '鼐(가마솥 내)'처럼 한자의 아래쪽에 위치한다. "鼎"부의 한자는 '솥'과 관련된 것인데, 예를 들어 '鼐'는 매우 큰 솥을 가리킨다.

鼎 [dǐng]部

字形分析

"鼎"是象形字。古文字上面像鼎的左右耳及鼎腹之形，下面像鼎足之形。

字义发展

"鼎"的本义为古代烹煮和盛贮肉类的器物，多为青铜铸造，两耳，多为圆形三足，亦有方形四足。后置于宗庙作为礼器。传说夏禹曾铸九鼎于荆山之下，以象征九州。自此之后，鼎就成了国家和权力的象征，如"问鼎"指的就是图谋夺取政权；"定鼎"则指帝王建立霸业，统一天下。"大名鼎鼎"形容名气很大，"一言九鼎"则是说一句话抵得上九鼎重，比喻说话有分量，能起很大作用。鼎有三足，因此有"三足鼎立"之说，比喻三方分立，互相抗衡。

部首组字例释

作为部首，"鼎"位于汉字的下部，如"鼐"。"鼎"部的字与鼎器相关，例如"鼐"字，是指很大的鼎。

鼎 [かなえ]

字形分析

《鼎》は上に二つの耳があり、胴部がふくらんだ三本脚の鼎の象形文字である。

字義発展

《鼎》の本義は古代に肉を煮炊きして盛りつけた鍋のことで、青銅製の鋳物が多く、耳が二つあって、多くは三本脚で円形であるが、時に四本脚のものある。宗廟に置かれる礼器で、伝説では夏の禹が荆山のもとで9つの鼎を作って全国にある9つの州の象徴とした。これより鼎が国家権力の象徴となり、政権の奪取をもくろむことを「鼎の軽重を問う」といい、政権を得て点火を統一することを「定鼎」という。鼎には三本の脚があることから、三つに分かれて勢力を均衡させることのたとえなどに使われる。

部首組字例釈

部首としての《鼎》は「鼐」のように漢字の下部に配置される。《鼎》部の漢字は鼎と関係するものが多く、たとえば「鼐」は大きな鼎のことである。

鼓 [북 고]

자형 변화

갑골문	금문	소전	예서	해서

자형 분석

"鼓(북 고)"는 "壴(악기 이름 주)"와 "支(가를 지)"로 구성된 회의자로, "壴"는 북의 형태를 본뜬 것이며 "支"는 손으로 북채를 쥐고 이를 치고 있음을 나타낸 것이다.

자의 변화

"鼓"의 본의는 타악기의 한 가지로 '腰鼓(요고: 장구)', '鼙鼓(비고: 군대용 전고)'처럼 원기둥 모양의 통 속을 비운 다음 양쪽을 가죽으로 에워싼 것이다. 뜻이 확장되어 성질이나 형상이 북 같은 기구나 물건을 가리키는데, 예를 들어 '耳鼓(ěrgǔ: 귀청)', '鼓膜(고막)'은 모두 귓속에서 진동을 통하여 소리를 감지하는 기관이다. 동사로 쓰이면 '鼓琴(gǔqín: 거문고를 타다)', '鼓掌(gǔzhǎng: 손뼉을 치다)'처럼 두드리거나 친다는 뜻으로 쓰이기도 하고, 혹은 '鼓動(gǔdòng: 부추기다)', '鼓勵(gǔlì: 격려하다)'처럼 남을 추어올려 진작시킴을 가리키기도 하며, '鼓脹(gǔzhàng: 땡땡하다)', '鼓包(gǔbāo: 종기가 나다)'처럼 툭 튀어나옴을 가리키기도 한다.

소속 한자 해석

부수로서 "鼓"는 한자의 아래쪽이나 위쪽에 위치한다. 예를 들어 '鼙(작은북 비)'는 '鼙鼓(비고: 군대용 전고)'처럼 고대 군중에서 사용된 작은북이며 '鼗(땡땡이 도)'는 양쪽으로 추를 매달아 놓고 자루를 비비거나 흔들면 양쪽의 추가 가죽을 두드려 울리게 한 작은북으로 세간에서는 '撥浪鼓(bōlànggǔ: 땡땡이)'라고도 부르는 것이다. "鼓"부의 한자는 현대 중국어에서 이미 거의 쓰이지 않는다.

鼓 [gǔ]部

字形分析

"鼓"是会意字。从壴从支,"壴"像鼓之形,"支"表示手持棒槌敲击。

字义发展

"鼓"的本义为一种打击乐器,形如圆柱,中空,两头蒙皮,如"腰鼓"、"鼙鼓"。引申指性状像鼓的器物,如"耳鼓"、"鼓膜",都是耳朵中感知声音的构件;用作动词,指敲击或拍打,如"鼓琴"、"鼓掌";或指耸动而使人振作,如"鼓动"、"鼓励";又指凸起,如"鼓胀"、"鼓包"。

部首组字例释

作为部首,"鼓"位于汉字的下部或上部。例如"鼙"(pí),古代军中的一种小鼓,如"鼙鼓";"鼗"(táo),两旁系缀物的小鼓,有柄,执柄摇动时,两面的缀物击鼓作响,俗称"拨浪鼓"。鼓部的字在现代汉语中已经很少用到。

鼓 [つづみ]

字形分析

《鼓》は《壴》と《支》からなる会意文字で、《壴》は太鼓の形、《支》はバチで太鼓をたたくことをいう。

字義発展

《鼓》の本義は打楽器の一種で、円柱形で中は空洞、両側には皮が貼られている。引いて「耳鼓」(鼓膜) のように太鼓の形をしたものをさす。また「鼓掌」(拍手する) のように動詞として「うつ・たたく」ことをいい、また「鼓舞」のように人を励ます意味にも使う。

部首組字例釈

部首としての《鼓》は漢字の下か上に配置される。たとえば「鼙」(pí、日本語はヘイ) は古代の戦争で使われた小さな太鼓；「鼗」(táo、日本語はトゥ) は二本の紐がついていて、柄をもって振ると紐の先にあるものが太鼓を打つ「でんでん太鼓」のことである。《鼓》部の漢字は現代の中国語ではほとんど用いられない。

鼠 [쥐 서]

자형 변화

갑골문	금문	소전	예서	해서

자형 분석

"鼠(쥐 서)"는 고문자에서 위쪽은 쥐의 이빨 모양을 본뜬 것이며 아래쪽은 그 배와 꼬리 및 발톱의 모양을 본뜬 상형자이다.

자의 변화

"鼠"의 본의는 '쥐'로, '생쥐'라고도 불리는 작은 설치류 동물이다. 종류는 매우 많은데 흔히 보이는 것은 집쥐와 들쥐이다. 음식과 농작물을 훔쳐 먹으며 질병을 전염시켜 사람들에게 미움을 사므로 "鼠"에는 '膽小如鼠(담소여서: 간이 생쥐만 하다)', '賊眉鼠眼(적미서안: 도둑놈 눈썹에 생쥐 눈깔이다)', '鼠目寸光(서목촌광: 생쥐 눈깔이라 한치 앞을 못 보다)'과 같이 많이 부정적이거나 혐오하는 뜻을 부여하였다. 다만 12가지 띠에서는 '子鼠(자서: 쥐띠)'가 맨 처음 서열에 배열되어 있는데 이는 쥐가 한밤중 '子時(자시)'부터 돌아다니려고 나오는 데다 '子時'는 새로운 하루가 시작되는 시각이기 때문이라고 한다.

소속 한자 해석

부수로서 "鼠"는 '鼬(족제비 유)', '鼳(쥐 이름 시)'처럼 한자의 왼쪽에 위치하며, "鼠"부의 한자는 주로 '쥐'와 관련된 것이 많은데, 예를 들어 '鼬'는 '족제비'로 포유동물인데 몸이 가늘고 길며 황갈색 털이 나 있어 세간에서는 '黃鼠狼(황서랑)'이라고도 부르며, '鼢(두더지 분)'은 곧 '鼢鼠(분서: 두더지)'로 '盲鼠(mángshǔ)'나 '地羊(dìyáng)'으로 불리기도 한다.

鼠 [shǔ] 部

字形分析

"鼠"是象形字。古文字上面像鼠齿之形, 下面像其腹部、尾巴及爪子之形。

字义发展

"鼠"的本义为老鼠, 又称耗子, 是一种小型啮齿类动物, 种类繁多, 常见的为家鼠和田鼠, 偷吃食物与庄稼, 传播疾病, 为人所憎恨。因此人们也赋予"鼠"字许多贬义, 如"胆小如鼠"、"贼眉鼠眼"、"鼠目寸光"。但十二生肖当中的"子鼠"却是排在第一位的, 据说是因为老鼠多在夜半子时出来活动, 而子时是新的一天的开始。

部首组字例释

作为部首, "鼠"位于汉字的左侧, 如"鼬"、"鼱"。"鼠"部的字多与鼠类相关, 例如"鼬"即黄鼬, 是哺乳动物, 身体细长, 毛黄褐色, 俗称"黄鼠狼"。"鼢"即"鼢鼠", 是哺乳动物, 亦称"盲鼠"、"地羊"。

鼠 [ねずみ]

字形分析

《鼠》はネズミの歯と腹部と尻尾と爪の形をかたどった象形文字である。

字義発展

《鼠》の本義はネズミのことで、種類は非常に多いが、よく見かけるのはいえねずみと野ねずみである。人の食物や田の穀物を食べ、伝染病を媒介することから人に嫌われる。それで《鼠》は人の悪口をいう表現に使われることが多い。

部首組字例釈

部首としての《鼠》は「鼬」や「鼱」のように漢字の左側に配置される。《鼠》部の漢字はネズミに関係する物が多く、「鼬」はイタチのこと、「鼴」はモグラのことである。

14획

鼻
齊

鼻 [코 비]

자형 변화

| 갑골문 | 금문 | 소전 | 예서 | 해서 |

자형 분석

"鼻(코 비)"는 '코'의 형태를 본뜬 상형자로, "自(스스로 자)"와 음을 나타내는 "畀(줄 비)"로 구성된 형성자이다.

자의 변화

"鼻"의 본의는 '코'이다. 본래는 코의 형태를 본떴던 상형자 "自"로 '코'의 뜻을 나타냈지만, 후에 "自"가 '자신'이라는 의미에 쓰이면서 "鼻"자를 따로 만들게 된 것이다. 코에는 콧구멍이 있으므로 이 때문에 '門鼻(ménbí: 문고리)', '針鼻(zhēnbí: 바늘귀)'처럼 기물에서 구멍이 난 부분을 "鼻"라고 부르게 되었다. 또 "鼻"에는 '鼻祖(비조)'처럼 '발단'의 뜻이 있어서 가장 빠른 창시자를 가리킨다.

소속 한자 해석

부수로서 "鼻"는 '鼾(코 골 한)', '劓(코 벨 의)'처럼 한자의 왼쪽에 위치한다. "鼻"부의 한자는 '코'와 관련된 것이 많은데, 예를 들어 '鼾'자는 본의가 잠잘 때 '코를 골다'는 뜻이며 '劓'는 코를 베어 내는 고대의 형벌이다.

鼻 [bí]部

字形分析

"鼻"是形声字, 从自畀声。

字义发展

"鼻"字的本义为鼻子。本来用象形字"自"字表示鼻子之义, 后"自"被表示自己之义借用, 才另造了"鼻"字。鼻子有孔, 于是人们把器物上有孔的部位也称为"鼻", 如"门鼻"、"针鼻"。"鼻"又有发端之义, 如"鼻祖", 指最早的创始者。

部首组字例释

作为部首, "鼻"位于汉字的左侧, 如"鼾"、"劓"。鼻部的字多与鼻子有关, 例如"鼾"字, 本义是睡眠之时发出的粗重呼吸气息。"劓"字, 为古代一种割鼻的刑罚。

鼻 [はな]

字形分析

「鼻」は《自》（鼻の形をかたどった象形文字）と音符《畀》からなる形声文字である。

字義発展

《鼻》の本義は「はな」。古くは鼻の形をかたどった象形文字《自》で「鼻」の意を表したが、のちに「自」が「自分・おのれ」という意味に使われるようになったので、「鼻」という漢字が作られた。鼻には穴があるので、やがて器物の穴がある部分を《鼻》と呼ぶようになった。鍵穴を「門鼻」といい、針の穴を「針鼻」という。また《鼻》には「発端・はじまり」の意があり、なにかの創始者や元祖を「鼻祖」という。

部首組字例釈

部首としての《鼻》は「鼾」や「劓」のように、漢字の左側に位置する。《鼻》部の漢字は「鼻」に関連するものが多く、「鼾」（いびき）は眠っているときに呼吸に連動して鼻から発せられる大きな音呼吸であり、「劓」（鼻そぎ）は鼻を削ぎ落とす古代の刑罰を意味する。

齊 [가지런할 제]

자형 변화

갑골문	금문	소전	예서	해서

자형 분석

"齊(가지런할 제)"는 고문자에서 보리 이삭이 가지런히 팬 모습의 상형자이다.

자의 변화

"齊"는 보리 이삭이 패어 가지런하게 줄지은 모양에서 '整齊 (zhěngqí: 정연하다)', '齊心(qíxīn: 합심하다)'처럼 '가지런하다', '같 다'는 뜻을 가차하여 나타내기도 하고, 또 '齊備(qíbèi: 완비하다)', '到齊(dàoqí: 모두 도착하다)'처럼 '완비하다', '전부, 다'의 뜻을 가 리키기도 한다.

소속 한자 해석

부수로서 "齊(가지런할 제)"는 '齋(재계할 재)'처럼 한자의 위쪽에 위치한다. '齋'는 원래 '가옥'을 가리키는 말로 통상 '書齋(서재)'처럼 책을 놓아두던 방이나 집 같은 것을 의미하였으나, '齋戒(재계)'에서처럼 제사나 의식에 앞서 채식을 하고 목욕함을 가리키기도 하며 '齋飯(zhāifàn: 잿밥)', '吃齋(chīzhāi: 공양하다)'처럼 채식을 위주로 하는 불자나 도교도들의 식사를 가리키기도 한다. '齏(회제)'는 잘게 다진 파나 생강 등 양념용의 분말을 가리키나 '齏粉(jīfěn: 분말)'처럼 잘게 다진 가루를 두루 다 가리키기도 한다.

齊 [qí]部

字形分析

"齊"是象形字。古文字像长得很整齐的禾麦穗头之形。"齐"是"齊"的简体字。

字义发展

"齐"借禾麦穗头整齐一致的样子，表示整齐、一样之义。如"整齐"、"齐心"；又指完备、全都之义，如"齐备"、"到齐"。

部首组字例释

作为部首，"齐"位于汉字的上部，如"齋"，简体字写作"斋"，本指屋舍，常用来指书房，如"书斋"；又指祭祀或典礼前的素食沐浴，如"斋戒"；也指佛、道教徒吃素，如"斋饭"、"吃斋"。"齑"指细碎的葱姜末儿，泛指碎末，如"齑粉"。

齊 [せい]

字形分析

《齊》は麦の穂先が整然とそろっているさまをかたどった象形文字であり、日本では「齊」を「斉」と簡略化する。

字義発展

麦の穂先が整然とそろっているさまから、《齊》は「整っているさま」を表し、また「同じくする」、また「完全である・そろっている」という意味を表す。

部首組字例釈

部首としての《齊》は「齋」のように漢字の上部に配置される。「齋」はもともと家屋を意味し、通常は「書斎」のように書物を置く部屋を意味する。また祭祀の前に精進沐浴することを「斎戒」という。また仏教や道教では肉を食べないことを「喫齋」という。「齏」は、みじん切りにした薬味用のショウガやニンニク・ニラなどのこと。

15획

齒

齒 [이 치]

韓

자형 변화

甴	⚡	齒	齒	齒
갑골문	금문	소전	예서	해서

자형 분석

"齒(이 치)"는 갑골문에서 입안에 보이는 치아의 모습을 본뜬 상형 자였으나, 후에 음을 나타내는 "止"를 더하면서 형성자가 된 것이다.

자의 변화

"齒"는 원래 사람의 입 속에 위아래로 열 짓고 있는 치아를 가리켰으며, 세간에서 '門牙(ményá: 앞니)', '犬牙(quǎnyá: 송곳니)'라고 일컫는 것은 뒤에 놓인 '槽牙(cáoyá: 어금니)'와 서로 구별하기 위한 것인데, 예를 들어 '脣亡齒寒(순망치한)'은 '입술이 없어지면 앞니가 차가운 바깥 공기에 노출되어 시려짐'을 말한 것이다. "齒"에는 그 외에도 '들다', '언급하다' 등의 뜻이 있는데, 예를 들어 '不足掛齒(부족괘치)'는 일이 하찮아서 '말할 만한 가치가 없음'을 나타낸 것이며 '爲人不齒(위인불치)'는 '사람됨이 너무 하찮아서 남에게서 멸시를 받음'을 말한 것이다.

소속 한자 해석

부수로서 "齒"는 '齡(나이 령)', '齲(충치 우)'처럼 통상 한자의 왼쪽에 위치한다. "齒"부의 한자는 주로 치아와 관련된 것이 많은데, 예를 들어 '齦(잇몸 은)'은 '牙齦(yáyín: 잇몸)'과 같이 '치아의 근저부를 싸고 있는 살'을 가리키며, '나이'를 가리키는 '齡'자가 그 속에 "齒"부를 가진 이유는 치아의 수를 헤아려 사람의 대략적인 나이를 알 수가 있기 때문이다.

齒 [chǐ]部

字形分析

"齒"在甲骨文中是象形字,像口中有牙齿形,后添加"止"字为声符,成为形声字。"齿"是"齒"的简体字。

字义发展

"齿"本是指人口中的上下两排牙齿,俗称"门牙"、"犬牙",以别于后槽牙,如"唇亡齿寒",是说没有了嘴唇,门牙就要受寒;"齿"还有提及、谈到等义,如"不足挂齿",表示事情小得不值一提;"为人不齿",是说某人卑鄙龌龊,不配被人谈到。

部首组字例释

作为部首,"齿"通常位于汉字的左侧。例如"龄"、"龋"。齿部的字多与牙齿义有关,例如"龈"指围绕牙根的肉,如"牙龈"。"龄"字中之所以有"齿",是因为从牙齿可以看出一个人的大致年龄。

歯 [は] ⬤日

字形分析

《歯》は甲骨文では口から歯が見えている形をかたどった象形文字であり、のちに音符《止》を加えて形声文字となった。日本では「齒」を「歯」と簡略化する。

字義発展

《歯》はもともと口の中に上下一並びの歯が見えている形で、「犬歯」「門歯」というように使う。「唇亡歯寒」(唇亡びて歯寒し)は唇がなくなれば歯が寒くなるということから、「密接な関係にあるものどうしで、一方が滅びると他の一方の存在まで危うくなる」ことのたとえに使われる。「歯」にはまた「言及する」という意味もあり、まともに相手にするまでもないことを「歯牙にもかけない」という。

部首組字例釈

部首としての《歯》は「齢」や「齬」のように漢字の左側に配置される。《歯》部の漢字は「歯」に関係するものが多く、たとえば「齦」(はぐき)は「歯の根底部を包む粘膜層」のことであり、「齢」は歯の数から生きものの大まかな生存年数がわかることから「よわい」の意を表す。

16획

龍
龜

龍 [용 룡]

자형 변화

갑골문	금문	소전	예서	해서

자형 분석

"龍(용 룡)"은 고문자에서 몸이 길고 뿔이 나 있는 동물의 모습을
본뜬 상형자이다. "龙"은 "龍"의 간체자이다.

자의 변화

"龍"의 본의는 고대 중국의 전설 속에서 비늘과 수염이 나고 뿔
과 발톱이 있으며 구름을 일으키고 비를 내리게 한다고 여겨지는
신비한 동물이다. 봉건 시대에 용은 황제와 그 권력의 상징이었으
므로 황제와 상관된 것이면 '龍庭(용정: 황제의 침실)', '龍袍(용포)',
'龍心(용심)', '龍顏(용안)'과 같이 자주 "龍"자를 포함하고 있었
다. 중국의 전통 민속 문화에서는 "龍"에 대해서 일종의 공포심과
외경심을 함께 갖고 있었는데 근년에 들어오면서 더욱이 중화민
족의 상징으로 선전되면서 '龍的傳人(lóng de chuánrén: 용의 자손)',
'龍的國度(lóng de guódù: 용의 나라)'라는 표현이 한때 유행하던 적
이 있었다.

소속 한자 해석

부수로서 "龍"은 한자의 위쪽 또는 아래쪽에 위치한다. 예를 들어 '龏(공손할 공)'은 '공경스럽다', '조신하다'의 뜻이며, '龕(감실 감)'은 불상이나 위패를 모셔 두는 벽 속의 작은 다락이나 선반을 의미한다. "龍"부에는 벽자가 많아서 현대 중국어에서는 이미 거의 사용되지 않는데 이는 현대 중국인의 생활 속에서 "龍"이 이미 그 지위를 자못 잃어버렸음을 설명해 준다.

龍 [lóng] 部

字形分析

"龍"是象形字。古文字像长身、有角的动物之形。"龙"是"龍"的简体字。

字义发展

"龙"的本义为中国古代传说中一种有鳞有须有角有爪、能兴云作雨的神异动物。封建时代，龙是皇帝与皇权的象征，与皇帝相关的东西往往含有"龙"字，如"龙庭"、"龙袍"、"龙心"、"龙颜"。中国传统民俗文化中，对龙有一种既恐惧又仰慕的情结。近年来，龙更被宣传为中华民族的象征，"龙的传人"、"龙的国度"等词语风行一时。

部首组字例释

作为部首，"龙"位于汉字的上部或下部。例如"龔"（gōng），义为恭敬，谨慎。"龕"（kān），为供奉佛像、神位的小阁子。龙部多生僻字，在现代汉语中已经很少使用，说明"龙"已经退出了现代中国人的生活。

龍 [りゅう]

字形分析

《龍》は長身で角のある動物をかたどった象形文字で、日本では「龍」を「竜」と簡略化する。

字義発展

《龍》の本義は古代中国の伝説中の動物で、うろことひげと角とツメをもち、雨を呼び起こすとされる神秘的な動物のことである。封建時代において龍は皇帝とその権力の象徴で、皇帝に関係するものには「龍顔」や「龍袍」というように、しばしば「龍」の字が含まれた。中国の伝統的な民俗文化の中では「龍」に対して一種の畏敬と思慕の感情があり、近年においても龍は中華民俗の象徴として喧伝されることがあって、「龍の子孫」という表現がはやったことがある。

部首組字例釈

部首としての《龍》は漢字の上部または下部に配置される。「龔」（gōng、日本語はキョウ）は「うやうやしい・つつましい」意、「龕」（kān、日本語はガン）は仏像などを安置する小さな厨子や棚を意味する。《龍》部にはいまの中国語ではめったに使われない漢字が多くあり、そのことから「龍」が現代の中国人の中からはすでに縁遠くなっていることがわかる。

龜 [거북 귀]

자형 변화

갑골문	금문	소전	예서	해서

자형 분석

"龜(거북 귀)"는 고문자에서 '거북이'의 형태를 본뜬 상형자이다.

자의 변화

"龜"의 본의는 거북이로, 둥글납작하게 생긴 파충류 동물의 한 가지인데 배와 등이 딱딱한 껍데기로 둘러싸여 있고 기갈에 내성이 강하다. 수명이 길어서 고대인들은 '龜年(귀년)', '龜齡(귀령)'과 같이 "龜"자를 붙여서 장수를 빌고는 하였다. 또 고대인은 거북이의 껍데기가 신과 통할 수 있다고 여겼으므로 이것으로 점을 치고 길흉을 예측하는 것을 '龜鑒(귀감)'이라고 하였으며, 거북이의 껍데기를 국가 권력을 상징하는 귀중한 물건으로 여겼으므로 이를 보옥과 병칭하며 '龜玉(귀옥: 귀갑과 보옥)'이라 일컫기도 하였다. 또 나쁘게는 아내가 다른 사람과 간통을 한 남자를 '烏龜(wūguī)'

라고 부르기도 한다. 이 글자에는 "龜(갈라질 균)"이라는 독음도 있
는데 '트다'라는 뜻의 '皸(틀 군)'자와 같은 의미이며 '龜裂(균열)'
과 같이 '추워서 피부가 트는 것'을 가리키고 또한 '건조해서 논
밭이 갈라지다'의 뜻으로 쓰이기도 한다.

소속 한자 해석

부수로서 "龜"는 한자의 왼쪽이나 오른쪽, 혹은 아래쪽에 위치한
다. "龜"부의 한자는 대부분 '거북이'와 관련된 것으로 지금은 이
미 거의 쓰이지 않는 글자들이다. 예를 들어 '䶰(가장자리 염)'자는
'거북이 껍데기의 가장자리'를 가리킨다.

龜 [guī]部

字形分析

"龜"是象形字。古文字像乌龟的形状。"龟"是"龜"的简体字。

字义发展

"龟"的本义为乌龟。是一种圆形矮扁的爬行动物, 龟的腹部和背部都有硬甲, 耐饥渴, 寿命长, 故人多取"龟"字为名, 以祈长寿, 如"龟年"、"龟龄"; 古人认为龟甲可以通神, 故用齐占卜以预知吉凶, 称"龟鉴", 古人视龟为神器, 与玉并称"龟玉"; 又称老婆与人私通的男人为"乌龟"。"龟"又音jūn, 同"皲", 指皮肤因寒冷或干燥而开裂, 如"龟裂", 也指田地因干旱而开裂。

部首组字例释

作为部首, "龟"位于汉字的左侧、右侧或下部, 多写作繁体"龜"。"龟"部的字含义多与乌龟相关, 现在已基本不用, 例如"鼃"(rán), 指龟甲边。

龜 [かめ]

字形分析

《龜》はカメの形をかたどった象形文字で、日本は「龜」を「亀」と簡略化する。

字義発展

《亀》の本義はカメ、すなわち扁平楕円形の爬行動物で、腹と背に堅い甲羅があって、飢渇に耐え、生存年数の長い生きものである。それで古代の人は、「龜齢」というように「龜」という漢字を使って長寿を祈った。また古代人はカメを神秘的な動物と考え、亀甲を用いて吉凶を予測するトいをおこなった。これを「亀ト」という。しかしまた《龜》にはよくない意味もあり、妻を寝取られた男を「烏亀」という。「龜」にはまたjūn（日本語はクン）という音もあり、「皸」と同音で「寒さによって皮膚がひび割れること」（あかぎれ）を意味する。「亀裂」とは日照り続きで田んぼの表面にヒビがはいることをいう。

部首組字例釈

部首としての《龜》は漢字の左側か右側、あるいは下部に配置される。《龜》部の漢字は「カメ」に関係するものが多いが、いまではほとんど使われない。

17획

龠

龠 [피리 약]

자형 변화

갑골문	금문	소전	예서	해서

자형 분석

"龠(피리 약)"은 "品(물건 품)"과 "侖(둥글 륜)"으로 구성된 회의자로 "品"은 피리 같은 악기에 나 있는 바람을 불어넣는 구멍을 나타내며 "侖"은 이러한 구멍이 순서대로 배열된 것임을 나타낸다.

자의 변화

"龠"의 본의는 대나무관을 엮어 짜서 취입구를 순서대로 나란히 배열시켜 놓은 악기로, 형태는 팬파이프처럼 가로로 부는 것이나 세로로 부는 것들이 있고 취입구가 3공, 6공, 7공 등으로 나뉘는데 이 가운데 취입구가 3공인 "龠"이 그 역사가 가장 오래된 것이다. "龠"이 대나무관을 엮어 만든 것이므로 후에 의미가 확장되어 피리 같은 것을 가리키게 되었으며 또 고대에는 열쇠도 대나무관의 모양을 하고 있었으므로 나아가 열쇠를 가리키기도 하였으나 후에는 "龠"자에 "竹(대 죽)"부나 "金(쇠 금)"부를 더하여 '籥(피리 약)', '鑰(자물쇠 약)'자를 만들면서 '자물쇠와 열쇠'만을 따로 나타내게 되었다. 지금은 "龠"자를 단독으로 쓰는 것은 매우 적고 대개 한자의 부수로만 쓰이고 있다.

소속 한자 해석

부수로서 "龠"은 한자의 왼쪽에 위치한다. 예를 들어 '龢(풍류 조화될 화)'는 '화해하다'나 '협조하다'의 뜻이다. "龠"부의 한자는 대부분 악기와 관련되어 있는데 현대 중국어에서는 이미 거의 사용되지 않는다.

龠 [yuè]部

字形分析

"龠"是会意字。从品从仑,"品"表示乐器的管孔,"仑"表示按顺序排列之义。

字义发展

"龠"的本义为竹管编成的多孔并排乐器,形制如排箫,竖吹,有三孔、六孔、七孔之分,其中以三孔龠年代最为久远。由于龠由竹管制成,所以后来引申指管子一类的东西;又由于古代的锁钥也是管状的,所以也引申指钥匙,后来就在"龠"字上增加竹符或金符造出"籥"、"鑰"(简化后写为"钥")字,专门用来表示锁钥。现在"龠"字已很少单独使用,多用作汉字的部首。

部首组字例释

作为部首,"龠"位于汉字的左侧。例如"龢",是和谐、协调的意思。"龠"部字多与乐器义有关,但在现代汉语中已经很少用到。

龠 [やくのふえ]

字形分析

《龠》は《品》と《侖》からなる会意文字で、《品》は楽器の笛にあいている穴を表し、《侖》は「順序よく並ぶ」意を表す。

字義発展

《龠》の本義は穴のあいた竹の管を並べた楽器で、形は管を何本も並べたものや一本だけの縦笛もある。三孔・六孔・七孔のものがあり、うち三孔のものがもっとも古い。「龠」が竹の管でできていることから、のちにこの漢字で管状のものを表す。また古代の鍵が管の形状をしていたことから「カギ」の意にも用いられる。のち《龠》に《竹》または《金》を加えた《籥》や《鑰》でカギを表すが、《龠》は現代では単独で用いられることがほとんどなく、部首を表すだけである。

部首組字例釈

部首としての《龠》は漢字の左側に配置され、「龢」は「ととのう・強調する」意味を表す。《龠》部の漢字は楽器に関係することが多いが、いまの中国語ではほとんど使われることがない。

한·중·일 한자 214부수 해설

초판 1쇄 발행일 2023년 02월 07일
지은이 日 | 아쯔찌 데쯔찌(阿辻哲次)
　　　　 中 | 왕핑(王平)
　　　　 韓 | 이경원(李景遠)
펴낸이 박영희
편집 문혜수
디자인 어진이
마케팅 김유미
인쇄·제본 제삼인쇄
펴낸곳 도서출판 어문학사
　　　　 서울특별시 도봉구 해등로 357 나너울카운티 1층
　　　　 대표전화: 02-998-0094 / 편집부1: 02-998-2267, 편집부2: 02-998-2269
　　　　 홈페이지: www.amhbook.com
　　　　 트위터: @with_amhbook
　　　　 페이스북: www.facebook.com/amhbook
　　　　 블로그: 네이버 http://blog.naver.com/amhbook
　　　　 다음 http://blog.daum.net/amhbook
　　　　 e-mail: am@amhbook.com
　　　　 등록: 2004년 7월 26일 제2009-2호

ISBN 979-11-6905-010-4(93700)
정가 30,000원